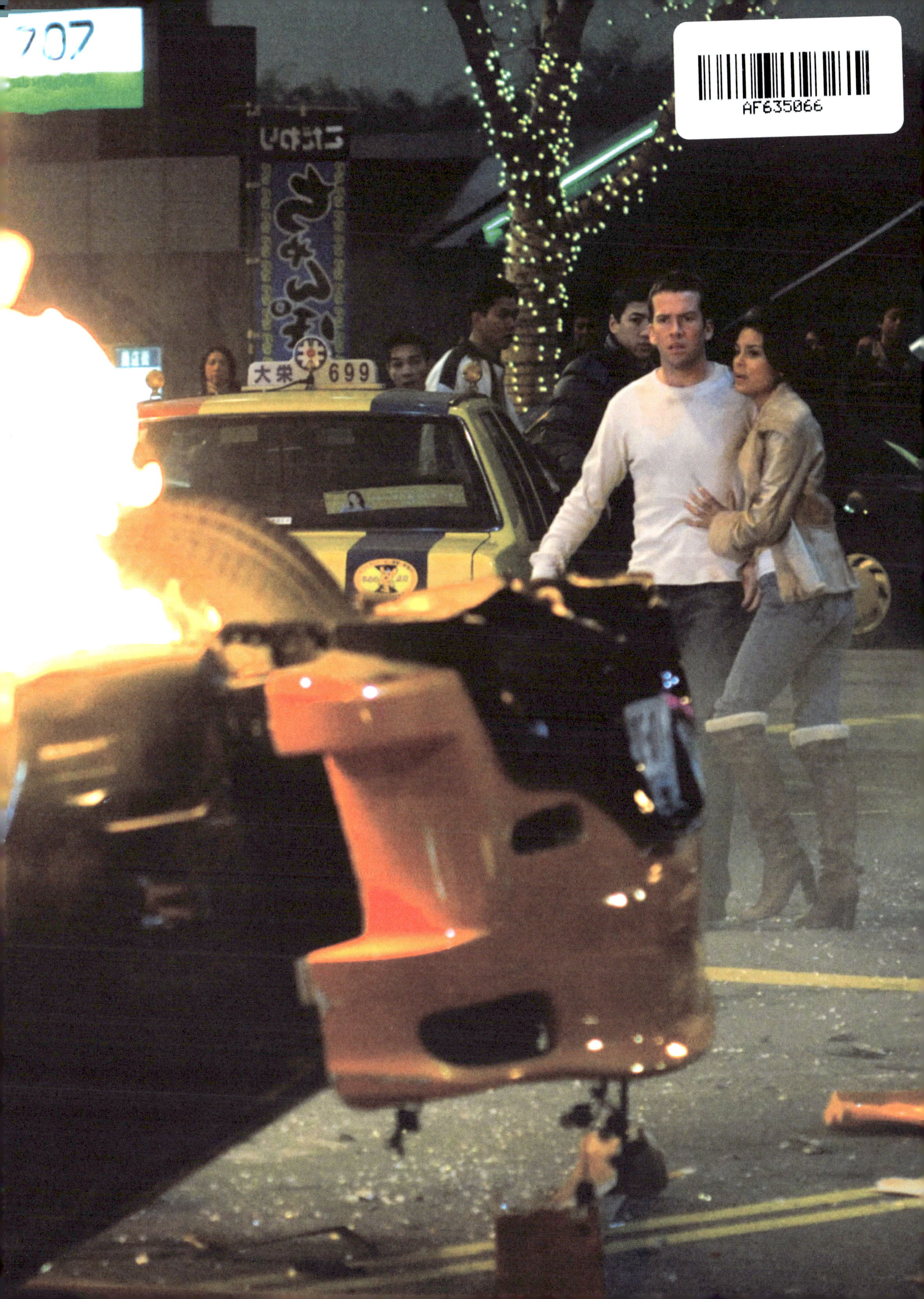
大栄
699

Siegfried Tesche

FAST FIERCE & FURIOUS

DIE FILM-AUTOS VON PAUL WALKER, VIN DIESEL, MICHELLE RODRÍGUEZ & CO.

Motor
buch
Verlag

DAS IMPRESSUM

Einbandgestaltung: Luis dos Santos unter Verwendung von Fotos von Alamy Stock Foto/Pictorial Press Ltd, AJ Pics (2), Collection Christophel, Cinematic Collection.

Bildnachweis: Alamy Stock Foto/AJ Pics (22, 28, 40, 46, 56, 93, 112, 175, 179), Atlaspix (126, 130u), BFA (34, 135, 147, 159), Cinematic Collection (44, 54, 68, 74, 82, 84, 88, 114, 116, 118, 123) Collection Christophel (26, 36, 110, 124, 130o, 132o, 140, 154), FlixPix (162, 171), gerard ferry (144), Independent Photo Agency Srl (168), LANDMARK MEDIA (102, 142, 156u), Lifestyle pictures (4, 150), MARKA (20), Massimo Dallaglio (70), Maximum Film (16, 24, 42, 49, 52, 63, 66, 80, 87), Moviestore Collection Ltd (32, 58, 176), PALO ALTO PRODUCTIONS/Ronald Grant Archive (6, 8), Photo 12 (50, 77, 94, 100, 104, 172), Pictorial Press Ltd (38, 78, 96, 138, 152), PictureLux/The Hollywood Archive (30, 59, 128, 132u, 148), RGR Collection (68, 72), Sam Rollinson (156o), Sergio Azenha (120o), TCD/Prod.DB (2, 15, 18, 64, 90, 106o, 106u, 109, 136), UPI (181), WENN Rights Ltd (98).
Getty Images/ Nathan Shanahan (58). picture alliance/Everett Collection I Courtesy Everett Collection (10, 12), Cover Images I A. Bracaglia/KIKA Press/Cover Images (160), ASSOCIATED PRESS I Jae C. Hong (164), ZUMAPRESS / LaPresse/Andrea Alfano (166).
Frank Zinkewitz (188-190).

ISBN 978-3-613-04540-8

DAS VORWORT 4–5

THE FAST AND THE FURIOUS (1954) »ICH BIN MIR ZIEMLICH SICHER, DASS DIESE KARRE WIE EINE RAKETE LÄUFT.« 6–15

THE FAST AND THE FURIOUS (2001) »EIN RENNEN, ZWEI RIESEN STARTGELD. DER SIEGER KASSIERT ALLES.« 16–35

2 FAST 2 FURIOUS (2003) & THE TURBO-CHARGED PRELUDE »LEUTE, MACHT MAL FEUER AN EURE MÜHLEN, IN FÜNF MINUTEN MACHEN WIR DAMPF.« 36–49

FAST AND THE FURIOUS: TOKYO DRIFT (2006) »BEIM RIFTEN GIBT ES KEIN PATENTREZEPT. MAN LERNT ES, IN DEM MAN ES TUT.« 50–63

Das Inhaltsverzeichnis

FAST & FURIOUS
NEUES MODELL. ORIGINALTEILE.
& LOS BANDOLEROS (2009)
»DEINEN FÜHRERSCHEIN!« – »WAS FÜR EIN FÜHRERSCHEIN?« 64–77

FAST & FURIOUS 5 (2011)
»NIEMALS LASSEN WIR SIE IN EIN AUTO STEIGEN.«.. 78–93

FAST & FURIOUS 6 (2013)
»WIR REDEN HIER ÜBER KRIEGFÜHRUNG MIT FAHRZEUGEN.« 94–109

FAST & FURIOUS 7 (2015)
»TOUCHDOWN, BABY.« 110–123

FAST & FURIOUS 8 (2017)
»WIR VERHINDERN DEN DRITTEN WELTKRIEG.« 124–135

FAST & FURIOUS:
HOBBS & SHAW (2019) »WIR HABEN HERZ. KEINE MASCHINE KANN DAGEGEN ANKOMMEN.« 136–147

FAST & FURIOUS 9 (2021)
»WIR SIND NICHT NORMAL.« .. 148–159

FAST & FURIOUS 10 (2023)
»EINER VON UNS KÖNNTE DAS VIELLEICHT NICHT ÜBERLEBEN.« 160–171

FAST AND THE FURIOUS:
ZAHLEN UND FAKTEN 172–190
VIN DIESEL:
»COOL, SEHR COOL.« 174–175
MICHELLE RODRÍGUEZ:
»WEIN UND WEISHEIT.« 176–177
PAUL WALKER:
»BE SMART, DRIVE SAFE, STAY LEGAL.« 178–179
DAS JURISTISCHE NACHSPIEL 180–181
BUDGETS UND EINSPIELERGEBNISSE......... 180–181
DER STAMMBAUM DER »FAMILIE« 182–183
WIEDERKEHRENDE ELEMENTE 182–183
DIE GAGEN DER WICHTIGSTEN AKTEURE 184
ZEITTAFEL (1926–2024) 184–187
DANKSAGUNG 187
BIBLIOGRAFIE...................... 187
FAST AND THE FURIOUS EIN GUTES GESCHÄFT / VIELFALT IM MODELL 188–190

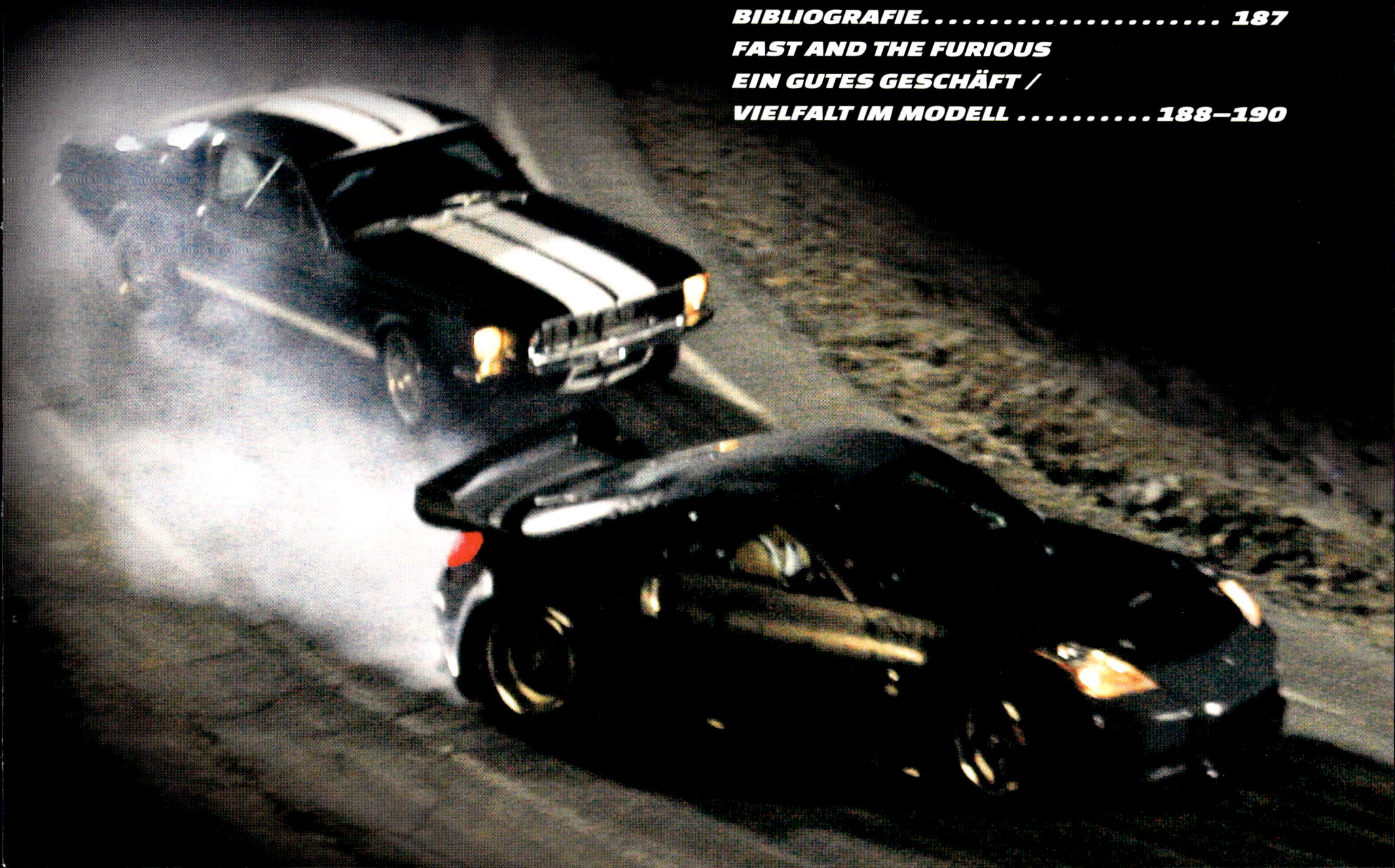

Das Vorwort

Fast – Furious – Fanatisch – Frenetisch

Ende August 2022 protestierten die Anwohner der Kensington Road in Angelino Heights in Los Angeles – wieder einmal. Dieses Mal gegen die Dreharbeiten des jüngsten Films der Reihe, der unter dem Titel »Fast X« im Mai 2023 weltweit in die Kinos kommen wird (in Deutschland als »Fast & Furious 10«). »Bob´s Market Store« ist in der fiktiven Welt der Filmreihe »Toretto´s Market and Cafe«, der Laden des von Vin Diesel gespielten Dominic Toretto. Im Laufe der Jahre gingen die Menschen dort schon mehrfach auf die Straße, um ihrem Ärger über Lärmbelästigung und illegale Straßenrennen vor ihrer Tür an der 1234 Bellevue Avenue Luft zu machen. Genützt hat es nicht viel. Die Filmproduktionsfirma Universal setzte ihre Dreharbeiten unter der Regie von Louis Leterrier einfach fort. Fans der Reihe kamen mit ihren getunten Autos zum Drehort, posierten, ließen die Motoren aufheulen, verbrannten Gummi und zelebrierten ihre Begeisterung. So standen sich nicht zum ersten Mal Freunde und Feinde der »Fast & Furious«-Welt gegenüber – unversöhnlich. Die Protestierenden hatten auch genug Gründe, Aufmerksamkeit zu fordern. Mindestens 178, um genau zu sein, denn genauso so viele Menschen starben bei Straßenrennen allein in Los Angeles in den letzten Jahren.

Primitiv – Produktiv – Profitabel

Auseinandersetzungen wie diese sind ebenso Teil dieses Buches wie Einblicke in die Geschichte der Reihe, die man durchaus als ein Phänomen betrachten kann. Mehr als 6,61 Milliarden Dollar wurden mit den bisherigen zehn Filmen allein an die Kinokassen eingefahren. Der jüngste Film »Fast & Furious 10« wartet mit einem Budget von angeblich 340 – 356 Millionen Dollar auf. Was also 2001 mit dem ersten Spielfilm »The Fast and the Furious« begann, ist inzwischen ein wichtiger Baustein in Kalkulation, Umsatz und Erlös des Filmstudios. Aber zu welchem Preis?

Tatsächlich begann die Geschichte der mit Adrenalin getränkten Rennfahrer-Filme schon im Jahr 1954. Damals hatte der Produzent Roger Corman einen Film herausgebracht, der exakt diesen (Original-) Titel trägt: »The Fast and the Furious«. Der deutsche Titel lautete dann weniger passend im Stile der Zeit »Der rasende Teufel«. Handlung und Machart kann man mit den jüngeren Filmen nicht vergleichen, aber Textzeilen wie »diese Karre läuft wie eine Rakete« und »ich liebe es zu gewinnen« machen deutlich, dass es auch hier schon um Geschwindigkeit, Rennen und Wettbewerb ging. Ein Autorennen in Pebble Beach war Teil der Geschichte des historischen Streifens. Auch damals kam es schon zu Unfällen, flogen Autos von den Straßen und selbst so etwas wie »Product-Placement« war schon integriert: Corman überzeugte einen örtlichen Jaguar-Händler, ihm mehrere Jaguar XK 120 zur Verfügung zu stellen.

»Autos und Adrenalin: das war seine Welt.« Dieses Zitat ist nicht etwa auf Roger Corman bezogen. Es stammt von Tyrese Gibson, der damit Paul Walker beschreibt. Der fuhr gerne Rennen und besaß gemeinsam mit seinem Freund Roger Rodas einen Rennstall. Auf tragische Weise starben beide in einem umgebauten Porsche Carrera GT, zwar nicht bei einem illegalen Rennen, aber doch als Rodas in Los Angeles mehr als doppelt so schnell fuhr, wie erlaubt. Walker war ein Autofanatiker. Zu verschiedenen Zeitpunkten standen zwischen 30 und 60 Autos und Motorräder in seiner Garage. Einige seiner Schauspielkollegen sind ebenfalls vom PS-Wahn infiziert. Alle Hauptdarsteller besitzen jeweils zwischen 10 und 20 Autos, von denen einige jeweils über 700 PS leisten. Sie sind in Autos vernarrt und haben Fahrzeugsammlungen im Wert von mehreren Millionen Dollar, von denen eine sogar Streitpunkt in einem Prozess war. Nicht immer hielten sie sich an die Verkehrsregeln: Michelle Rodríguez saß wegen Alkohol und Drogen am Steuer viermal im Gefängnis.

Familiär – Elitär

Die, speziell in den späteren Filmen, viel beschworene »Familie« ist zwar nach dem Tod von Walker tatsächlich enger zusammengerückt, aber harmonisch ging es zwischen den »Familienmitgliedern« dennoch nicht immer zu. Die in »Fast & Furious 7« verwendete Textzeile »Ich habe keine Freunde, ich habe Familie« ist mehr Wunschdenken als Realität. Neben der öffentlich ausgetragenen Fehde zwischen Vin Diesel und Dwayne Johnson gab es mehrere Prozesse um das liebe Geld. Selbst ein Regisseur und sogar der Produzent der Reihe wurden schon mal gefeuert. Auch diese Auseinandersetzungen hinter den Kulissen sind Teil dieses Buches über Raser und Ausraster, Siege und Verluste, wobei die zwischenmenschlichen Verluste wohl am schlimmsten zu Buche schlagen.

Rasend – Rasant – Rassig

Nicht vergessen werden soll aber auch die Leidenschaft für das Auto. Was völlig unerwartet mit einem Artikel in einem US-Magazin über die Tuning-Szene begann, ist zu einer weltweiten Bewegung geworden. Autos zu tunen war schon vor dem Jahr 2000 nicht neu. Inzwischen hat die Szene, auch dank der Filme, eine neue Dimension angenommen. Schon im ersten Film der Reihe wurden Nissan Skyline GT-R, Mitsubishi Eclipse, Toyota Supra und Dodge Charger R/T zelebriert. Später kamen viele andere Fahrzeuge hinzu, sogar eine Reihe von Supersportwagen wie der Lykan Hypersport, der Bugatti Veyron Grand Sport und der Dodge Charger Maximus mit Leistungen zwischen 770 und 3000 PS.

So wird dieses Buch hoffentlich vieles sein, aber sicher mehr als nur eine Hintergrundgeschichte über eine erstaunlich erfolgreiche Filmreihe. Es ist auch eine Abhandlung darüber, was Leinwandbilder bewirken können, wenn Autos als Waffe eingesetzt werden. Da gerät die Unterhaltung oft zur Nebensache.

P.S.: Illegale Rennen sind kein amerikanisches Phänomen. In der ARD-Dokumentation »Auf den Spuren der Kudamm-Raser« vom 28. Oktober 2022 heißt es, dass ein rücksichtsloser Autofahrer nach einem illegalen Straßenrennen am 31. Januar 2016 wegen Mordes angeklagt wurde. Er hatte den Jeep eines unbeteiligten Rentners getroffen, der noch an der Unfallstelle starb. Seit einer Gesetzesverschärfung in Deutschland im Oktober 2017 wurden allein in Berlin 3.450 Verfahren wegen illegaler Autorennen eingeleitet. Über 670 Raser wurden verurteilt. Im Jahr 2022 wurden allein in Berlin in 755 Fällen Ermittlungen gegen Raser eingeleitet. Inzwischen gelten auch Fluchtfahrten vor der Polizei als verbotene Kraftfahrzeugrennen.

Siegfried Tesche im Frühjahr 2023

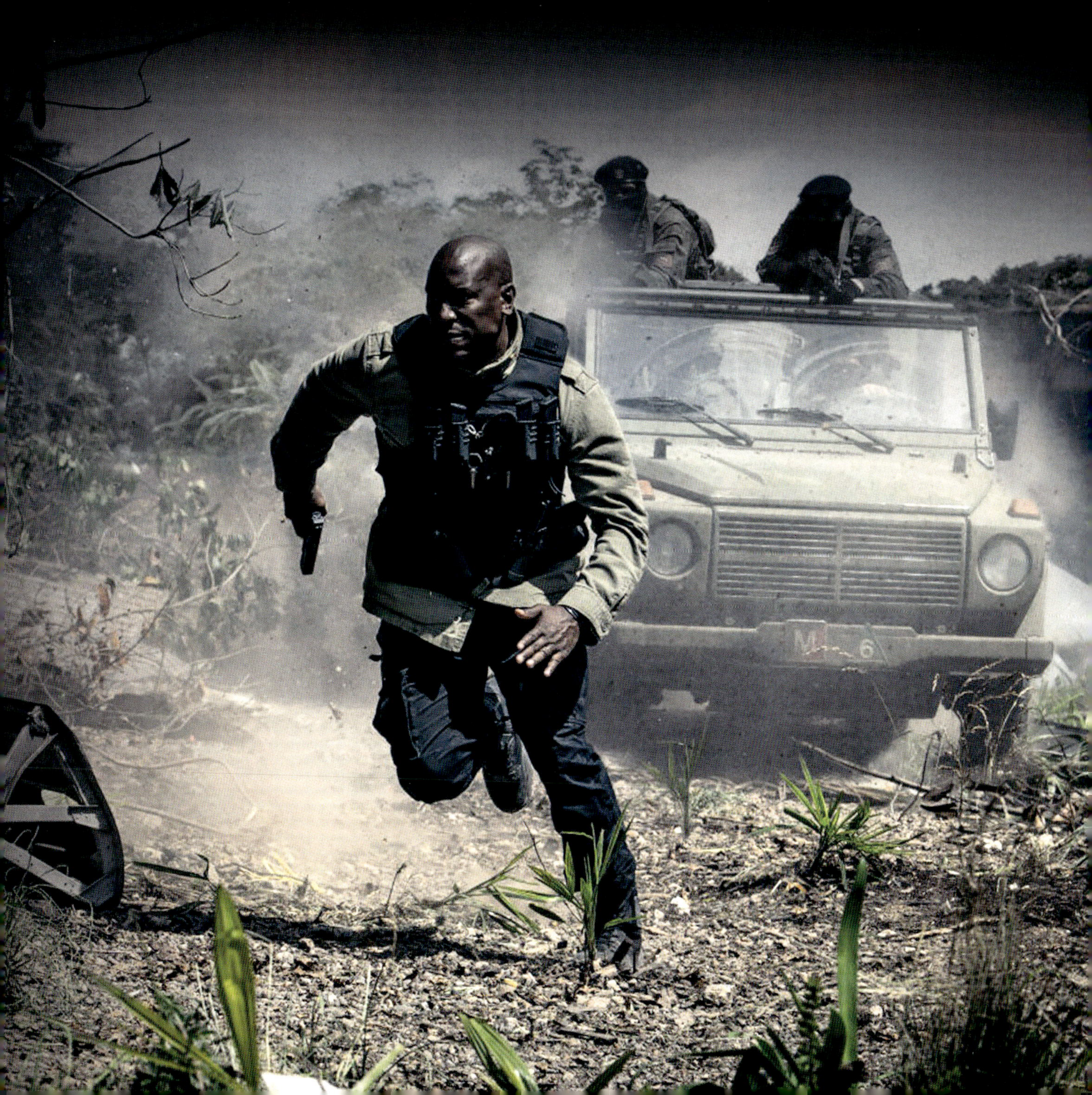

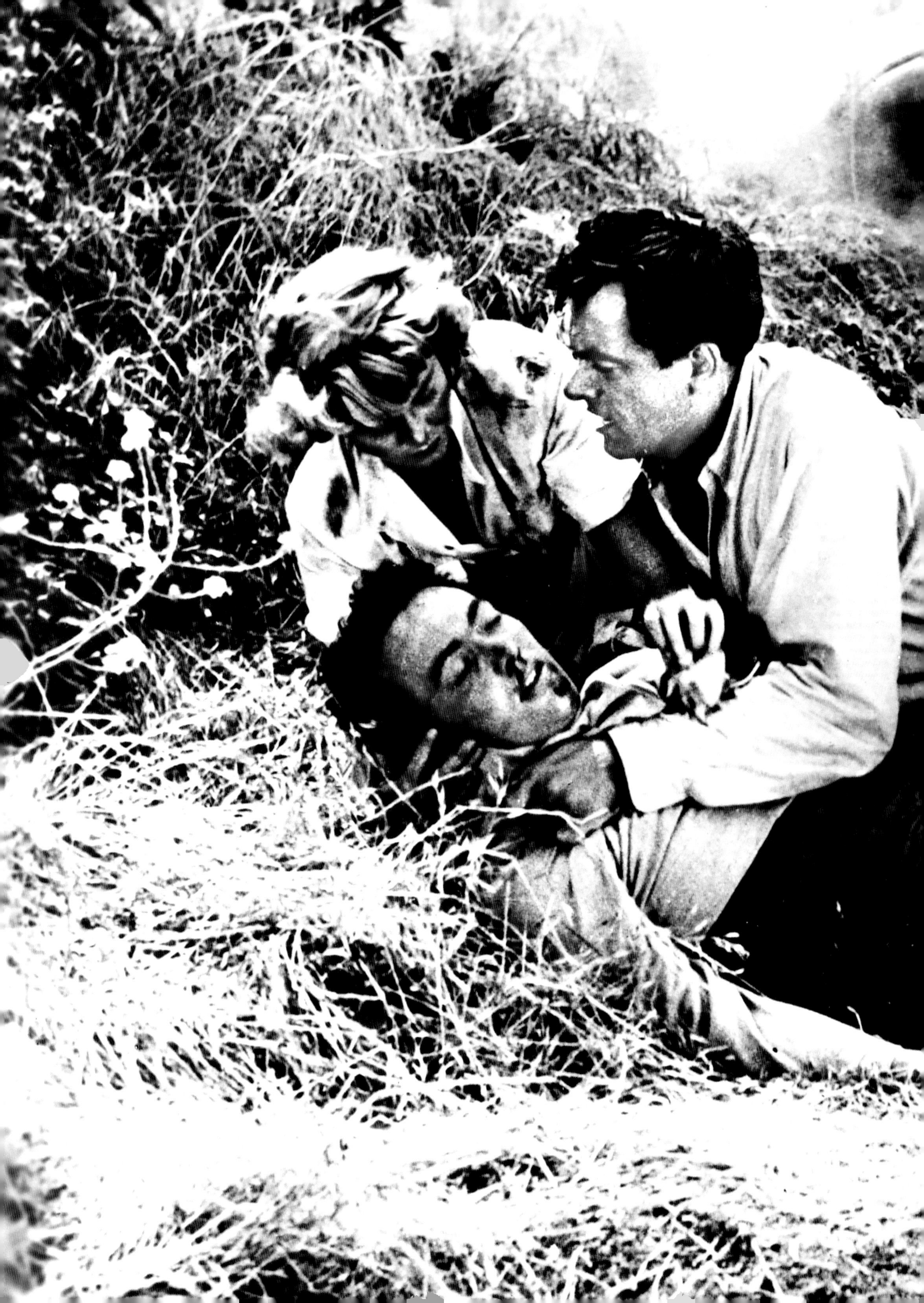

THE FAST AND THE FURIOUS (1954)

»ICH BIN MIR ZIEMLICH SICHER, DASS DIESE KARRE WIE EINE RAKETE LÄUFT.«

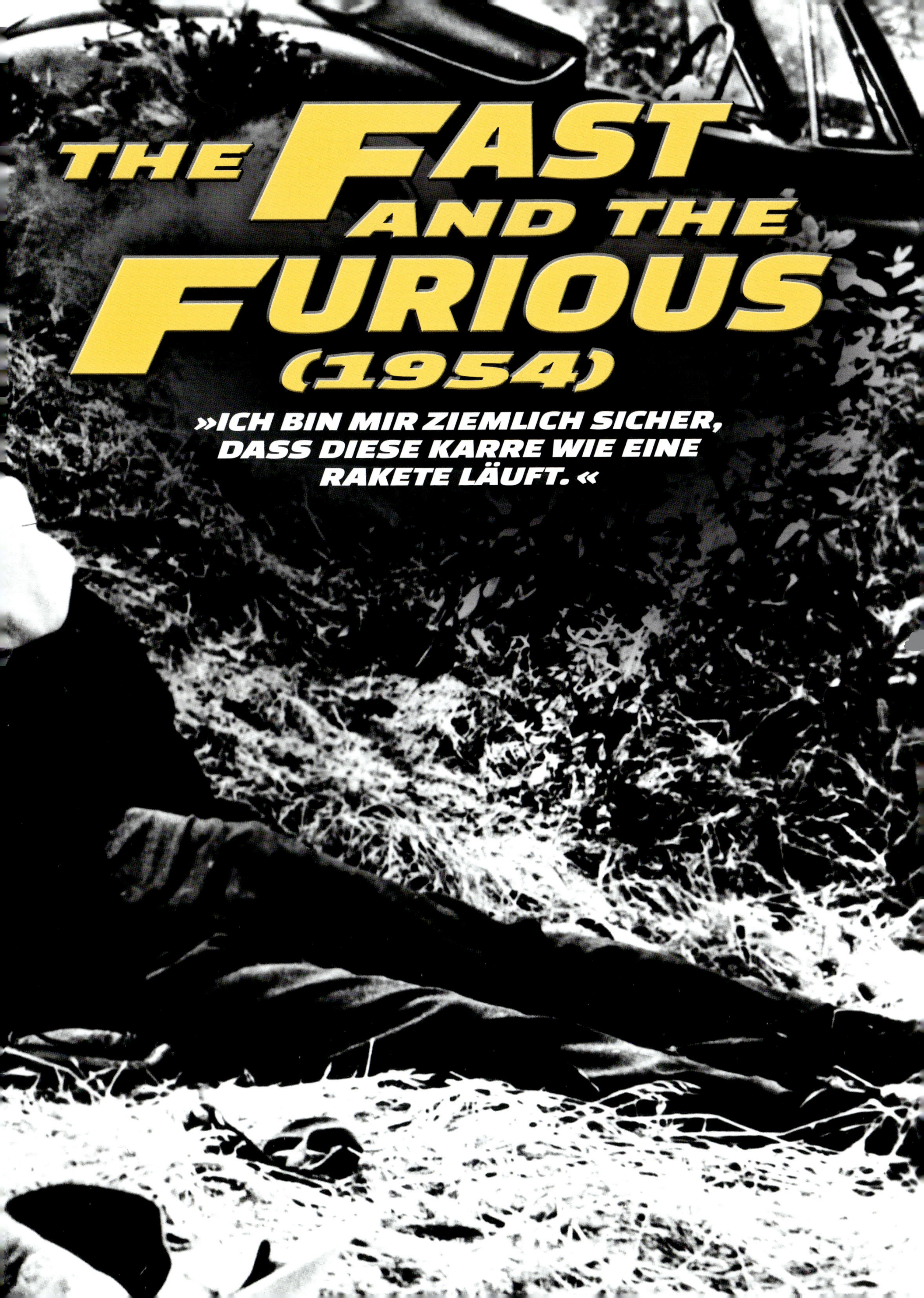

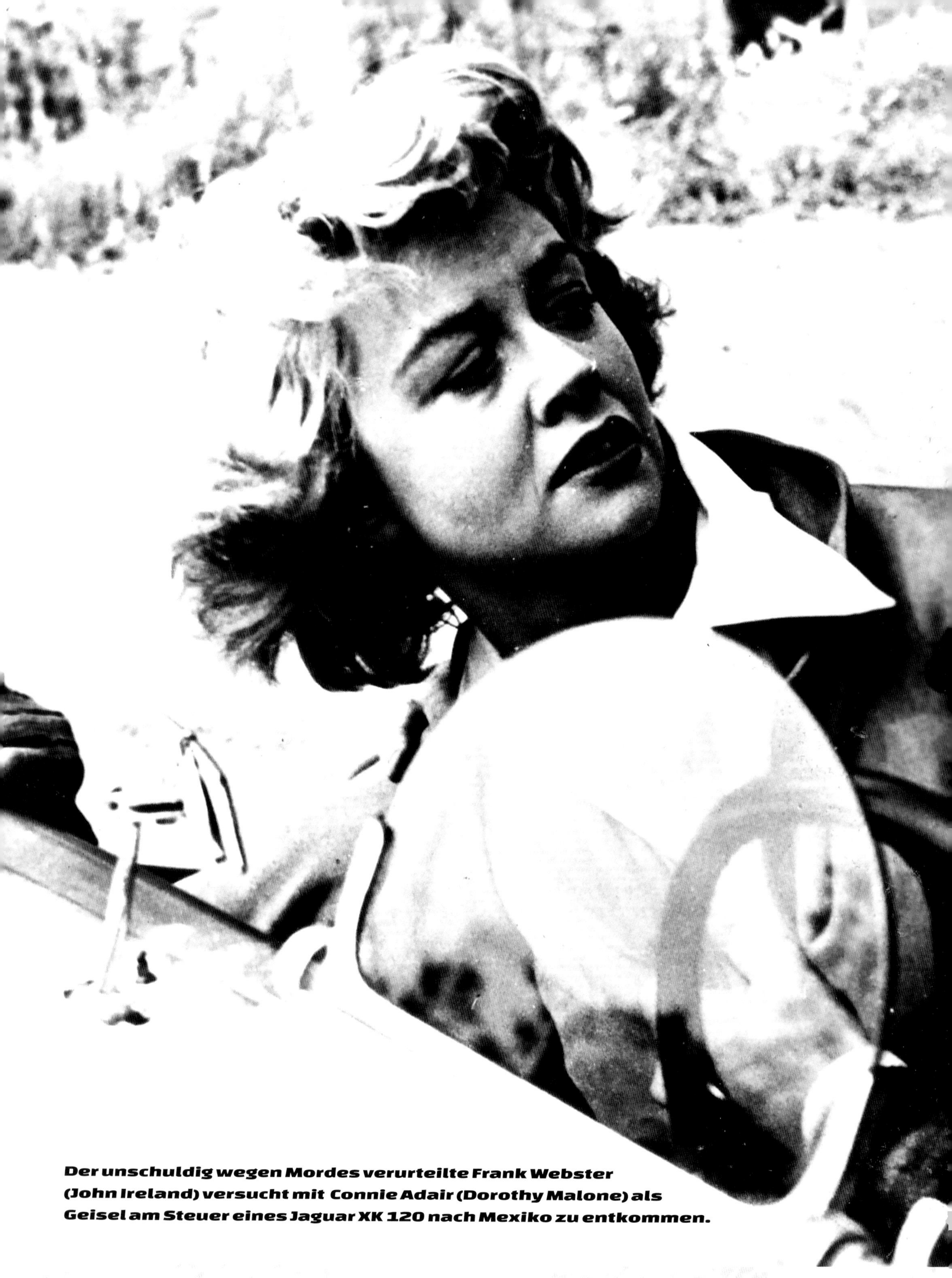

Der unschuldig wegen Mordes verurteilte Frank Webster (John Ireland) versucht mit Connie Adair (Dorothy Malone) als Geisel am Steuer eines Jaguar XK 120 nach Mexiko zu entkommen.

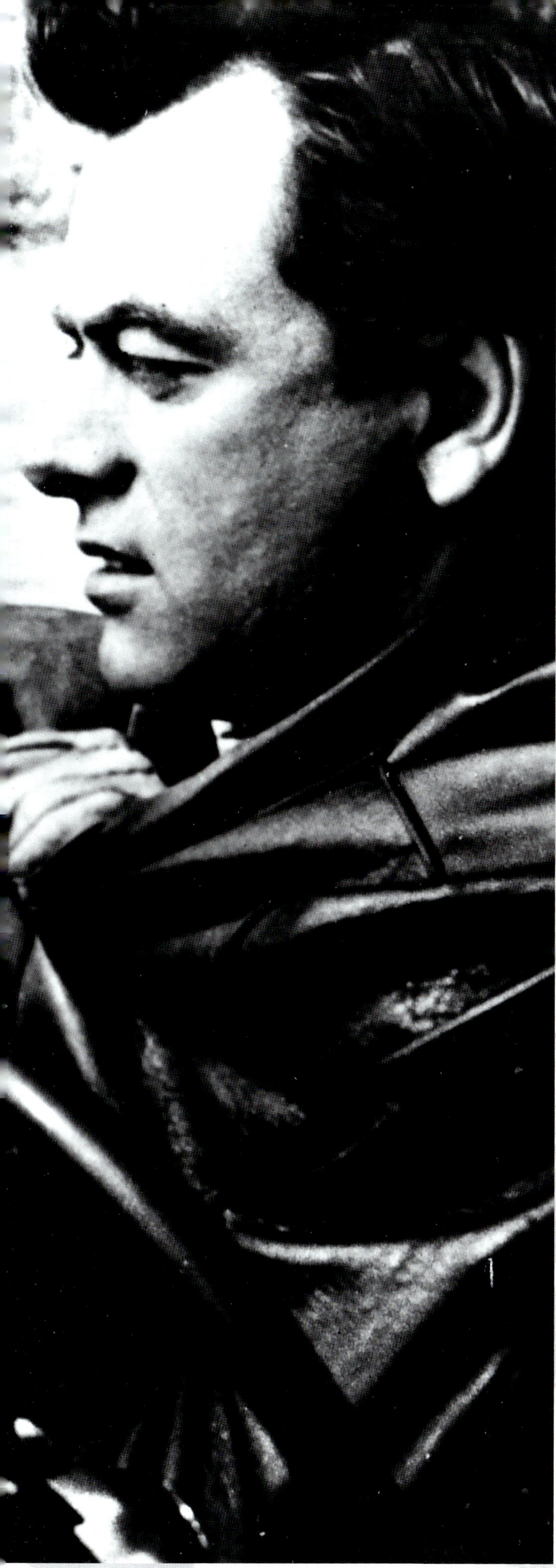

Inhalt

Der Lkw-Fahrer Frank Webster (John Ireland) ist aus dem Gefängnis geflohen. Er saß dort unschuldig ein, weil er den Fahrer eines konkurrierenden Unternehmens von der Straße gedrängt und so getötet haben soll. Auf der Flucht entführt er die Rennfahrerin Connie Adair (Dorothy Malone), die mit ihrem Jaguar XK 120 an einem Bergrennen in Monterey teilnehmen will, das in Mexiko endet. Diese Chance will Webster nutzen, um im Fahrerfeld die USA zu verlassen.

Hintergründe

Ursprünglich wollte er Ingenieur werden, doch 1953 wechselte Roger Corman die Branche. Der am 5. April 1926 in der Autostadt Detroit in Michigan geborene Amerikaner trat zunächst in die Fußstapfen seines Vaters, studierte Ingenieurwesen an der renommierten Universität in Stanford, stellte dann aber schnell fest, dass dies doch kein Beruf für ihn war. Schon an der Hochschule entwickelte sich seine Leidenschaft für das Kino. Er bemühte sich um einen Job in der Branche, ergatterte eine Anstellung als Fahrradbote in den 20th Century Fox Studios und arbeitete sich zum Story-Analytiker hoch, der Drehbücher las und bewertete. Als er das Skript »The Gunfighter« (Der Scharfschütze) mit Gregory Peck überarbeitete und sein Boss dafür einen Bonus bekam ohne ihm zu danken, verließ er das Studio. Nach einer Auszeit in England kehrte er in die USA zurück. Er begann als Drehbuchautor und Produzent zu arbeiten. Schon 1953 verkaufte er sein erstes Drehbuch (»The House in the Sea«) für 3.500 Dollar. Ein Jahr später wurde ein Film daraus, der den US-Titel »Highway Dragnet« bekam. In Deutschland hieß er »Die Autofalle von Las Vegas«. Eine große Autoverfolgungsjagd mit einem gestohlenen Polizeiwagen war Teil der Geschichte um einen früheren Sergeanten, der fälschlicherweise des Mordes an einem jungen Model beschuldigt wird.

Corman war immer wieder unzufrieden darüber, wie seine Ideen umgesetzt wurden und beschloss selbst zu produzieren. Er gründete die Firma Palo Alto Pictures und tat sich später mit der im Aufbau befindlichen Firma American Releasing Corporation (ARC) zusammen. Mit Hilfe seines Honorars und geliehenem Geld entstand ein neues Unternehmen, die »American International Pictures« (AIP). Es wurde zu einem der erfolgreichsten Independent-Unternehmen der Filmindustrie. Die ersten beiden Filme, die unter dem neuen AIP-Label entstanden, waren der Horrorfilm »Monster from the Ocean Floor« über ein todbringendes Unterwassermonster und »The Fast and the Furious«.

Roger Corman lieferte die Story des Films und ließ sie von Jerome Odlum, der auch schon »Die Autofalle von Las Vegas« verfasst hatte, und der Schauspielerin Jean Howell zu einem Drehbuch umarbeiten. Corman fragte bei dem gebürtigen Kanadier John Ireland an, ob er die Hauptrolle spielen wolle. Der akzeptierte, aber nur wenn er auch Regie führen durfte. Corman war zunächst unsicher, da Ireland sich bislang nur Meriten als prägnanter Neben- und Hauptdarsteller erworben hatte (»Faustrecht der Prärie«,

»Ich erschoß Jesse James«) und stellte ihm den erfahrenen Cutter Edward Sampson an die Seite, der auch schon den »Monster«-Film geschnitten hatte. Hauptdarstellerin Dorothy Malone akzeptierte die Rolle für eine sehr kleine Gage. Sie hatte gerade ihren Manager verlassen, keine Aufträge und große Geldsorgen.

Dank seiner guten Kontakte in die Rennfahrerszene schloss Corman einen Vertrag mit einem örtlichen Jaguar-Händler. Der stellte ihm mehrere Wagen zur Verfügung, so dass dessen Jaguar-Fahrzeuge zu den automobilen Hauptdarstellern des Films wurden. Corman selbst hatte auch private Interessen am Rennsport und nach eigener Aussage ein kleines »race car business« begonnen.

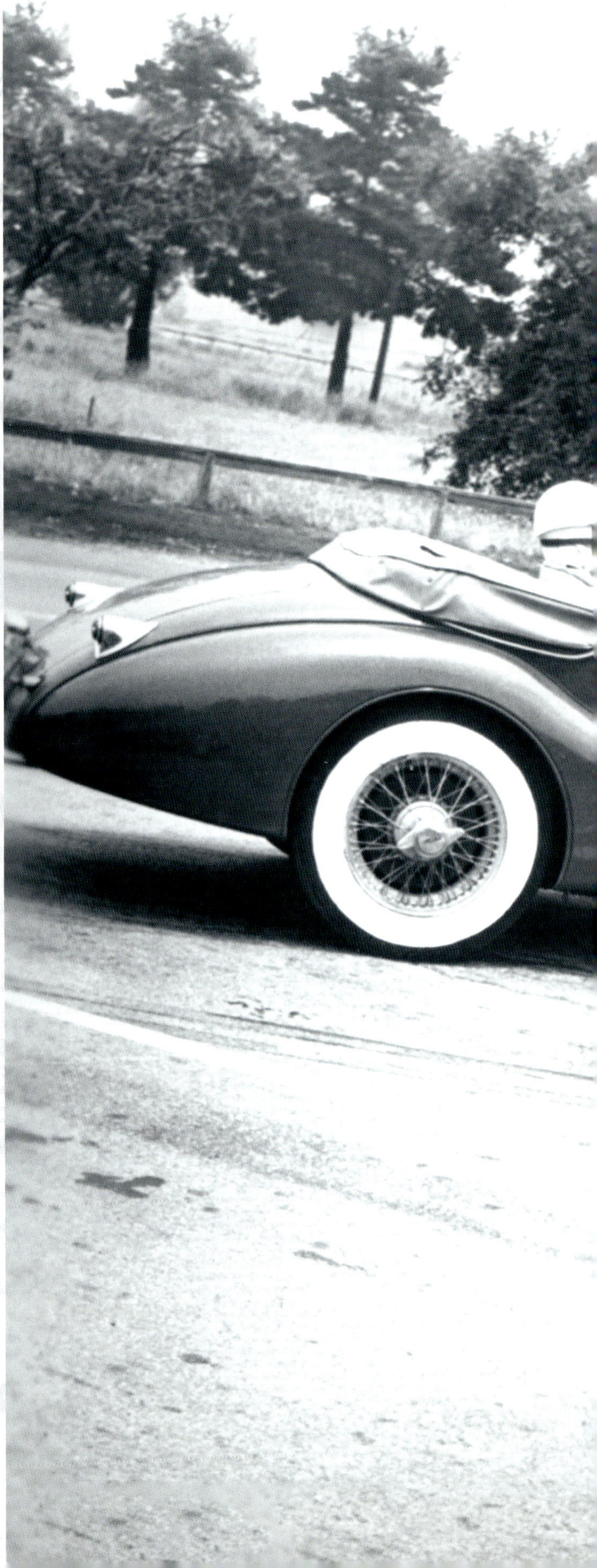

Dreharbeiten, Drehorte, Budget

Gedreht wurde der Film im April 1954 in gerade mal zehn Tagen in Kalifornien, speziell in Point Dume an der Küste von Malibu. Außerdem entstanden auf den Rennstrecken von Monterey und in Pebble Beach wichtige Szenen. Der Titel lautete zunächst »Crashout«, doch da eine andere Firma darauf Anspruch erhob, änderte ihn Corman wieder. Doch dazu später mehr. Da Corman selbst dem Autorennsport zugetan war, übernahm er die Aufnahmen des zweiten Kamerateams, der sogenannten »2nd Unit«, und fuhr auch einen der Jaguar. Das Ganze machte ihm so viel Spaß, dass er beschloss von jetzt an selbst Regie zu führen. Um das Budget so klein wie möglich zu halten, arrangierte er sich mit den Verantwortlichen der Autorennen. So durfte er bereits bestehende Filmaufnahmen, auch solche vom Start und der Aufstellung der Fahrer, im Film verwenden. Schließlich wirkte das Ganze so, als ob seine Wagen Teil dieses Rennens seien. Das Budget betrug gerade mal 50.000 Dollar – effektives Filmemachen also. Allerdings war der Film auch nur knapp 73 Minuten lang.

Dank der von Corman übernommenen Archivaufnahmen sind während des Rennens viele interessante Rennwagen zu sehen, darunter Allard J2 und J2X, Aston Martin DB2, Austin Healey 100/4, Jaguar C-Type, MG TC und TD, Porsche 356, Speedster, Glöckler Spyder und 550 Spyder sowie ein Triumph TR 2.

Premieren, Starttermine

Im November 1954 kam der Film in die US-Kinos, wenn auch nicht so, wie Roger Corman das gerne gehabt hätte. Wegen seiner Kürze und seines Status als »B-Picture« wurde der Film meist als zweites Programm nach einem vermeintlich attraktiveren Film gebucht. Dafür zahlte der Kinobesitzer aber nur einen festen Tarif und keine Prozente vom Umsatz. Also musste die noch junge und unbekannte AIP dafür sorgen, ihren Film als Hauptteil eines Doppelprogramms zu platzieren – und damit auch die etablierten Studios auszustechen. Mit Erfolg: Der Film kam am 15. Februar 1955 erneut in die US-Kinos und spielte Geld ein. Eine genaue Summe wurde nicht bekannt, doch im August verkündete Corman, dass er seinen immerhin zwölf Investoren ihr investiertes Geld zurückzahlen könne.

Auch Frank Websters Rennfahr-Konkurrenz stattete man mit Top-Modellen aus dem Hause Jaguar aus: Beim Wagen mit der Nummer 17 c handelt es sich um ein damals brandneues XK 140 Drophead Coupé – in der US-Straßenversion mit Weißwandreifen und Drahtspeichenrädern.

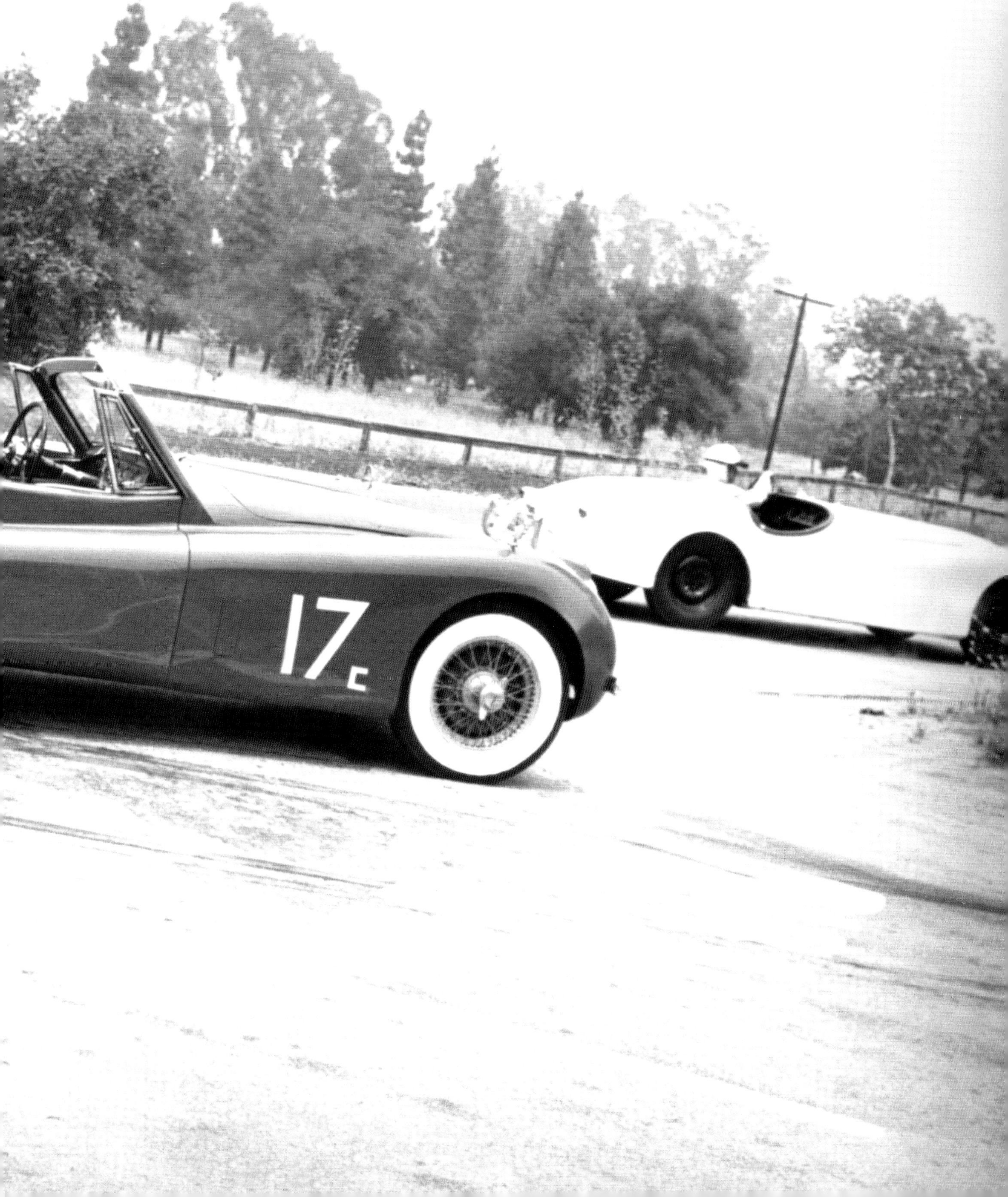

Reaktionen, Anekdoten

Roger Corman, immer darum bemüht Ausgaben zu sparen, agierte selbst als einer der Polizisten, der an einer Straßensperre steht. Außerdem doubelte er als einer der Rennfahrer und war so ehrgeizig, dass er den von John Ireland gespielten Fahrer Webster kurz vor dem Ziel noch überholte. Das war nicht im Sinne der Geschichte und musste daher nochmals gedreht werden.

Wegen des niedrigen Budgets wurden einige Szenen im Studio gedreht, die Fahrer agierten dort lediglich vor einer Leinwand. Außerdem schlichen sich bei den Rennszenen mit den Jaguar-Fahrzeugen eine Reihe von Fehlern ein. So wechseln bei Connies weißem XK 120 im Rennen wiederholt die Felgen: Mal sind sie weiß, mal schwarz, mal sind es Speichen. Auch das Kennzeichen variiert von 1X 25610 zu 1769333 zu 1Y 52319. Bisweilen hat der Wagen kleine Stoßstangen links und rechts, dann nur Stoßstangenhörner; mal sieht man bei einem der Konkurrenten einen Roadster, mal ein Drophead Coupé, dessen Abdeckung des Dachs ist mal hell, mal dunkel. Anschlussfehler eben.

Auch in der auf DVD veröffentlichen deutschen Fassung gibt es ein paar Fehler, denn offensichtlich wurde nicht alles synchronisiert. Nach dem Webster am Ende des Films die Grenze durchbrochen hat, folgt ihm ein Konkurrent. Der Dialog zwischen den Beamten und ihm ist nur im Originalton zu hören: »That´s Frank Webster. I will get him.« Vermutlich ist der deutschen Synchronisation auch der Lapsus über den Motor zuzuschreiben, als der Tankwart zu Connie sagt: »Ich kaufe mir auch mal einen V8.« Der Jaguar XK 120 verfügt aber über einen Sechszylinder.

Kritiker beschrieben den Film als »anständig« aber auch »bescheiden«, bescheinigten ihm gute Rennszenen, bemängelten aber auch, dass sich die Geschichte über »Polizisten auf der Jagd« in die Länge ziehe. Sie lobten aber auch die »gut eingesetzten hochpreisigen Sportwagen.«

Der Film verfügt über zwei Inside Gags. Zum einen ist bei einem »Concours d´Elegance« von Oldtimern auch von einem Rolls-Royce-Cabriolet die Rede, das den Preis als schönster Wagen gewinnt. Bei einer Durchsage ist zu hören, dass der einem gewissen Jack Milner gehört. Milner war der ausführende Produzent des Films. Außerdem vernimmt der Zuschauer, dass ein »Dr. Sampson« sein Büro anrufen soll – also einer der beiden Regisseure. Der deutsche Kinostart war erst fünfeinhalb Jahre später, am 22. Juli 1960. Der Titel, den der Verleih dem Film verpasste, war eher obskur. Er lautete: »Der rasende Teufel«.

Letztendlich profitiert Roger Corman auch heute noch von dem günstig hergestellten Film, auch wenn er die größten Einnahmen erst 40 Jahre nach Erscheinen verbuchen konnte…

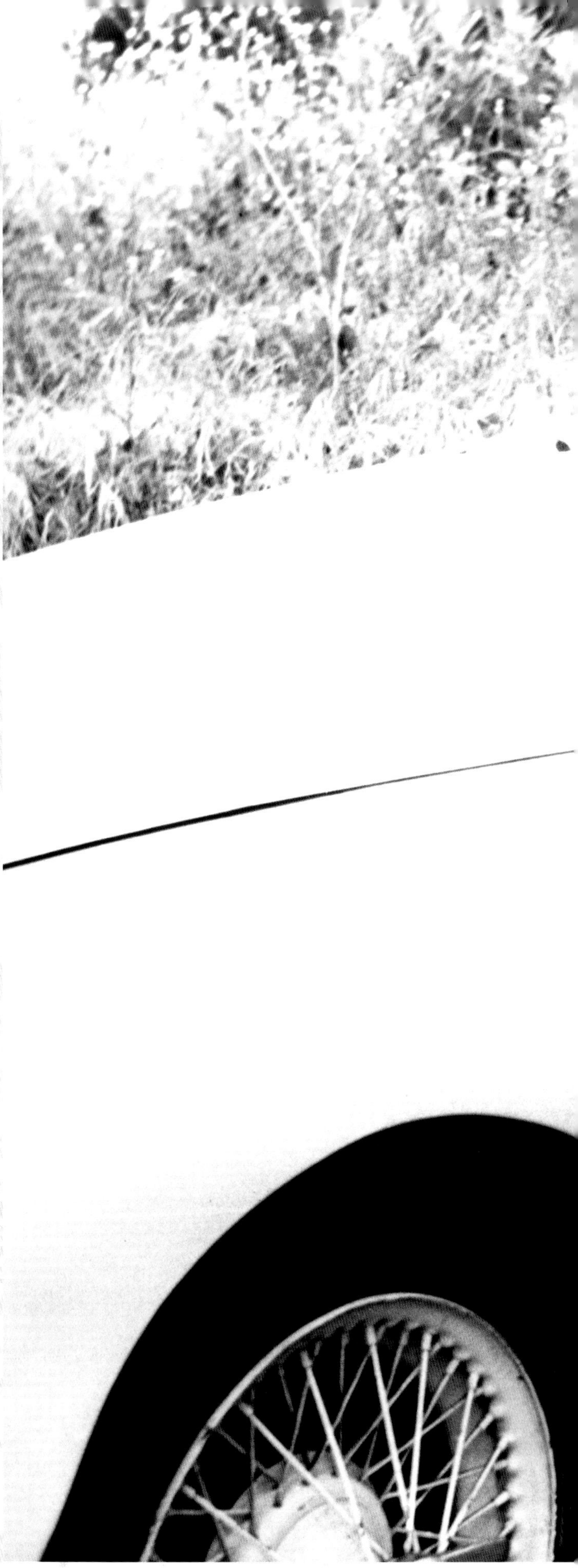

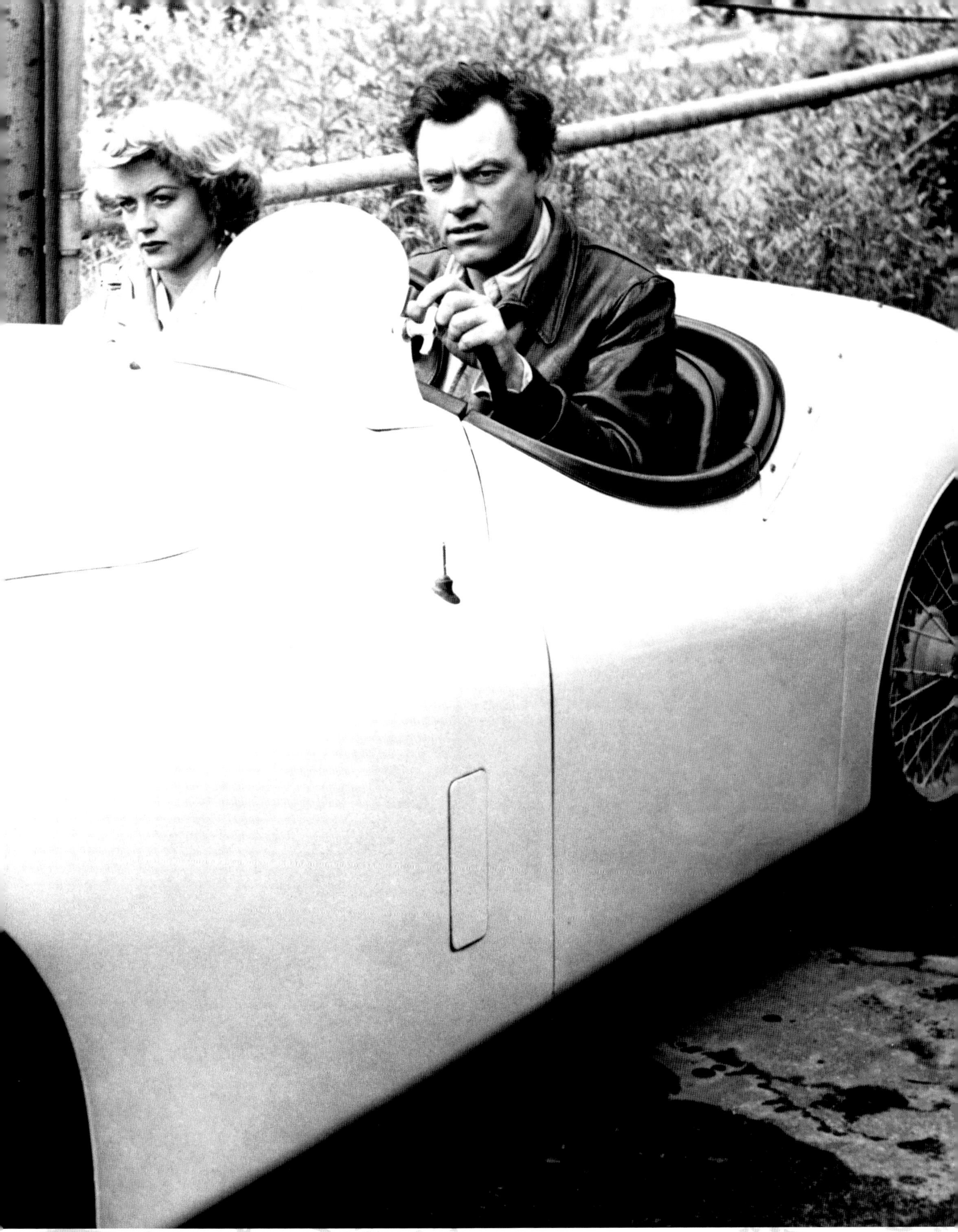

Frank Webster (John Ireland) nutzt Connie Adairs (Dorothy Malone) Jaguar XK 120. Die kleine Brooklands-Rennscheibe kennzeichnet ihn als Wagen in Rennausführung.

Tankwart über den Jaguar:
»Ich kaufe mir auch mal einen V8. Ich bin mir ziemlich sicher, dass diese Karre wie eine Rakete läuft.«

Tankwart:
»Sie ist es, aber er ist kein Jaguar-Typ.«

Connie Adair:
»Kurz vor der Kurve runter vom Gas. Schon mal so etwas gemacht?«
Frank Webster:
»Nein, aber ich habe alles vom Moped bis zum Panzer gefahren.«

Frank Webster:
»Wollen Sie das Rennen gewinnen?«
Connie Adair:
»Ich liebe es zu gewinnen.«

Connie Adair:
»Der Wagen liegt gut in der Kurve. Man kann sehr gut beschleunigen.«

Connie Adair:
»Starten Sie Ihre Autos immer so?«
Frank Webster:
»Nur die, die ich klaue.«

Konkurrent vor dem Rennen zu Connie:
»Einen netten Jaguar haben Sie da.«

Connie Adair:
»Ich bin müde.«
Frank Webster:
»Bewegung ist gut für Ihre Figur.«
Connie Adair:
»An meiner Figur gibt es nichts auszusetzen.«
Frank Webster:
»Habe ich bemerkt.«

DIE SCHÖNSTEN / SCHRÄGSTEN DIALOGE

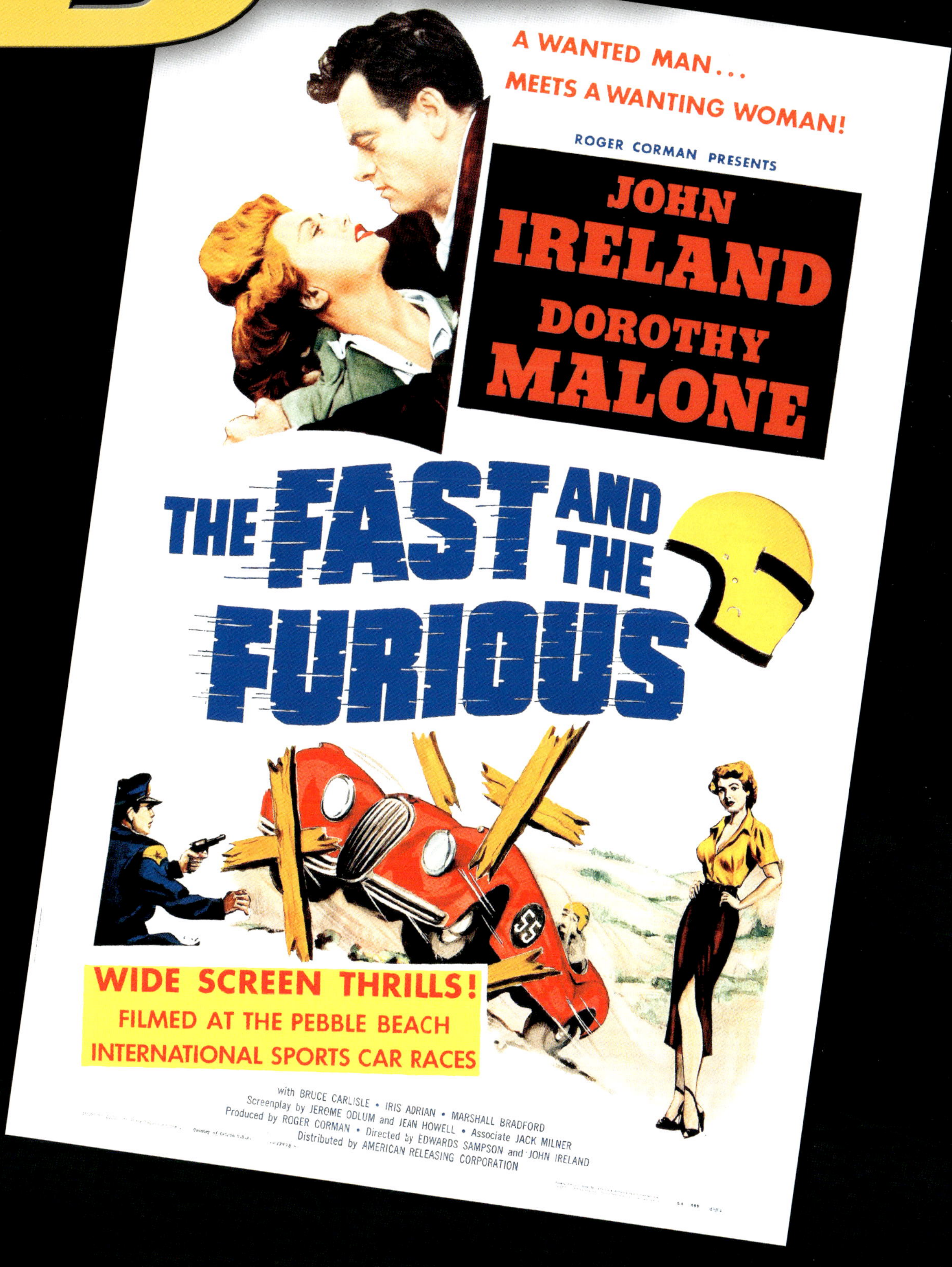

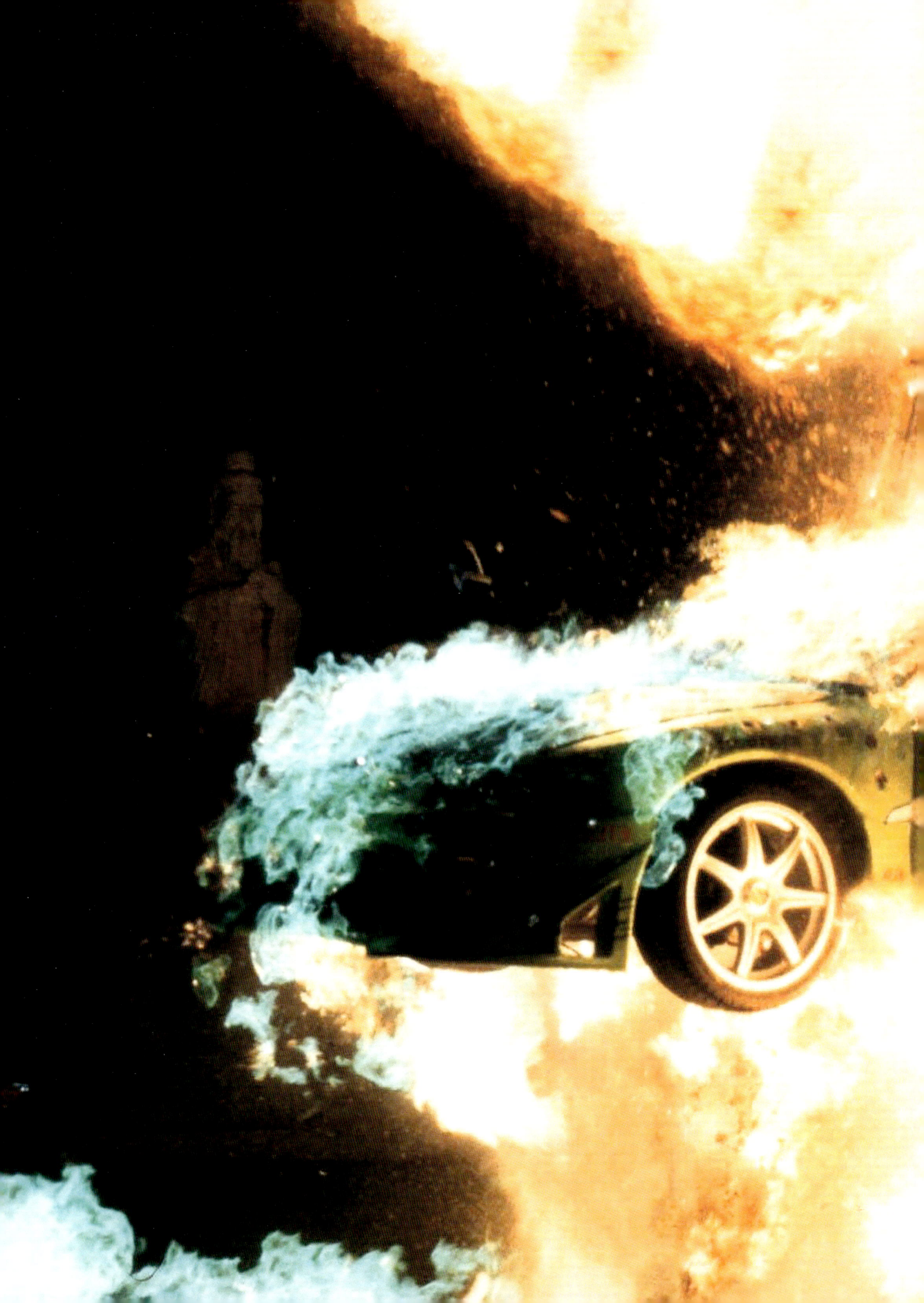

THE FAST AND THE FURIOUS (2001)

»EIN RENNEN, ZWEI RIESEN STARTGELD. DER SIEGER KASSIERT ALLES.«

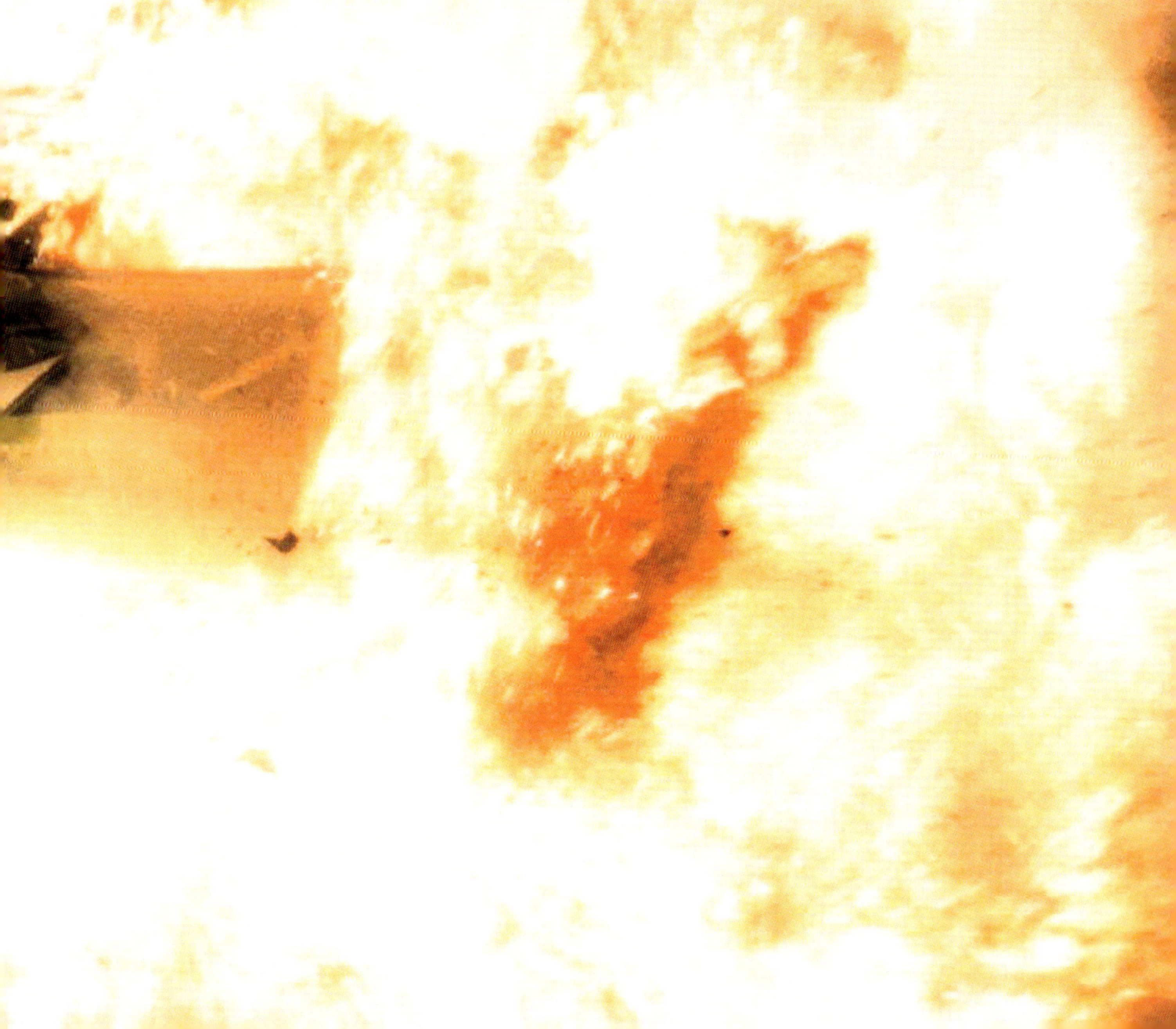

Inhalt

Eine Gangsterbande überfällt mit ihren getunten Autos während der Fahrt einen Lkw und stiehlt die Ladung. Der Polizist Brian O´Conner (Paul Walker) schleust sich in die Gruppe ein, um gegen sie zu ermitteln und nimmt dafür an illegalen Straßenrennen teil. Er findet heraus, dass Dominic »Dom« Toretto (Vin Diesel) der Kopf der Bande ist, zu der auch dessen Freundin Leticia »Letty« Ortiz (Michelle Rodríguez) gehört. Brian verliebt sich in Doms Schwester Mia (Jordana Brewster) und gerät mit ihm und dessen Freund Vince (Matt Schulze) aber auch mit einer konkurrierenden asiatischen Gang aneinander.

Hintergründe

Ausgangspunkt für die Verfilmung war eine Geschichte, die der Autor Kenneth Li im Mai 1998 im US-Magazin »Vibes« veröffentlicht hatte. Sie trug den Titel »Racer X« und bezog sich auf Rafael Estevez, der in seinem schwarzen Nissan 300 ZX als Fahrer bei einem illegalen Straßenrennen in Queens gegen einen Konkurrenten im Mitsubishi Starion 7500 Dollar gewann. Und er verdiente weiter, wie er dem Magazin »Autoweek« verriet: »All diese Drogendealer kamen mit dem Geld, das sie in ihre Autos gesteckt hatten, und sie hatten keine Ahnung von Autos. Ich hatte meine getunte alte Karre und hab sie ausgenommen.« Während der illegalen Rennen wurden Höchstgeschwindigkeiten von bis zu 160 Meilen pro Stunde (etwa 257 km/h) gefahren. Der 30-jährige aus der Dominikanischen Republik war damals der Star der Szene, die sich bereits Anfang der 1990er-Jahre gebildet hatte. Auffällig war, dass die Teilnehmer aus allen Ethnien kamen. Es waren Puerto-Ricaner, Chinesen, Philippinos, Jamaikaner, Italiener und eben auch Dominikaner dabei, die alle eine gemeinsame Liebe verband; die zu »rasendem Metall und Gummi«, wie Kenneth Li das formulierte.

Scott Stuber, damals »Senior Vice President of Production« von Universal Pictures, las den Artikel und fragte bei Regisseur Rob Cohen an, der damals dank Thrillern und Fantasy-Filmen wie »Dragonheart« und »Daylight« Erfolg hatte, ob er sich vorstellen könne, einen Film darüber zu inszenieren. Cohen sah erst kein Potential darin, besuchte dann aber das Treffen der »National Import Racing Association« in San Bernardino in Kalifornien und änderte seine Meinung: »Es gab Autos, Klamotten, Rennen, Frisuren, die spärlich bekleideten eurasischen Modelsirenen, die die jungen Männer anzogen, die alles vom Auspuffkrümmer bis zu computergesteuerten Benzineinspritzprogrammen untersuchten. Ich sah, wie sich der Film vor meinen Augen entwickelte, seine Textur, seine satte Energie und sein glänzendes Design, vor allem aber seine Frische.«

Cohen sah eine kulturübergreifende Leistungsgesellschaft, die nicht gewalttätig war und aus Weißen, Schwarzen sowie Asiaten bestand in der speziell »das schönste und schnellste Auto, der beste Klang und die schönste Freundin zählten.« Die Herkunft spielte keine Rolle, Leistung schon. Es gab auch keine Gangs. Es

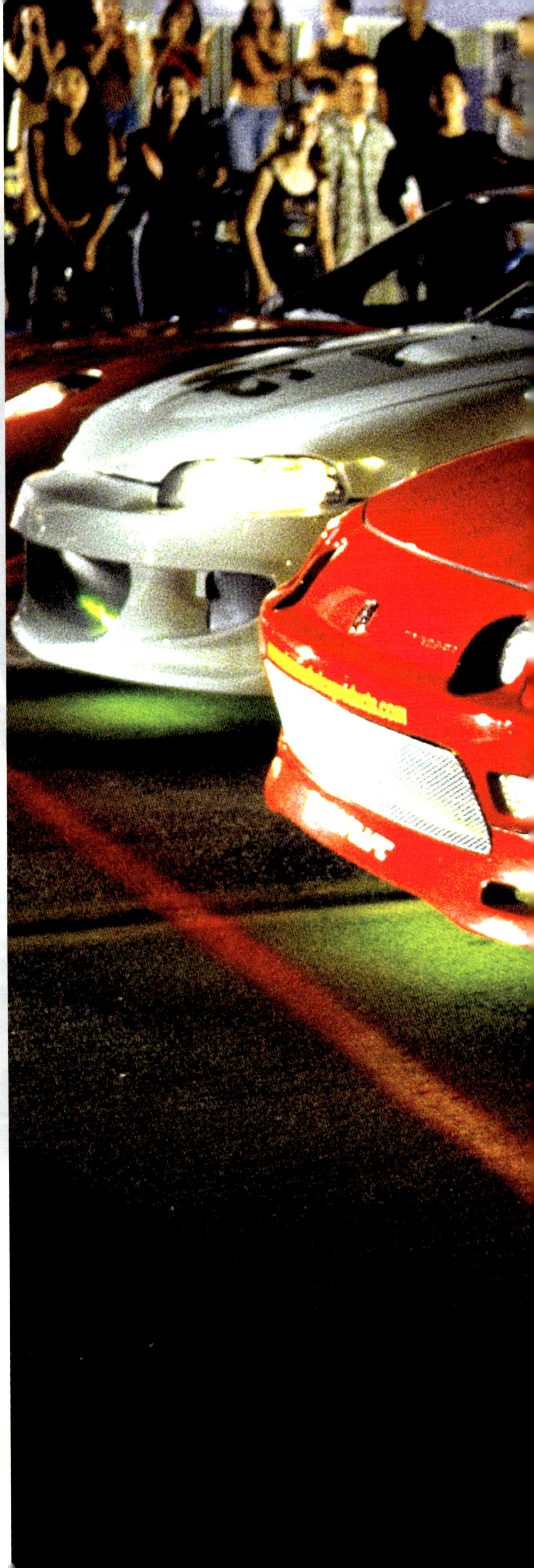

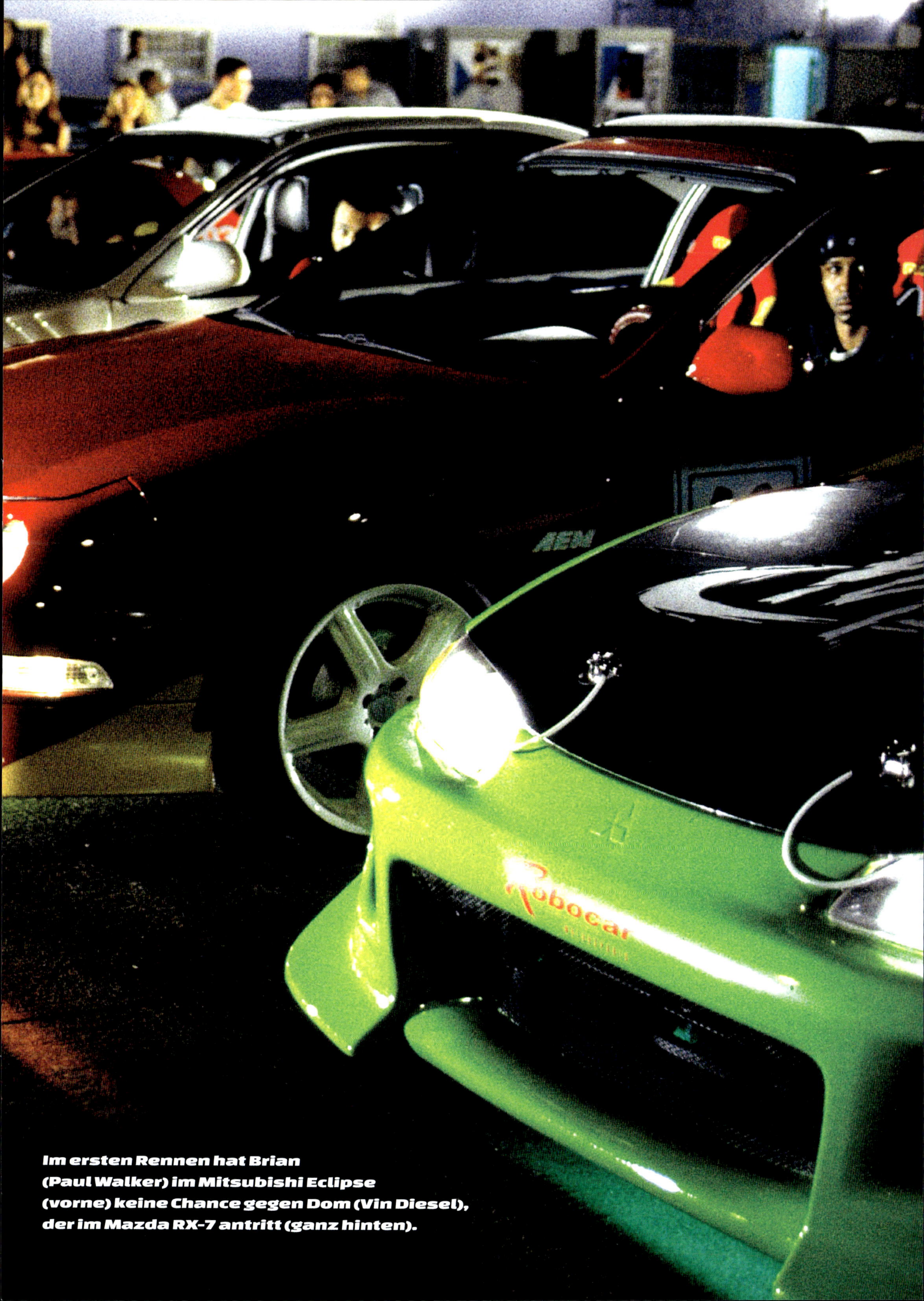

Im ersten Rennen hat Brian (Paul Walker) im Mitsubishi Eclipse (vorne) keine Chance gegen Dom (Vin Diesel), der im Mazda RX-7 antritt (ganz hinten).

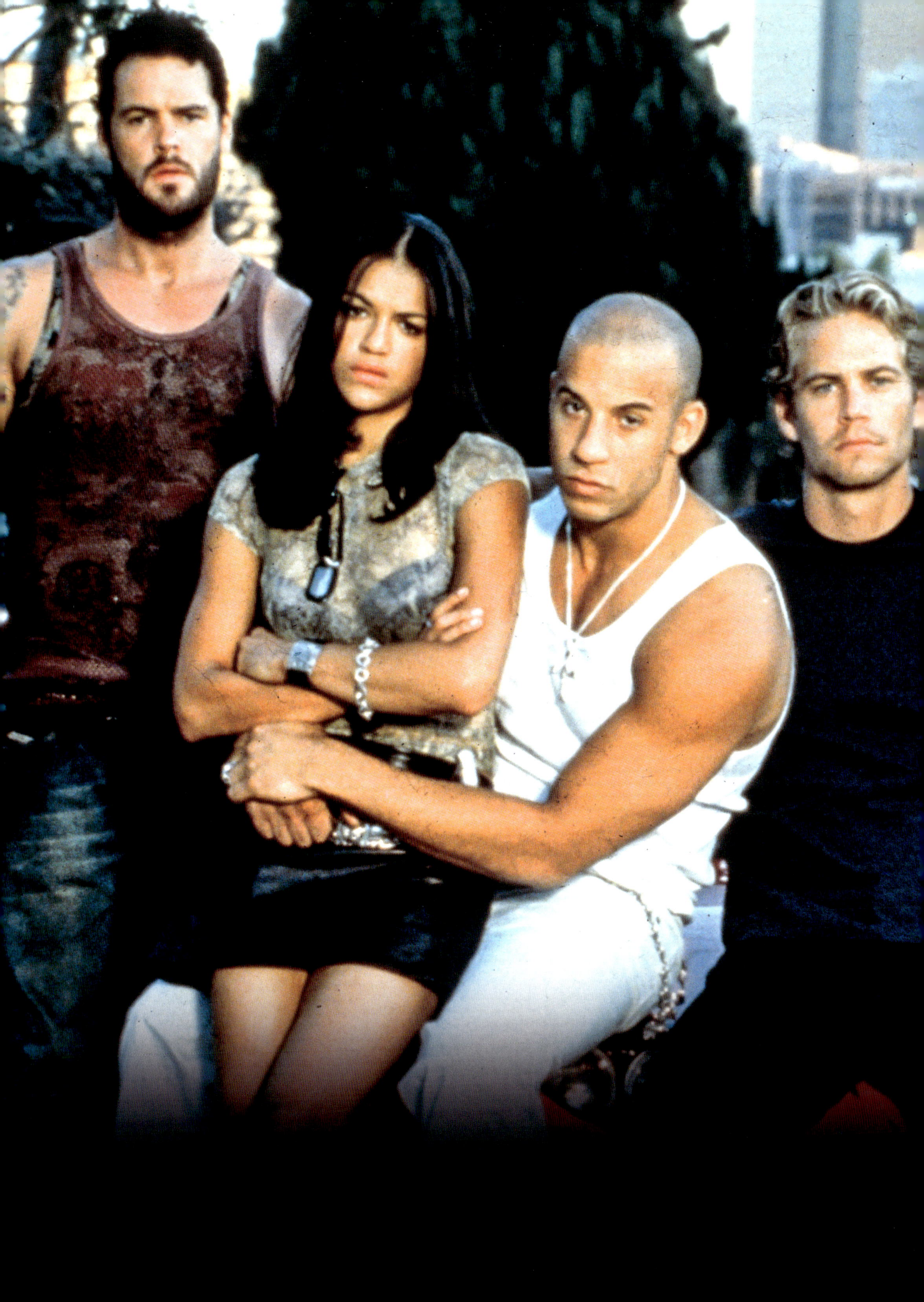

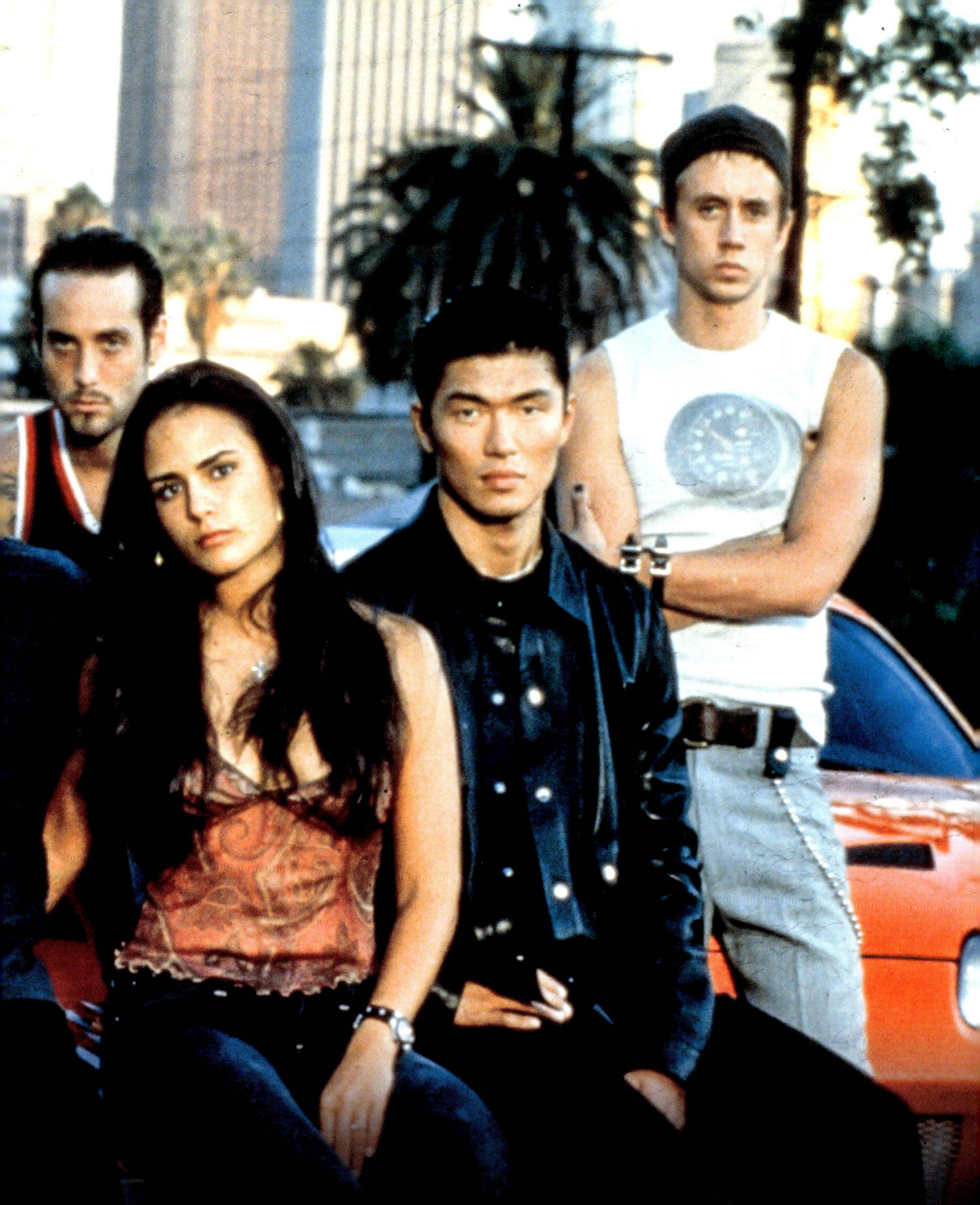

Vince (Matt Schulze:), Leticia »Letty« Ortiz (Michelle Rodríguez), Dominic »Dom« Toretto (Vin Diesel), Brian O'Conner (Paul Walker), Leon (Johnny Strong), Mia Toretto (Jordana Brewster), Johnny Tran (Rick Yune) und Jesse (Chad Lindberg).

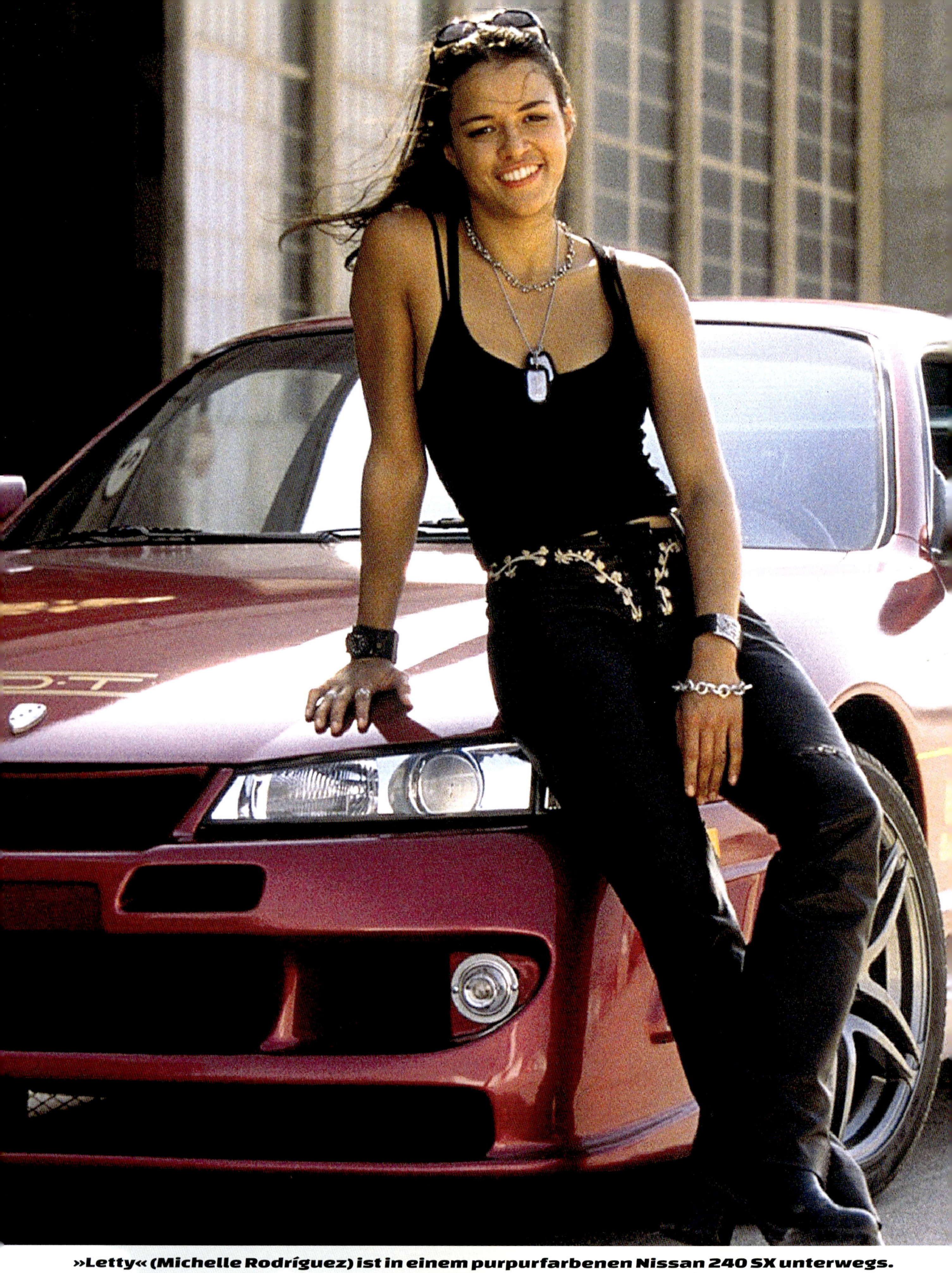

»Letty« (Michelle Rodríguez) ist in einem purpurfarbenen Nissan 240 SX unterwegs.

gab Teams. Autor Gary Scott Thompson wurde beauftragt, eine Geschichte und Charaktere zu entwickeln. Gemeinsam mit Erik Bergquist verfasste er ein Drehbuch. Dann wurde noch David Ayer hinzugezogen, dessen Drehbuch für »Training Day« ihn gerade bekannt gemacht hatte. Der überarbeitete das Skript und verlegte die Filmhandlung von New York in die Berge von Hollywood.

Überlegungen, den Film »Racer X« zu nennen, wurden verworfen. Cohen schlug »Draggin« vor, doch auch dieser Titel sowie »Race Wars« und »Street Wars« fanden nicht genug Befürworter. Zwischenzeitlich lautete der Titel des Werks »Redline« – in Anlehnung an »Red Line 7000« (Rote Linie 7000) einen Film über die NASCAR-Rennen aus dem Jahr 1965. Doch auch dieser Titel wurde verworfen. Dann sah Neal H. Moritz eine Dokumentation über »American International Pictures«, darin: Ausschnitte aus Roger Cormans Film »The Fast and the Furious«. Sofort schlug er dem Chef von Universal diesen Titel vor. Universal war einverstanden, man verhandelte mit Corman und wurde sich rasch einig. Teil des Vertrages war, dass Corman bereits gedrehtes Archivmaterial aus anderen Filmen für seine Zwecke verwenden konnte, aber er profitierte auch noch in anderer Form: Auf die Frage des Autors dieser Zeilen bei den Filmfestspielen in Cannes, ob er auch Prozente vom Umsatz bekomme, antwortete Corman: »Ja, so ist es.« Er verdient also bis zu seinem Lebensende dank der Verwendung des FIlmtitels.

Rob Cohen hatte zunächst Mark-Paul Gosselaar für den Part des Brian im Sinn, doch dann schwenkte Cohen um, denn er hatte mit Paul Walker schon in seinem vorherigen Film »The Skulls – Alle Macht der Welt« zusammengearbeitet. Er bestand auf Walker, auch wenn das Studio zunächst noch andere Akteure wie Eminem, Christian Bale und Mark Wahlberg favorisierte. »Ich denke, dass jeder Film überraschende Elemente hat«, so Cohen. »Hier war es Paul Walker. Er hatte für mich etwas von Steve McQueen. Er war in der Lage vom kühnen Herzensbrecher zum Symbol für Männlichkeit zu werden.« Auch Walker schätzte seine Rolle und sagte: »Ich glaube jeder Junge träumt irgendwann davon ein Polizist zu sein. Ich wollte das auch – und ich wollte ein Rennfahrer sein. Hier bekomme ich das als Kombination. Ich liebe es, diese Actionszenen zu drehen. Vin bringt mir alles über das schnelle Fahren bei und dafür respektiere ich ihn.«

Rob Cohen wollte die Rolle des Dom zunächst an Mario Lopez vergeben, doch das Studio intervenierte, denn sowohl er als auch Gosselaar waren durch die Komödie »California High School« bekannt geworden und man wollte Vergleiche vermeiden. Um Vin Diesel zu gewinnen, benötigte es Überzeugungskraft, denn der zierte sich zunächst, den Part des Dom zu übernehmen. Dann wurde jedoch auf seine Wünsche mehr Rücksicht genommen und das Drehbuch mehrfach überarbeitet. Erst dann sagte Diesel zu.

Die Figur der Letty war zunächst nicht sehr umfassend, bekam aber im Verlauf der verschiedenen Drehbuchfassungen mehr Raum. »Michelle hat eine besondere weibliche Power«, so Cohen. »Wir hatten zuerst nicht wirklich eine Rolle für sie. Dann schrieben wir die Rolle der Letty. Sie hat eine wirklich süße Art.« Die gelobte bedankte sich mit dem folgenden Statement: »Es waren Mädchen dabei, die seit langer Zeit Rennen fuhren. Es war an der Zeit, die auch mal zu präsentieren. Es ist eine coole Welt, in der ich mich gerne aufgehalten habe.«

Der Part der Mia war zunächst mit Blick auf Eliza Dushku geschrieben, doch diese lehnte ab. Außerdem waren Natalie Portman, Kirsten Dunst, Jessica Biel, Bijou Phillips und Sarah Michelle Gellar im Gespräch. Doch schließlich ging die Rolle an Jordana Brewster.

Für Vin Diesel waren die Autos der Street Racer »mehr als ein Hobby. Es ist eine Form von Identität. Die Identität wird in diesem Wagen reflektiert. Diese Wagen haben als Schrott begonnen oder als Einzelteile und werden zu etwas gemacht, was etwas darstellt.« Er fügt hinzu, dass man »diese Welt und diese Kultur zuvor nicht im Film gesehen hat«, womit er sicher Recht hat. Laut Cohen passte Diesel perfekt auf die Rolle des Dom: »Er hat Tiefe, Wahrheit, Verletzlichkeit und Charme. Er kann Wildheit und Wut spielen und [er] kann gefährlich sein. Den Frauen bietet er einen unglaublichen Oberkörper und eine tiefe, heisere Stimme und vermittelt den Eindruck, sie in allen Situationen zu beschützen. Für mich ist er der perfekte Action-Held und Anti-Held.«

Dreharbeiten, Drehorte, Budget

Bevor die Dreharbeiten begannen, wurden die Akteure an der Las Vegas Racing School von Stunt Koordinator Mic Rodgers unterrichtet, wobei Michelle Rodríguez und Jordana Brewster nur maximal 80 Meilen fahren durften, die Männer aber schneller. Der Film entstand vom 31. Juli bis zum 21. Oktober 2000 ausschließlich in Kalifornien. Die Szenen mit den Autorennen wurden sowohl auf dem internationalen Flughafen in San Bernardino, in Hemet im Riverside Country, südöstlich von Los Angeles, als auch in San Pedro im Süden der Stadt gedreht. Dort wurde das letzte Rennen zwischen Brian und Dom inszeniert. Am aufwendigsten waren die sogenannten »Race Wars«, die in San Bernardino entstanden. »Ich habe vom Method Acting gehört. Das hier ist Method Racing«, so Regisseur Cohen. Rund 1.500 Importautos bildeten die Kulisse, zu der viele authentische Fans anreisten, die direkt von den Straßen weg engagiert wurden. »Sie verwendeten ihre eigenen Autos, ihre eigene Kleidung, sie hörten ihre Musik [...] sorgten für das entsprechende Lokalkolorit und zeigten so ihren Lebensstil.« Das Budget war mit rund 38 Millionen Dollar vergleichsweise niedrig.

Erstmals sind zwei wichtige Orte zu sehen, zu denen die Filmcrews auch für viele andere Abenteuer der Reihe zurückkehrten. Das Haus von Dom steht an der 722 East Kensington Road in Los Angeles. Sein Laden, »Toretto´s Market & Café«, tatsächlich »Bob´s Market Store«, liegt im Stadtteil Echo Park, 1234 Bellevue

Avenue. Davor sollten später immer wieder Proteste gegen illegale Straßenrennen stattfinden.

Die Aufnahmen der Rennen wurden auf verschiedene Art und Weise realisiert. So entstand das anfangs gezeigte Rennen mit vier Autos weitestgehend am Computer. Effekt-Künstler filmten die Straßen mit einer Vorrichtung, auf der sich sechs Kameras befestigten. So konnten sie ein 270 Grad Panorama der Umgebung abbilden. Die Autos wurden dann digital eingefügt. »So konnte die Kamera zwischen und neben den rasenden Autos herunterstoßen«, sagte Special Effects-Experte Bill Taylor dem Magazin »Entertainment Weekly«. Zusätzlich verwendete Stuntman Mic Rodgers einen Anhänger, der »Mic's Rig« genannt wurde. Er wurde hinter dem Kamerawagen befestigt. Auf ihm war jeweils ein Fahrzeug ohne Reifen und Motor fest verankert. »Es sollte für die Schauspieler so wirken, als wenn Steve McQueen fährt und sie spielen können, aber sie mussten nicht fahren«, so Rodgers. »Ich fuhr.«

Vin Diesel stieß während einer Prügelei einmal über das Ziel hinaus und brach einem Stuntman mit dem Ellenbogen die Nase. Unangenehm für beide, aber Diesel entschuldigte sich umgehend und war dabei sehr nervös.

Die automobilen Hauptdarsteller

Laut Regisseur Rob Cohen sind die Autos »ein Symbol von Freiheit und zählen zu den Stars der Filme. Man fängt mit einem alten Wagen an, und mit 9000 oder 10.000 Dollar wird daraus etwas Besonderes. Das können sich auch die Geringverdiener leisten. Daraus hat sich eine neue Subkultur entwickelt, die immer größer und größer wird.« Dementsprechend wurden möglichst authentische Fahrzeuge, ausgewählt von Craig Lieberman, dem technischen Berater des Films, für die Rennen präpariert und zum Teil sogar durch ihn ausgeliehen. Die drei getunten 1993er Honda Civic EJ1, die für die Überfälle eingesetzt werden, gehörten allerdings nicht zu seinem Bestand. Man hielt sich generell an das, was in der Szene der illegalen Straßenrennen gefahren wurde und orientierte sich an japanischen Vorbildern, den sogenannten »Kanjozoku« oder Kanjo-Racers mit ihren mehrheitlich getunten japanischen Autos.

Laut Cohen haben die Wagen, die er bei seinen Recherchen gesehen hat »keinen Innenspiegel und keinen Tacho, weil die dafür sorgen würden, dass die Fahrer von der Straße wegschauen würden. Sie fühlen wie schnell sie fahren und fühlen ihren Motor. Ich hatte die Idee, filmisch in den Motor von Vin Diesels Auto einzutauchen, die Vorgänge innen zu zeigen und auch die Explosion in den Brennräumen, die dem Wagen den sofortigen Kick verpassen.«

Der hellgrüne Mitsubishi Eclipse RS mit blauen Streifen an den Seiten wird von Brian im ersten Rennen gefahren. Er wurde von der Firma »Diamond-Star Motors« (DSM) umgebaut, einer

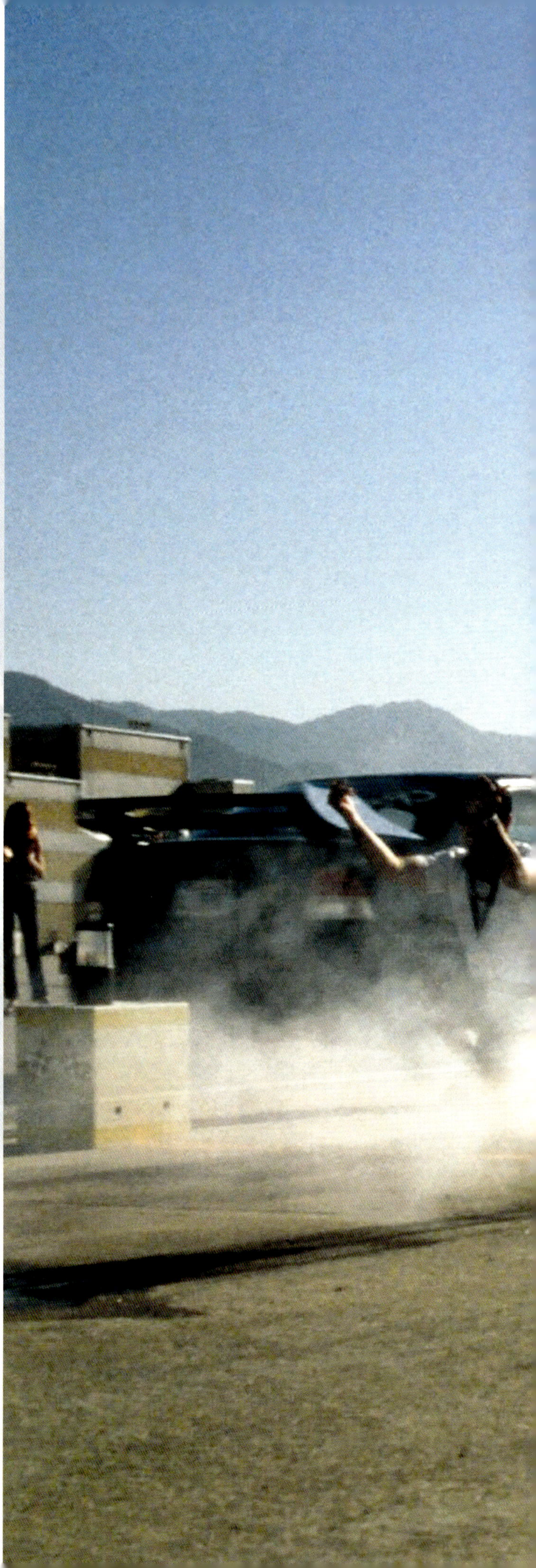

Die »Race Wars«-Szenen entstanden am San Bernardino International Airport.

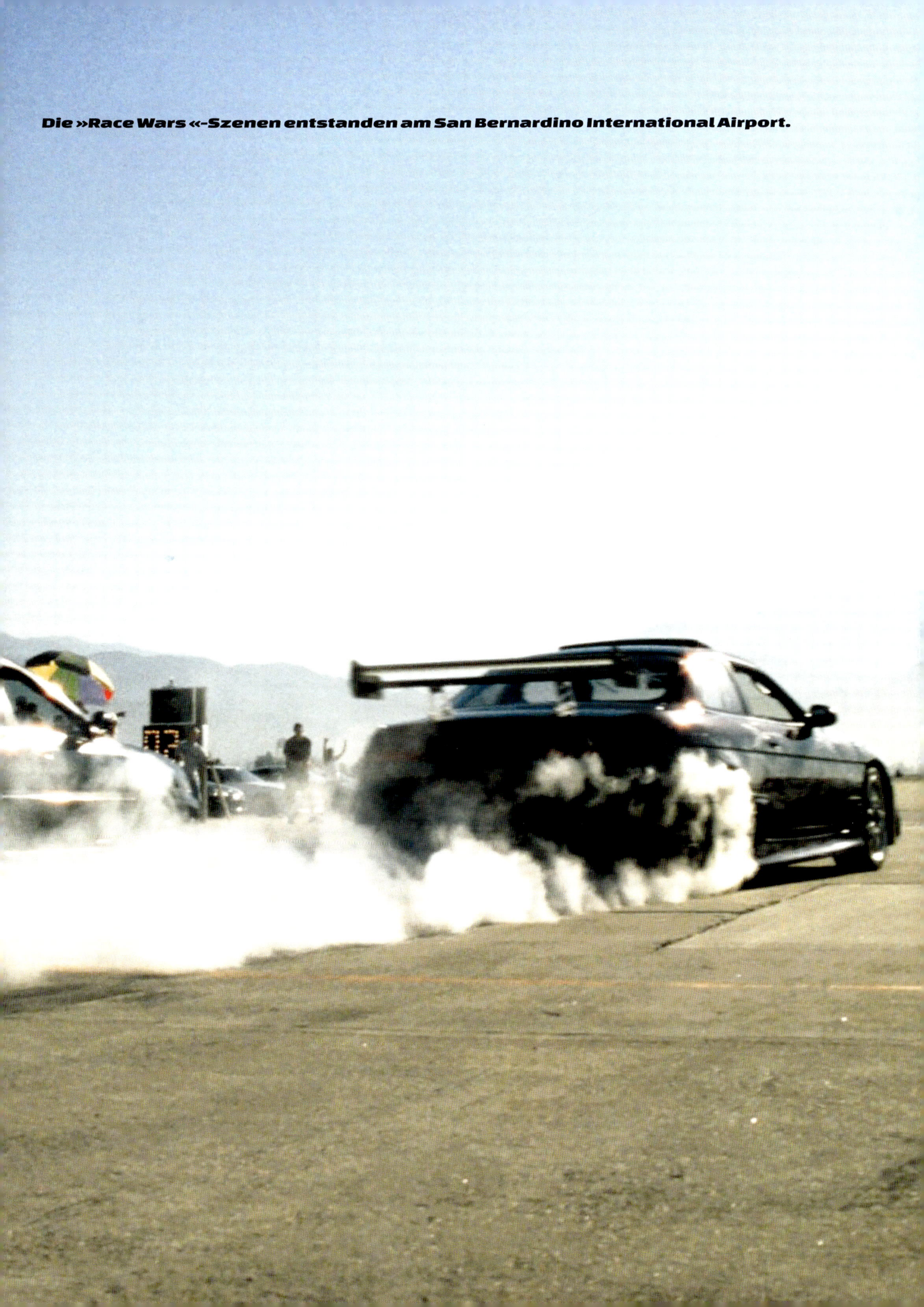

Brians (Paul Walker) Mitsubishi Eclipse RS gerät zwischen die Fronten eines Bandenkriegs zwischen Dom (Vin Diesel) und Johnny Tran (Rick Yune).

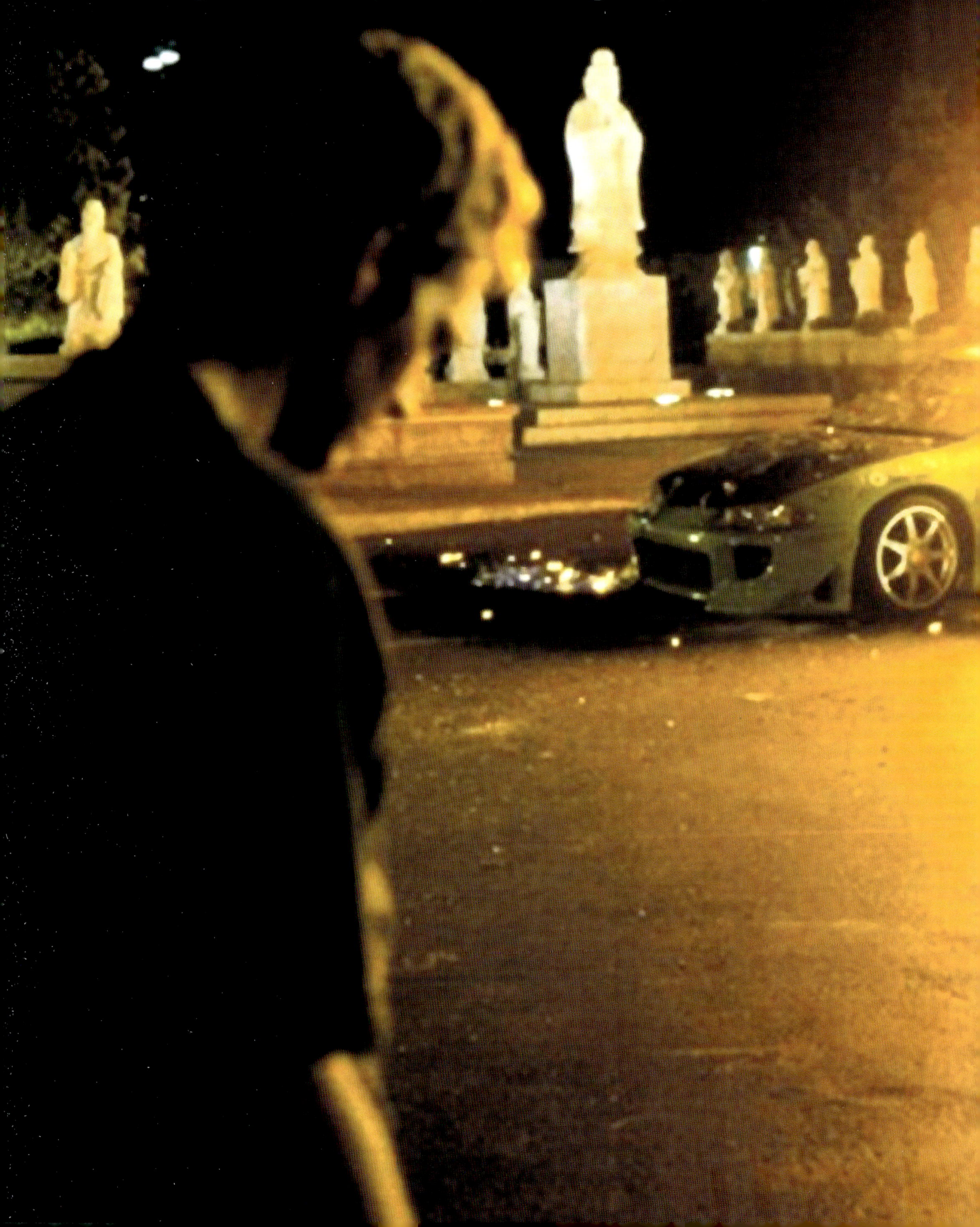

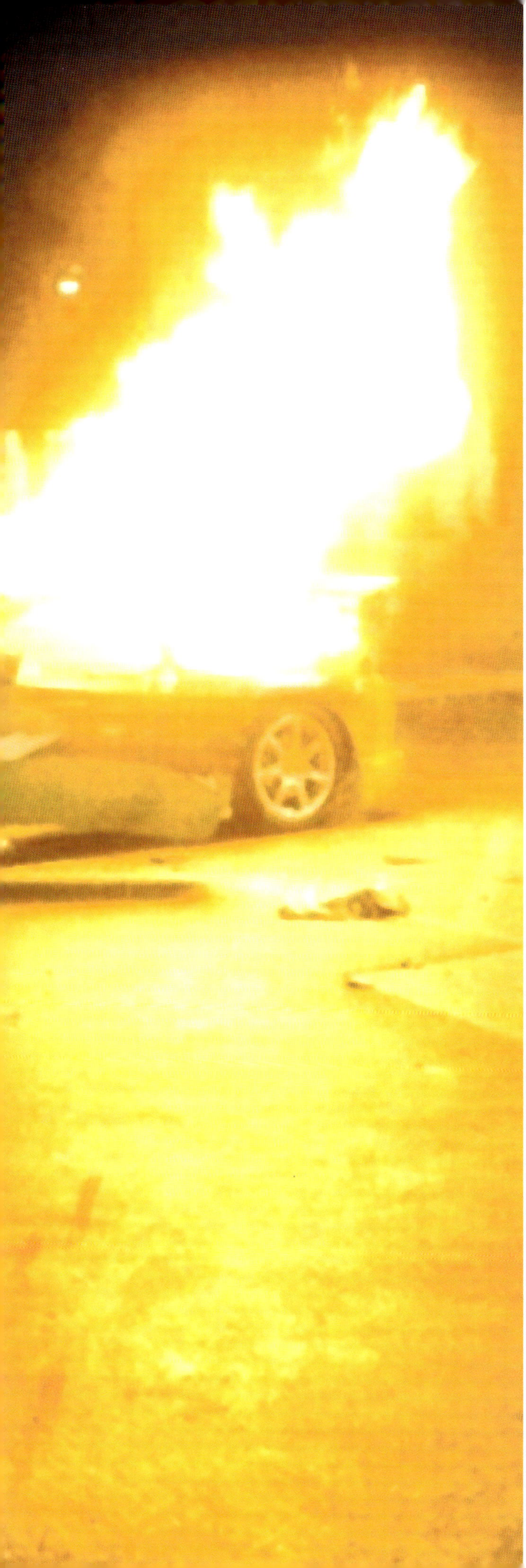

Kooperation der beiden Autohersteller Mitsubishi und Chrysler. Er verfügte über einen 140 PS starken 2.0 Liter-Chrysler Motor mit 16 Ventilen. Hinzu kamen ein Bodykit sowie ein extra installierter Heckspoiler. Außerdem verfügte er über eine zusätzliche Belüftung, ein sogenanntes »Roof Scoop« auf dem Dach, die bei Wagen mit Mittelmotor für eine zusätzliche Kühlung sorgt. Die 140 PS wurden dank Nitro-Unterstützung um 75 PS gesteigert. Als Brian das Rennen verliert, muss er das Auto abgeben, doch als Polizisten die Szenerie stürmen, hilft Brian Dom zu flüchten. Sie geraten in das Territorium von Johnny Tran (Rick Yune), der den Wagen zerstört. Tatsächlich überlebte der Mitsubishi aber die Attacke: Bei einer Versteigerung von Mecum Auctions im Januar 2022 erzielte er 170.500 Dollar – mehr als 20 Jahre nach dem Film. Er wurde zuvor, ohne alle Umbauten, bereits im Film »Sex Drive« verwendet.

Als nächstes nutzt Brian eine orangefarbene 3.0 Liter-Sechszylinder Toyota Supra Mark IV. Damit zeigte er, dank der Aufrüstung auf 544 PS (andere Quellen: 569 PS), nicht nur einem schwarzen Ferrari 348 Spider die Heckleuchten, er trat auch gegen Doms Dodge Charger an. Der Toyota wurde von Eddie Paul von »The Shark Shop« in El Segundo, Kalifornien gebaut und später nochmals überarbeitet. Er taucht in »2 Fast 2 Furious« wieder auf. Der Toyota verfügt über einen Bomex-Frontspoiler, Seitenschweller, eine Haube im TRD (Toyota Racing Department)-Stil, einen Alu-Heckflügel und 19 Zoll Dazz Motorsports Racing-Felgen. Die Innenausstattung ist aus blauem Alcantara und schwarzem Kunstleder. Hinzu kommen ein Momo-Lenkrad und zusätzliche Instrumente. Bei einer ersten Versteigerung von Indianapolis Mecum Auctions im Mai 2015 erzielte der Wagen bereits 185.000 Dollar, aber als er im Juni 2021 erneut unter den Hammer kam, musste der neue Eigentümer bereits 555.000 Dollar bezahlen. Für Paul Walker war er »einer der besten japanischen Wagen aller Zeiten.«

Brians Widersacher Dominic Toretto (Dom) nutzt ganz andere Autos für seine Eskapaden. Im ersten Rennen tritt er mit einem roten Mazda RX-7 an und gibt auch gleich die Regeln vor: »Ein Rennen, zwei Riesen Startgeld. Der Sieger kassiert alles.« Der Wagen verfügte zunächst über einen Überrollkäfig, der jedoch wieder ausgebaut wurde, weil sich Vin Diesel darin eingeengt fühlte. So kam Tuner Keith Imoto ins Spiel, der das Sicherheitsfeature an Diesels Figur anpasste. Im Film bekam man den Eindruck, der RX-7 sei mit einer Lachgaseinspritzung versehen. Tatsächlich verfügte er über einen fast serienmäßigen Wankelmotor mit 3 mm-Drehkolben-Dichtungen und einigen weiteren kleinen Modifikationen. Optisch änderte sich allerdings einiges: Aus dem silbernen Wagen wurde ein roter, er bekam einen Recaro SPG-Sportsitz, Sparco-Gurte, ein Bodykit von VeilSide sowie einen RX-7 GT Heckflügel und Lexan-Abdeckungen für die Scheinwerfer.
Der RX-7 wurde auch von Craig Lieberman präpariert, der sich damit später sogar noch gegen einen Plagiator behaupten musste. Dabei handelte es sich um den in der Tuning Szene sehr bekannten George Barris, der selbst eine Reihe von Filmfahrzeugen baute und sich auch einmal des Wracks von James Deans Porsche 550

Spyder rühmte (siehe »Motorlegenden – James Dean«, Motorbuch Verlag). Barris hatte bei Mecum Auctions in Kissimmee, Florida einen baugleichen RX-7 eingeliefert und fälschlicherweise behauptet, es handele sich um den Filmwagen. Er versuchte das auch noch mit einem anderen Wagen aus der Reihe, wurde aber ebenso überführt.

Doms eigener, einst von seinem Vater restaurierter 1970er Dodge Charger R/T ist eines von mehreren im Film eingesetzten Fahrzeugen. Er verfügt über einen 7-Liter-Hemi-Motor mit 426 PS und schaffte immerhin 142 mp/h (228,5 km/h). Der aus der Haube herausguckende Kompressor war allerdings nur Show. Den Umgang mit dem Wagen lernte Diesel von Rodgers. Eines der nicht verunfallten Fahrzeuge wurde für 200.000 Dollar versteigert.

Doms Freundin Letty wurde mit einem purpurfarbenen Nissan 240 SX (S14) ausgestattet, ausgeliehen vom Filmstudio Universal. Er bekam ein Zeal-Bodykit. Die US-Version des Nissan Silvia leistet mit einer Zwei-Liter-Turbomaschine immerhin 217 PS. Nach den Dreharbeiten verkaufte der Eigentümer den Wagen weiter.

Außerdem ist ein weiß lackierter VW Jetta III mit von der Partie. Der Wagen wird von Jesse in einem sogenannten »Pink Slip« Race gefahren; das bedeutet, dass der Sieger des Rennens den Wagen des anderen gewinnt. Als »Pink Slip« wird in den USA der Fahrzeugschein bezeichnet. Der Jetta schaffte mit seiner Zwei-Liter-Vierzylinder-Maschine mit 115 PS die 0-60 mph-Messung in immerhin 9,9 Sekunden. Er wurde 2016 durch das Auktionshaus Barrett-Jackson versteigert und erzielte 46.200 Dollar. Schauspieler Frankie Muniz (»Agent Cody Banks«) erwarb den Wagen.

Am Ende des Films ist noch ein roter Chevrolet Chevelle SS 454 aus dem Jahr 1970 zu sehen. Er wird von Dom gefahren und tauchte im zweiten Film sowie in »Fast & Furious – Neues Modell. Originalteile.« aus dem Jahr 2009 nochmals auf. Von den drei 450 PS starken Wagen, die in den Filmen zu sehen sind, hat nur einer überlebt. Er wurde im September 2020 durch das Auktionshaus »Lloyds Auctioneers and Valuers« in Australien für 80.000 Dollar versteigert.

Premieren, Starttermine

Vor der Premiere wurde der Film in einem Kino in Chatsworth, einem Stadtteil von Los Angeles im Nordwesten des San Fernando Valley getestet. Diese Gegend gilt als Zentrum der Pornofilmindustrie und hat rund 35.000 Einwohner, die vor allem aus der unteren und mittleren Schicht der Gesellschaft kommen. »Die Reaktionen waren richtig gut«, erinnert sich Moritz: »Als das Licht anging, gab es Jubelrufe und Applaus.«

Die Weltpremiere wurde am 18. Juni 2001 im »Mann's Village Theatre« in Westwood, Los Angeles gefeiert. Als der Film vier Tage später in die amerikanischen Kinos kam, verdiente er allein am ersten Wochenende über 40 Millionen Dollar – mehr als das

»900 Pferde eingepfercht in ein Aggregat aus Detroit. [...] Das Ding hat so viel Drehmoment, dass sich die Karosserie beim Start verbogen hat.«

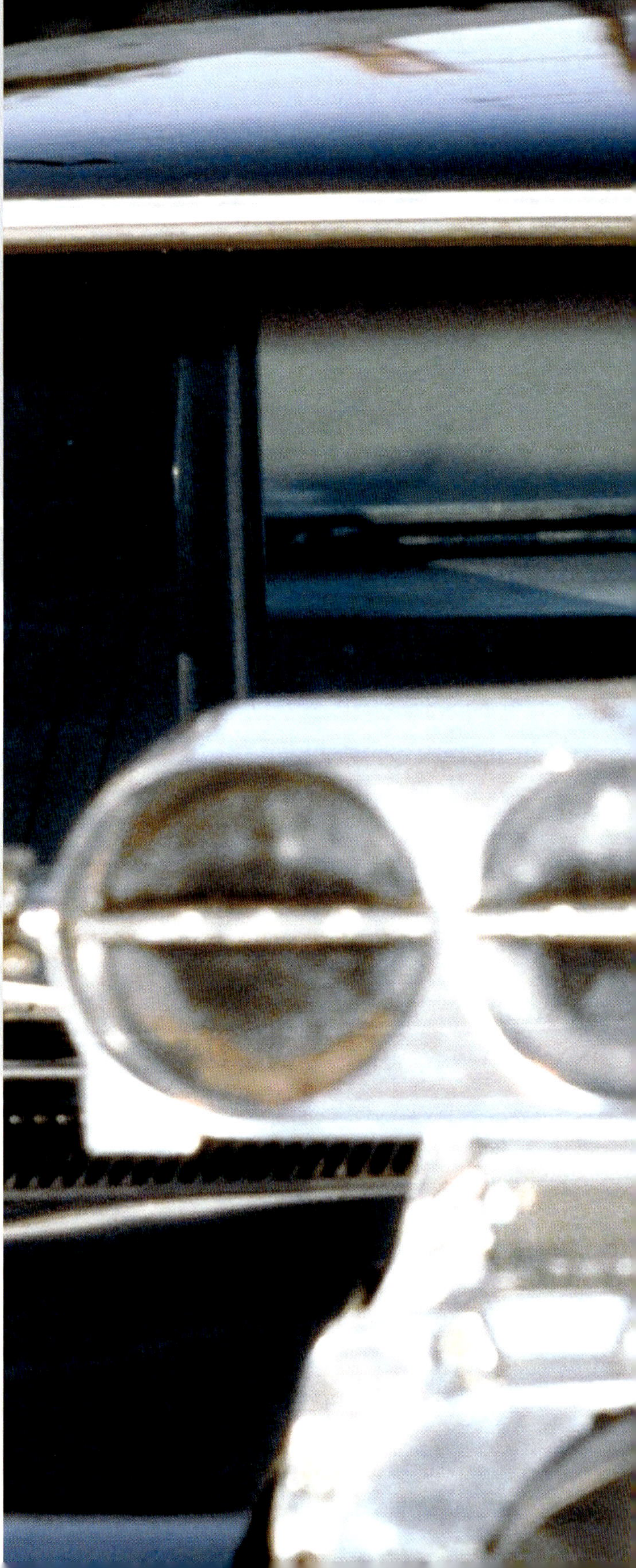

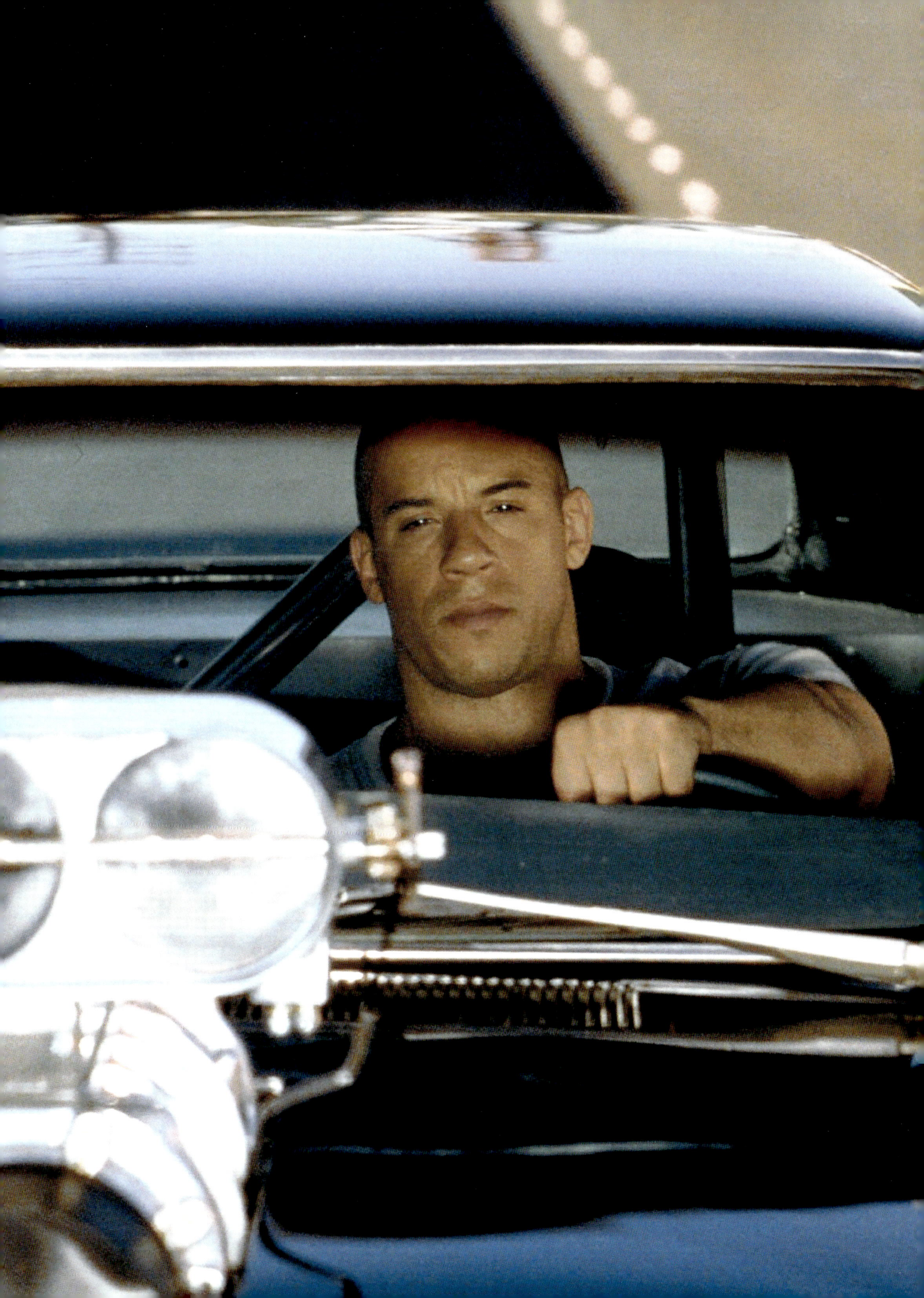

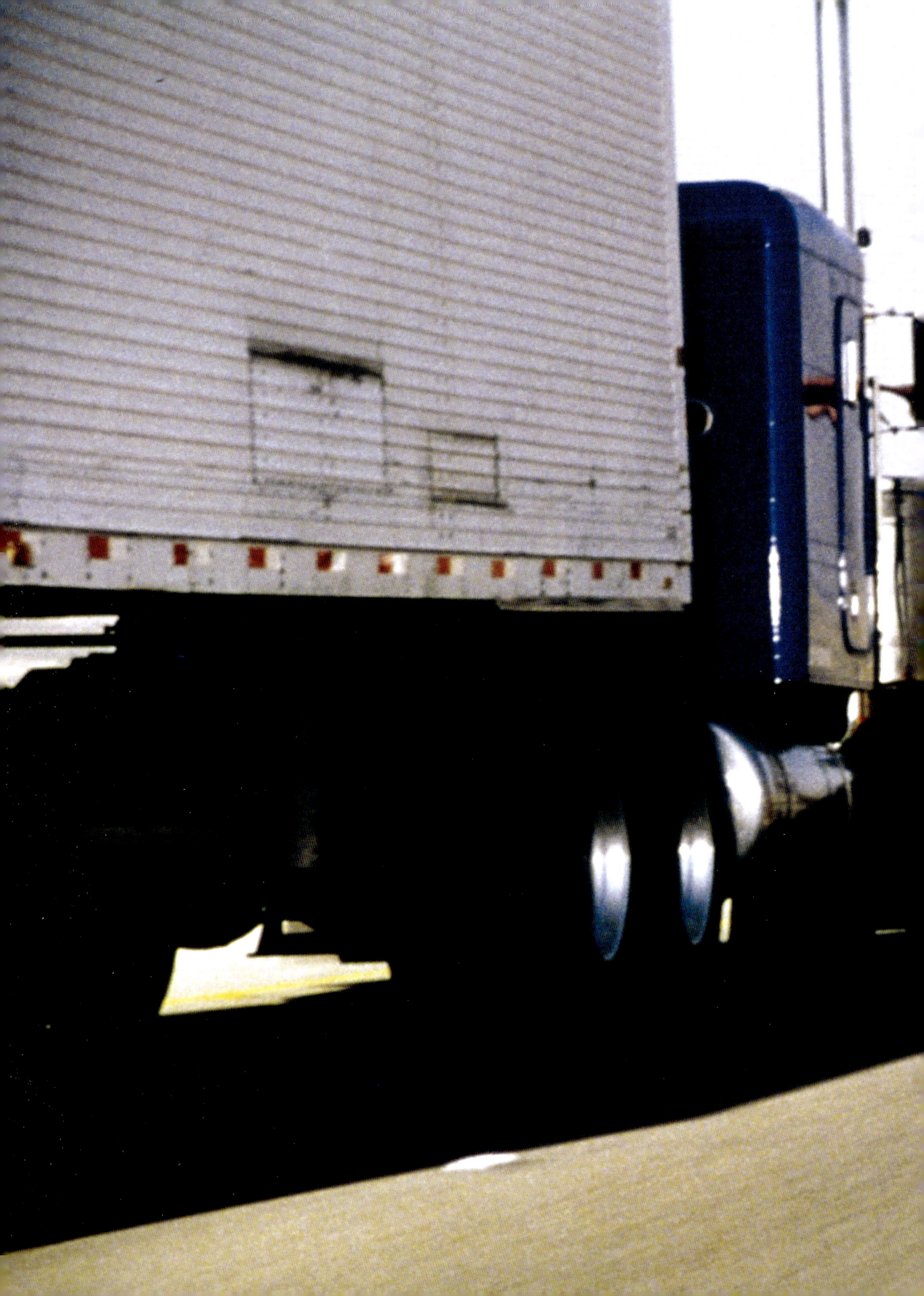

Anstatt »Dom« Toretto und seine Crew festzusetzen, eilt Brian dem verletzten Vince (Matt Schulze) am Kotflügel des Trucks zu Hilfe.

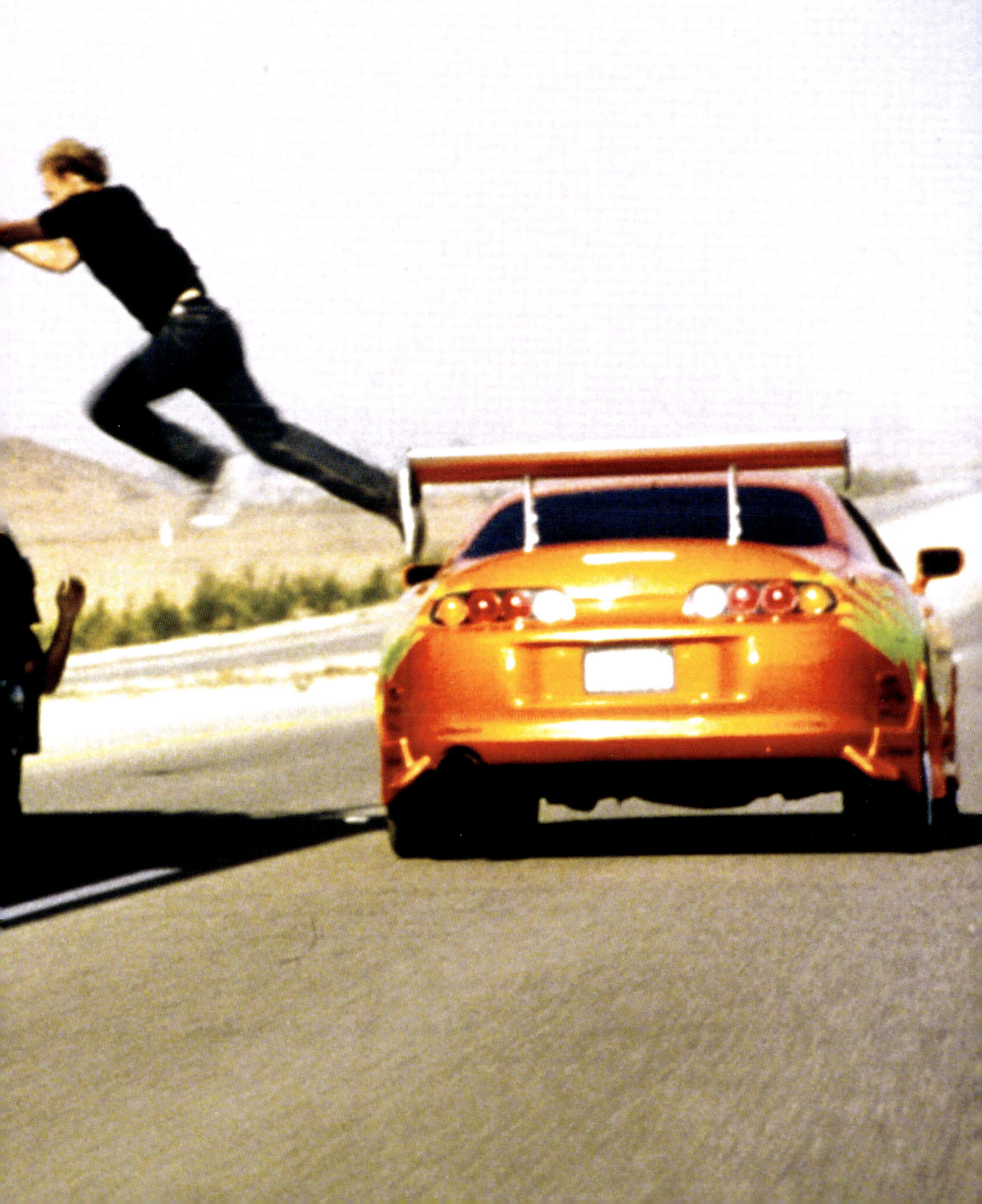

Budget. Der deutsche Kinostart war exakt vier Monate später. Der große Erfolg aus den USA konnte hier jedoch nicht wiederholt werden. Es kamen knapp 1,5 Millionen Besucher. Das reichte nur für Platz 33 der jährlichen Kinocharts. Die Szene für illegale Autorennen war nicht so groß wie in den USA, Tuning gab es aber schon: Die seit dem Jahr 1968 stattfindende »Essen Motor Show« verzeichnete auf 100.000 qm Ausstellungsfläche erstmals über 400.000 Besucher.

Anekdoten, Reaktionen

Der Film spielte weltweit über 207 Millionen Dollar ein. So war es kaum verwunderlich, dass Universal möglichst bald einen zweiten Teil herausbringen wollte, doch das gestaltete sich schwieriger als erwartet. Vin Diesel sagte ab. Er forderte 20 Millionen Dollar Gage (nach zwei Millionen für den ersten Film) und sagte später, dass die Gage gar nicht entscheidend gewesen sei, sondern die Tatsache, dass fast parallel noch zwei Sequels anstanden in denen er mitwirkte; das zu »Triple X« und das zu »Pitch Black«. Zum erneuten Filmstart am 22. Juni 2016 ließ Diesel immerhin ein Statement veröffentlichen. Es besagte, der Film habe sein Leben »für immer verändert. Dom wurde geboren. Es ist surreal, dass dieser Film sich nach all diesen Jahren immer noch aufrecht hält und zu so viel mehr geführt hat.«

15 Jahre nach dem Kinostart äußerte sich auch Produzent Neal H. Moritz in einem Interview. Er vermutete, dass der Erfolg des Films auch mit dem veränderten Starttermin zusammenhing: »Wir waren ein kleiner Film, der niemand wirklich interessierte. Wir hatten noch nicht einmal Journalisten am Set. Man plante, ihn irgendwann im Februar herauszubringen. Dann wurde er plötzlich zu einem Sommerfilm und zu einer großen Angelegenheit.«

Der Produzent gönnte sich übrigens einen Gastauftritt – im Ferrari. Der kurze Moment der Beschleunigung zwischen Brian und Dom im orangefarbenen Toyota Supra und dem schwarzen Ferrari 348 Spider entstand auf dem Pacific Coast Highway in Malibu. Aber nicht nur der Produzent ist auf der Leinwand zu sehen, sondern auch der Regisseur: Er ist als Pizzabote zu sehen, der beim ersten Rennen blockiert wird.

Sowohl Michelle Rodríguez als auch Jordana Brewster hatten während der Dreharbeiten keinen Führerschein, besaßen keine Autos und waren auch noch nie mit einem Schaltgetriebe gefahren. Stuntman Mic Rodgers brachte ihnen das Nötige bei, Michelle Rodríguez genoss es sehr.

Doms Dodge Charger, der im finalen Rennen des Films kräftig etwas abbekommt und sich überschlägt, hatte trotz (oder gerade wegen) seines Schrottwerts noch einen weiteren Auftritt in einem Auto-Film. In »Herbie Fully Loaded«, dem Wiederbelebungsversuch des »tollen Käfer« aus dem Jahr 2005, ist der schwarze Wagen mit der Nummer 88 auf den Türen auf einem Schrottplatz zu sehen.

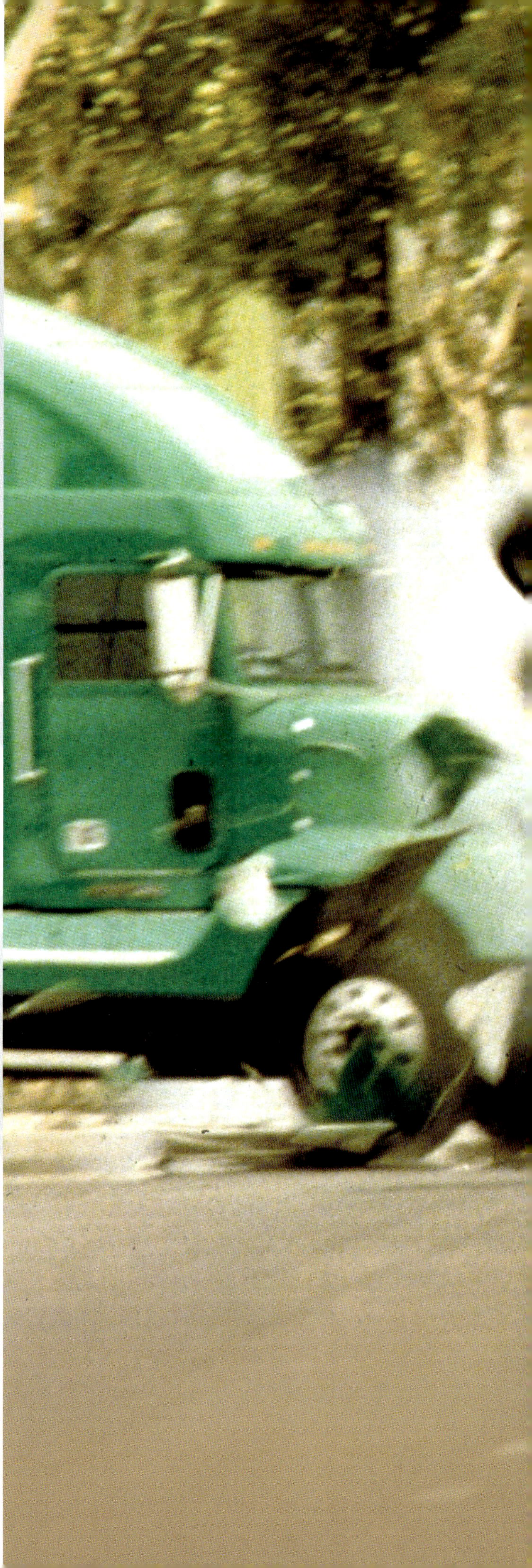

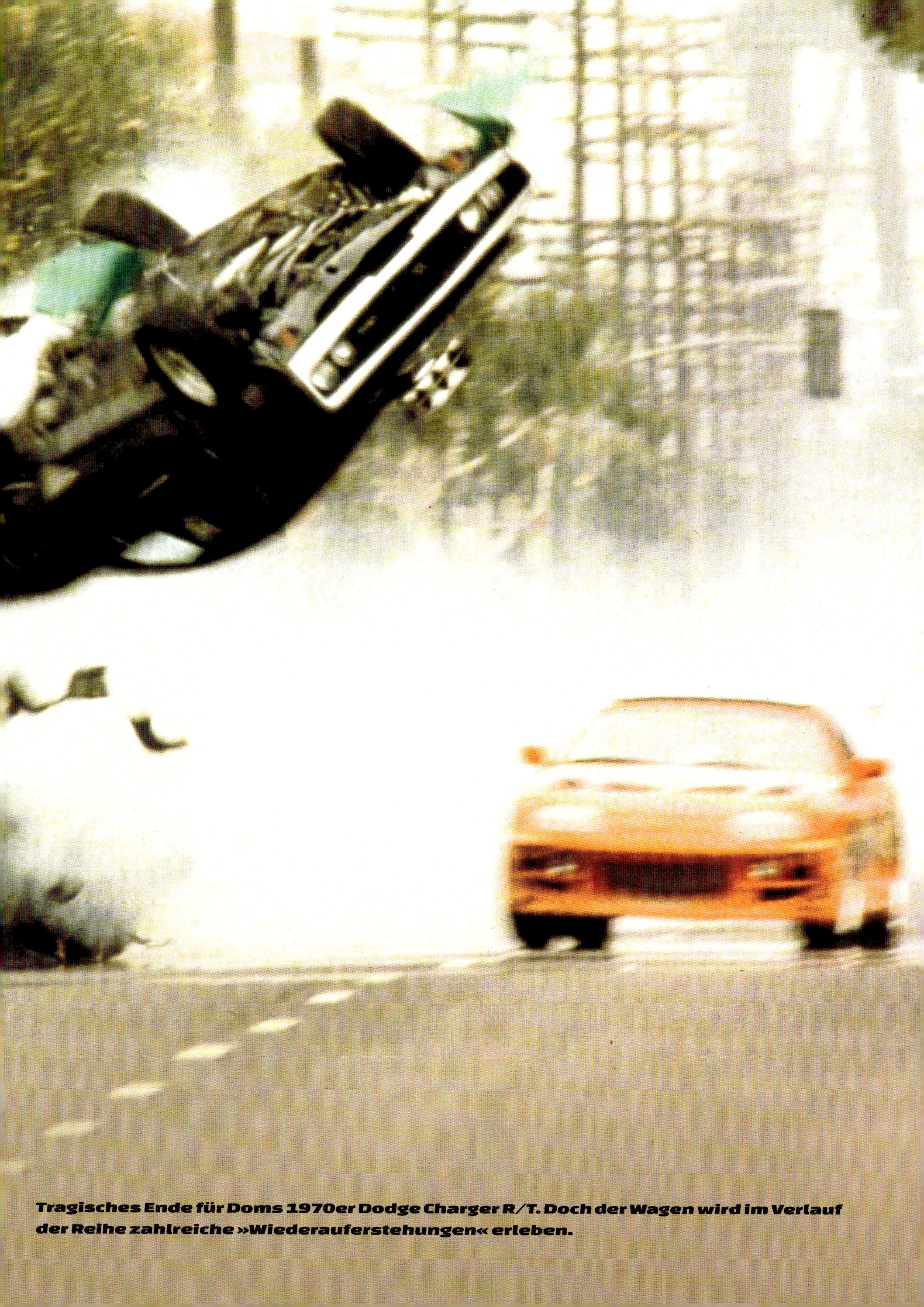

Tragisches Ende für Doms 1970er Dodge Charger R/T. Doch der Wagen wird im Verlauf der Reihe zahlreiche »Wiederauferstehungen« erleben.

Harry, Chef einer Autowerkstatt zu Brian:
»Ich habe gesehen, wie du fährst. Du hast einen Bleifuß. Du würdest dich damit in die Luft jagen.«

Dom:
»Ein Rennen, zwei Riesen Startgeld. Der Sieger kassiert alles.«

Letty:
»Wow, ich rieche Nutten. Ich rate euch, haut lieber ab, sonst lernt er mein Auto von unten kennen.«

Dom:
»Bist du ein Fluchtwagen-Fahrer?«
Brian:
»Nein.«
Dom:
»Klaust du Autos?«
Brian:
»Nein, niemals.«

Jesse:
»Lieber Gott, wir danken dir für die Erfindung der direkten Lachgaseinspritzung … und für die Ventilfedern aus Titan.«

Brian im Toyota Supra:
»Schickes Auto, was muss man denn dafür so hinlegen?«
Fahrer an der Ampel:
»Mehr als du je haben wirst. Ist ein Ferrari.«
Dom neben Brian:
»Gib's ihm.«

Hector:
»Schicke Karre, was hast denn du da unter der Haube?«

Edwin:
»Das ist genug Lachgas, um einen ganzen Straßenblock in die Luft zu jagen.«

Brian:
»Ich hätte Dich fast geschlagen.«
Dom:
»Egal ob du einen Inch oder eine Meile Vorsprung hast, gewonnen ist gewonnen.«

Dom zu Brian:
»Du kannst hier jedes Bier haben das du willst, solange du auf Corona stehst.«

Dom über seinen Dodge Charger:
»900 Pferde eingepfercht in ein Aggregat aus Detroit. Das ist ein Ungeheuer. Das Ding hat so viel Drehmoment, dass sich die Karosserie beim Start verbogen hat. Er ließ sich gerade noch so in der Spur halten.«

Mia:
»Dom ist wie Schwerkraft, alles wird gnadenlos von ihm angezogen.«

Letty zu einem Konkurrenten bei den »Race Wars«:
»Was zum Vögeln findest du auf dem Hollywood Boulevard. Hier gibt es einen Adrenalin-Stoß und der macht zwei Riesen. Also was ist? Komm schon. Bist Du dabei?«

DIE SCHÖNSTEN / SCHRÄGSTEN DIALOGE

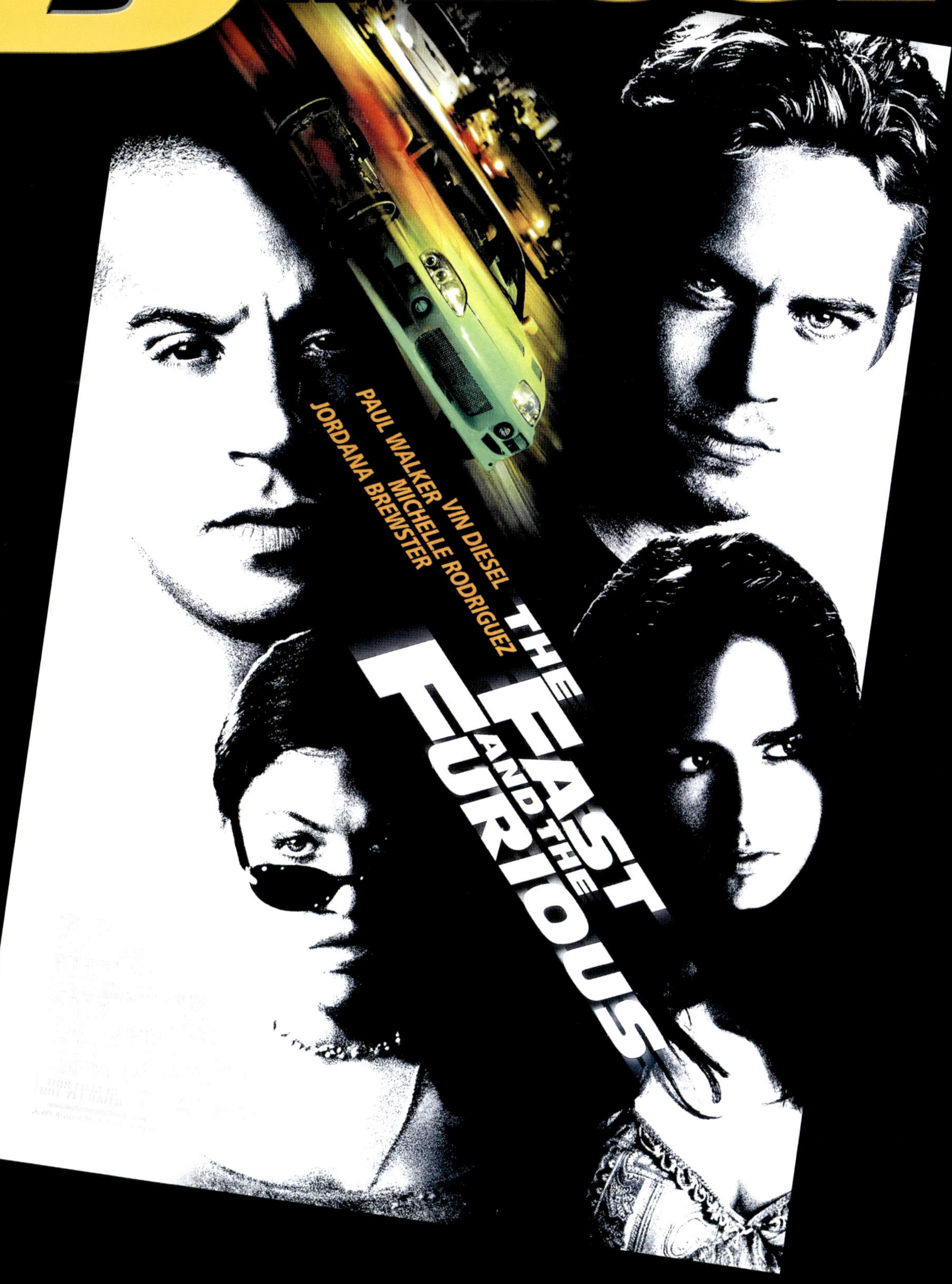

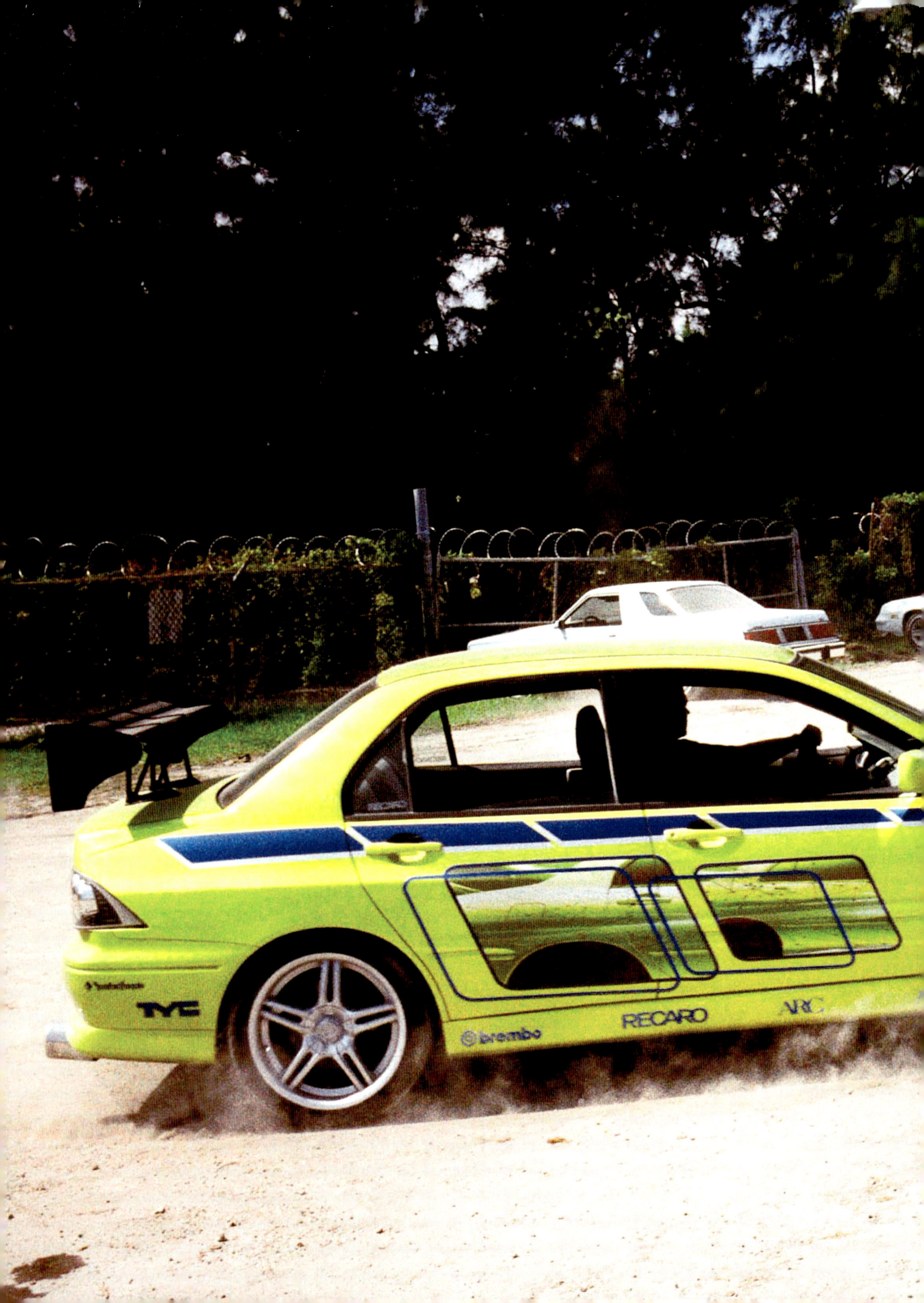
TYC
brembo
RECARO
ARC

2 FAST 2 FURIOUS

THE TURBO-CHARGED PRELUDE (2003)

»LEUTE, MACHT MAL FEUER AN EURE MÜHLEN, IN FÜNF MINUTEN MACHEN WIR DAMPF.«

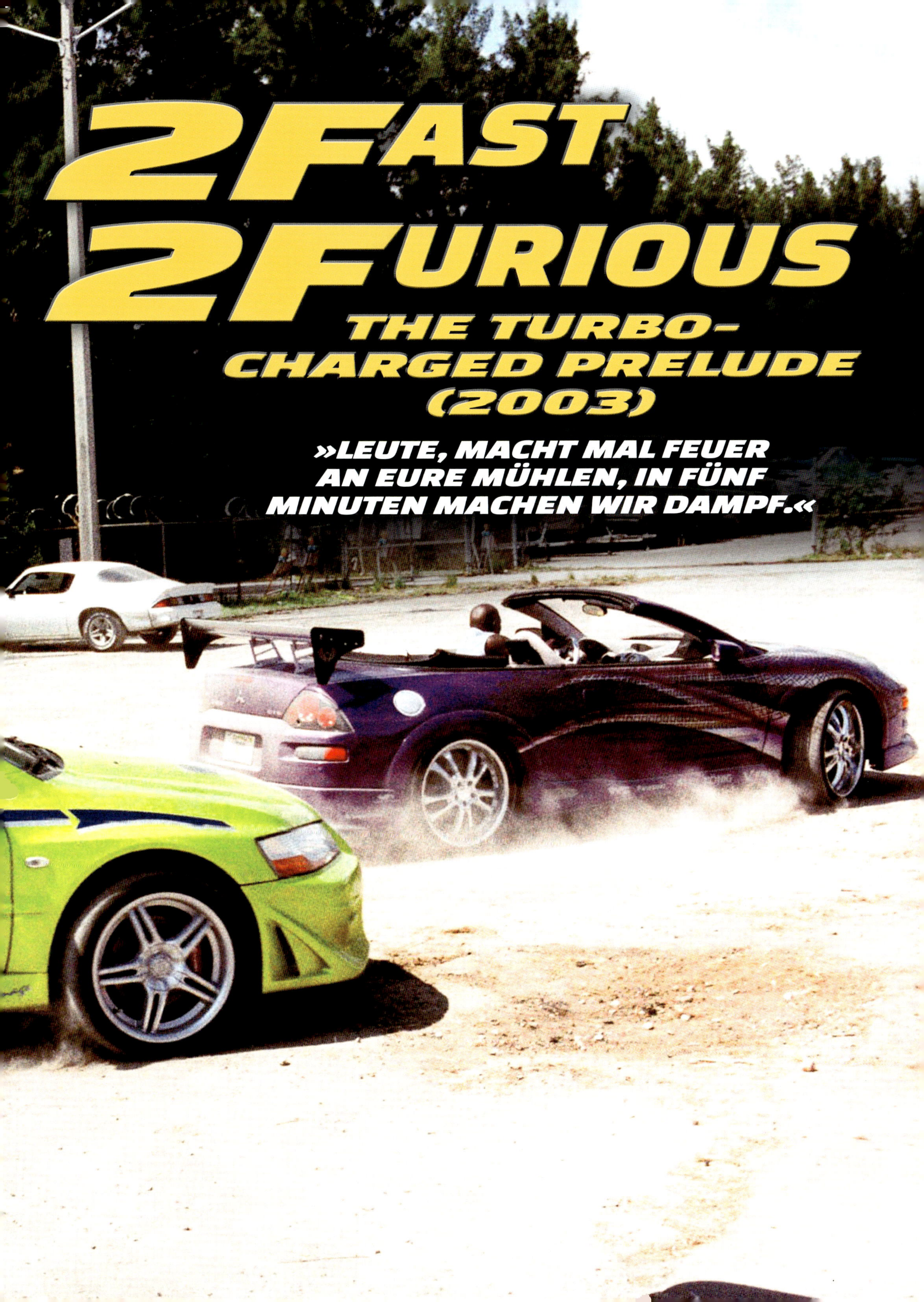

2 Fast 2 Furious (2003)

Inhalt

Der frühere Polizist Brian O´Conner (Paul Walker) verdient sein Geld damit, an illegalen Autorennen teilzunehmen. Er wird von der Polizei in Miami gestoppt, die ihm ein Geschäft anbietet: Seine Akte wird gelöscht, wenn er den Drogenhändler Carter Verone (Cole Hauser) überführt. Er besteht auf einem weiteren Fahrer namens Roman Pearce (Tyrese Gibson), der auch straffällig ist. Beiden gelingt es, sich als Drogenkuriere anheuern zu lassen. Sie arbeiten mit Monica Fuentes (Eva Mendes) zusammen, die sich als Verones Geliebte in dessen Organisation eingeschlichen hat.

Hintergründe

Nach dem überraschend großen Erfolg des ersten Films drängte Universal darauf, rasch eine Fortsetzung in die Kinos zu bringen. Statt Gary Scott Thompson, der die Story des ersten Films entwickelt hatte, erhielten Michael Brandt und Derek Haas den Auftrag, ein Drehbuch zu verfassen. Die beiden neuen Autoren waren am ersten Teil nicht beteiligt.

Als sich herausstellte, dass Vin Diesel zögerlich reagierte, verdoppelte sich die Arbeit der Autoren, denn sie mussten zwei Geschichten schreiben: eine ohne ihn und eine, falls Diesel doch noch zurückkehrte. Schließlich bewahrheitete sich die Befürchtung: Diesel sagte ab, weil ihm die Story nicht gefiel: »Sie haben eine Fortsetzung wie in den 80er- oder 90er-Jahren vorgehabt und dann eine neue Story herumgestrickt, die nichts mit der vorhergehenden Geschichte zu tun hatte. Danach haben sie nur noch einen Namen darauf geklebt.« Selbst ein Angebot von 25 Millionen Dollar Gage konnte ihn nicht umstimmen. Dass er hier Rückgrat bewies, spricht für ihn. Er wandte sich stattdessen dem Agentenfilm »XXX – Triple X« unter der Regie von Rob Cohen und dem Science-Fiction Abenteuer »Riddick: Chroniken eines Kriegers« zu.

Später meinte Diesel jedoch, er hätte die Rolle lieber annehmen und für mehr Einfluss auf die Geschichte kämpfen sollen. »Um den Film so gut zu machen wie möglich, hätte ich im Hinblick auf die Serie etwas geduldiger sein oder daran glauben sollen«, so Diesel. Nach seiner Absage sicherte sich Universal zügig die Dienste von Paul Walker und gab ihm immerhin sieben Millionen Dollar – nach einer Million für den ersten Teil.

Da Rob Cohen mit Diesel »Triple X« drehte, kam er für die Fortsetzung nicht in Betracht. So rückte Jeff Celentano in den Fokus. Seine Idee war, die Handlung nach Tokio zu verlegen, was jedoch erst im dritten Film geschah. Auf der Suche nach weiteren neuen Verantwortlichen fiel die Wahl auf John Singleton, der 1991 mit dem Drehbuch »Boyz n the Hood« aufgefallen war und dessen Neuverfilmung von »Shaft – Noch Fragen?« neun Jahre später in die Kinos kam. Der gab später bekannt, dass er sich darüber geärgert habe, nicht mit der Story des ersten Films an Produzenten herangetreten zu sein, denn die Rennfahrer-Szene war ihm nicht fremd: »Ich bin in South Central Los Angeles aufgewachsen. Dort gab es ständig Straßenrennen.«

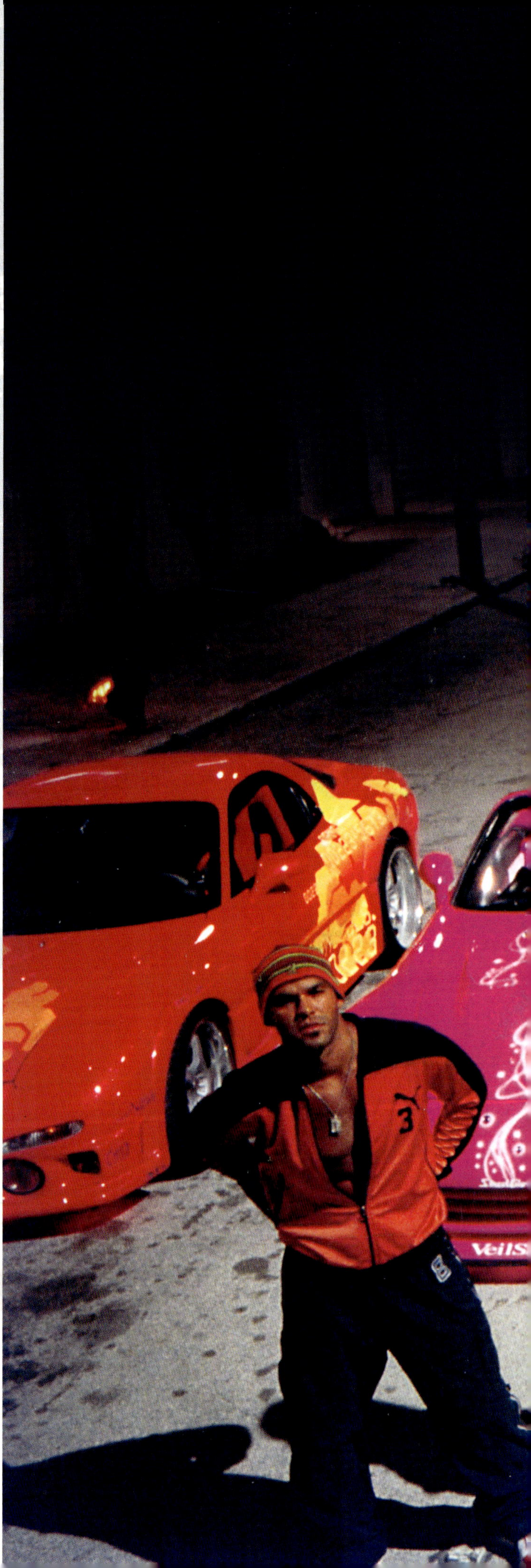

Die Macher um Regisseur John Singleton verlegten die Handlung des zweiten Teils der Reihe auf die Straßen von Miami. Von der Stammbesetzung war nur Paul Walker an Bord (hier 2.v.r., vor Nissan Skyline GT-R).

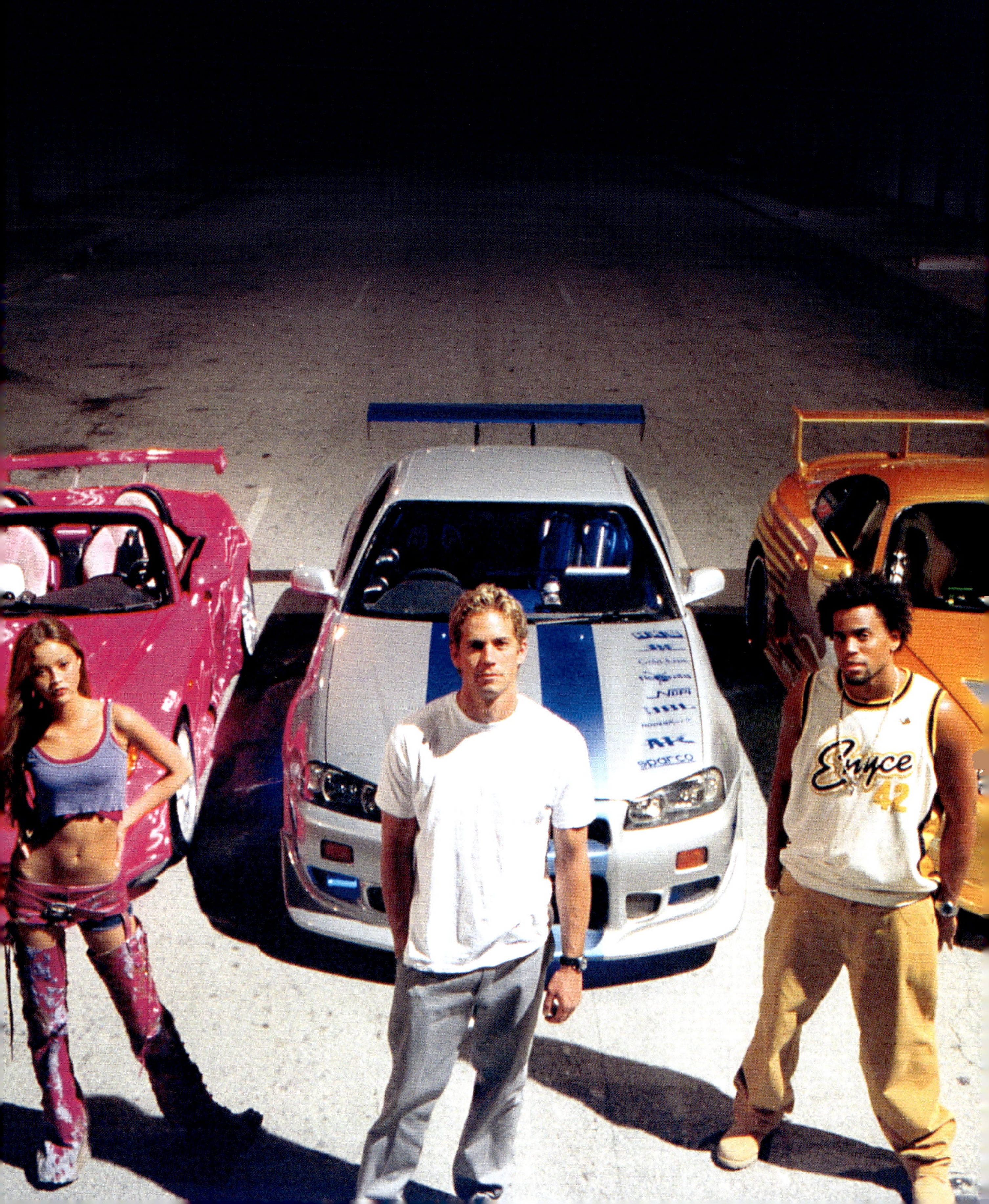

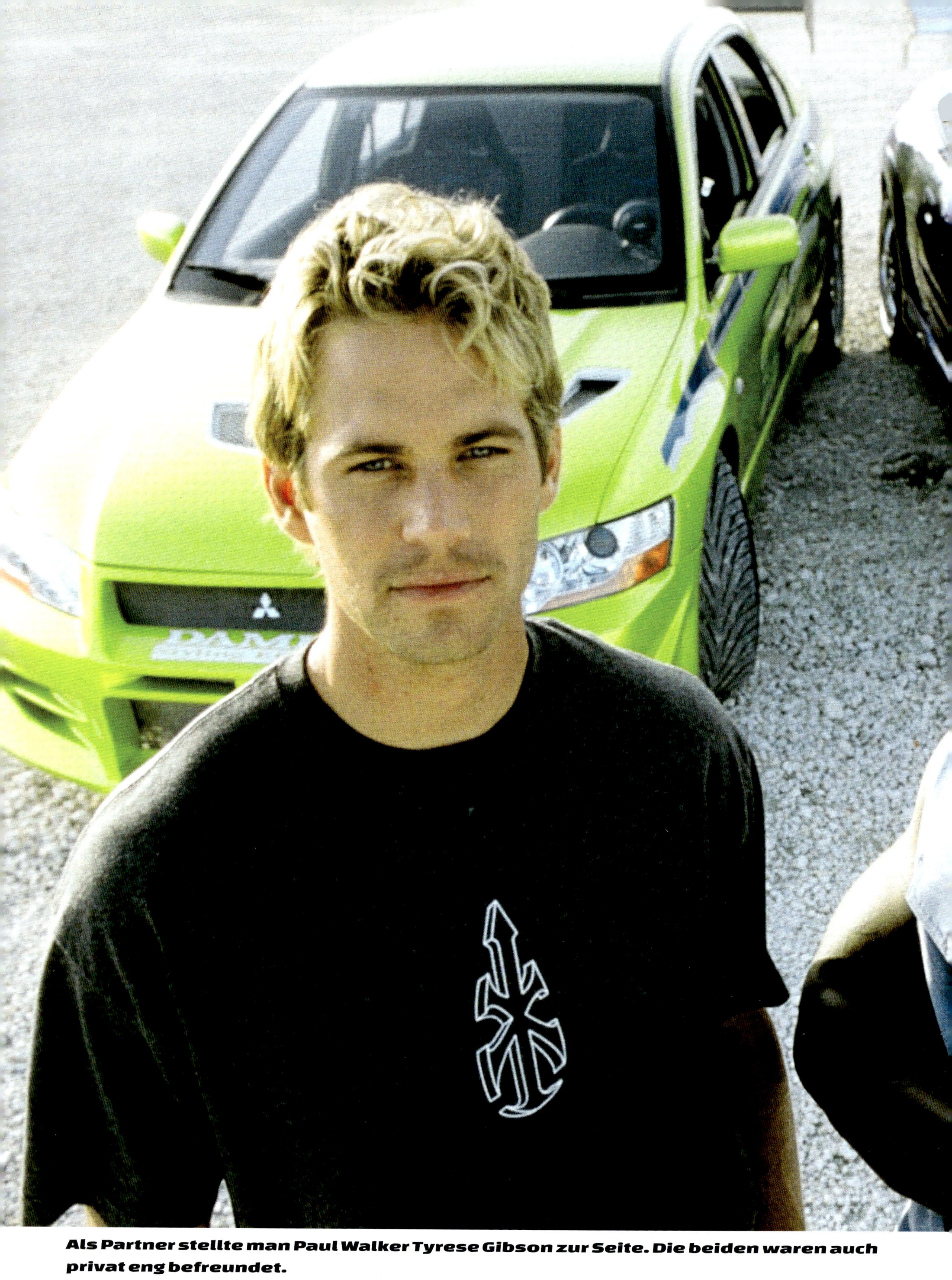

Als Partner stellte man Paul Walker Tyrese Gibson zur Seite. Die beiden waren auch privat eng befreundet.

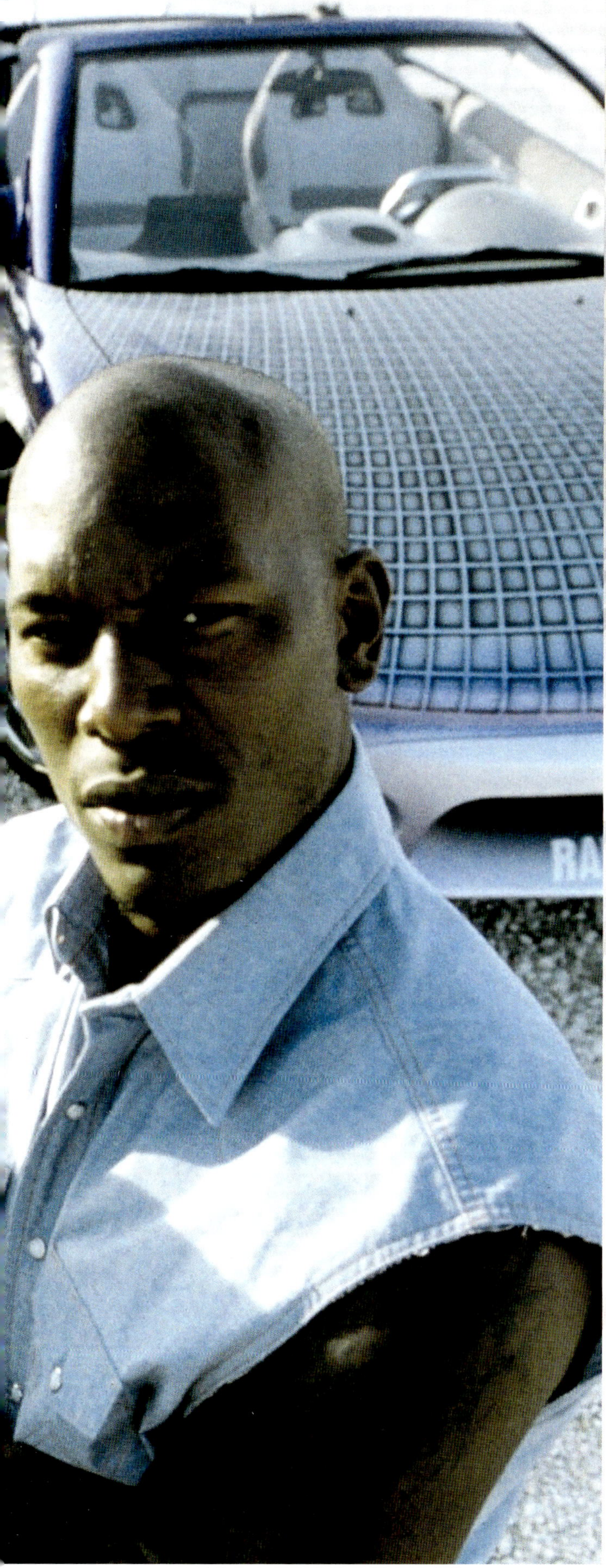

Da Vin Diesel ausfiel, machte man sich auf die Suche nach einem neuen Partner an der Seite von Paul Walker. Die Wahl fiel auf den damals 23-jährigen Tyrese Gibson, der zuvor vor allem als Rapper, R&B Sänger und Model aktiv war. »Ich habe Tyrese bei MTV gesehen«, so Produzent Neal H. Moritz: »Ich fand, dass er eine tolle Persönlichkeit und eine gute Bildschirmpräsenz hat.« Singleton hatte zuvor schon mit Gibson den Film »Baby Boy« gedreht und gab ihm die Rolle. Der Rapper 50 Cent, der auch für die Rolle von Roman vorgesehen war, war damit raus. Singleton hatte schon viel mit Musikern gearbeitet, und da die Musik- und die Tuningszene für ihn zusammengehören, verband er beides. Für den Part von Tej, der Mann, der Wetten bei den Autorennen annimmt, war zunächst der Rapper Redman vorgesehen. Er musste jedoch wegen anderer Verpflichtungen absagen. Dann wurde Ja Rule (Jeffrey Atkins) gefragt und sogar mit 500.000 Dollar Gage geködert. Er lehnte dennoch ab, weil er lieber die Rolle des Roman Pierce gespielt hätte, die aber bereits besetzt war. Schließlich ging der Part des Tej an den Rapper Christopher Brian Bridges, alias Ludacris, der schon im Alter von neun Jahren als Musiker begann. Dass gerade sein erstes Album »Back for the First Time« dreimal mit Platin ausgezeichnet wurde, war ein weiteres Verkaufsargument. Es war eine kluge Entscheidung, denn er sollte danach noch in sechs weiteren Filmen mit von der Partie sein – und das ganz ohne Schauspielerfahrung. Von der Tuningszene wusste er übrigens nicht viel: Privat war er seit dem Jahr 1999 seinem 1993er Acura Legend treu. Er mag das Auto, weil es ihn, wie er selbst meint, »auf dem Boden« halte. Inzwischen ist seine Autokollektion allerdings dennoch beträchtlich gewachsen.

»Chris hatte nie zuvor gespielt«, so Singleton. »In diesem Film sind mehr als 80 Prozent Neulinge, was ich toll finde.« Genau das war aber auch das Problem, denn die Schauspielerfahrung von Vin Diesel und Michelle Rodríguez wurde schmerzlich vermisst. Nicht zuletzt gingen den Filmemachern dadurch auch zwei prominente Zugpferde verloren.

Um das erste und das zweite Abenteuer zu verbinden, wurde der sechsminütige Kurzfilm »The Turbo-Charged Prelude« konzipiert und von Philip G. Atwell inszeniert. Darin ist zu sehen, wie Brian aus Los Angeles flieht, bevor ihn die Polizei dafür belangen kann, dass er Dom nicht verhaftet hat. Die Polizei verfolgt ihn. Er fährt durch die USA, nimmt an Straßenrennen teil, verdient so sein Geld und kauft in San Antonio in Texas einen rechtsgelenkten grünen Nissan Skyline GT-R R34, den er umbaut und silberfarben lackiert. Schließlich erreicht er Miami und sieht dort zwei ebenfalls getunte Wagen: einen gelben 1993er Toyota Supra Mk IV JZA80 und einen orangefarbenen Mazda RX-7 FD aus dem Jahr 1994. Daran schließt die Handlung des Spielfilms an.

Dreharbeiten, Drehorte, Budget

Noch vor Drehbeginn durften Paul Walker und Tyrese Gibson auf einem abgesperrten Kurs ein Fahrtraining absolvieren. Walker

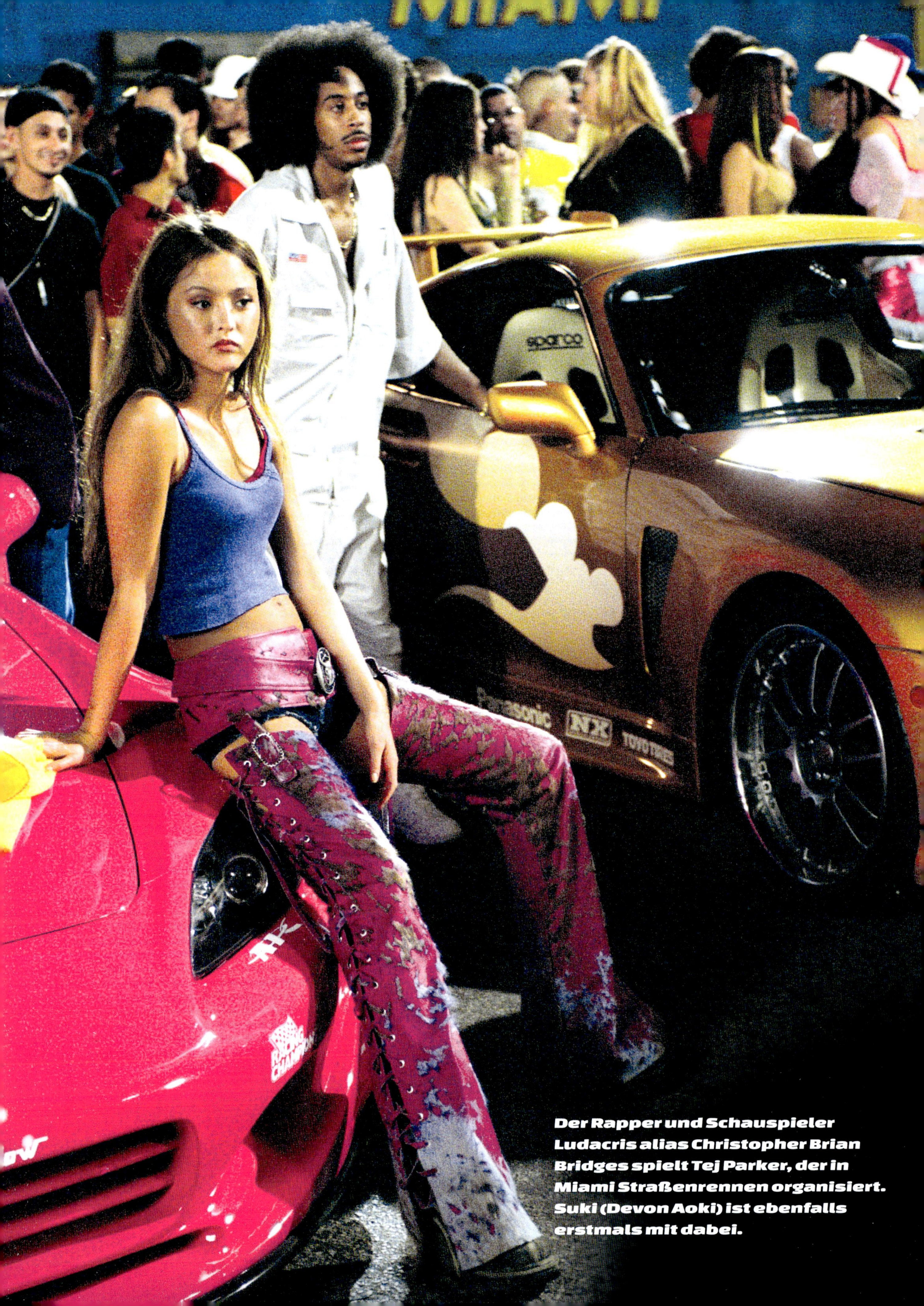

Der Rapper und Schauspieler Ludacris alias Christopher Brian Bridges spielt Tej Parker, der in Miami Straßenrennen organisiert. Suki (Devon Aoki) ist ebenfalls erstmals mit dabei.

übte in einem mattblauen Mitsubishi mit schwarzer Haube und großem Heckspoiler, Gibson in einem dunkelroten Honda NSX. Dabei freundeten sich die beiden Männer an und blieben es bis zu Walkers Lebensende am 30. November 2013.

Gedreht wurde vom 25. September bis 14. Dezember 2002 vor allem in Miami und Florida, dabei wurden auch das Restaurant Versailles in Miami und die Villa von Sylvester Stallone in Coral Gables genutzt. Letztere diente als Sitz des Bösewichts. Außerdem wurden die Seven Mile Bridge in den Florida Keys, Miami Beach und die Homestead Air Reserve Base als Location verwendet. Das erste Rennen in Downtown Miami beginnt an der North East 14th Street Ecke North Miami Avenue. Dort ruft der Organisator Tej auch die Teilnehmer auf: »Leute, macht mal Feuer an eure Mühlen, in fünf Minuten machen wir Dampf.« Obwohl nur in Florida und auf dem Studiogelände von Universal gedreht wurde, war das Budget mit 76 Millionen Dollar exakt doppelt so hoch wie beim ersten Film.

John Singleton ermunterte die Schauspieler, nicht zu sehr am Textbuch zu kleben, sondern zu improvisieren, wovon speziell Paul Walker und Tyrese Gibson viel Gebrauch machten. So wurden große Teile der Dialoge am Ende des Films improvisiert.

Automobile Hauptdarsteller

Es wurden einige der Wagen aus dem ersten Teil verwendet – wenn auch überarbeitet und modifiziert. Tatsächlich wählte die Produktionsfirma Universal zuerst einige Autos im Hinblick auf mögliche Sponsor-Partnern aus. Erst danach wurden die Wagen den Verantwortlichen des Films, wie dem technischen Berater Craig Lieberman, vorgestellt. So wählte Universal etwa einen Dodge Neon SRT 4, doch Lieberman bestand aus technischen Gründen auf Mitsubishi- und Nissan-Fahrzeugen. Sein Kommentar zum Dodge Neon: »Egal, wie viele Flaschen Lachgas man in dieses Auto packt, das ist Perlen vor die Säue.«

Zu Anfang des Films ist ein Sportwagen zu sehen, der Lieberman selbst gehörte, auch wenn häufig kolportiert wurde, dass der Wagen aus Paul Walkers Fuhrpark stamme: ein Nissan Skyline GT-R, Modell R 34. Der wurde für den Film umlackiert und – auf Wunsch des Regisseurs – mit Designstreifen beklebt. Lieberman war damit gar nicht einverstanden: »Wer klebt Muscle-Car-Graphics auf ein japanisches Auto?«, schimpfte er. »Auf einem GT-R wirkt das wie eine japanische Flagge auf einem Camaro.«

Der Wagen ist gleich beim ersten Rennen in Miami zu sehen. Zu dem Rennen gehören auch atemberaubende Slide- und Driftszenen, die Paul Walker alle selbst durchführte. Die Beschaffung der Nissan war schwierig, denn sie mussten teils vor dem Verkaufsstart in den USA aus Japan importiert werden. Ein weiteres Hindernis war die Position der Batterie, die direkt hinter dem Fahrersitz nahe einer Querstrebe eingebaut ist. Da sie nur schwer zu erreichen war, wurde im Kofferraum eine größere Batterie platziert und via Kabel mit der anderen verbunden. Fünf Fahrzeuge wurden umgerüstet. Alle bekamen eine Allradlenkung, zwei einen Turbolader, vier je einen TV-Monitor und drei eine Lachgaseinspritzung. Alle verfügten über mehr als 600 PS.

Walkers zweiter Wagen ist ein neongelber Mitsubishi Lancer Evo(lution) VII, der es mit dem 280 PS-Serienmotor in 5,1 Sekunden von null auf 100 km/h schafft. Laut Craig Lieberman der »stärkste Vierzylinder in Nordamerika.« Und ein Viertürer war es auch noch. Laut Eddie Paul, der mit den Umbauten betraut wurde, hatte er dieses Mal weniger Arbeit als beim Vorgänger. Die Autos wurden von Rechts- auf Linkslenker umgebaut, bekamen große Leichtmetallfelgen, Brembo-Bremsen, eine hellblaue Unterboden-Beleuchtung, einen Bodykit sowie eine limonengelbe Lackierung. Allerdings passten die für den normalen Lancer gedachten After-Market-Heckleuchten nicht zum Evo. Deshalb musste die Karosserie angepasst werden. Vier Autos wurden von Mitsubishi vorab gestiftet – der Wagen war erst 2003 in den USA erhältlich. Das Quartett wurde für die Aufnahmen präpariert: das »hero car« für den Hauptdarsteller, das »box car«, das auf einem Anhänger befestigt ist oder in einem Studio steht, damit Walker in Ruhe darin agieren und reagieren konnte. Zusätzlich gab es zwei Reservewagen, die auch für die Stunts genutzt wurden. »Ich liebe Autos und ich liebe es schnell zu fahren«, so Paul Walker. »Wenn ich nicht surfe, dann rase ich zumeist irgendwo lang. Ich will nicht zu kitschig klingen, aber dieser Job ist ein Traum für mich.«

Tyrese Gibson fuhr einen Mitsubishi Eclipse Spyder, der mit einem Bodykit von Shine umgestaltet wurde. Dazu zählten vordere und hintere Kotflügel, eine andere Haube und ein Heckspoiler. »Wir haben mehr Nieten als sonst befestigt«, so Konstrukteur Eddie Paul, »aber der Wagen musste ja auch mehr Gefahren überstehen als ein Alltagsauto.« Eine geplante gelbe Innenausstattung wurde wieder verworfen, da die Reflektionen auf der Windschutzscheibe so stark waren, dass es fast unmöglich war, die Straße zu sehen. So wurde daraus ein graues Interieur. Gibson schätzte das Resultat sehr: »Ich liebe diesen Wagen von Anfang bis Ende«, so der Akteur. Er bestand auch darauf, dass der eine gewisse Eleganz haben sollte, so Singleton: »Tyrese und ich haben uns vorab über den Wagen gestritten, denn er wollte, dass er wirklich gut aussieht.«

Gibsons zweiter Wagen war ein orangefarbene Dodge Challenger. Sechs davon kamen zum Einsatz. Zum Ende des Films gibt es einen Moment, in dem auf ungewöhnliche Art und Weise ein Bewacher ausgeschaltet wird: Roman schleudert ihn per Knopfdruck aus dem Wagen. Im Gegensatz zu Bonds Aston Martin in »Goldfinger« fliegt der jedoch nicht aus dem Dach, sondern mitsamt der Beifahrertür aus dem Wagen. CGI sei Dank.

Nach Aussagen von Neal H. Moritz, der einen der Polizisten spielt und dessen Ferrari F 355 einmal zu sehen ist, kamen nicht nur sehr viele Autos zum Einsatz, es wurde dank der beginnenden

Popularität der Reihe auch einfacher, sie zu beschaffen: »Wir hatten Leute, die uns geholfen haben, die Autos aufzutreiben. Einmal brauchten wir rund 100 Fahrzeuge und als wir am Drehort ankamen, war alles voll von Leuten und Autos.« Das war laut Singleton nicht überraschend: »Ihre Autos sind ihre Kinder. Sie sind davon besessen, dass sie gut aussehen. Diese Autokultur gibt es in allen Ethnien, sie überwindet alle Grenzen. Alle wollen Autos tunen, Rennen fahren oder sich mit Autos umgeben.«

Die detailliert geplanten und choreographierten Unfälle liefen in der Realität glücklicherweise bis auf einen glimpflich ab. In der Sequenz, in der die potentiellen Fahrer des Bösewichts sich beweisen müssen, touchiert eine gelbe Corvette einen Ford Mustang, der daraufhin zu Bruch geht. Dabei kam es tatsächlich zu einem Unfall, der fast zu Verletzungen geführt hätte. Dem Stuntman geschah glücklicherweise nichts – außer vielleicht seinem Ego.

Da Suki, gespielt von Devon Aoki, im Gegensatz zum vorherigen Film weder einen Part als Lebensgefährtin zu spielen hatte noch als erfolgreiche Rennfahrerin agierte, stattete man sie zwar mit einem pinkfarbenen Honda S2000 AP1 in einem speziellen Foliendesign aus, gab ihr aber sonst nicht viel zu tun. Die New Yorkerin mit asiatischen Wurzeln erhielt dennoch zahlreiche Fahrstunden, wenn auch nur auf abgesperrten Strecken: Sie hatte zu diesem Zeitpunkt noch keinen Führerschein. Bei einem Stunt half ein Dummy. Im ersten Rennen gab es Sprünge, dafür mussten die Autos mit Überrollkäfigen ausgestattet werden. In einigen ihrer Szenen verwendete man ein ferngesteuertes Fahrzeug, das auf eine Vorrichtung gespannt wurde. Auf dem Fahrersitz saß ein Dummy.

Der aufwändigste Stunt des Films ist am Ende zu sehen. Darin springen Brian und Roman in ihrem blauen 69er Chevrolet Yenko Camaro SYC auf das fahrende Boot des Widersachers. Der Clou entstand eher zufällig, weil es lange Zeit keine gute Idee für ein spektakuläres Ende des Films gab. Als jemand dem Regisseur vorschlug Sprünge aus früheren Filmen und TV-Serien zu kopieren, sagte er sofort zu. So wurde der Stunt eine Mischung aus dem Burt Reynolds Film »Ein ausgekochtes Schlitzohr« (1977) und » ›Dukes of Hazzard‹ für das neue Jahrtausend«, wie er es selbst nannte. Er erinnerte damit an die speziell in den USA beliebte Fernsehserie »Ein Duke kommt selten allein« aus den Jahren 1979 bis 1985 in der immer mal wieder Autos hohe und weite Sprünge vollführten. Craig Lieberman präparierte neun Wagen für den Stunt, aber nur einer hatte den 427 Big Block mit Vier-Gang-Schaltung. Einer hatte eine 396er und die anderen Small Blocks. Einer der Wagen wurde komplett entkernt und innen ausgeschäumt. Dafür entfernte man den Motor und alle Flüssigkeiten, damit keine Verunreinigungen ins Wasser kamen. Dann wurde nach Aussagen von Special-Effects-Mann Al Di Sarro in Key Biscayne eine Rampe gebaut. Drei Monate lang wurde an Entwicklung und Tests gearbeitet. Das Resultat: der Wagen flog (mit zwei Dummys an Bord) ins Meer – etwa 45 Meter weit. Es folgte

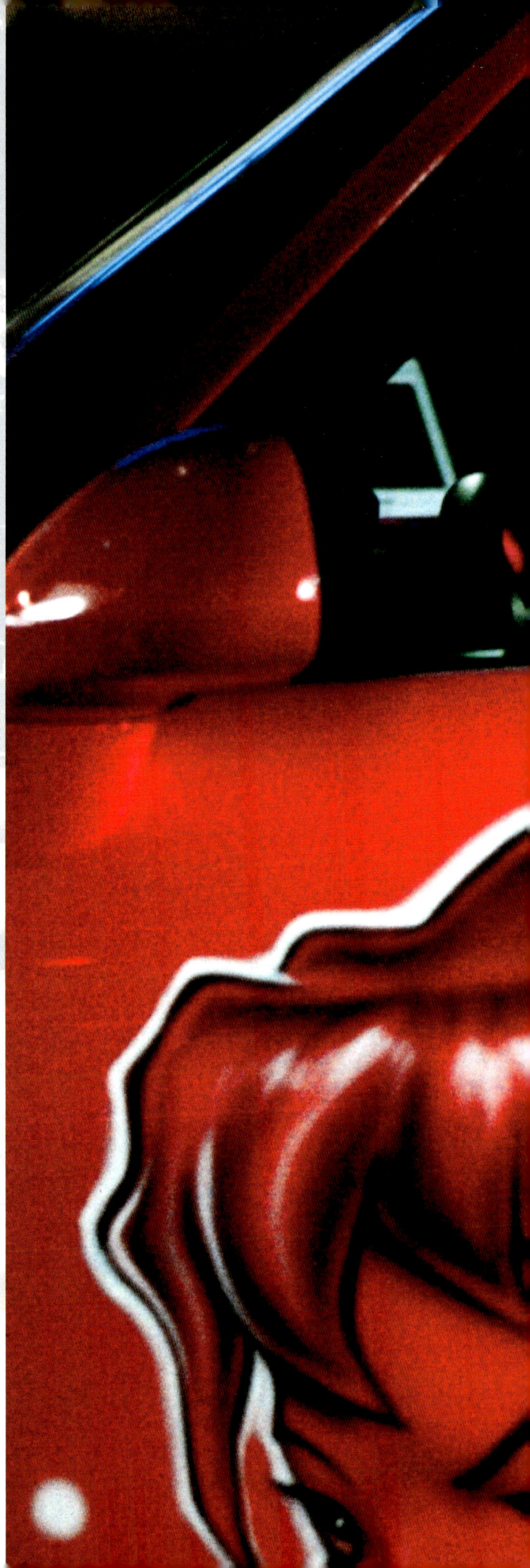

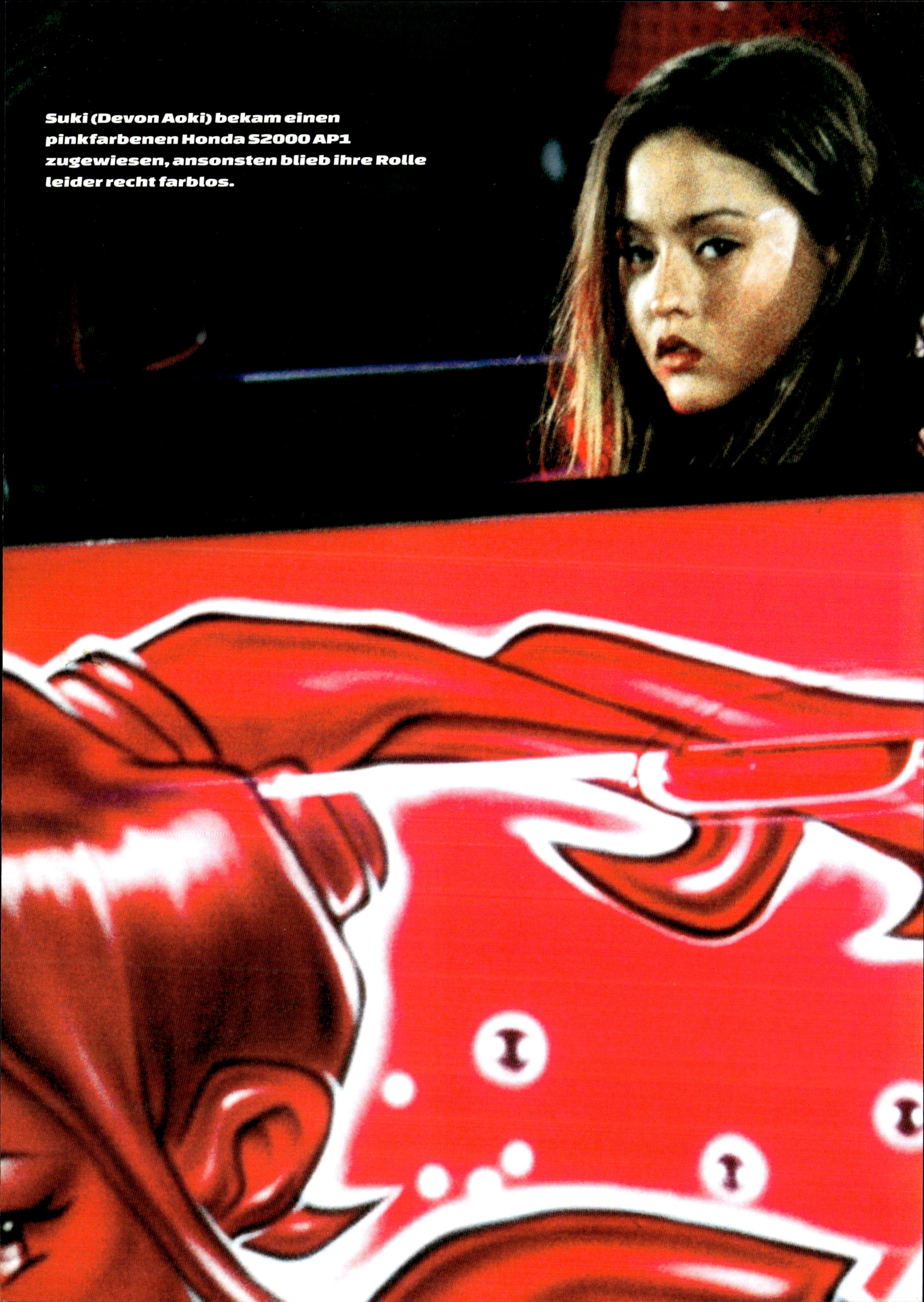

Suki (Devon Aoki) bekam einen pinkfarbenen Honda S2000 AP1 zugewiesen, ansonsten blieb ihre Rolle leider recht farblos.

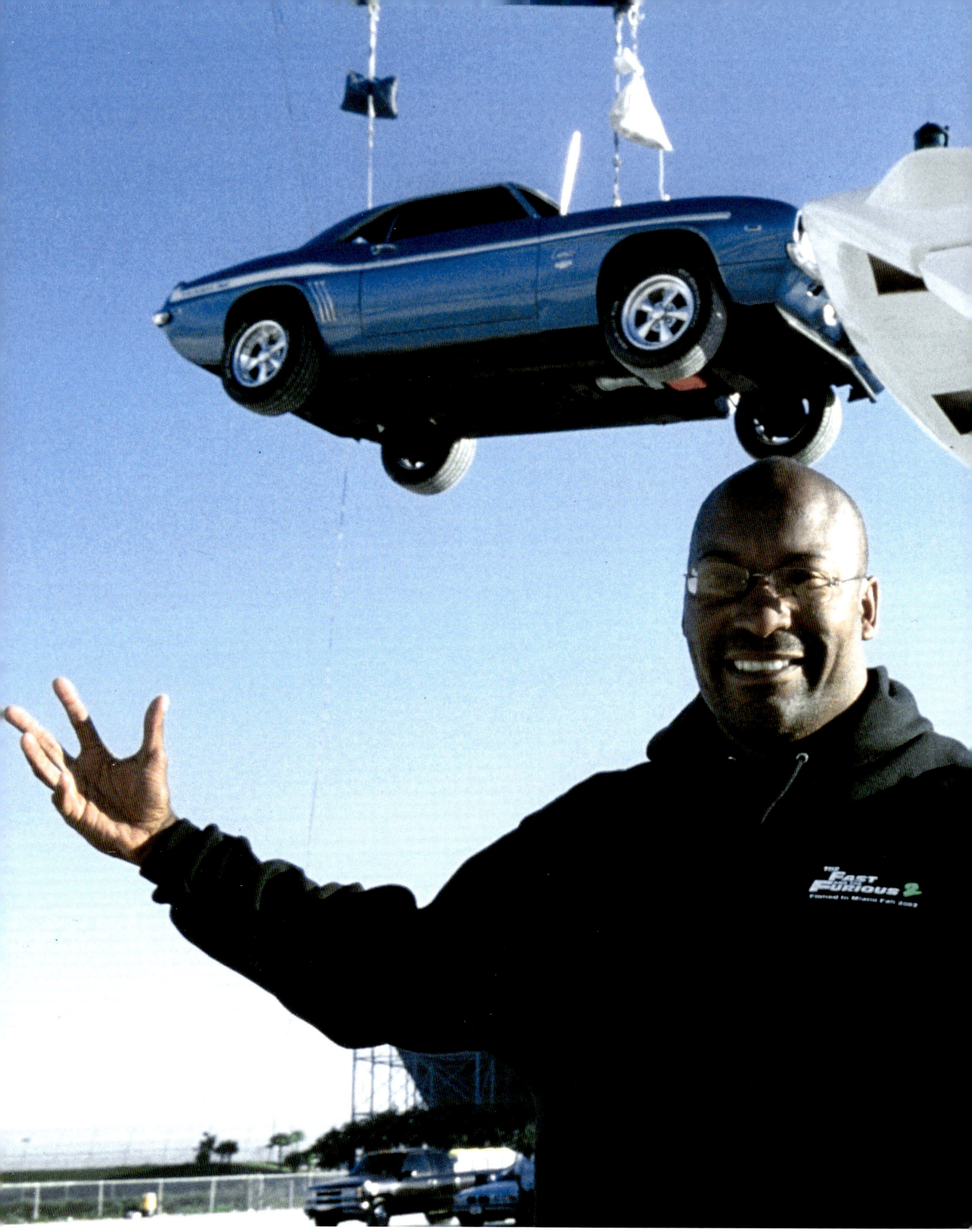

Der wohl aufwendigste Stunt des Films: Brian und Roman (Tyrese Gibson) springen in ihrem blauen 69er Camaro auf die fahrende Yacht von Drogenbaron Carter Verone (Cole Hauser), hier Regisseur Singleton während der Drehvorbereitungen.

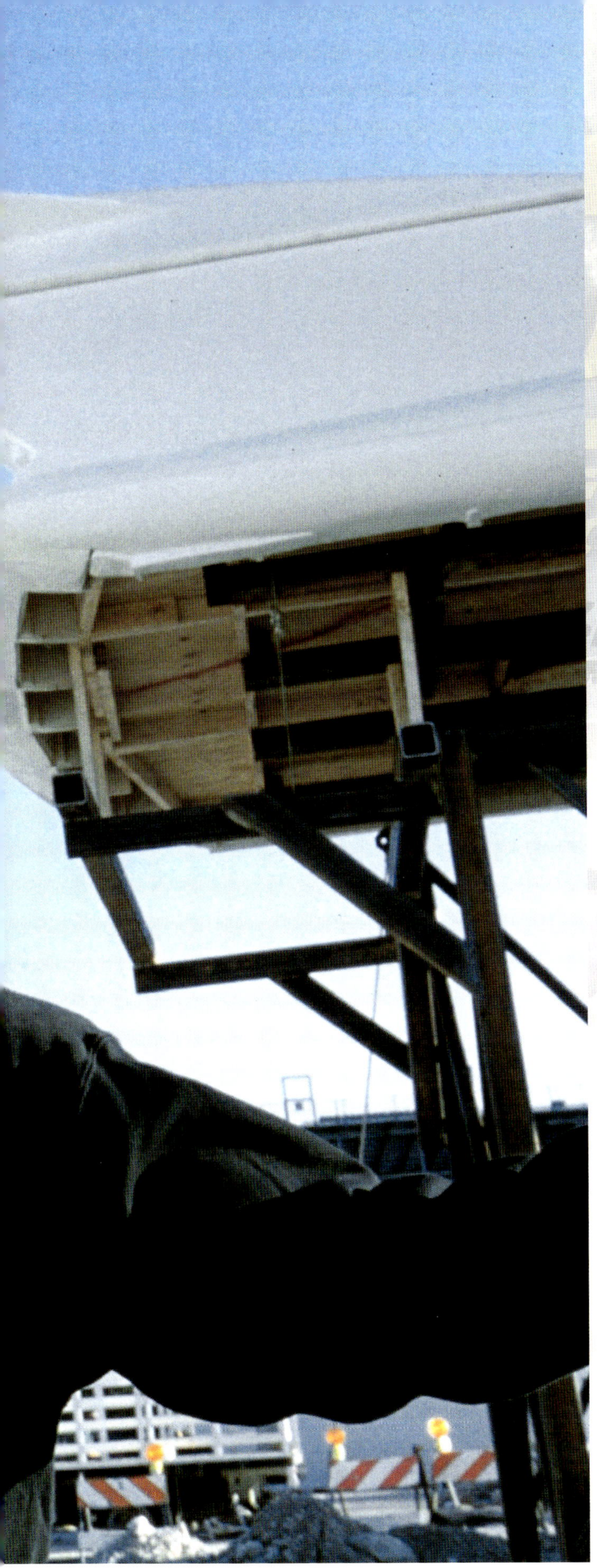

ein zweiter Teil des Sprungs. Michael Wassel und seine Firma drehten die Green Screen-Aufnahmen mit den beiden Schauspielern. Parallel dazu wurde ein Teil des Bootshecks auf einem Parkplatz gebaut. Der Wagen wurde an zwei Seilen abgelassen, kam auf dem Heck auf, Sprengkapseln zündeten und sorgten für gewaltige Explosionen.

Alle Wagen wurden im Picturecar Warehouse in Florida präpariert, aber nach den Aufnahmen »gingen« sie ihrer Wege. Einige der Challenger blieben in den USA, einer reiste nach Europa. Von den Camaros blieb der Wagen, der den Sprung vollführte, bei der Firma Year One. Er wurde restauriert und schmückte lange deren Ausstellungsraum. Im Januar 2020 wurde er an die Frau von Craig Jackson, den Miteigentümer des Auktionshauses Barrett-Jackson, verkauft. Ein Camaro ging an den Sammler Ted Moser von www.chromecars.de in Deutschland.

Premieren, Starttermine

Der Film feierte am 3. Juni 2003 im Universal Amphitheatre in Universal City in Los Angeles Weltpremiere. Als Bonus wurde vorab der Kurzfilm »The Turbo-Charged Prelude« gezeigt, der später auch Teil der DVD-Veröffentlichung wurde. »2 Fast 2 Furious« kam am 5. Juni in die US-Kinos und am 19. Juni in die deutschen. Der Film bekam die schlechtesten Kritiken der ganzen Reihe und nicht nur das: Er spielte mit weltweit 236,3 Millionen Dollar das zweitschlechteste Ergebnis überhaupt ein.

Anekdoten, Reaktionen

»Motorenlärm, Machismo und ölverschmierter Bizeps«, urteilte der »Spiegel« schon über den ersten Film, beklagte »ein Genrewerk zum Dumpingpreis, frecher, fulminanter Trash, Exploitation zwischen Stilisierung und Ironie«. Zum zweiten Teil titelte man: »Hohlköpfe im Kreisverkehr.« Auch die Fehlerliste ist länger als beim Vorgänger:

Brian schaltet während eines Rennes den Nissan acht oder neunmal hoch. Der hat aber nur sechs Gänge. Das gilt aber auch für den Evo VII und den Eclipse Spider, die nur fünf Gänge haben. Dabei ist auf den Instrumenten im Cockpit abzulesen, dass er weniger als 50 km/h schnell fährt, der Wagen 41.045 Kilometer gelaufen ist und der Drehzahlmesser bei 4500 Umdrehungen steht. Wenn er vor der Polizei flieht, fährt er zwischenzeitlich etwas über 90 km/h, aber der Kilometerstand bleibt konstant bei 41.045.

Bei einem anderen Rennen, zeigt sein Tacho 50 km/h, der seines Kontrahenten 85 km/h. Nichts Ungewöhnliches, könnte man denken – aber warum fahren sie dann gleichauf? Im Kurzfilm »The Turbo-Charged Prelude« hat man dann für Brians erstes Rennen die Zeiger im Tacho kurzerhand abmontiert.

Tej:
»Leute, macht mal Feuer an eure Mühlen, in fünf Minuten machen wir Dampf.«

Tej:
»Lust auf ein Rennen?«
Brian:
»Wenn man dabei etwas verdienen kann.«

Tej:
»Komm mit deiner Karre später in die Werkstatt, dann können wir ein bisschen an deiner Vorderfront rumschrauben.«
Suki:
»Sei vorsichtig. Am Ende will ich das noch.«
Tej:
»Yeah.«

Tej:
»Vor ein paar Jahren bin ich mal gegen eine Mauer gerast mit 190 Sachen. Seitdem kümmere ich mich um die Organisation.«

Tej:
»Wann schaltest du mal bei mir die Dinge durch?«
Suki:
»Wenn du das richtige Werkzeug dafür hast.«

Ein Straßenrennfahrer:
»Hey, wo habt ihr die Kisten her, aus einer Cornflakes Packung?«

Brian:
»Netter Ferrari, den Sie da vorne haben.«
Verone:
»Es freut mich, dass er dir gefällt.«

DIE SCHÖNSTEN / SCHRÄGSTEN DIALOGE

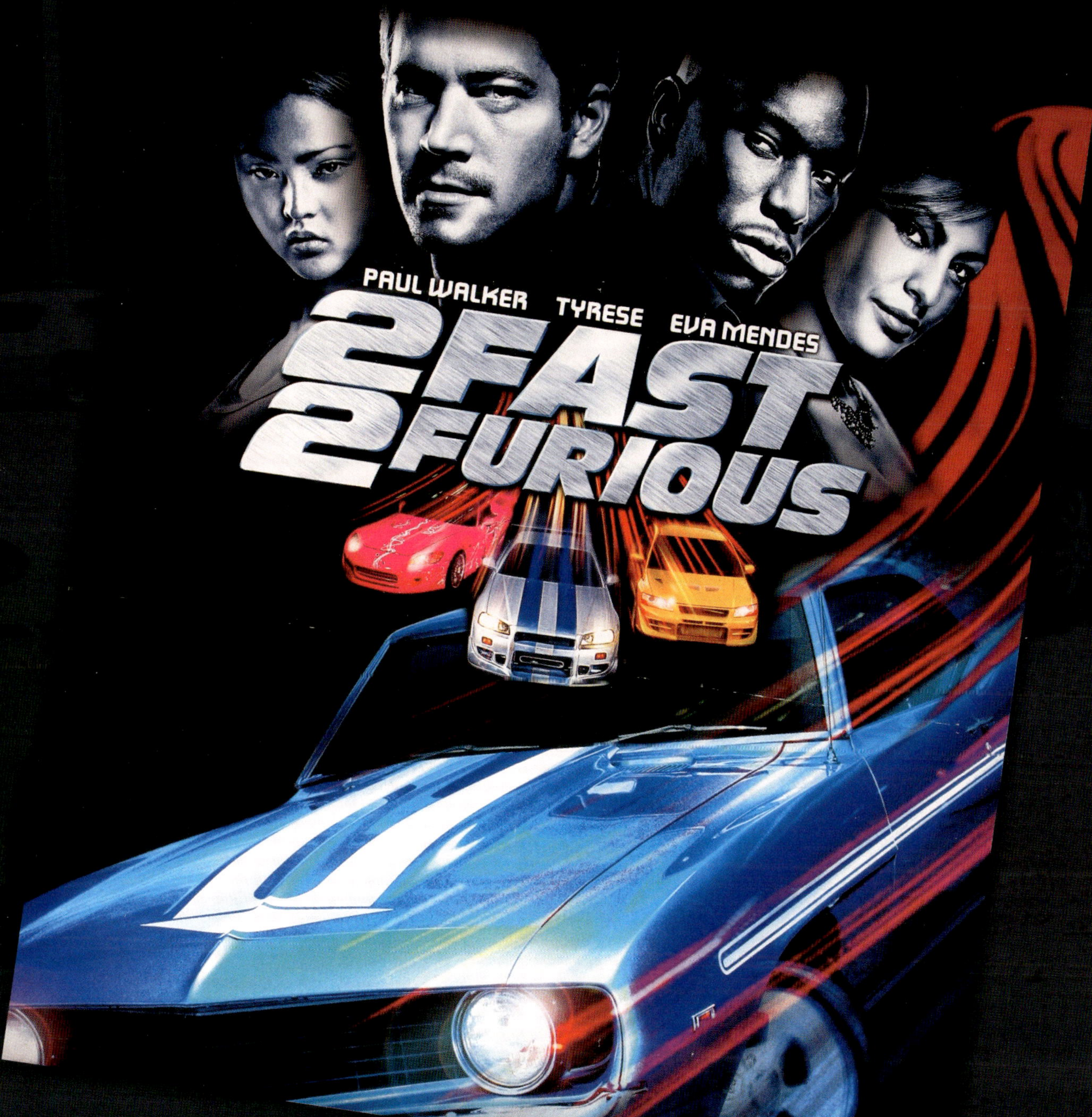

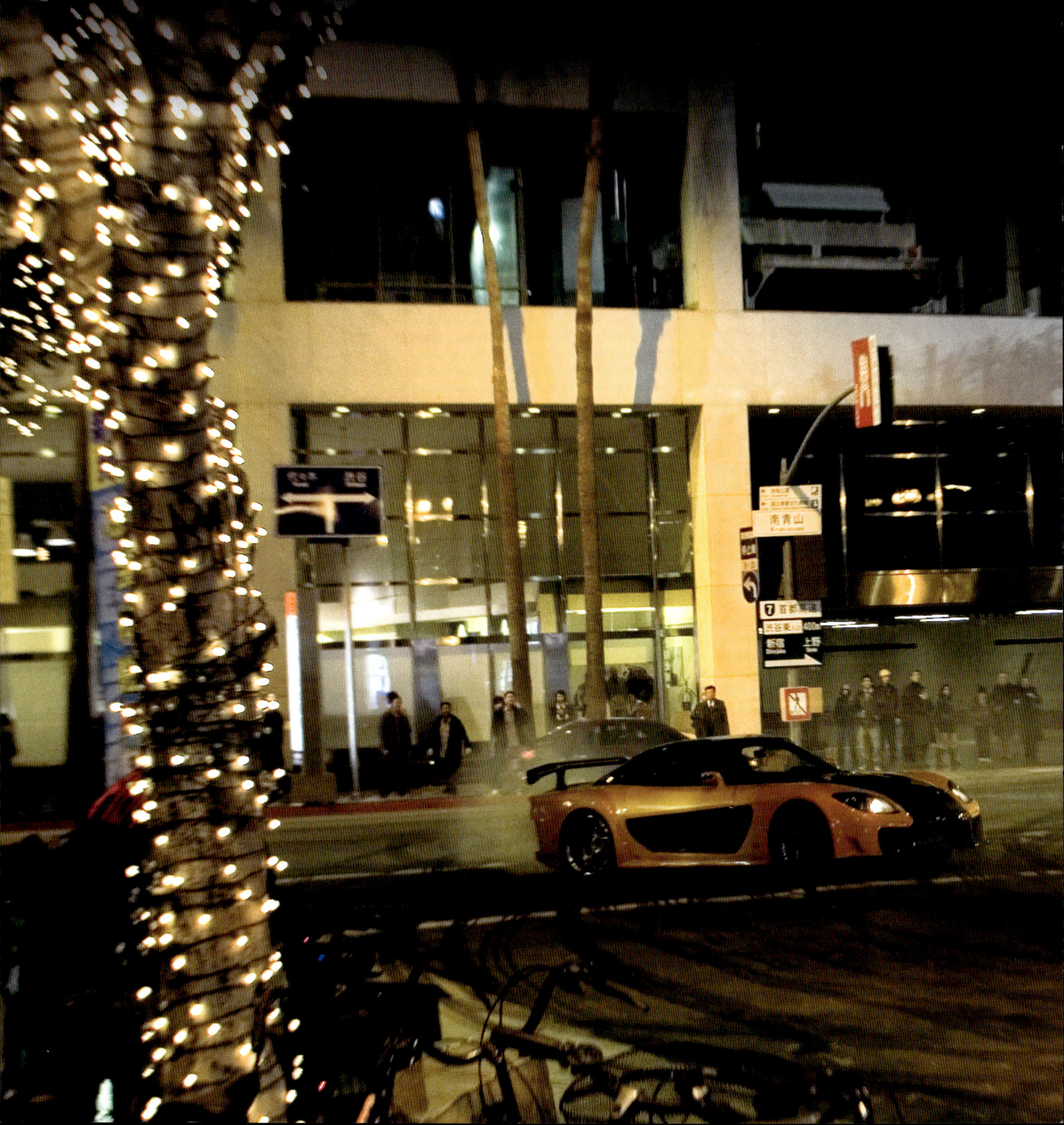
南青山

THE FAST AND THE FURIOUS: TOKYO DRIFT (2006)

»BEIM DRIFTEN GIBT ES KEIN PATENTREZEPT. MAN LERNT ES, IN DEM MAN ES TUT.«

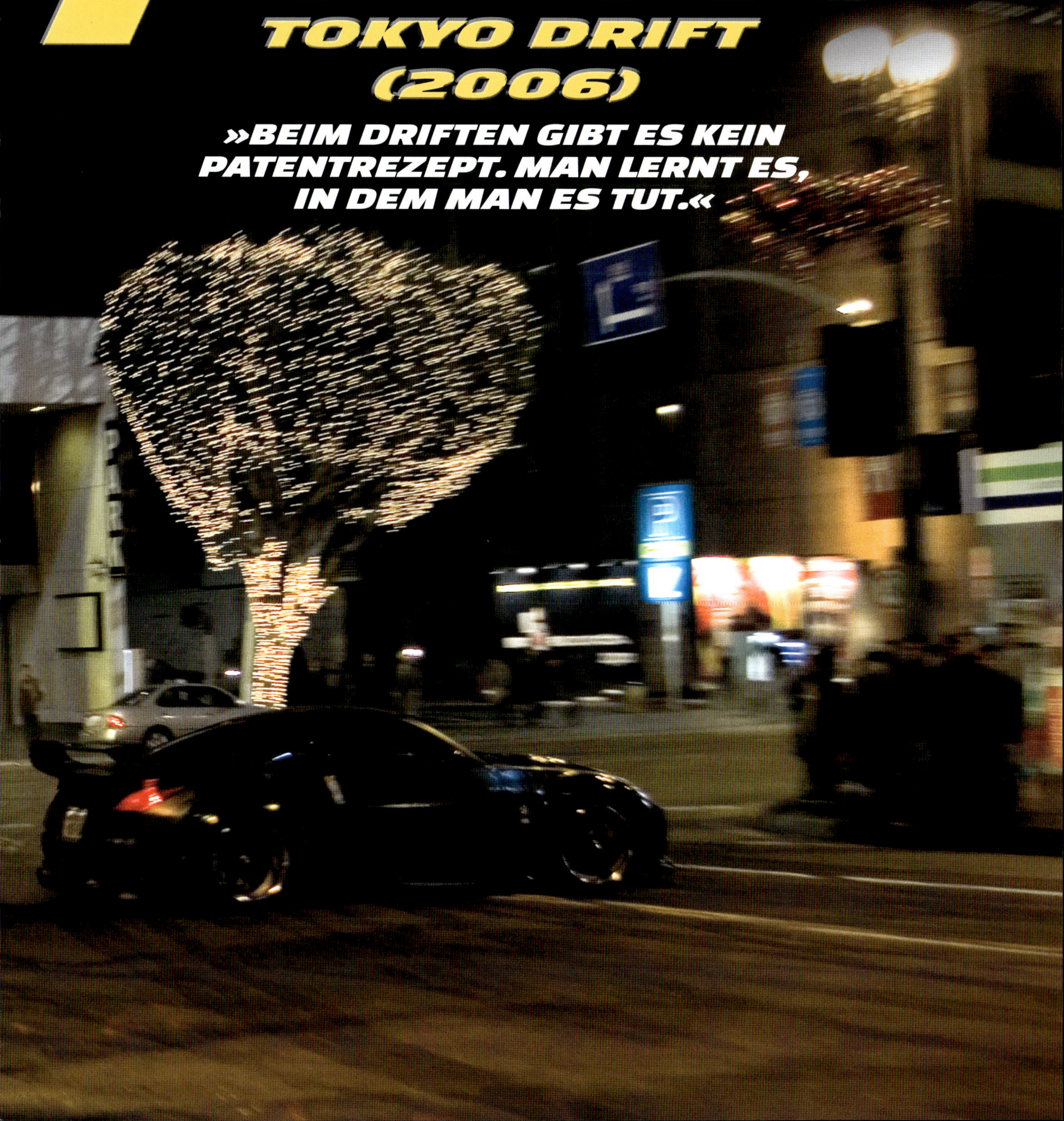

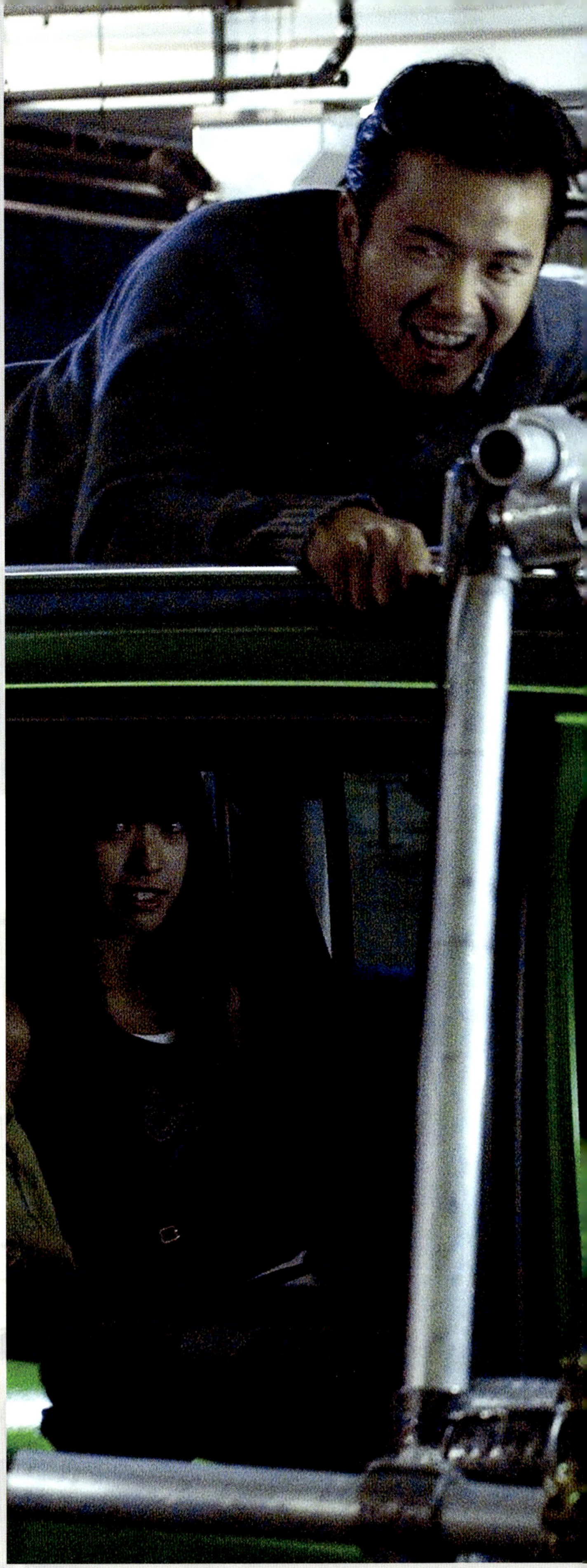

Inhalt

Bei einem illegalen Rennen überschlägt sich Sean Boswell (Lucas Black) mit seinem Wagen und muss sich vor der Polizei verantworten. Da er schon zweimal wegen Raserei vorbestraft ist, schickt ihn seine Mutter zu seinem Vater nach Tokio, um dort eine neue Schule zu besuchen. Doch schnell lernt er die örtliche Tuningszene kennen, verliebt sich in die attraktive Neela (Nathalie Kelley), die allerdings mit Takashi Kamata (Brian Tee) liiert ist, der sich »D.K.« nennt – Drift King. Sean nimmt wieder an Autorennen teil, lernt dank seiner neuen Freunde Han (Sung Kang) und Twinkie (Shad Moss) zu driften und stellt sich seinem Konkurrenten.

Hintergründe

Nachdem der Vorgängerfilm nicht besonders erfolgreich war, wurde John Singleton nicht erneut verpflichtet, sondern man wandte sich dem in Taiwan geborenen und in Kalifornien aufgewachsenen Justin Lin zu, der gerade den Film »Annapolis – Kampf um Anerkennung« fertiggestellt hatte, mit Jordana Brewster und Tyrese Gibson in den Hauptrollen. Lin wurde am 8. Juni 2005 als Regisseur bekannt gegeben, enthüllte jedoch bald, dass er »kein Autotyp« und noch nie zuvor in Tokio gewesen sei. Beste Voraussetzungen also.

Lin sorgte zuerst dafür, dass sich die Akteure mit den Autos vertraut machten: »Die Schauspieler sollten empfinden, herausfinden und beobachten wie sich das Ganze anfühlt, wenn man schnell fährt«, so der Regisseur. »Gleichzeitig drehen wir aber auch einen Film, und es dauert sehr, sehr lange bis man tatsächlich zu einem Auto-Experten wird. Schauspieler bekommen die Autos, um sich keine Gedanken darüber zu machen, dass sie alle 20 Minuten die Reifen wechseln müssen. Lukas Black und Brian Tee wissen jetzt, wie das mit dem Driften geht. Das sieht man auch bei ihrer Darstellung im Film.«

Für Nathalie Kelley, die Darstellerin der Neela, war alles neu. Sie bezeichnete das Driften nicht als Sport, sondern als »Wissenschaft«. Es sei sowohl gefährlich als auch präzise. »Ich fuhr in diesem Jahr zum ersten Mal und tags darauf gleich mit Handschaltung.« Sie hatte erst Anfang des Jahres 2005 ihren Führerschein bekommen – und war zuvor zweimal durchgefallen.

Sung Kang, der Darsteller des Han (»Beim Driften gibt es kein Patentrezept. Man lernt es, in dem man es tut«), der hier seinen ersten von bislang sechs Auftritten in der Reihe hatte, genoss das Fahrtraining: »Wenn dir klar wird, dass das nicht dein Auto ist, und du es nicht reparieren musst, dann stellst du schnell fest, dass das Ganze richtig Spaß machen kann.« Er bekam eine Rolle in dem Film, weil er bereits 2002 mit Justin Lin zusammengearbeitet hatte. Ursprünglich war seine Mitwirkung auf einen kurzen Auftritt als Rapper begrenzt, der Lucas Black seine Autoschlüssel zuwirft, doch im Verlauf der Geschichte wurde Han zu einer wichtigen Nebenfigur, die laut Lin »einen feinfühligen Aspekt« zum Film beitrage. Hinzu kam, dass seine Figur erst kürzlich das Rauchen aufgegeben hatte und daher ständig irgendetwas knabberte. Diesen menschlichen

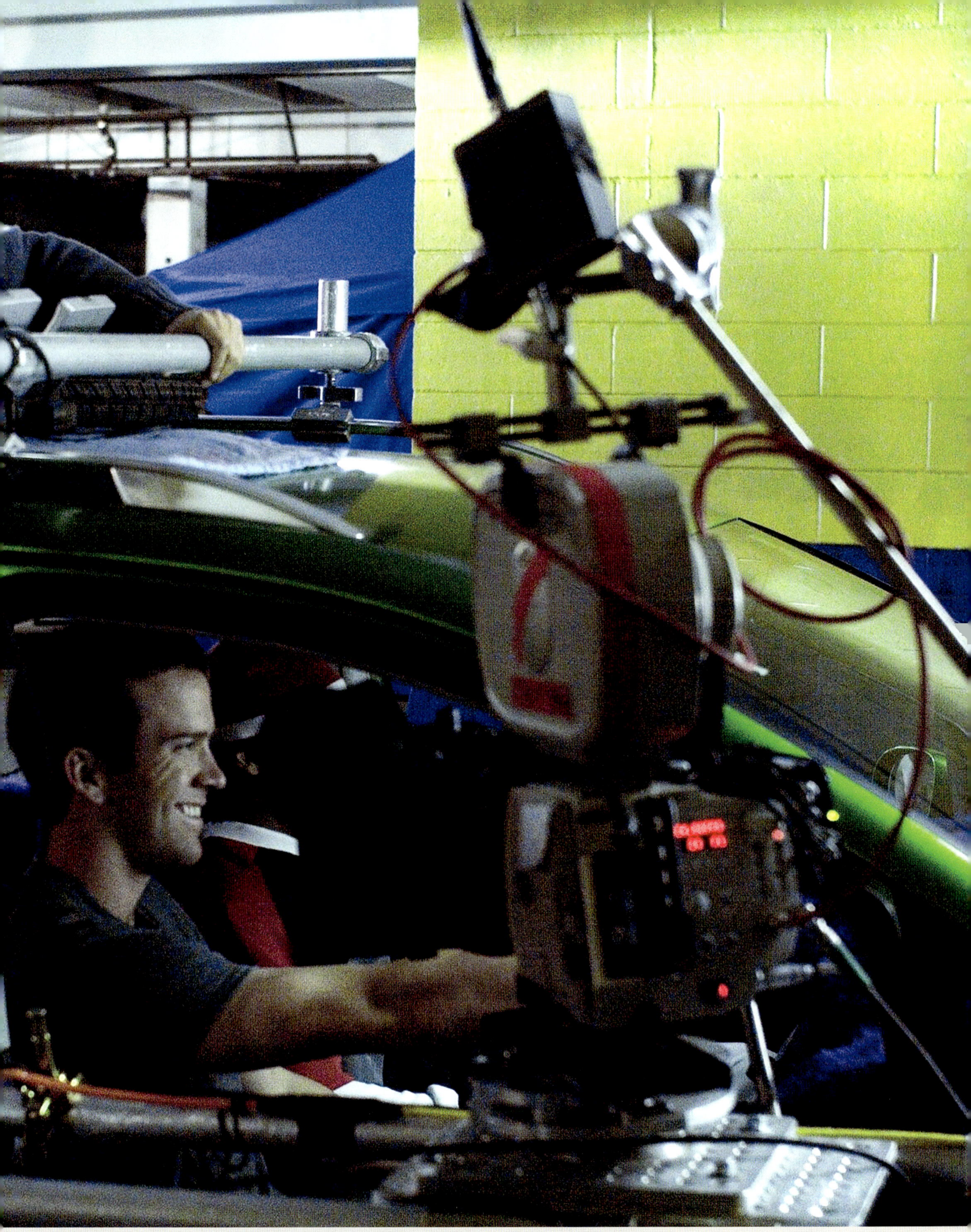

Der als »Hulkmobil« beklebte VW Touran von Twinkie (Shad Moss alias Bow Wow) ist wohl eines der ungewöhnlichsten Fahrzeuge der ganzen Reihe, hier mit Sean Boswell (Lucas Black) und Regisseur Justin Lin auf dem Dach.

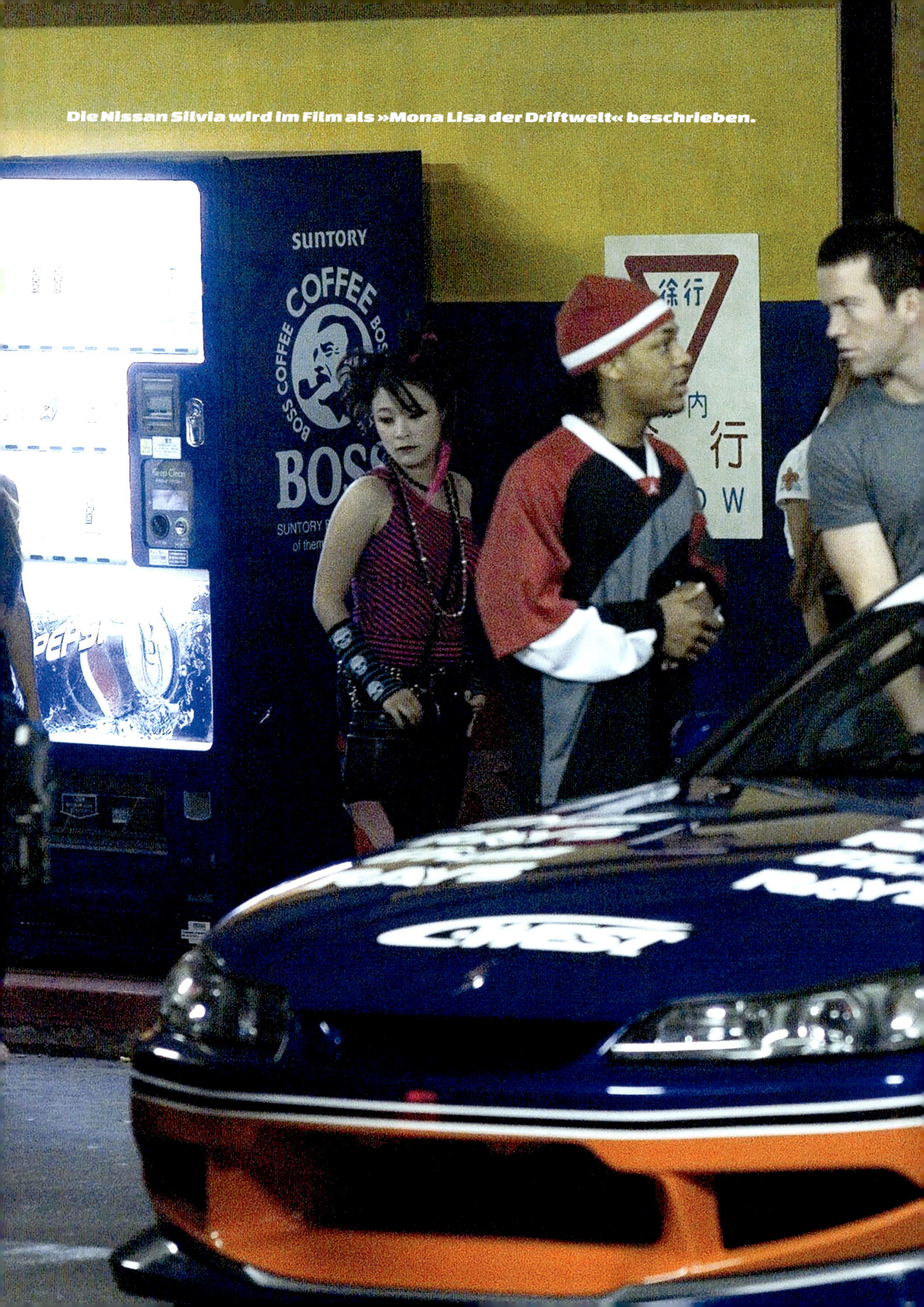

Die Nissan Silvia wird im Film als »Mona Lisa der Driftwelt« beschrieben.

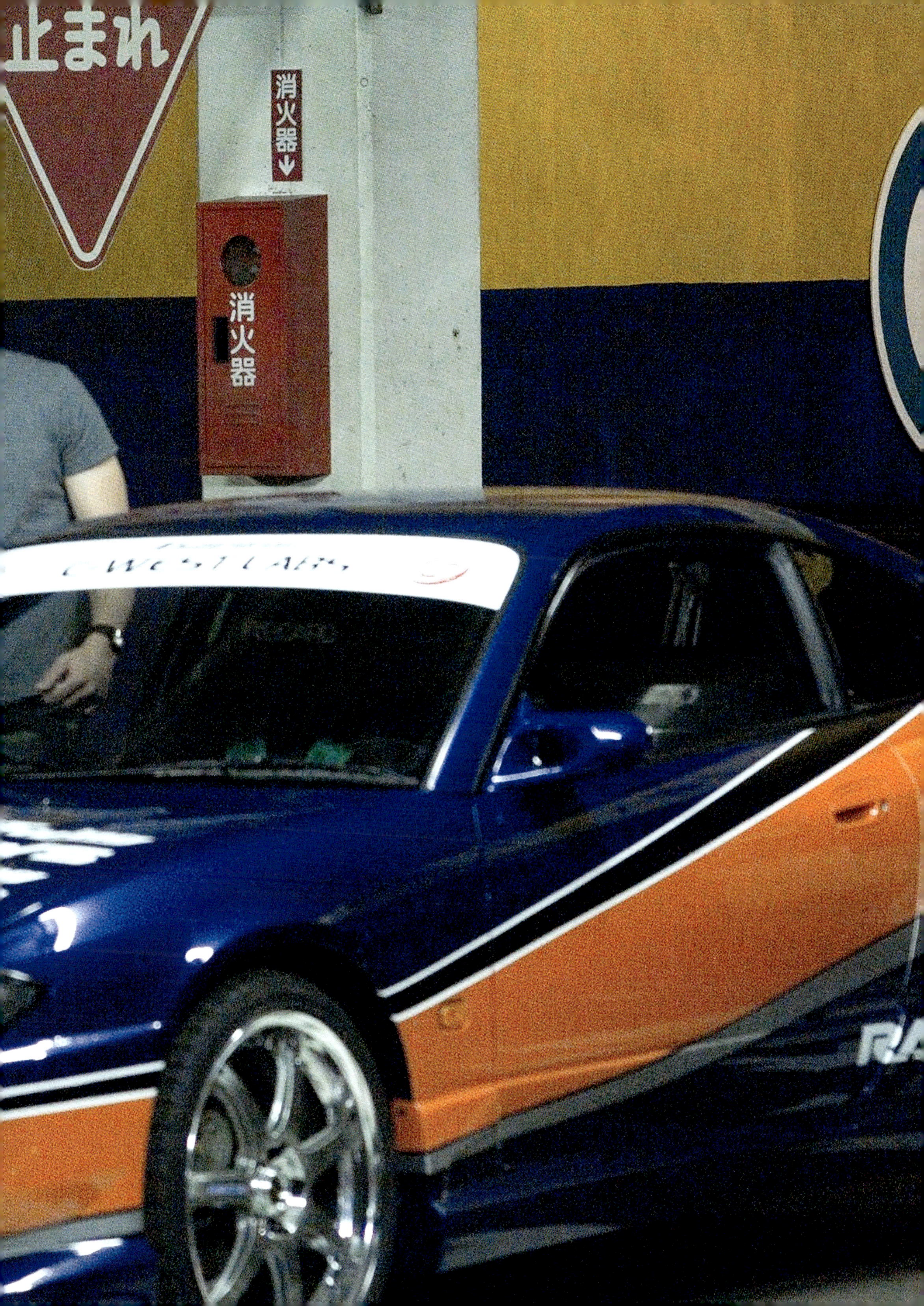
止まれ
消火器
消火器

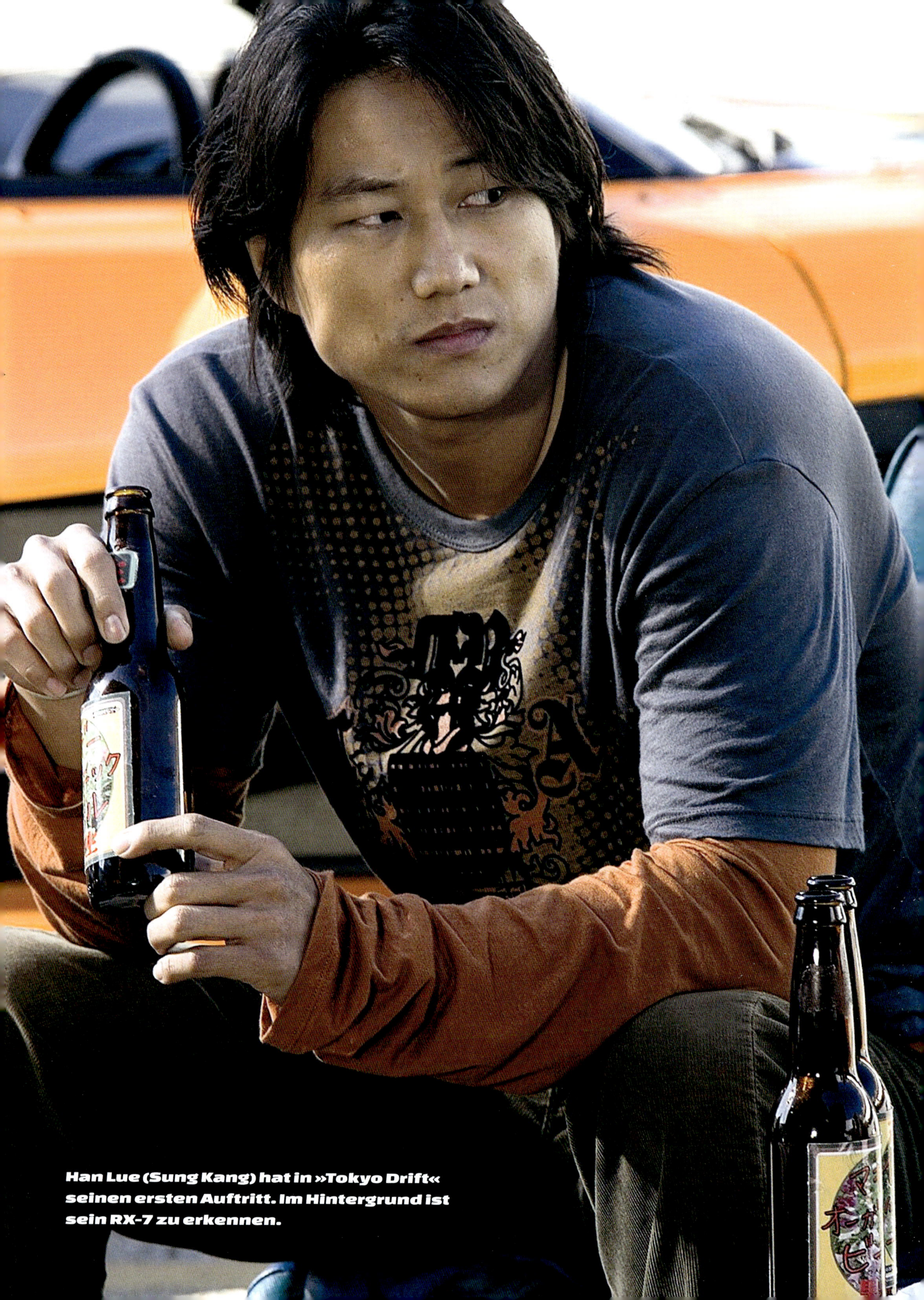

Han Lue (Sung Kang) hat in »Tokyo Drift« seinen ersten Auftritt. Im Hintergrund ist sein RX-7 zu erkennen.

Aspekt schätzten viele Zuschauer. Mit der Driftkultur in Japan beschäftigte er sich aber erst durch seine Rolle.

Nach Aussagen von Matt Luber, dem langjährigen Agenten von Paul Walker, sollte der einen Gastauftritt im Film absolvieren, aber Walker lehnte ab, da es in dem Film nur noch um die Autos ging. Nur Vin Diesel ließ sich nach einigem Zögern zu einem Gastauftritt überreden. Er ist am Ende des Films zu sehen.

Dreharbeiten, Drehorte, Budget

Die Dreharbeiten begannen am 3. Oktober 2005 und waren bereits am 10. Dezember abgeschlossen. Der Film entstand also in gerade mal neun Wochen.

Zunächst fuhr Justin Lin zum Irwindale Speedway nordöstlich von Los Angeles, um sich dort die getunten Fahrzeuge anzusehen und Eindrücke zu sammeln. Dazwischen sah er einen relativ heruntergekommenen Chevrolet Monte Carlo, den er für die Eröffnungssequenz ideal fand. Die Produktion kaufte den Wagen, so hatte man schon mal Seans erstes Auto. Außerdem lud Lin seine Hauptakteure zum Üben nach Irwindale ein. Unter Anleitung professioneller Stuntmen durften sie auf abgeschlossener Strecke das Driften üben. Brian Tee übte mit dem Nissan 350Z und wurde ebenso wie Lucas Black geschult, Kurven zu fahren, Kegel anzusteuern und zu driften. »Ich fühlte mich wie in Disneyland«, so Brian Tee. »Ich habe ein Gefühl für das Auto bekommen. Man muss es gut und nicht grob behandeln. Man darf es auch nicht zwingen, sonst gerät man ins Schleudern. Es ist ein Sport – man muss dafür trainieren. Ich war erstaunt, wie schwierig das ist. Man bekommt einen echten Adrenalinstoß.« Lucas Black wurde von Rhys Millen ausgebildet, der 2005 die Drift-Meisterschaften gewann. Black war begeistert: »Man denkt, man ist total außer Kontrolle, aber tatsächlich hat man alles im Griff. Man findet heraus, wann eine Notbremsung nötig ist. Man spürt, wie die Erdanziehungskraft an einem zerrt. Das Ganze dauerte nur zwei Tage, aber ich war danach süchtig und wollte immer wieder dorthin zurück.«

Die Zeit in Japan begann mit einer Shinto-Segnung am Toko-Schrein, der für den Dreh in Tokio Glück bringen sollte. Regisseur Lin vernahm dort ein »gutes« Omen: »Ein Vogel schiss mir auf den Kopf. Das sollte Glück bringen.« Das Glück begleitete das Team tatsächlich: Szenen auf dem vielbefahrenen Shibuya Platz zu drehen war nicht einfach, also behalf man sich mit Tricks, so Lin: »Die Verfolgungsjagd in Tokio macht den Mittelpunkt des Films aus. Dort sind Tausende von Menschen unterwegs, und ich wollte das zeigen, aber natürlich wollte ich vermeiden, dass dort jemand umgefahren wird. Dieser Ort wurde auf einem Parkplatz in Burbank nachgebaut. Ich wollte, dass die Action mit den Autos echt ist und nur die Gebäude durch Computer animiert werden. Ich wollte das Gefühl erzeugen, dass jeder plötzlich von einem anderen Wagen getroffen werden kann.« Außerdem wurden Straßen in Downtown Los Angeles und sogar sechs Straßenblöcke bis zum Wilshire Boulevard abgesperrt. 4000 Fußgänger wirkten als Statisten mit. Gedreht wurde das Ganze mit mehreren Kameras und einem kleinen Gokart. Hinter dessen Fahrer war eine Kamera montiert – und dieser Wagen war sehr schnell.

Der aufwändige Dreh in Tokio und Los Angeles verschlang 85 Millionen Dollar, neun mehr als der Vorgänger. Später kam es noch zu einem Nachdreh, der aus einem Gastauftritt von Vin Diesel bestand, um den Film nachträglich in die Reihe der anderen zu integrieren. Doms Auto ist zumindest originell: Es ist ein 1970er Plymouth Road Runner.

Im Dezember 2005 wurde Michelle Rodríguez auf Hawaii wegen Drogenbesitzes am Steuer festgenommen und musste im Frühjahr des Folgejahres zunächst für fünf Tage, dann nochmals für 60 Tage ins Gefängnis und an einem Alkohol-Entzugsprogramm teilnehmen. Obwohl sie selbst gar nicht mitspielte, wirkten sich diese Meldungen negativ auf das Image des Film aus.

Automobile Hauptdarsteller

Der erste Wagen, dem im Film eine prominente Rolle zukommt, ist Seans blassgelber Chevrolet Monte Carlo. Einige Autos wurden ganz bewusst für die Sprünge gebaut. Die Stunts bedingten eine ganze Reihe von Modifikationen, wie etwa spezielle Stoßdämpfer. »Wir bauten neun Monte Carlos und zerstörten sie alle«, so Dennis McCarthy. Für das Autorennen wurden sogar elf Fahrzeuge verwendet, von denen drei allein beim Überschlag am Ende der Sequenz zerstört wurden. Ein sogenanntes »hero car« wurde aufbewahrt und vom Filmstudio Universal verwahrt, eines der Stunt Cars fand nach Drehende seinen Weg zum Oldtimerzentrum Berlin von Patryk Ludolf. Der Wagen verfügt über einen Chevy-V8 mit 350 cui Hubraum. Im Juli 2021 wurde das Stunt Car in Berlin zum Verkauf angeboten.

Nicht elf, aber immerhin zehn rotlackierte Mitsubishi Lancer Evolution IX standen Sean als »Zweitwagen« zur Verfügung. Der Lieblingswagen der Stuntmen hatte Toyo-T1R Reifen und wurde auf Hinterradantrieb umgebaut, so dass der Wagen einen größeren Lenkeinschlag bekam und leichter driftete. Er wurde mit Eibach-Federn tiefergelegt, hatte ein APR Widebodykit, überdimensionale Kotflügel, Brembo-Scheibenbremsen und Bremssättel. Zum standardmäßigen Zwei-Liter-Vierzylinder-Turbo-Motor kam ein Auspuffsystem von RMR. Die 286 PS waren bei den Driftszenen hilfreich.

Der dritte Wagen, den Sean fährt, ist eine blau-orangefarbene Nissan Silvia, im Film als »Mona Lisa der Driftwelt« beschrieben. Den Wagen bekommt Sean leihweise von Han zur Verfügung gestellt. Im Film wird es so dargestellt, als werde der Wagen an einem Tag umgebaut – Kinomagie eben. Die Silvia verfügte über den R6-Motor eines Nissan Skyline R34 aus dem Jahr 2001 mit 375 PS und das Fünf-Gang-Getriebe eines 98er Skylines. Sie hatte Toyo-T1R Reifen und Volk Racing-GT-7 Räder.

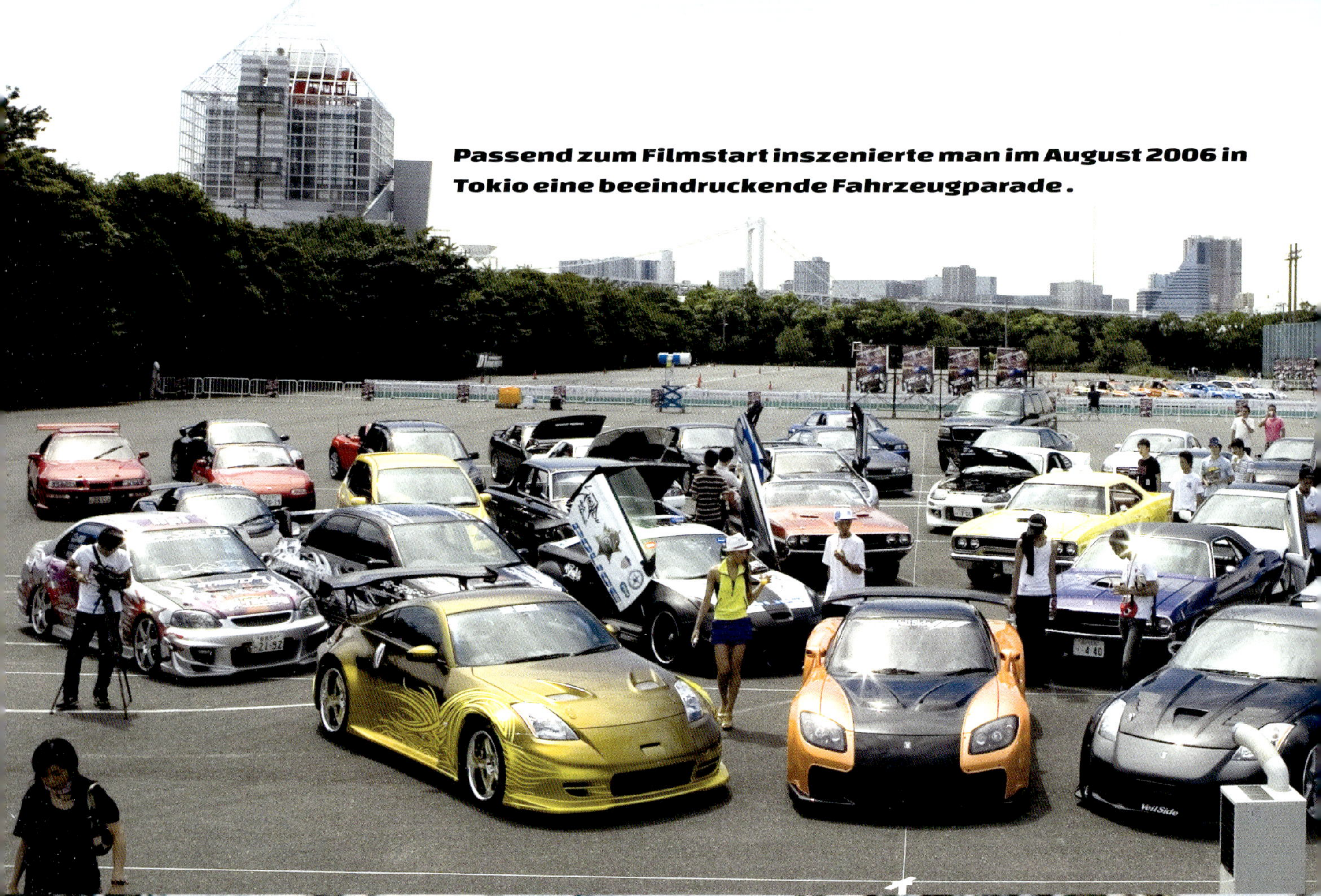

Passend zum Filmstart inszenierte man im August 2006 in Tokio eine beeindruckende Fahrzeugparade.

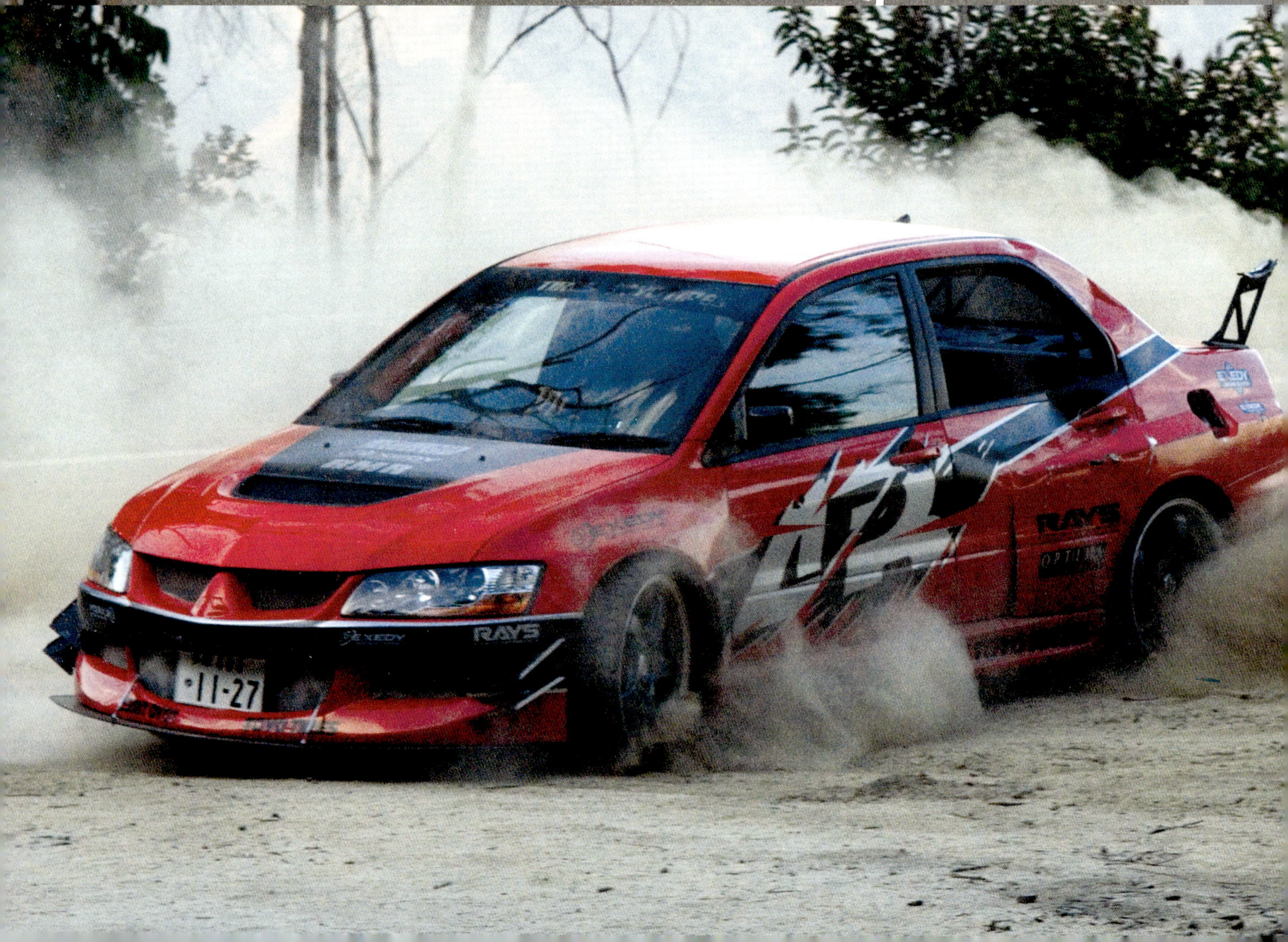

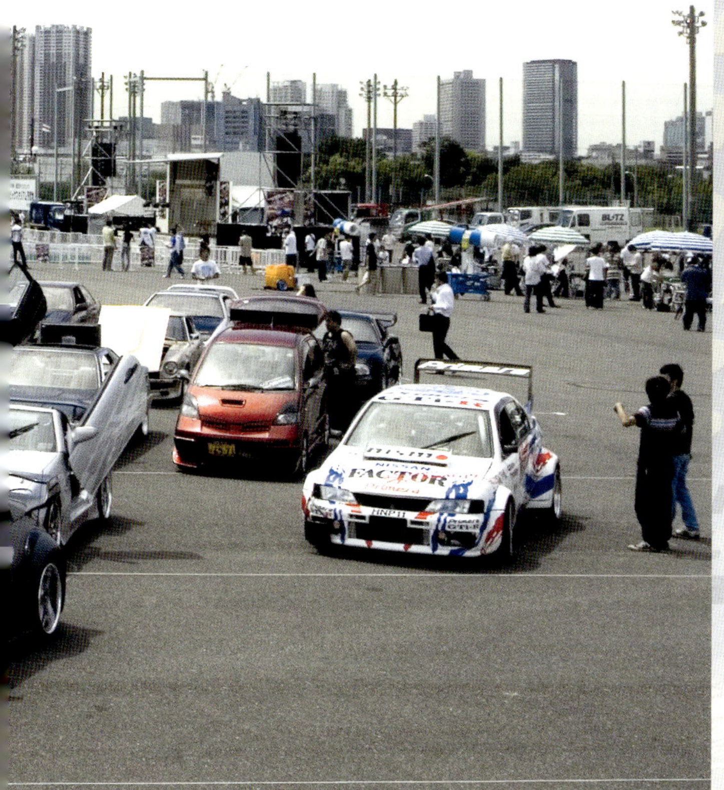

Der von Shad Moss alias Bow Wow gespielte Twinkie wartet mit einem der wohl ungewöhnlichsten Fahrzeuge der ganzen Reihe auf: Sein »Hulkmobil« genannter VW Touran in grünmetallic wirkt so, als säße der »Hulk« tatsächlich im Wagen und versuche auszubrechen. Seine Fäuste wurden als Relief in die Karosserie geprägt. Der Wagen wurde mehrfach lackiert, um diesen Effekt noch zu unterstreichen. Im Innenraum befinden sich Monitore und Fernseher. Außerdem ist er mit lilafarbenem, flauschigem Stoff ausgekleidet. Renngurte und ein abnehmbares Lenkrad sind weitere Extras. Mehrere Touran, aber auch vier VW Golf R32 stellte der Wolfsburger Autobauer zur Verfügung.

Der aus Neuseeland stammende Rennfahrer Rhys Millen und der Amerikaner Tanner Foust doubelten bei den Driftszenen. Millen fuhr den Evo, Tanner den Nissan 350Z. Ursprünglich war geplant, die Fahrzeuge mit Kabeln um die Kurven zu ziehen, doch die beiden Profis bewiesen, dass das nicht notwendig war und drifteten im Parkhaus genauso wie der Regisseur das wollte, ohne die Fahrbahnbegrenzung auch nur zu berühren. Nur einmal touchierte Foust ungeplant den Wagen von Millen. Die Szene blieb im Film. Gedreht wurde im Parkhaus aus einem graumetallicfarbenen Mini Cooper S heraus, der mit einem langen Kameraarm bestückt wurde. Nach Aussagen von Dennis McCarthy wurden etwa 230 Autos verwendet.

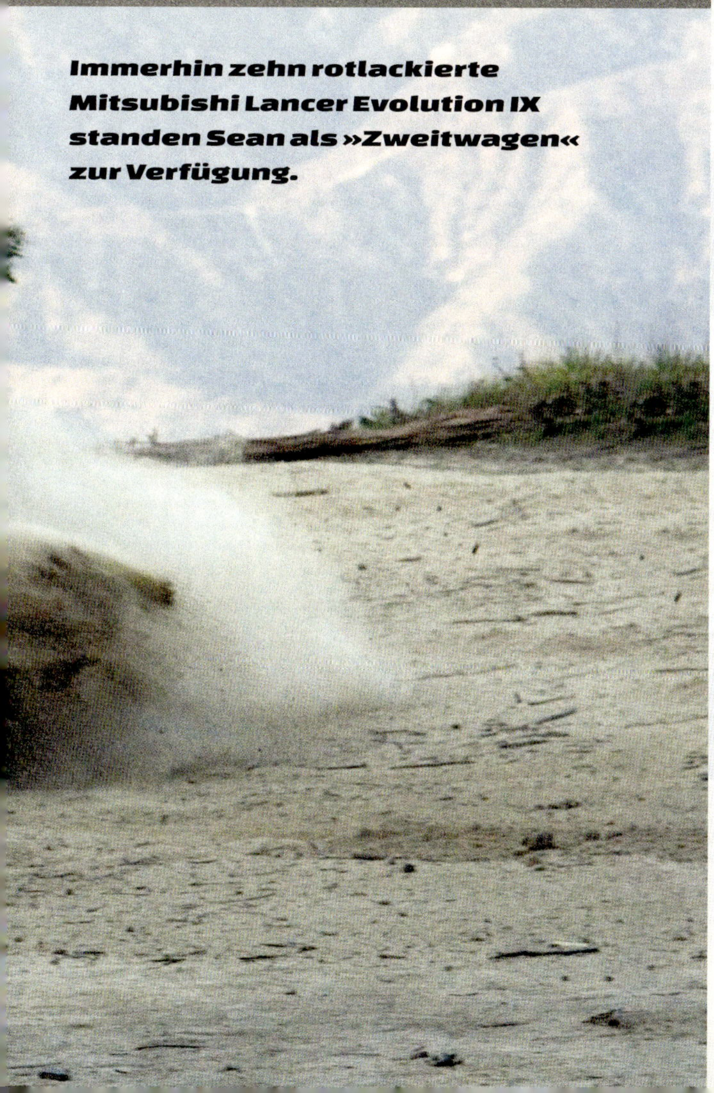

Immerhin zehn rotlackierte Mitsubishi Lancer Evolution IX standen Sean als »Zweitwagen« zur Verfügung.

Der von Han gefahrene Mazda RX-7 ist in der Welt der Drifter sehr beliebt. Er stammt aus dem Jahr 1997 und wurde mit einem VeilSide Fortune Bodykit sowie Felgen mit 20 Zentimeter Tiefbett ausgerüstet. Der Motor erhielt ein HKS T042 Turbo-Kit samt Ladeluftkühler. Laut Picture Car Coordinator Dennis McCarthy wurden bei den Aufnahmen »drei oder vier Getriebe ruiniert, zehn Differentiale und sehr viele Achsen.« Der schwere Unfall, den Han in Tokio erleidet, geht auf eine sehr ausführliche Planung, aber auch auf die Puzzle-Arbeit von McCarthy zurück: »In das gute Auto wurden einige Teile von verunfallten Wagen eingebaut, so dass das Auto direkt nach einem Unfall-Auto aussah.«

Allein elf Varianten des Nissan 350Z in dunkelgraumetallic entstanden, um »D. K.« Brian Tees Fahrzeug zu doubeln. Nach Informationen des Technical Advisors Craig Lieberman verfügten die Umbauten über ein VeilSide-Bodykit, eine Haube aus Fiberglas, Tieferlegungsfedern von RSR, Nismo Zwei-Wege-Differential und einen Twin-Turbo Motor von APS mit 430 PS, der den Wagen von Null auf 60 Meilen in 5,7 Sekunden beschleunigte. So hatte er 120 PS mehr als das Serienmodell. Rhys Millen und Tanner Foust übernahmen die gefährlichen Szenen für den Schauspieler. Acht der Wagen stammten vom japanischen Markt, drei aus den USA. Alle wurden gebraucht bei Privatleuten erworben und vor Drehbeginn umgebaut. Drei Autos wurden nur für Unfälle präpariert. Die meisten Stunt Cars gelten als verschollen, oder wurden so sehr in Mitleidenschaft gezogen, dass man sie sowieso nicht mehr gebrauchen konnte. Das sogenannte »hero car« überlebte und wurde am 6. August 2015 durch den britischen Autohändler Cheshire

Classic Cars Ltd. für 149.995 Pfund angeboten. Im Dezember 2017 wurde es erneut in England offeriert. Ein Händler bot ihn via AutoTrader an – für 99.995 Pfund. Ganz schön verlustreich.

Neben den vielen relativ neuen Fahrzeugen ist auch noch ein Klassiker dabei: Ein dunkelblauer 1967er Ford Mustang, den Seans Vater gerade restauriert. Der Mustang verfügt allerdings über den R6-Motor eines Nissan Skyline R34 und das Fünf-Gang-Getriebe eines 98er Nissan Skyline. Er hatte 375 PS Leistung, Toyo-T1R Reifen und Volk Racing-GT-7 Felgen. Alle Fahrzeuge wurden online von privat gekauft und dann restauriert. Sechs blaue Ford Mustang mit weißen Streifen wurden für das finale Bergrennen zwischen Sean und D.K. eingesetzt. Dafür saß der Stuntfahrer und »Drift King« Keiichi Tsuchiya hinter dem Steuer. Den Titel bekam er von einem Magazin, als er 1984 beim Fuji International Speedway durch jede Kurve driftete. »Es ist wie Sumo und Eiskunstlauf für Autos«, so Tsuchiya.

Premieren, Starttermine

Der Film feierte am 4. Juni 2006 im Gibson Amphitheatre in Universal City Premiere, kam am 15. Juni in die US-Kinos, und knapp vier Wochen später, am 13. Juli, in die deutschen.

Anekdoten, Reaktionen

Auch wenn es so wirkt, als wenn alle Akteure selbst fahren und driften, so agierten sie, trotz der zweitägigen Fahrkurse, doch im Studio vor Green Screen. Darin wurden die Autos aufgebockt und schaukelten auf beweglichen Bühnen. Zuweilen komisch sind die Anweisungen des Regisseurs, wenn sie so tun müssen, als wenn sie gerade von einem anderen Auto getroffen werden. Sie lauteten: »Stand by for the hits … and hit«. »Echte« Hits, also.

Erst ein Jahr nach dem Starttermin, im Juli 2007, gab Universal bekannt, dass es einen vierten Teil der Reihe geben wird. Die schlechten Reaktionen auf den dritten Film deuteten sich schon an, als die Test-Screenings ernüchternd verliefen. Daraufhin wurde noch schnell der Gastauftritt von Dom an das Ende montiert, doch das nützte auch nicht viel. Universal überlegte, die Reihe länger auszusetzen oder gar einzustellen. Der Film spielte weltweit nur 158,9 Millionen Dollar ein. Bis heute das schlechteste Ergebnis der gesamten Reihe.

Die japanische Version des Films unterscheidet sich in der Hinsicht, dass der Hinweis auf die Yakuza wegfiel. Der Mann, der das letzte Rennen startet hat noch alle seine Finger. Als Yakuza fehlten ihm vier Finger, je zwei an jeder Hand. Das ist in anderen Versionen auch zu sehen.

Um alle Driftszenen durchzuführen, war der Reifenverschleiß verständlicherweise sehr hoch, doch dank Sponsoring des Herstellers Toyo reduzierte sich der Budgetposten auf null: Die Firma spendete 4.000 Reifen.

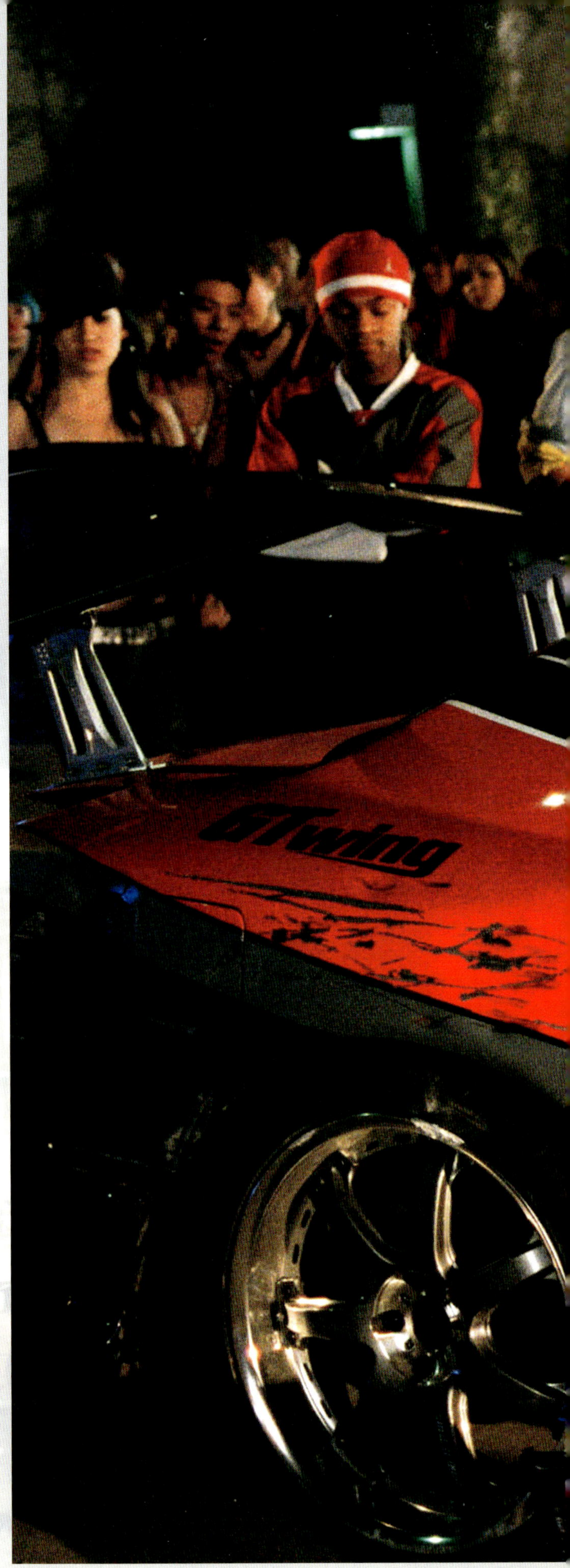

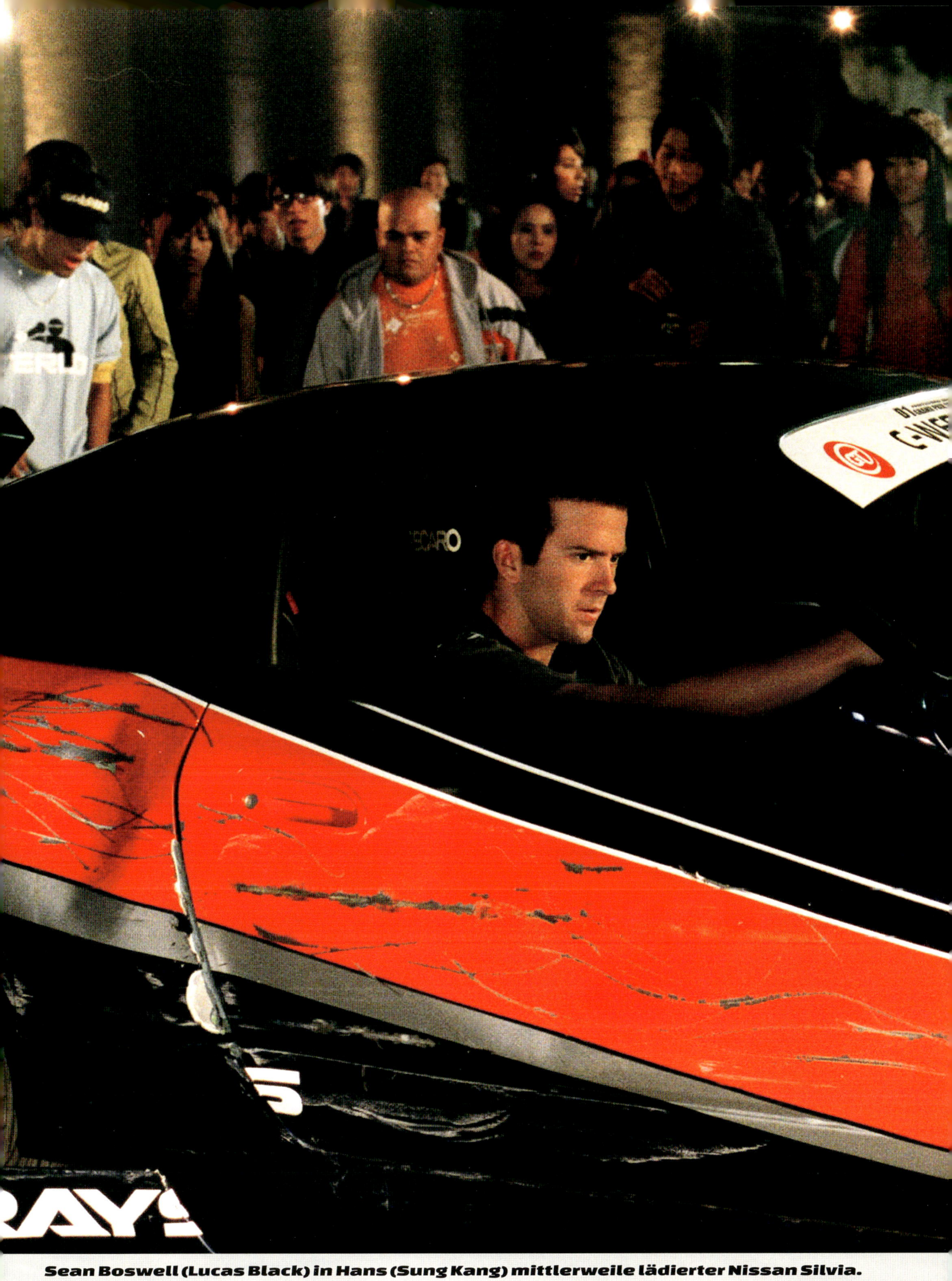

Sean Boswell (Lucas Black) in Hans (Sung Kang) mittlerweile lädierter Nissan Silvia.

Han:
»Die Polizeiautos hier sind von der Stange. Wenn du schneller bist als 180, können sie dich nicht kriegen, also versuchen sie es erst gar nicht.«

Sean:
»Ich fahre nur um Fahrzeugbriefe.«
Clays Freundin Cindy:
»Wie wäre es mit mir? Der Gewinner kriegt mich?«

Clay:
»Nette Karre!«
Sean:
»Sie macht ihren Job.«
Clay:
»Was denn, Pizza ausliefern?«
Sean:
»Es kommt nicht auf die Karre an, sondern auf den Fahrer.«

Neela:
»Typisch Jungs, alles was euch interessiert ist, wer den größten Motor hat.«

Sean:
»Nette Karre.«
Dom:
»Habe sie von unserem Freund Han gewonnen.«
Sean:
»Das ist kein zehn Sekunden Rennen.«
Dom:
»Ich habe jede Menge Zeit.«

DIE SCHÖNSTEN / SCHRÄGSTEN DIALOGE

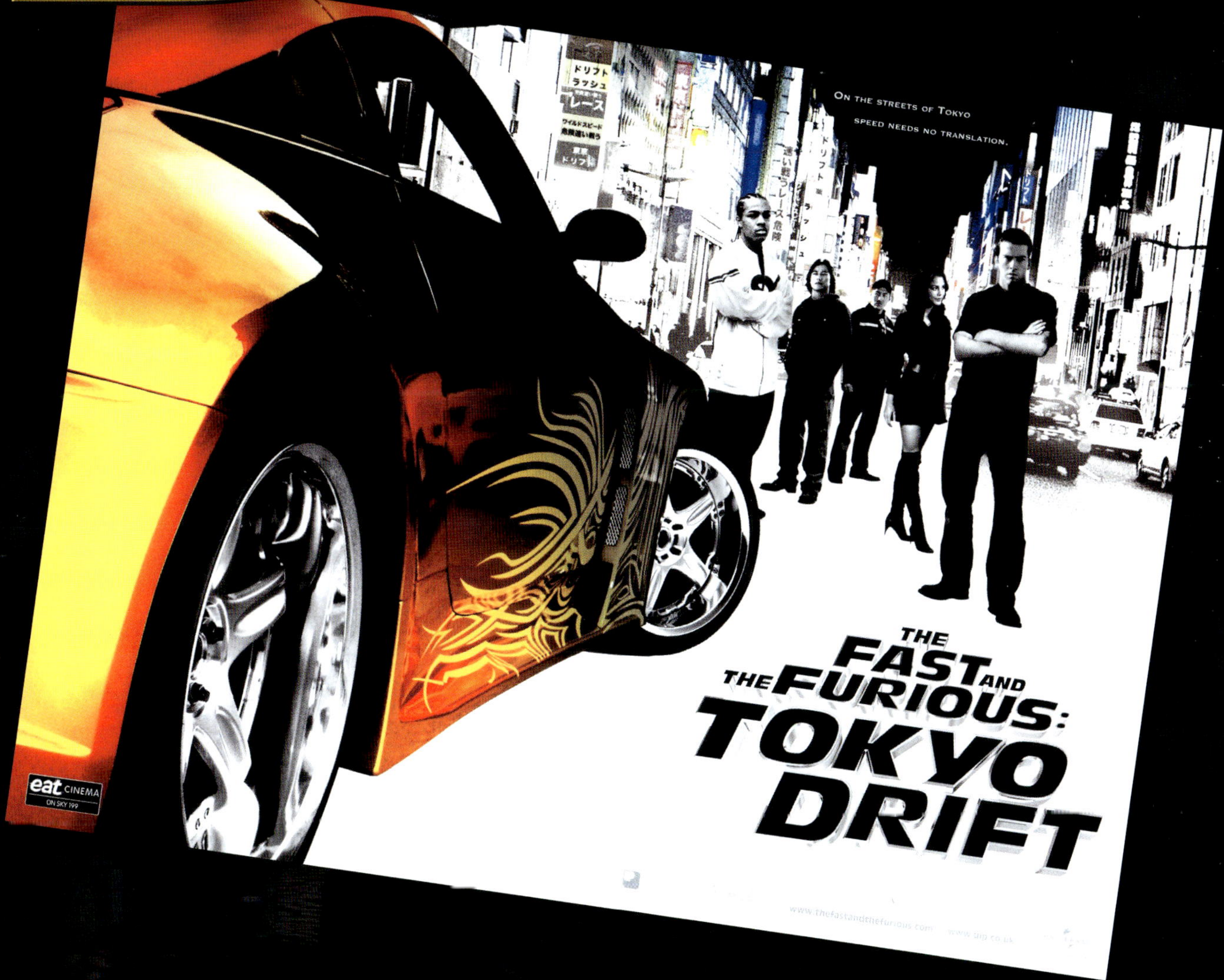

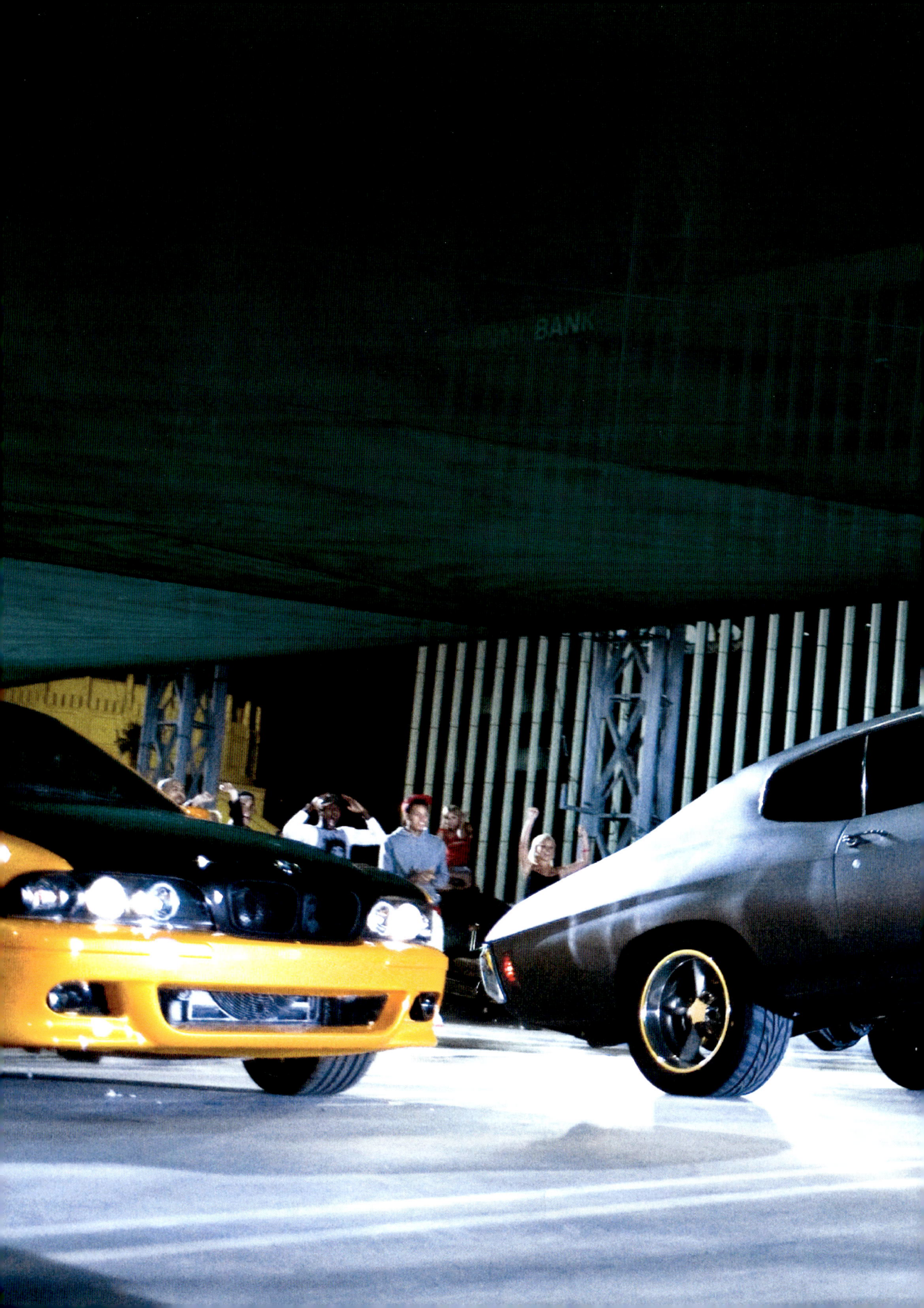
BANK

FAST AND THE FURIOUS

NEUES MODELL. ORIGINALTEILE. LOS BANDOLEROS, (2009)

»DEINEN FÜHRERSCHEIN!« –
»WAS FÜR EIN FÜHRERSCHEIN?«

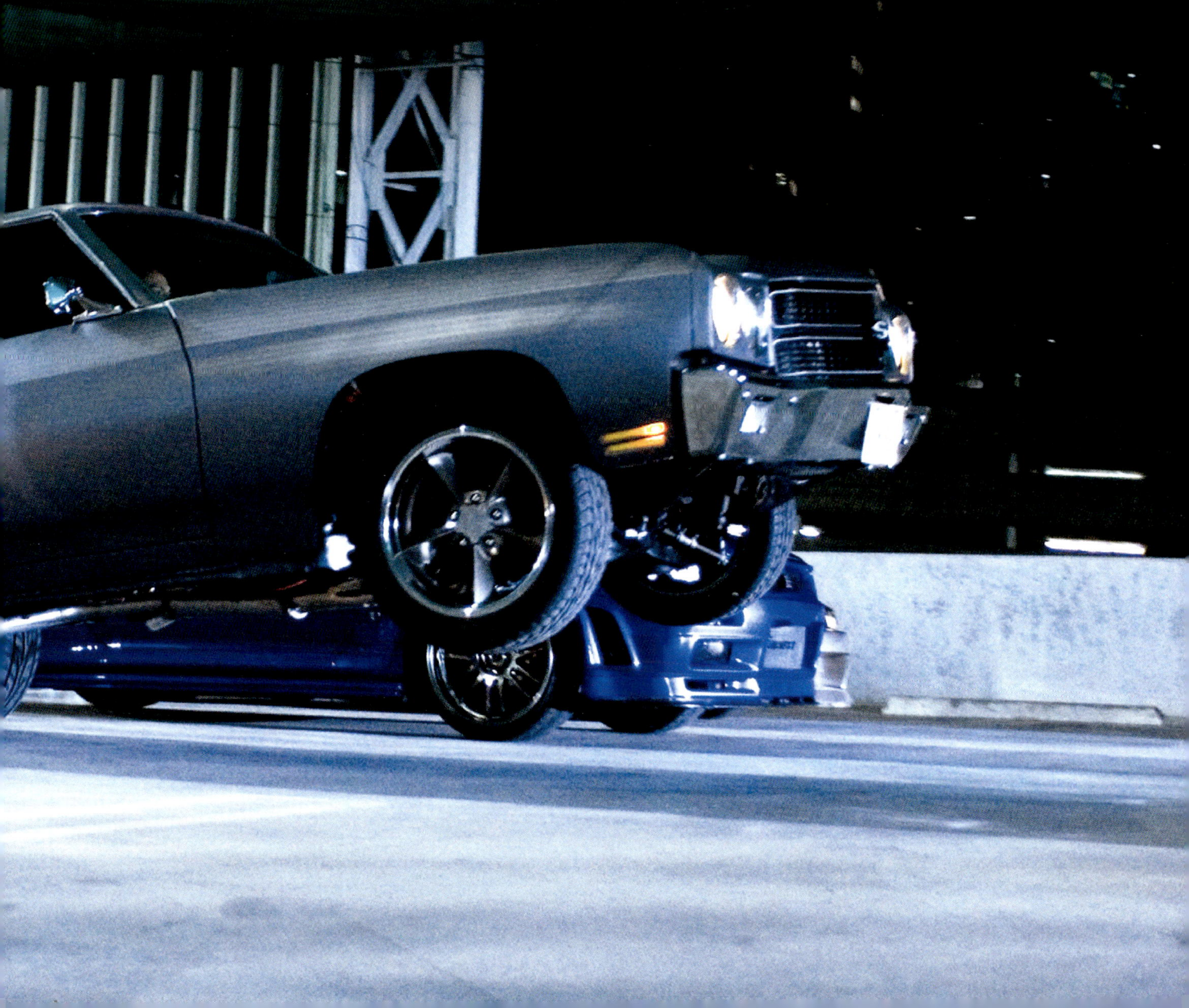

Fast and the Furious Neues Modell. Originalteile. Los Bandoleros, (2009)

Inhalt

In der Dominikanischen Republik überfällt ein Team, zu dem auch Dominic Toretto (Vin Diesel), Han (Sung Kang) und Letty (Michelle Rodríguez) gehören, einen Tanklaster. Der Fahrer wehrt sich. Ein Teil der Fracht geht verloren. Dann findet die Polizei die Werkstatt der Gang. Han will sich nach Tokio absetzen, Letty nach Rio. Derweil ermittelt Brian (Paul Walker), der wieder bei der Polizei in Los Angeles arbeitet, in der Drogenszene und findet heraus, dass dort Drogenkuriere als Fahrer gesucht werden. Sie müssen sich in einem illegalen Straßenrennen beweisen. Es gelingt ihm, sich in das Rennen einzuschleusen, aber auch Dom taucht dort auf. Er hat gerade von seiner Schwester Mia (Jordana Brewster) erfahren, dass Letty erschossen worden ist und folgt Hinweisen auf den Täter. Dom und Brian werden als neue Fahrer engagiert und von Gisele (Gal Gadot) instruiert. Sie finden heraus, dass der Drogenboss Braga das Geld durch einen versteckten Tunnel in die USA bringen lässt und überführen ihn und seine Gang.

Hintergründe

Erst im Juli 2007, also ein Jahr und einen Monat nach der US-Premiere von »The Fast and the Furious: Tokyo Drift« im Juni 2006, wurde der vierte Teil der Reihe angekündigt. Die Gründe sind vielfältig. Der vor allem in Tokio spielende Vorgängerfilm hatte gerade mal 158,9 Millionen Dollar eingespielt. Es war das schlechteste Ergebnis der drei Filme. Da darin die Stammbesetzung zum zweiten Mal nicht mit von der Partie war, musste also daran gearbeitet werden, die Fans des ersten Teils wieder vermehrt in die Kinos zu locken. Es musste eine besondere Idee her: Vin Diesel, Paul Walker und Michelle Rodríguez sollten zurückkommen. Das gelang nur mit einer guten Geschichte, viel Geld und einem Trick: die Geschichte des vierten Teils spielt vor dem dritten. Allerdings steckt die neue Chronologie voller Fehler, doch dazu später mehr.

Autor Chris Morgan, dessen Geschichte des dritten Films durchaus auf Wohlwollen gestoßen war, und auch Regisseur Justin Lin, arbeiteten erneut zusammen. Später wurde bekannt, dass David Ayer das Skript noch polierte, aber nicht genannt wurde. Vin Diesel wurde mit einer Gage von zehn Millionen Dollar gelockt und durfte zusätzlich den Kurzfilm »Los Bandeleros« inszenieren, um die offenen Löcher in der Geschichte zu stopfen. Er spielt vor den Ereignissen dieses Films. Handlungsort ist Santa Bárbara in der Dominikanischen Republik. Der 20-Minüter erzählt davon, dass Dom Han und Letty wiedersieht sowie seinen beiden Freunden Tego und Don Omar hilft. Auch ein weißes 1966er Pontiac Bonneville Cabrio spielt eine kleine Rolle, aber allzu viel passiert in der sehr langsam erzählten Geschichte nicht, außer dass Dom seine Crew für den Überfall auf den Tanklaster zusammenstellt. Ein weiterer Aspekt, um Vin Diesel zurück zu gewinnen war, dass er neben Michael Fortrell zu einem der ausführenden Produzenten wurde. Paul Walker verdiente übrigens auch zehn Millionen Dollar, nur Michelle Rodríguez wurde wesentlich geringer bezahlt, deren Rolle war aber auch nicht besonders groß.

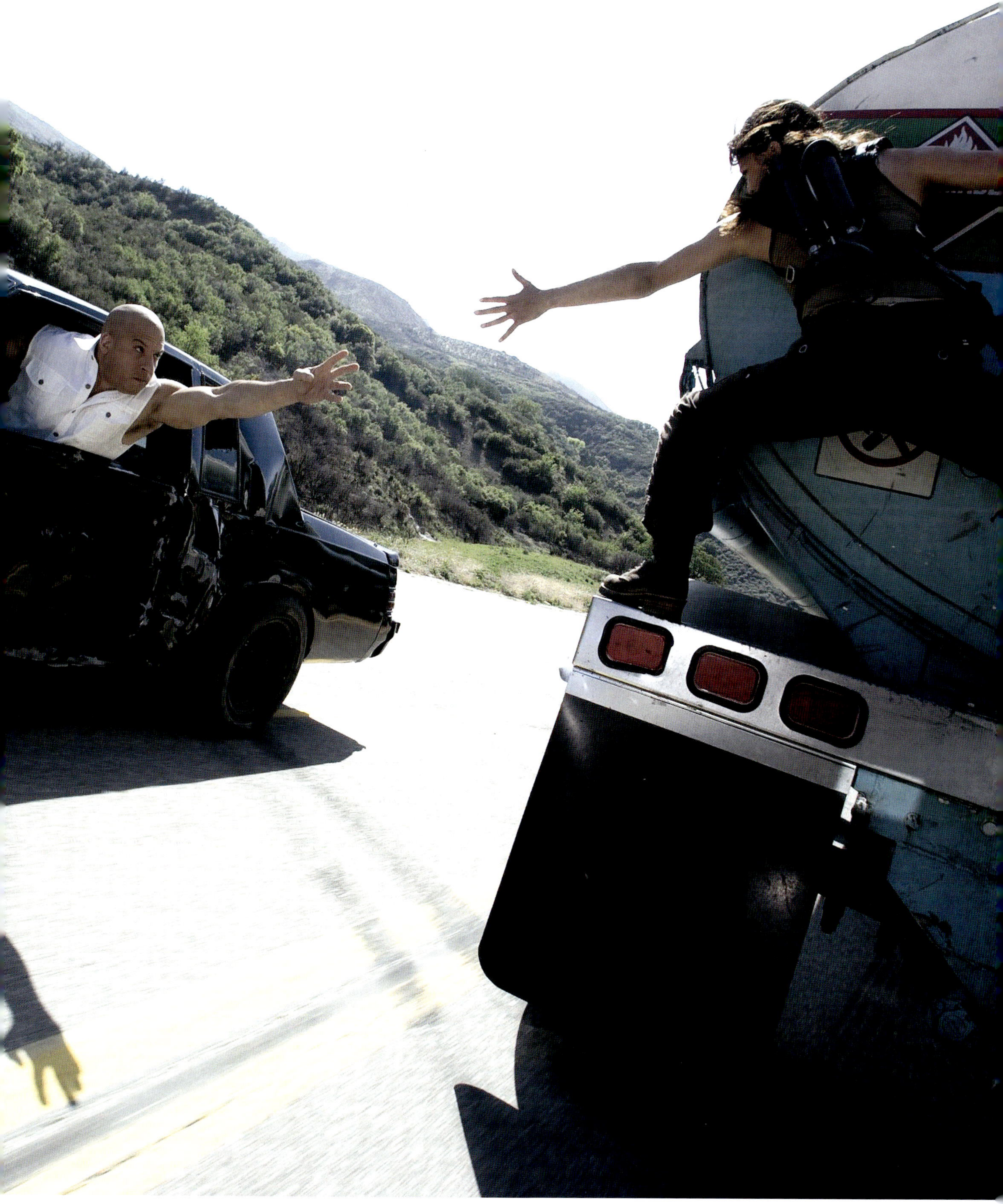

Dom (Vin Diesel) und Letty (Michelle Rodríguez) beim Überfall auf einen Tanklaster.

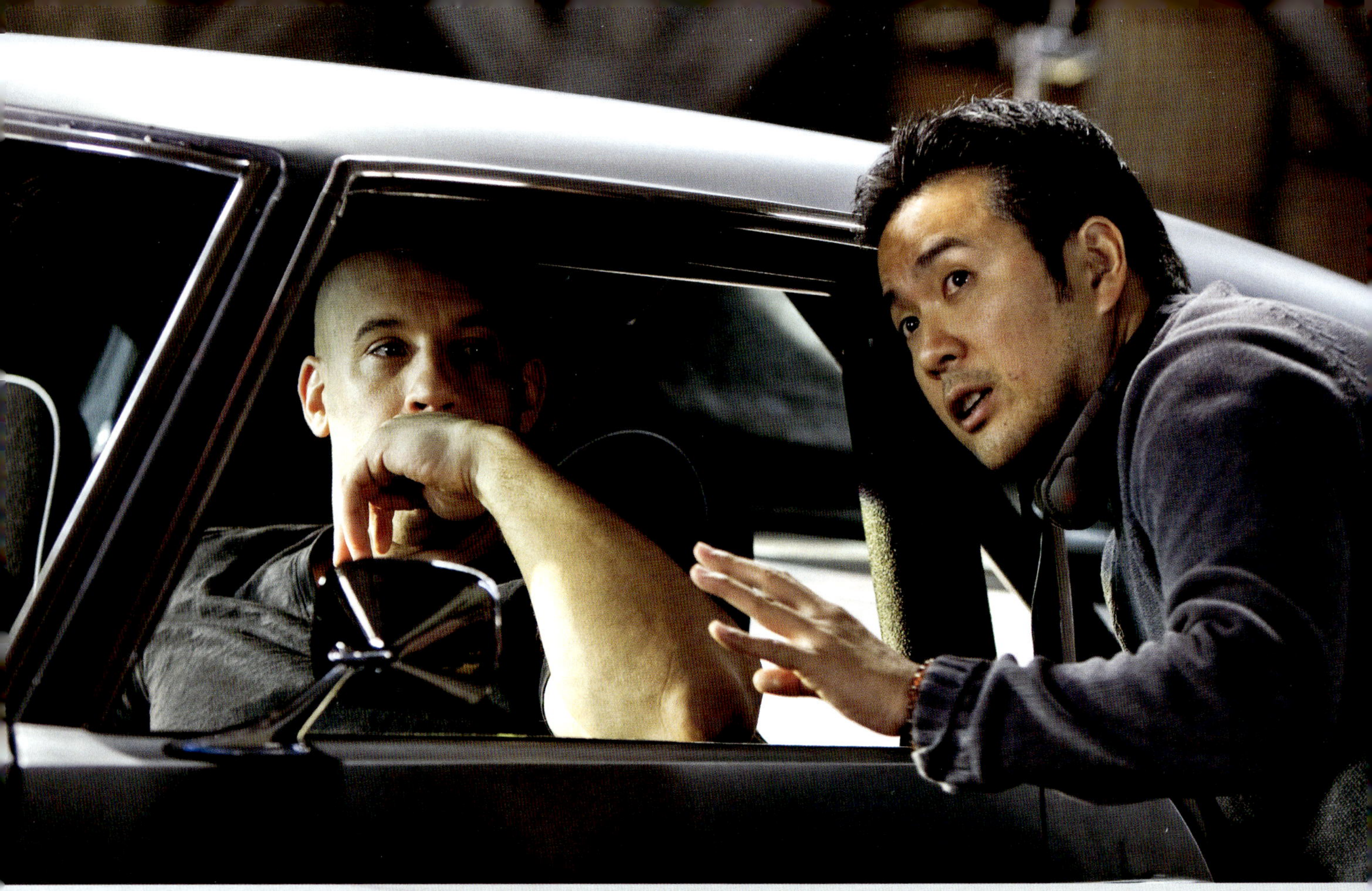

Für Justin Lin war der Film bereits das zweite Projekt innerhalb der Reihe.

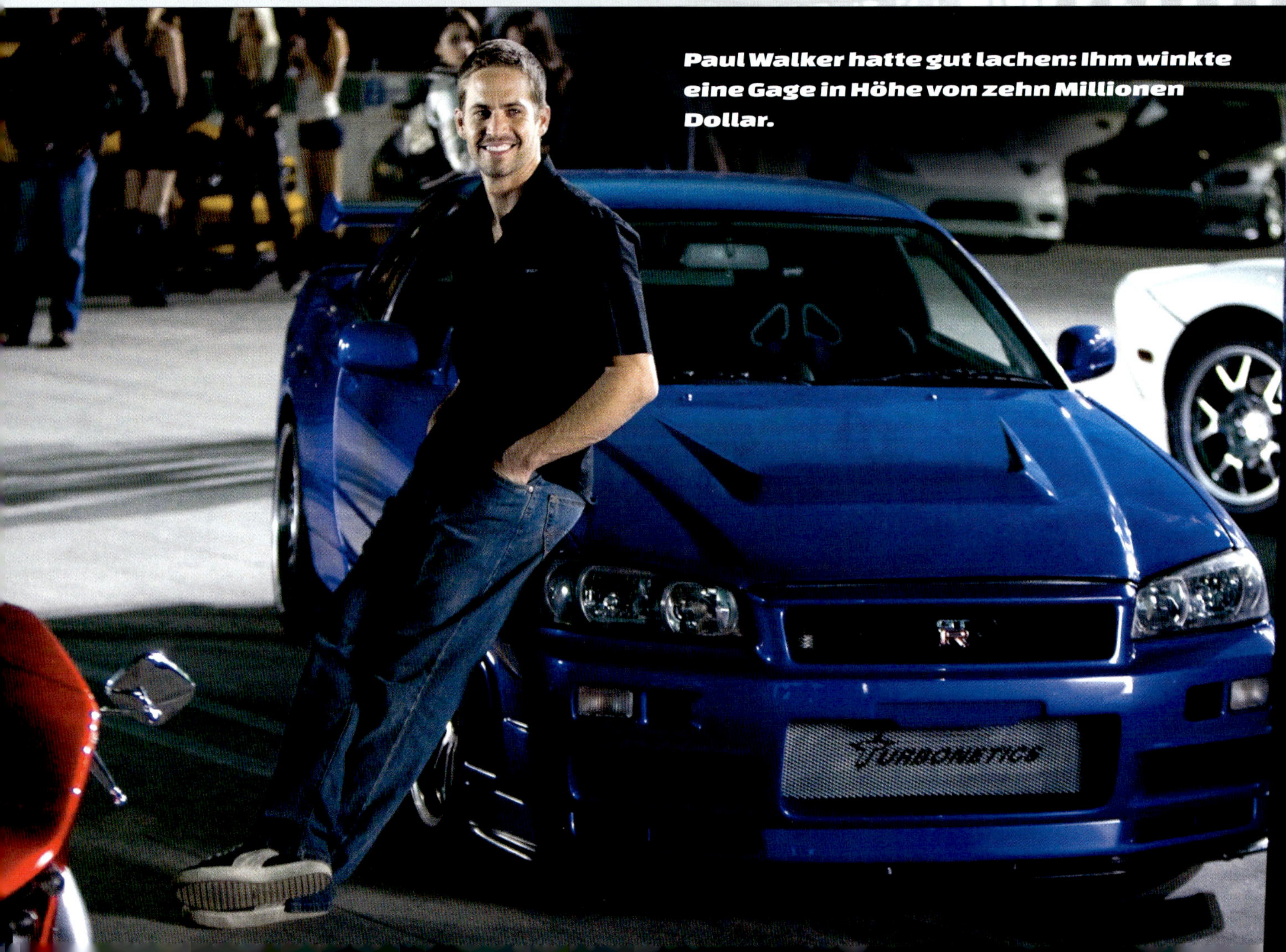

Paul Walker hatte gut lachen: Ihm winkte eine Gage in Höhe von zehn Millionen Dollar.

Von Anfang an wurde vereinbart, dass das Budget des letzten Films nicht überschritten werden sollte. Damit fielen exotische, teure Drehorte wie Japan weg. Vin Diesel war aufgrund der überraschenden Wendungen in der Geschichte und der größeren Emotionalität von dem Projekt so überzeugt, dass er am liebsten gleich Teil 4 und 5 hintereinander drehen wollte, doch Universal bremste ihn. Die Firma wollte erstmal abwarten, wie sich dieser »Neuanfang« an der Kinokasse niederschlagen würde.

Dreharbeiten, Drehorte, Budget

Gedreht wurde vom 20. Februar bis zum 13. Juni 2008 in Kalifornien, der Dominikanischen Republik, in Panama Stadt und in Mexiko, hier speziell in Magdalena de Kino und Sonora. Zwar ist im Film zweimal die Grenze zwischen den USA und Mexiko zu sehen, doch die illegalen Grenzübertritte der Drogendealer mit ihren Autos entstanden auf dem Soggy Dry Lake im Lucerne Valley in Kalifornien. Das Haus von Dom Mia ist an der Adresse 722 East Kensington Road in Los Angeles zu finden. Außerdem entstanden Aufnahmen in den Universal Studios und auf dem dortigen Freigelände. Das Budget betrug erneut 85 Millionen Dollar.

Am 2. April, mitten in den Dreharbeiten, wurden Vin Diesel und seine Partnerin, das mexikanische Fotomodell Paloma Jiménez, erstmals Eltern. Sie feierten die Geburt von Tochter Hania Riley, die elf Jahre später sogar in die Filmreihe ihres Vaters integriert werden sollte: Von 2019 bis 2021 war sie als Animationsfigur Sissy Benson in acht Episoden der Netflix Serie »Fast & Furious Spy Racers« zu sehen.

Automobile Hauptdarsteller

Anders als im Tokio-Abenteuer kommt hier den amerikanischen Autos und Muscle-Cars wieder eine größere Bedeutung zu. Das beginnt gleich zu Anfang, als die Gang mit Hilfe eines schwarzen 87er Buick GNX einen Überfall auf einen Tanklaster begeht. Dennis McCarthy, der erneut für die Fahrzeuge zuständig war, rüstete den Wagen auf. Der 3,8 Liter Turbo Motor wurde serienmäßig belassen, dazu gab es einen Überrollkäfig, eine für Stunts modifizierte Bremse und Sitze mit spezieller Federung. Außerdem verfügte er über Hotchkiss Federn und Dämpfer sowie verstärkte Stabilisatoren. So unterschied er sich nicht nur rein optisch von den vielen Buick Grand Nationals. »Das Auto ist ein Biest«, sagte Vin Diesel dazu. »Als ich noch als Türsteher in New York gearbeitet habe, war das der schnellste Wagen auf dem Markt.« Davon entstanden nur 547 Exemplare.

Für die Aufnahmen modifizierte der technische Berater Craig Lieberman mehrere Fahrzeuge, um die Anfangssequenz umzusetzen. Einer davon wurde für den Film mit einem V8-Motor ausgerüstet, starb aber den »Filmtod«. Eines der sogenannten »Stunt Cars« mit vielen Beulen an der linken Seite wurde nach Ende der Dreharbeiten durch das Orlando Auto Museum erworben und im März 2019 zum Verkauf angeboten.

Ein weiterer der »überlebenden« Wagen war am 29. Januar 2022 Teil einer Versteigerung des Auktionshauses Barrett-Jackson in Scottsdale, Arizona. Er besitzt einen Überrollkäfig und keinen Beifahrersitz. Stattdessen ist eine Platte auf dem Fußboden verbaut, so dass Letty darauf stehen und in einer Szene aus dem Fenster herauskriechen konnte. Ein Flaschenzug sorgte dafür, dass die Vorderräder des Wagens vorne hochkamen. Hinzu kamen ein tiefergelegtes Fahrwerk, Wilwood Bremsen und speziell angefertigte Räder. Auch der Original 3,8 Liter-Turbo-V6 mit 245 PS und das Automatik-Getriebe waren noch präsent. Der Wagen erzielte 60.500 Dollar.

Um zu ermöglichen, dass Dom in voller Fahrt rückwärts fährt, wurden zwei Fahrzeuge mit einer umgedrehten Karosserie ausgerüstet. Also wanderte der Motor ins Heck und die Hinterachse unter die Fronthaube. Ein neues Lenkrad und die Pedalerie befanden sich ebenfalls hinten, so dass ein Stuntman den Wagen steuern und aus dem (abgedunkelten) hinteren Fenster schauen konnte.

Brian ist in Los Angeles in einem Nissan Skyline GT-R R34 unterwegs und nimmt damit auch am Straßenrennen der Bewerber teil. Der Wagen ist allerdings ein Umbau und wurde von der Firma Keizo Industries zur Verfügung gestellt. Die Filmproduktion erwarb mehrere Nissan Skyline 25 GT und ließ sie so umbauen, dass sie wie ein GT-R aussehen.

Mit dabei ist auch wieder ein Dodge Charger, der nach einer umfangreichen Action-Szene zerstört wird, am Ende aber wundersam wieder aufersteht. Das war ein 426 Hemi R/T aus dem Jahr 1969 mit leicht verändertem Frontgrill und anderen Heckleuchten, so dass er wie ein Wagen aus dem Jahr 1970 wirkte, da der Original-Charger aus dem früheren Film noch zerlegt war und gerade restauriert wurde. Nach Aussagen von Diesel mache es ihm Spaß »wieder mit dem zuverlässigen, stoischen Charger zu fahren. Es war wie ein alter Freund, ein altes Crew-Mitglied, mit dem man vor langer Zeit gedreht hat.« Laut Picture Car Coordinator Dennis McCarthy wurde ein Crate-Motor von Chevrolet mit 350 PS und einem 400er Ford 9-Ausgleichsgetriebe mit Wilwood-Bremsen verwendet. Innen sei der Wagen gleich geblieben, »aber wir haben versucht den Wagen an die neue Zeit anzupassen.« Vin Diesel ergänzt: »Du fährst was Du bist«. Paul Walker fügt hinzu: »Vin ist ein Muscle-Car Typ. Was er fährt, muss groß und böse sein.«

Zu den alten Muscle Cars, die Dom mag, zählt auch eine rote 70er Chevrolet Chevelle, die bereits am Ende des ersten Films zu sehen war. In dieser flüchtete Dom nach Mexiko. Laut McCarthy hat die Chevelle 450 PS und ein Vierganggetriebe: »Es ist eine LS6-Chevelle wie sie aus der Fabrik kam. Im Film wird sie dann modifiziert, denn Dom macht einen Rennwagen daraus.« Das Auto gefiel Diesel besonders gut. Nach seiner Aussage habe derjenige, »der sich diese Geschichte ausgedacht hat, wirklich an alles gedacht. Er hat es sich zur Aufgabe gemacht, die Saga fortzuführen.« Der modifizierte und mattgrau lackierte Wagen kam im Jahr 2012 nach Australien, wurde drei Jahre später mit einem Autogramm von Paul Walkers Bruder Cody veredelt und im September des Jahres 2020 versteigert.

Auch der von Laz Alonso verkörperte Fenix Calderon wurde mit einem Wagen ausgestattet, der zu seiner Figur passt. »Das leuchtende Grün steht für das Geld (die Farbe des US-Dollars, Anm. d. Autors)«, so der Akteur über seinen 72er Ford Gran Torino GT, der auch noch über weiße Streifen an der Seite verfügt. »In der Autowelt gibt es den Konkurrenzkampf zwischen Chevrolet und Ford«, so Alonzo. »Das passiert auch bei diesen Figuren. Dieser Wagen passte am besten dazu.« Laut McCarthy kamen noch seitliche Auspuffrohre und Sitze von Sparco hinzu. Auch die Aufhängung wurde angepasst.

Für den Film wurden rund 240 Autos in Hallen im San Fernando Valley im Süden Kaliforniens aufgebaut und für die Aufnahmen präpariert. Zum Teil waren es Repliken, die von den Originalfahrzeugen abwichen, etwa die Version des 1973er F-Bomb Camaros. Das Original, das von Tom Nelson von der Firma NRE (Nelson Racing Engines) und David Freiburger vom »Hot Rod« Magazin 2002 aufgebaut worden war, verfügte über einen Twin-Turbo-V8 mit Fünfgang-Getriebe und 1500 PS. Der Filmwagen hatte einen 300 PS starken V8-Motor mit einer Dreigang-Automatik. Eine Replik dieses Fahrzeuge wurde am 15. April 2010 für 39.998 Dollar angeboten.

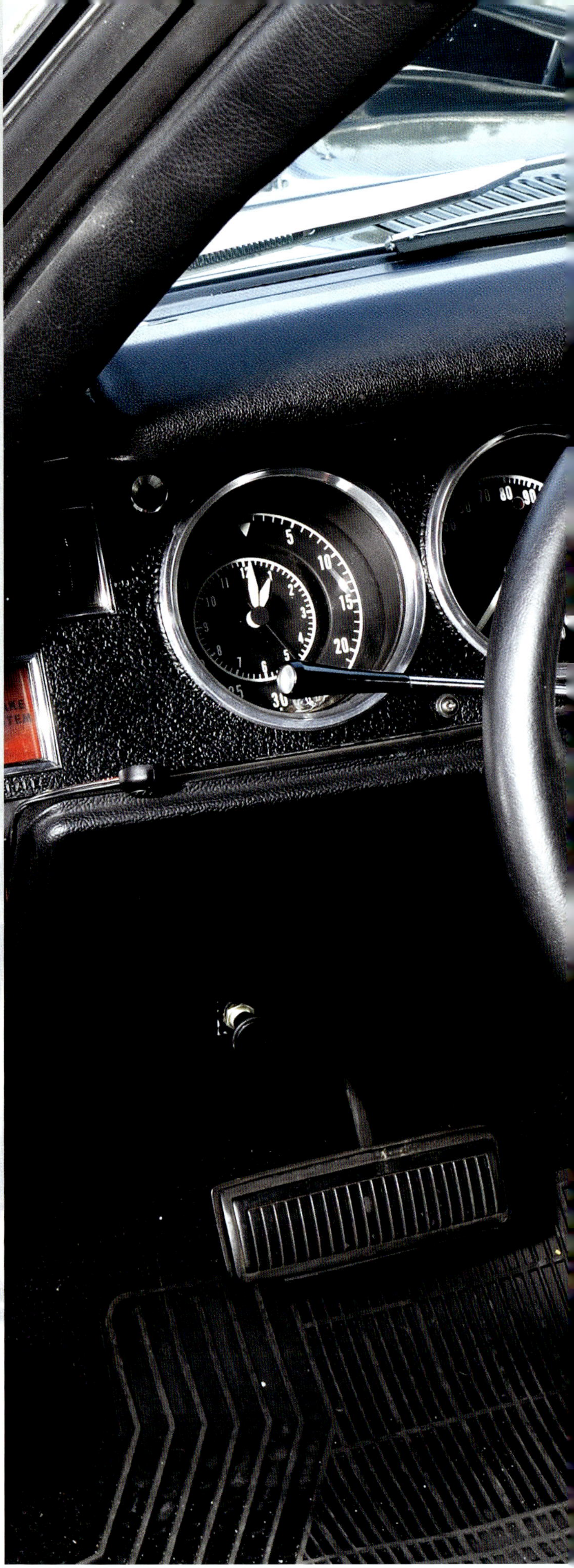

Premiere, Starttermine

Ursprünglich sollte der Film im Juni in die amerikanischen Kinos kommen, doch dann wurde er vorgezogen und feierte am 12. März 2009 im Gibson Amphitheatre (ehemals Universal Amphitheatre) in Los Angeles Premiere. Schon zwei Tage später folgte in Bochum die deutsche Premiere, schließlich ist das Ruhrgebiet bekannt für seine große Tuning-Szene. Am 19. März wurde in London gefeiert, am 2. April kam der Film in die US-Kinos und am selben Tag auch in die deutschen.

Anekdoten, Reaktionen

Wenn die rasenden Akteure während der Autoszenen so richtig ins Schwitzen kommen, dann machen sie zuvor nicht etwa 100 Liegestütze. In diesen Fällen, wenn sie im Studio auf beweglichen Bühnen in einem Autofragment vor einer grünen Leinwand »fahren«, ist immer eine Sprühflasche mit Wasser dabei. Ein paar Spritzer ins Gesicht und die nächste Aufnahme kann kommen. Dazu passt ein Satz von Gisele, den sie an Dom richtet: »Deinen Führerschein!« – »Was für ein Führerschein?« Im Studio brauchte er den nun wirklich nicht.

Der Film verzeichnete damals den besten Dreitage-Start für Universal in den USA. Er spielte 72,5 Millionen Dollar ein. Schon am ersten Wochenende brachte er weltweit mehr Geld in die Kassen als der Vorgängerfilm insgesamt. Die Rechnung der Macher, die Originalbesetzung zurückzugewinnen, ging also auf. Letztendlich

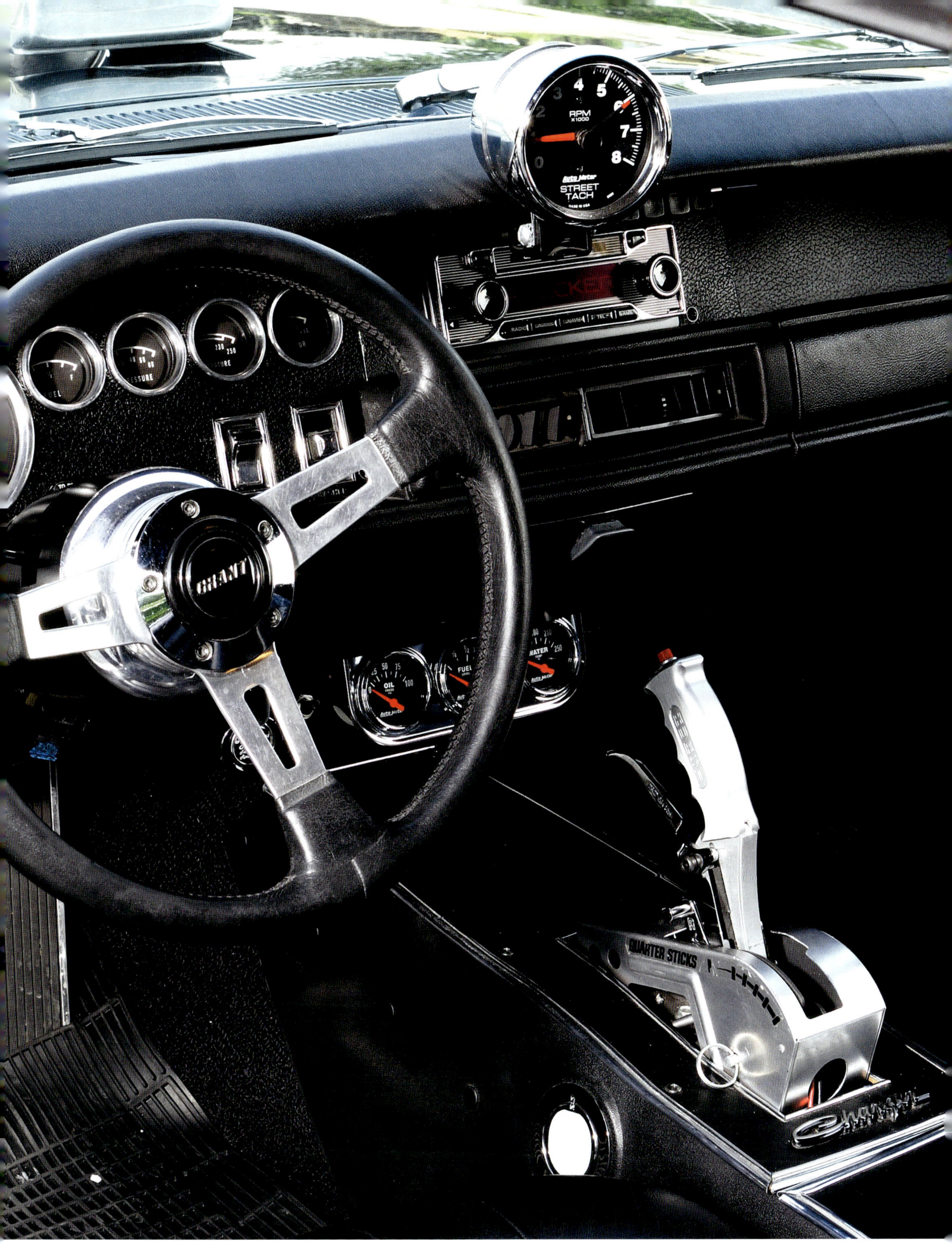

Blick ins Cockpit von Doms 1970er Dodge Charger, von Letty liebevoll restauriert.

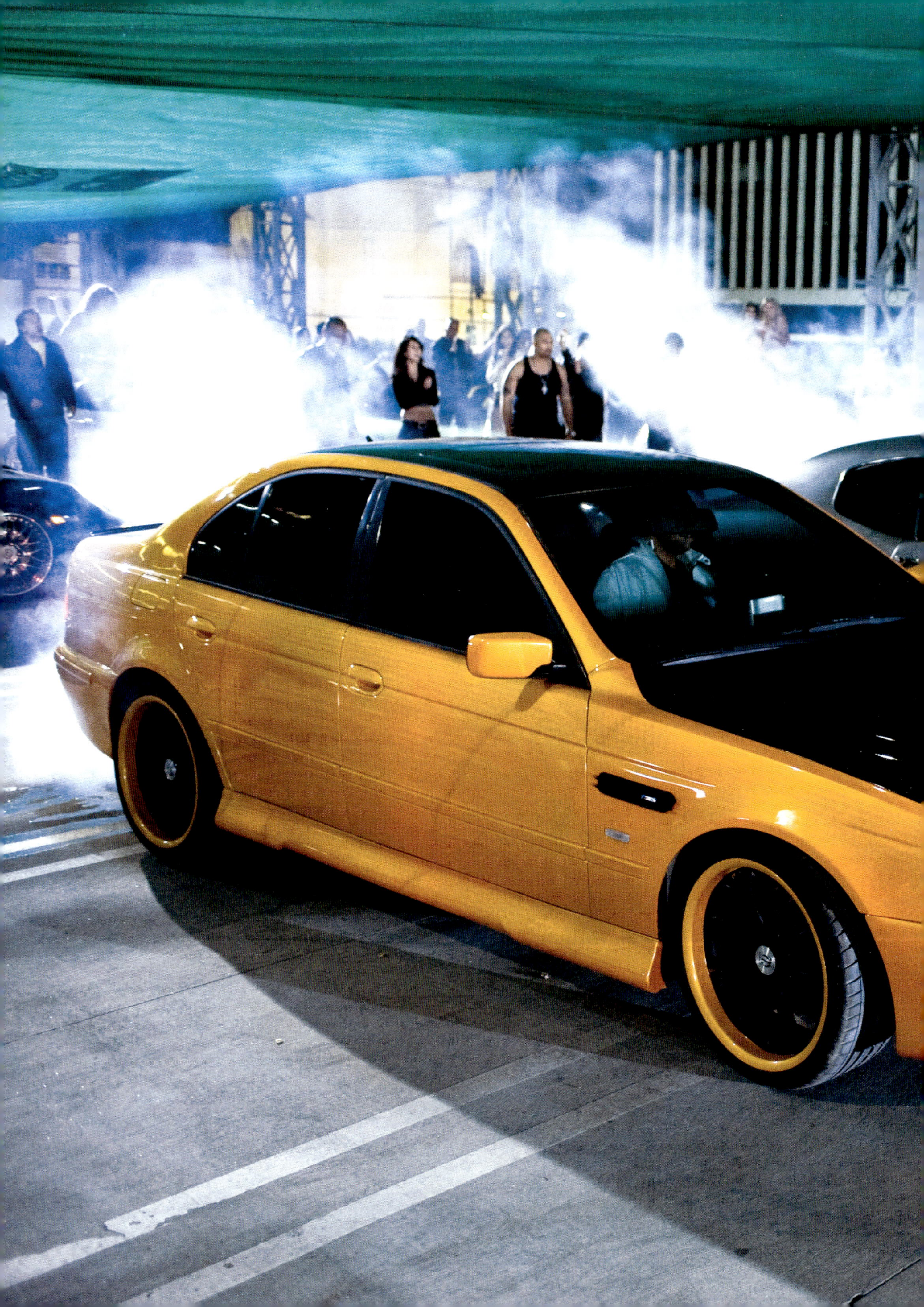

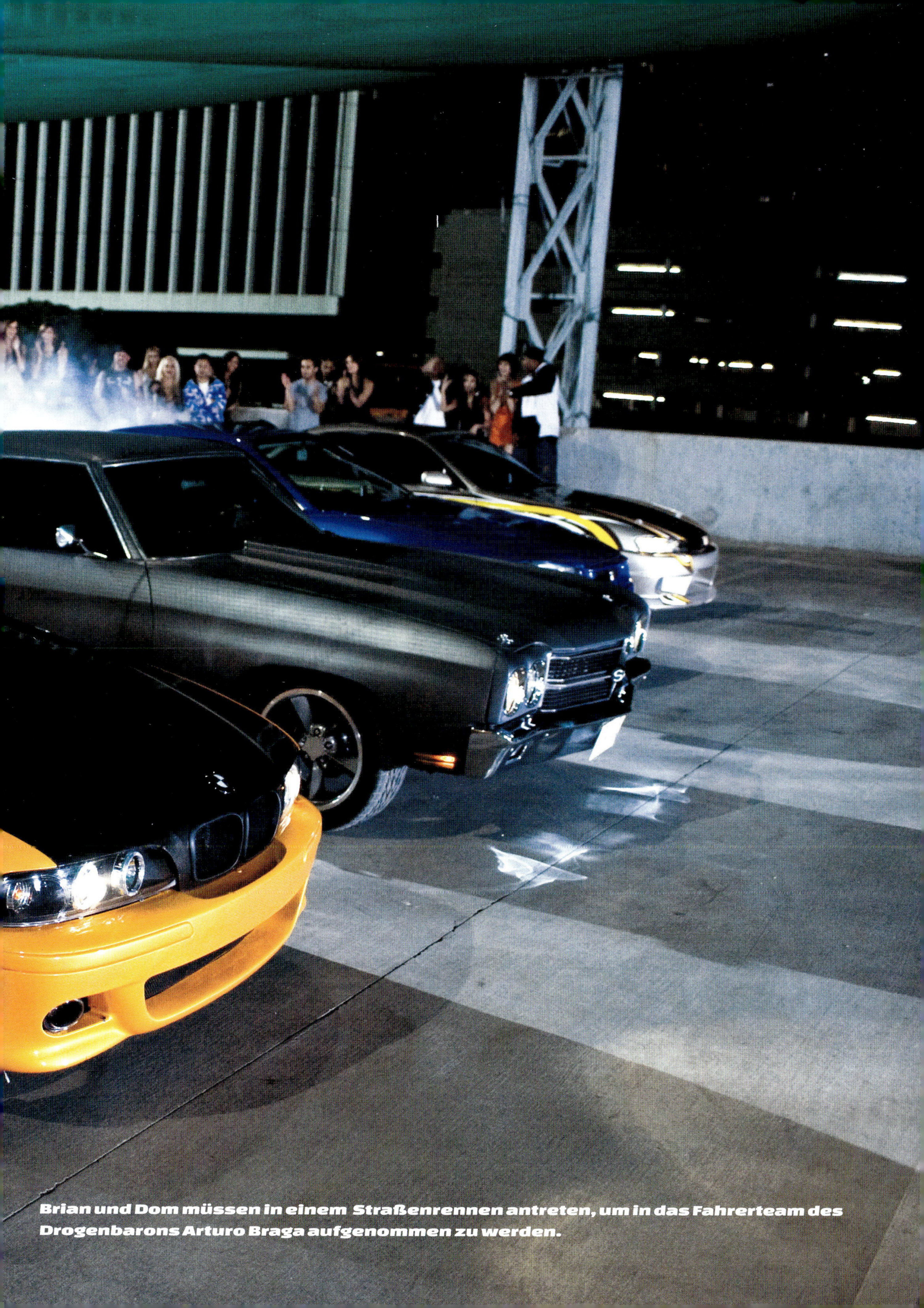

Brian und Dom müssen in einem Straßenrennen antreten, um in das Fahrerteam des Drogenbarons Arturo Braga aufgenommen zu werden.

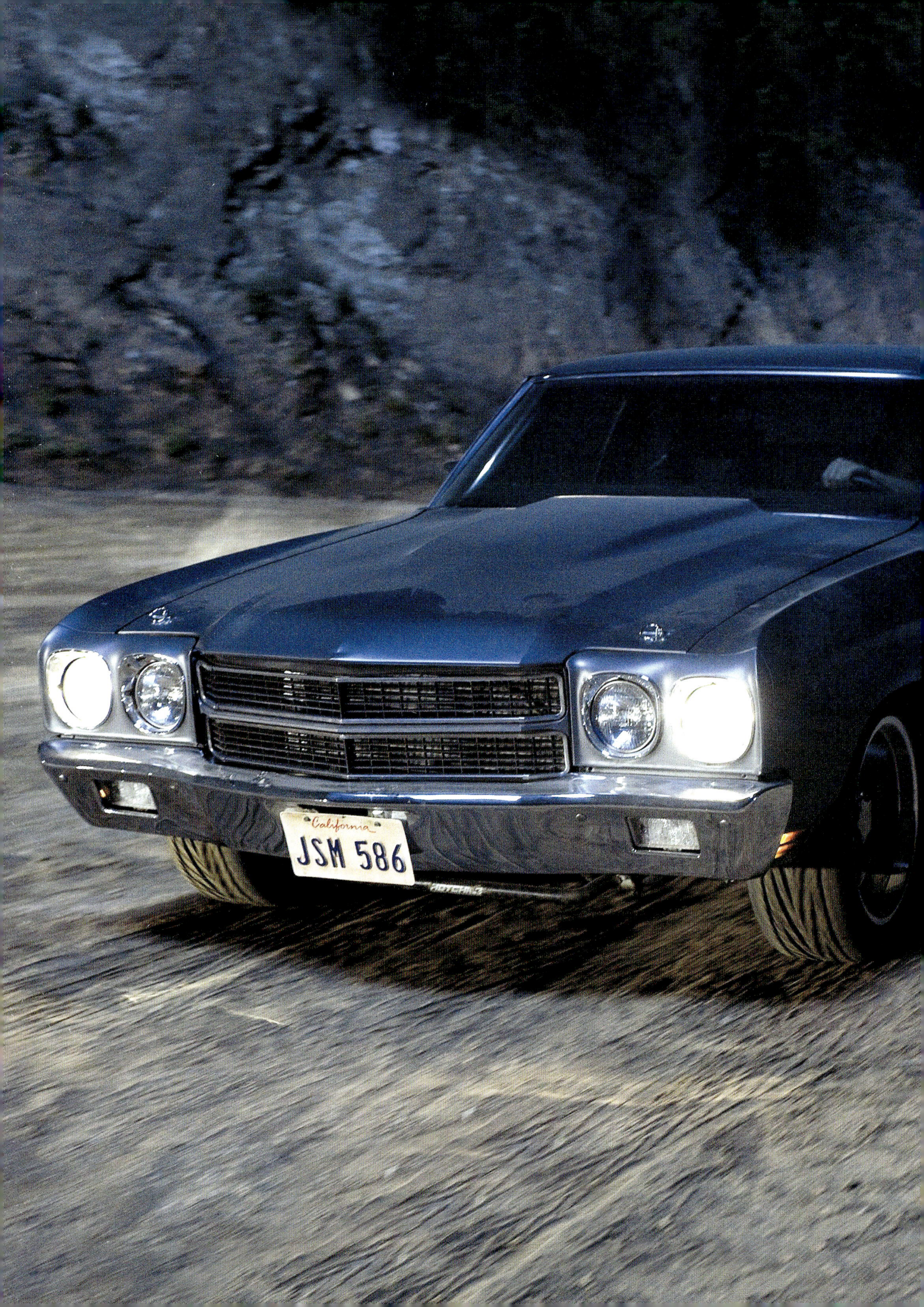
California
JSM 586

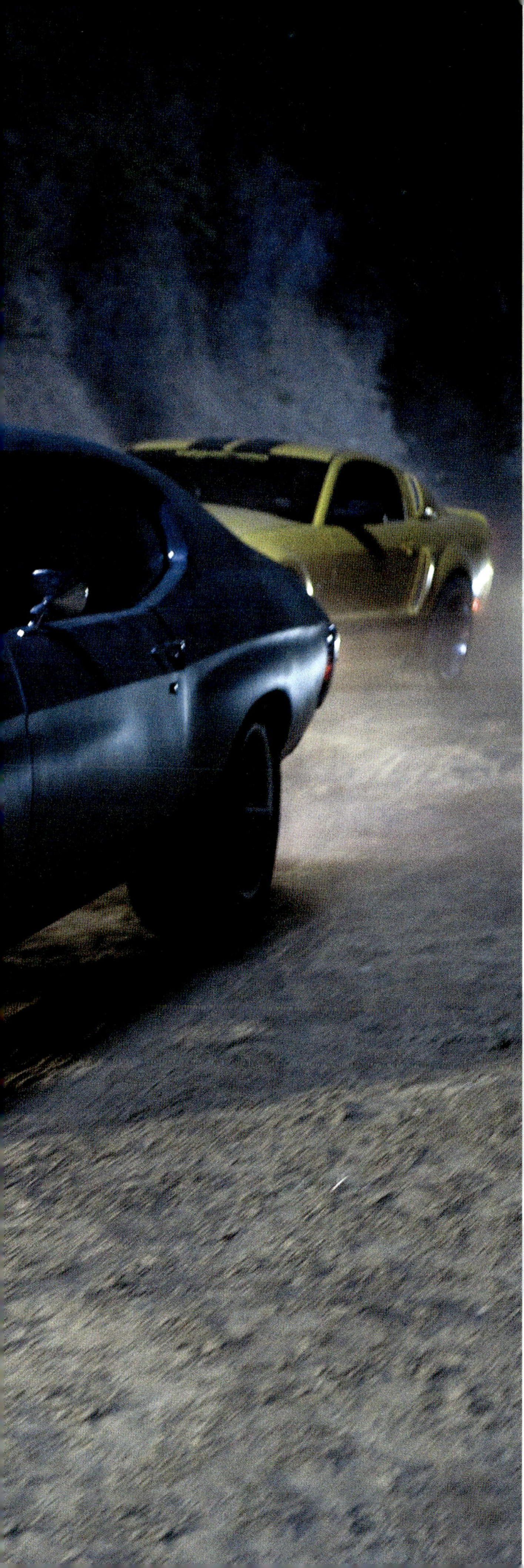

standen am Ende der Kinoauswertung 360,3 Millionen Dollar auf der Haben-Seite. Einer Fortsetzung der Reihe stand also nichts mehr im Wege. Nur wohin die Reise gehen sollte – und mit welchen Mitwirkenden – war noch offen.

Wie schon erwähnt, nehmen es die Macher mit Chronologie und Logik nicht so genau. Der Film spielt fünf Jahre nach dem Erstling aus dem Jahr 2001 und angeblich vor dem Film »The Fast and the Furiuos: Tokyo Drift«. Wenn Brian hier aber einen Subaru STI aus dem Jahr 2009 fährt, ergibt das keinen Sinn. Zudem nutzt er einen Nissan R35 GTR als Basis für seinen nächsten Rennwagen. Der kam aber erst 2008 auf den Markt.

In der Werbung ist Michelle Rodriguez prominent platziert, obwohl sie nur in den ersten Minuten des Films zu sehen ist.

Die Jagd nach Arturo Braga führt Brian und Dom bis nach Mexiko. Die finale Verfolgungsjagd findet später in einem illegalen Grenztunnel statt.

Dom:
»Schluss mit dem Gequatsche, das Spiel geht los.«

Dom:
»Die Bullen werden hungriger.«
Letty:
»Das heißt, wir haben nicht alles falsch gemacht. Fahr oder stirb, weißt du noch?«

Brian:
»Letty war auch meine Freundin.«
Dom:
»Du hattest keine Freunde.«

BMW-Fahrer:
»Wer macht die Straßen dicht?«
Ramon:
»Niemand, darum geht es ja.«

Gisele:
»Deinen Führerschein.«
Dom:
»Was für ein Führerschein?«

Dom:
»Wenn ich blinkende Lichter im Rückspiegel sehe, halte ich nicht an. Niemals.«

Ramon:
»Du bist ein Glückspilz.«
Brian:
»Und wieso?«
Ramon:
»Du atmest noch.«

Gisele:
»Bist du auch einer von denen, die mit Autos mehr anfangen können als mit Frauen?«
Dom:
»Ich bin einer von denen, die auf ein gutes Fahrgestell abfahren, egal welche Marke.«

DIE SCHÖNSTEN / SCHRÄGSTEN DIALOGE

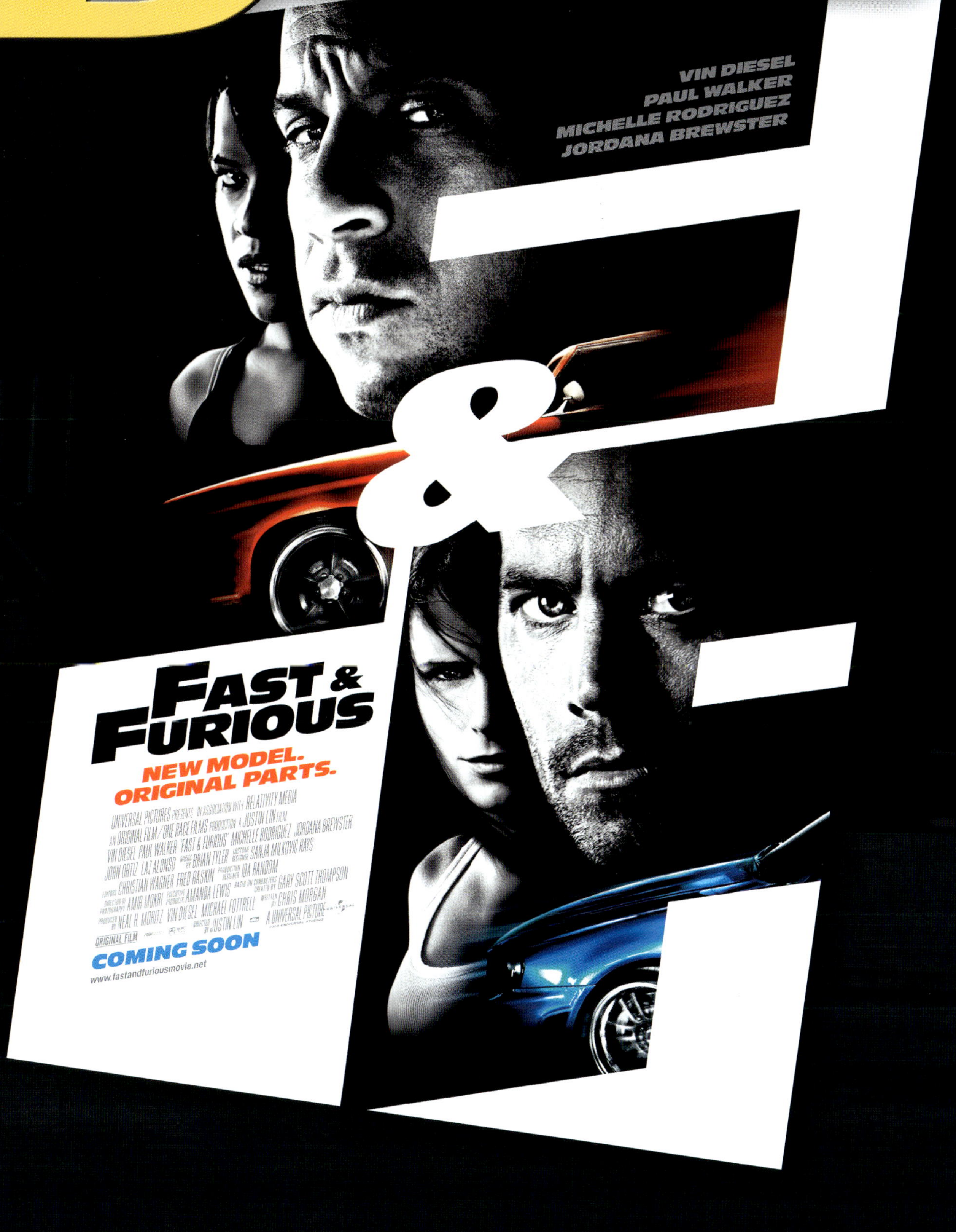

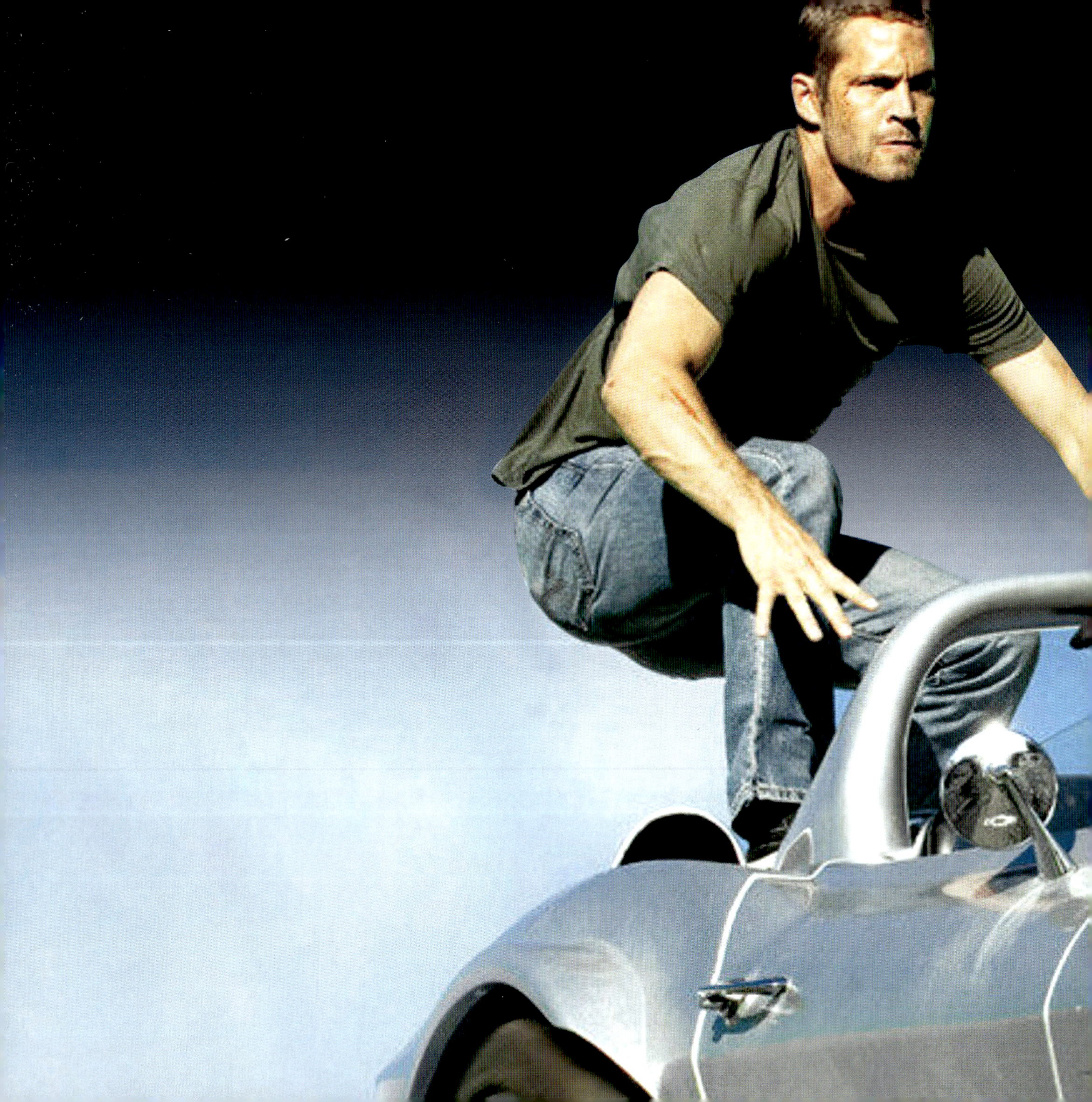

FAST AND THE FURIOUS 5 (2012)

»NIEMALS LASSEN WIR SIE IN EIN AUTO STEIGEN«.

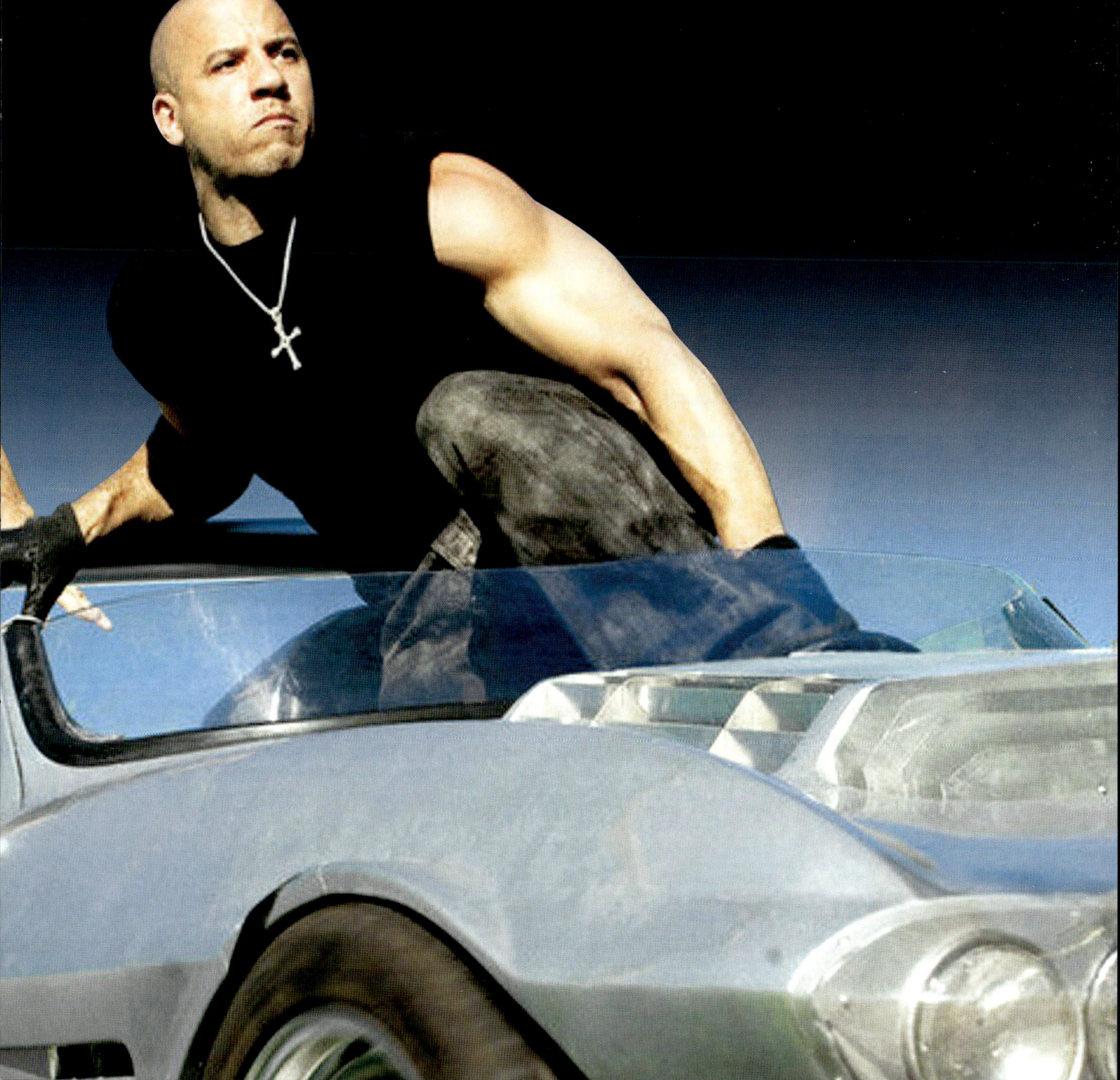

FAST AND THE FURIOUS 5 (2012)

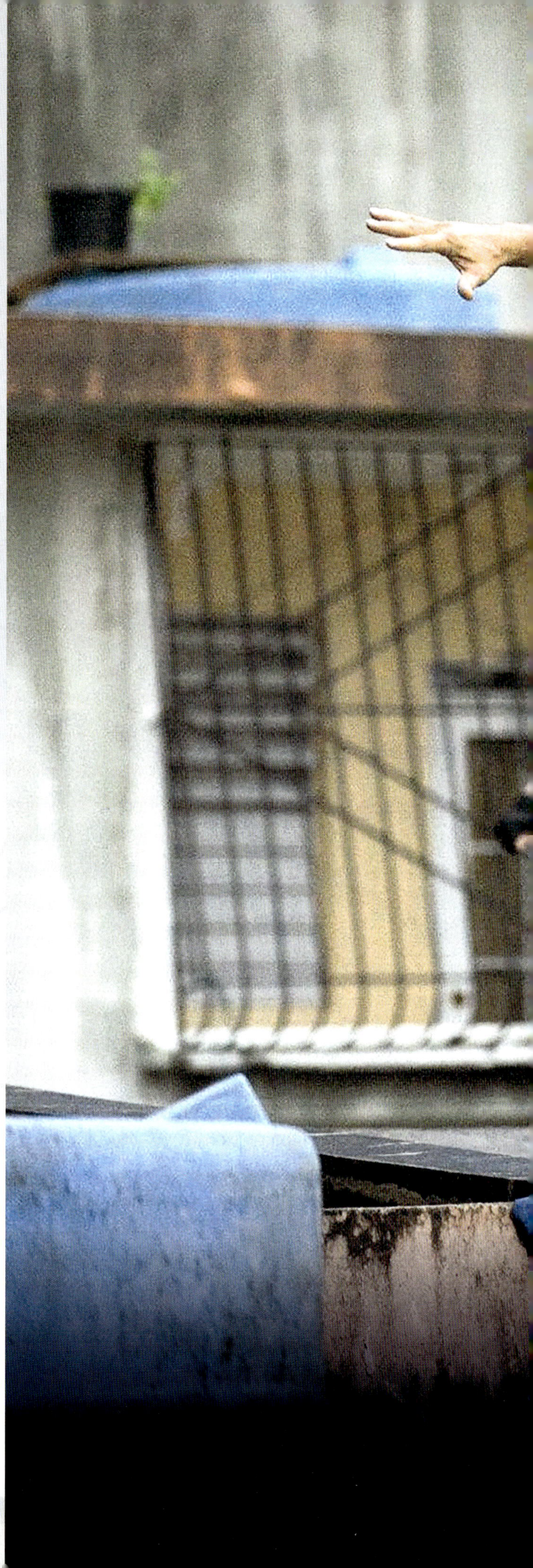

Inhalt

Brian (Paul Walker) und Mia (Jordana Brewster) stoppen mit ihrem Team einen Bus, der Dom (Vin Diesel) zu einem Gefängnis bringen soll und befreien ihn. Danach besuchen sie Vince (Matt Schulze), der nun in Rio de Janeiro lebt und ihnen einen Job vorschlägt. Es geht um den Diebstahl von drei Autos aus einem Zug. Der Überfall geht teilweise schief, denn in einem der Wagen ist ein seltener Chip verbaut, der dem Drogenhändler Reyes gehört und der macht jetzt Jagd auf das Team. Hinzu kommt, dass der Agent des Diplomatic Security Service (DSS) Luke Hobbs (Dwayne Johnson) beauftragt wird, Dom und seine Freunde festzunehmen, weil drei DSS-Leute beim Zugüberfall starben. Der Chip enthüllt Reyes Netzwerk von zehn Geldverstecken, das Dom aufdecken will. Dafür engagiert er Helfer, die aus allen Teilen der Welt nach Rio reisen. Dazu zählen auch Han (Sung Kang), Tej (Ludacris) und Gisele (Gal Gadot). Da Reyes gute Beziehungen zur Polizei hat, lässt er sein Geld in der deren Zentrale einlagern. Ein erster Plan von Doms Team, dort mit Autos einzudringen, scheitert. Also stehlen sie den Tresor, ziehen ihn an PS starken Fahrzeugen durch die Stadt und entkommen.

Hintergründe

Das Einspielergebnis des vierten Films war zwar besser als das der beiden Vorgänger, aber dennoch gab es im Herbst 2009 viele Gespräche, wie man mit der Reihe weitermachen solle. Die Reaktivierung der Schauspieler aus dem ersten Film hatte sich positiv ausgewirkt, warum also nicht noch mehr bekannte Gesichter zum Team hinzufügen? Außerdem beschloss man, die Beziehung zwischen Dom und Brian zu intensivieren. Die Protagonisten sollten zu einer Familie zusammenwachsen. Nur Autorennen an Autorennen zu reihen, genügte nicht mehr, also entwickelte Autor Chris Morgan eine Geschichte, die kein mobiles Kräftemessen zeigte, sondern Überfälle in den Fokus stellte. Außerdem wurde das Spektrum der Fahrzeuge erweitert. Im Februar 2010 ging der Film in Produktion. Zunächst trug er den Arbeitstitel »The Fast & the Furious: Rio Heist«, der bereits das Überfall-Szenario ankündigte, doch im Laufe der Zeit wurde er auf »Fast Five« verkürzt.

Tyrese Gibson war acht Jahre nach dem zweiten Teil wieder mit dabei, weil Paul Walker sich für ihn einsetzte. In der Dokumentation über Walker sagte Gibson geheimnisvoll: »Ich war nicht in Teil 3 und 4, wäre aber gern dabei gewesen. Es gab Leute, die alles taten, um das zu verhindern.« Wer das war, ist nicht bekannt geworden.

Ganz neu in der Besetzung war Dwayne Johnson, der als DSS-Agent Luke Hobbs, ermittelt. Er warnt seine Kollegen vor den Fahrkünsten von Doms Team und sagt: »Niemals lassen wir sie in ein Auto steigen«. Tommy Lee Jones war zuerst für die Rolle vorgesehen, doch dann nahm Diesel, der erneut als einer der Produzenten fungierte, die Anregung eines Fans auf, dass ein Duell zwischen ihm und dem früheren Wrestler Johnson spannend sein könnte und engagierte ihn. Eine Entscheidung, die auf Wohlwollen

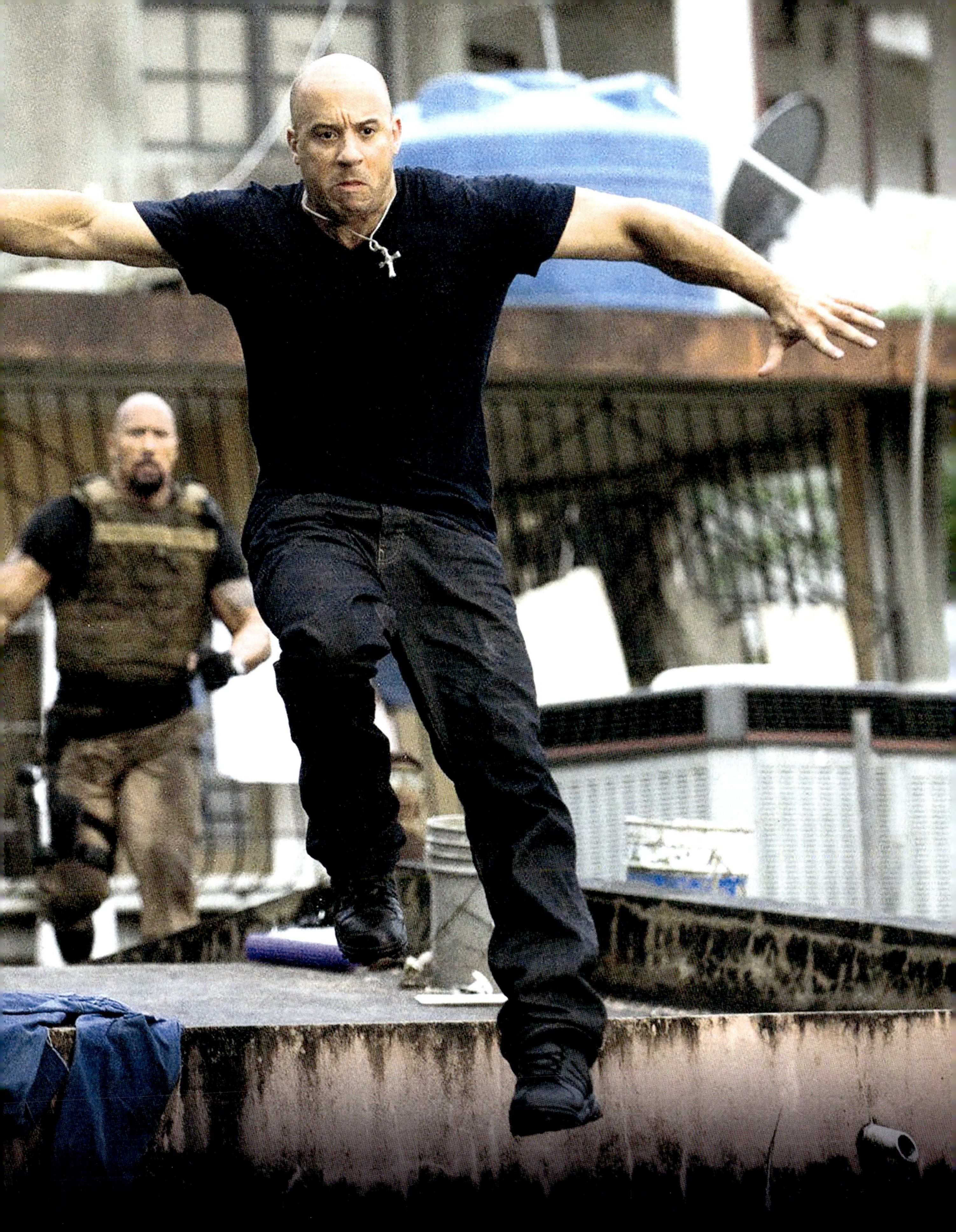

Viele der Szenen, die in Rio de Janeiro spielen, entstanden tatsächlich an Drehorten in Puerto Rico – sehr zum Missfallen der brasilianischen Fachpresse.

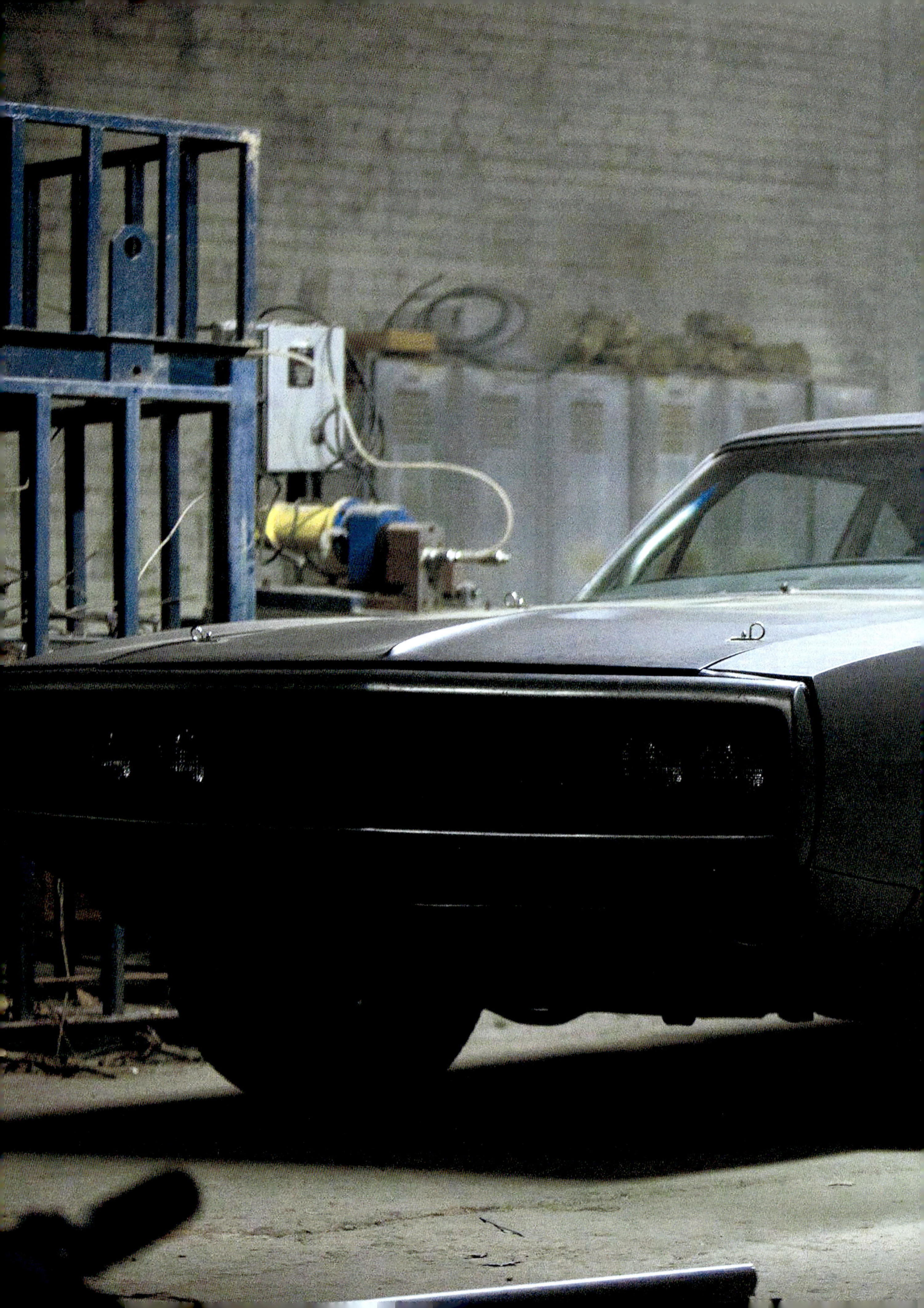

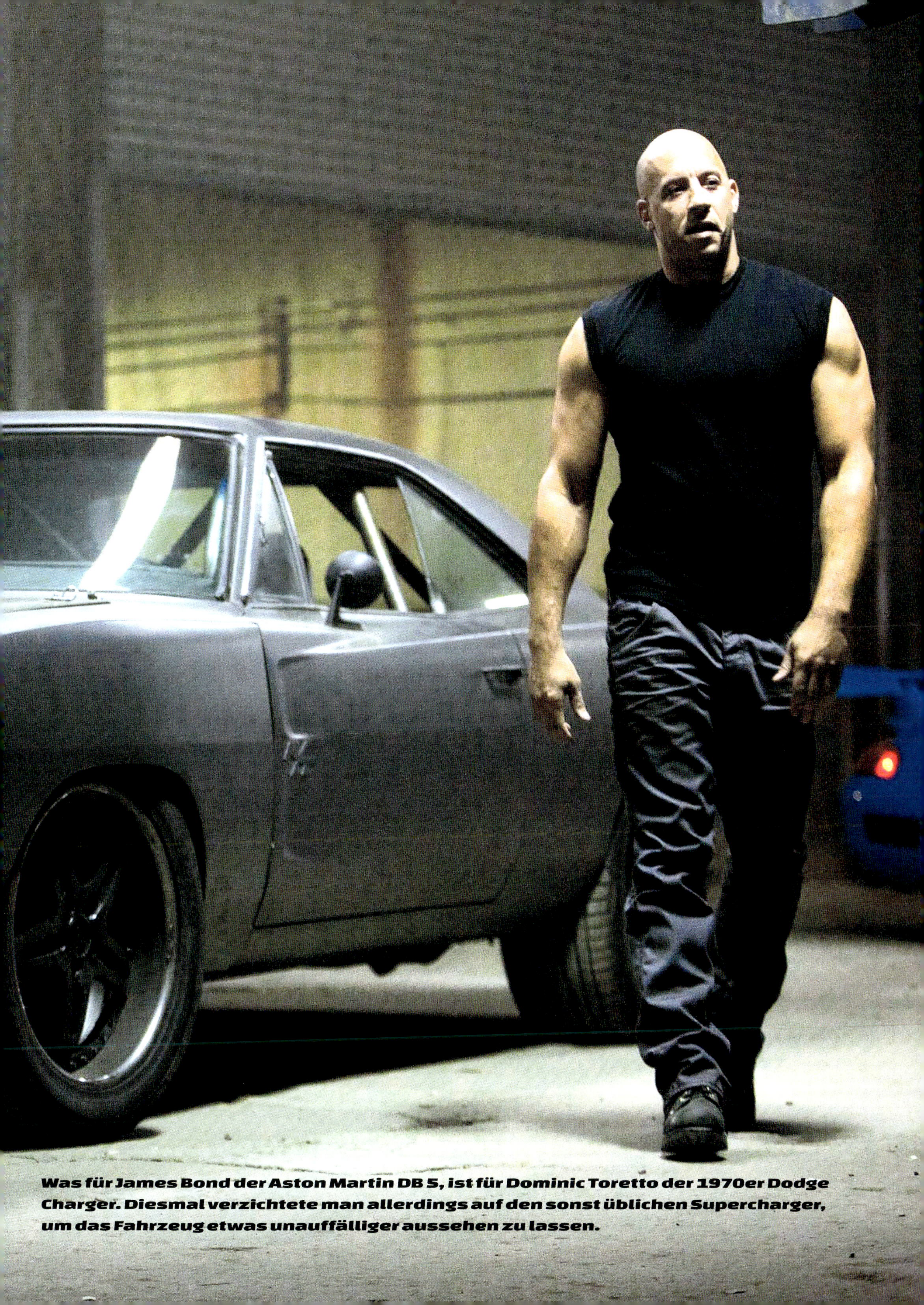

Was für James Bond der Aston Martin DB 5, ist für Dominic Toretto der 1970er Dodge Charger. Diesmal verzichtete man allerdings auf den sonst üblichen Supercharger, um das Fahrzeug etwas unauffälliger aussehen zu lassen.

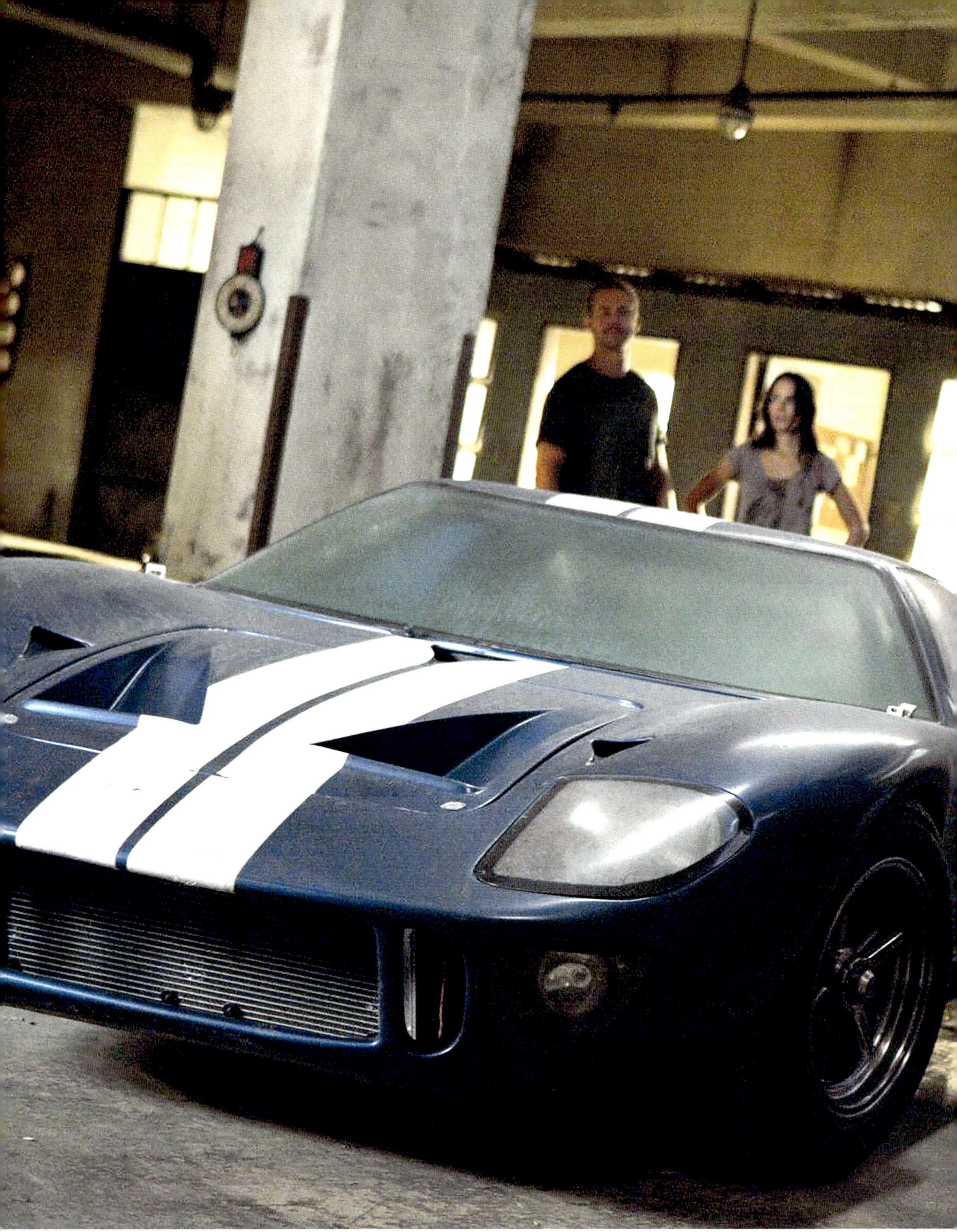

Dom und sein Team stehlen einen blauen Ford GT 40 aus einem fahrenden Zug. Bei dem Wagen handelt es sich um eine eigens angefertigte Replik.

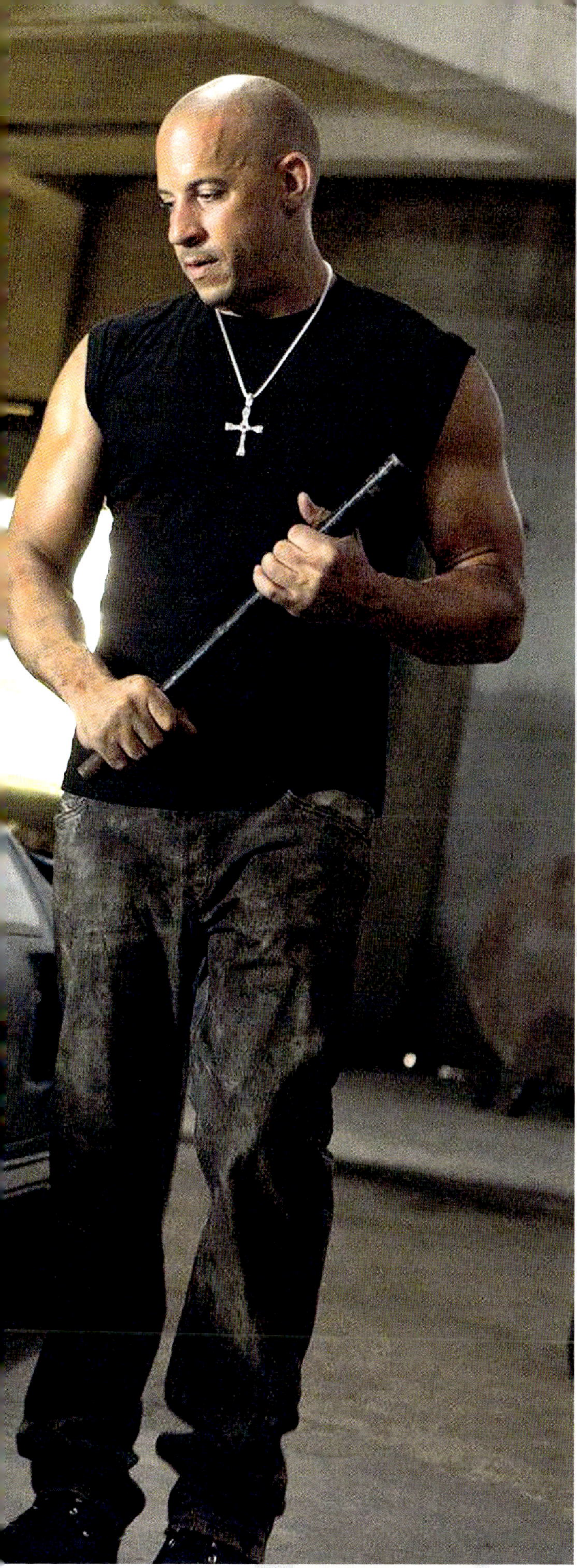

stieß, im Laufe der Jahre aber zu vielen Spannungen führte. Dazu später mehr im Kapitel zum Film »Fast & Furious 8«.

Dreharbeiten, Drehorte, Budget

Die Dreharbeiten begannen am 28. Juni 2010. Rio de Janeiro stand von Anfang an als Drehort fest. Dort wurde auch gearbeitet, aber nicht so ausführlich, wie die örtlichen Verantwortlichen sich das gewünscht hätten. Außer ein paar Aufnahmen von bekannten Attraktionen wie dem Zuckerhut, dem Strand von Ipanema, der Copacabana, der Cristo Redentor-Statue und der Banco Central do Brasil, wirkt es nur so, als ob ein großer Teil des Films dort spiele, aber tatsächlich doubelte Puerto Rico viel für Brasilien. Auch in Rio de Janeiro gibt es Ungereimtheiten: So kommt Roman Pearce nicht an einem der beiden örtlichen Flughafen an, sondern man nutzte einen Teil des Museu de Arte Moderna.

Die Gründe sind rein finanzieller Natur und werden auch im Nachspann dokumentiert. Elf Millionen betrug der Zuschuss Puerto Ricos zur Produktion. Immerhin 27 Millionen ließ man im Land, um große Teile dort zu drehen. Dazu zählte die Jagd zu Fuß über die Dächer der Favela, die in dem Örtchen Naranjito entstand. Dazu engagierte Paul Walker den Parcours-Spezialisten Paul Darnell. Weitere Actionszenen entstanden in den Stadtteilen Hato Rey, der Hauptstadt San Juan und in Rio Piedras südlich davon. Das Finale wurde auf der Teodoro Moscoso-Brücke zwischen der Hauptstadt San Juan und der Isla Verde gedreht, was alleine zwei Wochen dauerte. Alle diese Orte liegen allerdings nur rund 20 Autominuten auseinander. Die Logistik war damit wesentlich einfacher als in der 6,8 Millionen Stadt Rio.

Nach den Aufnahmen auf der Karibikinsel wechselte das Team nach Atlanta, Georgia. Ein früheres Eisenbahndepot wurde in die Werkstatt von Dom und seinen Freunden verwandelt und zum Driften genutzt. Einer der Pläne von Toretto sah vor, bei der Polizei einzubrechen, mit schnellen Autos durch das Gebäude zu rasen und dabei unentdeckt an den Überwachungskameras vorbeizukommen. Auch Szenen von einem Tuning-Treffen entstanden in der Hauptstadt von Georgia. Die Wagen posierten nahe des Dome. Schließlich inszenierte Justin Lin mit Hilfe des erfahrenen Second Unit-Regisseurs Alexander Witt, der auch an vier der letzten Daniel Craig Bond-Filme arbeitete, noch den Überfall auf den Zug in der Mojave Wüste zwischen den Orten Parker, Arizona und Rice, Kalifornien nahe dem Highway 62. Das geschah nicht mit einer Miniatur: Der Zug war echt. Sequenzen wie diese, aber auch der wesentlich größere Aufwand und die höheren Gagen, führten dazu, dass der Film mit einem Budget von 125 Millionen Dollar viel teurer wurde als geplant. Man benötigte fast vier Monate Drehzeit, obwohl man zum Teil gleichzeitig mit drei Kamerateams arbeitete. Erst am 15. Oktober waren die Dreharbeiten abgeschlossen. Zu der Zeit waren mehr als 200 Autos nicht mehr funktionsfähig. Ein Kritiker schrieb, es seien seit den »Blues Brothers« (1980) nicht mehr so viele Autos in einem Film zerstört worden. Immerhin wurden einige der Wagen nach einem Crash notdürftig repariert, um am nächsten Tag nochmals demoliert zu werden – manche Wracks erschienen so dreimal.

Automobile Hauptdarsteller

Im Unterschied zu den früheren Filmen tauchen hier vermehrt europäische Fahrzeuge und ungewöhnliche Sportwagen auf. Regisseur Justin Lin verzichtete auf die grellen Beleuchtungen und Lackierungen aus den früheren Filmen. Ihm ging es eher um die Motoren und deren Leistung. Gleich zu Anfang stoppen die Fahrerinnen und Fahrer eines Honda Acura NSX, eines Pontiac Firebird und des bekannten Dodge Charger den Gefangenenbus, in dem sich Dom aufhält – alle Autos sind schwarz.

Kurze Zeit später werden aus dem Zug nicht nur eine silberne 1963er Chevrolet Corvette Grand Sport (Replica), sondern auch ein schwarzer De Tomaso Pantera GT-5 S und ein dunkelblauer Ford GT 40 mit weißen Streifen aus einem fahrenden Zug gestohlen. Der GT 40 ist eine sehr authentische Replik von Produktionsnummer P 1005, einem der ersten Wagen, den Carroll Shelby 1965 in Rennen einsetzte. Der rechtsgelenkte Wagen wurde von »Race Car Replicas« in Michigan gebaut (Kennzeichen: FNR 1804) und verfügt über einen Ford-V8 mit 540 PS. Der Filmwagen wurde 2014 komplett restauriert, in der Farbe Guardsman Blue neu lackiert und mit Rennstreifen in Wimbledon White ausgestattet. Eine Zeitlang stellten ihn die Universal Studios aus, verkauften ihn aber 2014. Im Mai 2016 versteigerte Mecum Auctions den Wagen. Inzwischen ist er im Newport Car Museum zu sehen. Die Corvette wurde per Druckluftkanone aus dem Zug katapultiert und landete unversehrt auf dem holprigen Untergrund – Kinomagie eben.

Im Verlauf der Tests, die Dom und seine Freunde unternehmen, um von Kameras unbemerkt durch ein nachgebautes Gebäude zu rasen, ist auch ein blauer Porsche 911 GT3 RS dabei, der damals 185.000 Dollar kostete und speziell Paul Walker sehr erfreute: »Als ich Paul sagte, dass er einen Porsche fahren wird, sah ich das Grinsen in seinem Gesicht«, so der Regisseur. »Zuvor hatten wir keine Szene dafür, aber in diesem Film passte es.« Walker war selbst Porsche-Fan und besaß sieben Autos der Marke. »Ich mag den Heckantrieb beim Porsche 911«, so Walker. »Das ist eine der Bauweisen, die am schwierigsten zu beherrschen ist. Aber wenn man es einmal raushat, dann ist es eine der besten. Das Auto widerspricht den Gesetzen der Physik, das ist das Schöne daran.« Nach Angaben von Fahrzeugkoordinator Dennis McCarthy wurden in die Wagen aus den Jahren 2001/2002 andere Differentiale eingebaut, »weil wir mit dem Auto viele Drift-Szenen gedreht haben.« Drei Fahrzeuge wurden verwendet.

Erstmals in der Filmreihe sind hier Dodge Charger im Polizeioutfit zu sehen. Die wurden für zwei verschiedene Sequenzen eingesetzt. Es gibt ein privates Wettrennen zwischen Dom, Brian, Roman und Tej um eine Million Dollar von jedem, das Dom Brian gewinnen lässt. Der Grund ist privater Natur: Mia ist schwanger. Das Geld ist für das Baby. Jack Gill, der Stuntkoordinator des zweiten Kamerateams, setzte dafür eine besondere Idee um: »Wir hatten ein Fahrzeug mit einem riesigen Arm auf dem Dach, der mit einer Fernsteuerung aus dem Inneren gesteuert wurde. So konnten wir mitten durch den Verkehr fahren. Der Arm ist über dem Verkehr und über den Chargern, und die anderen können unter dem Arm und unter der Kamera fahrend filmen. So erzielten wir einen großen Effekt, ohne ein zu großes Risiko einzugehen.«

Die Wagen werden nochmals genutzt, um den Tresor aus dem Polizeigebäude zu stehlen und durch die Straßen zu ziehen. Dafür wurde extra eine Gebäudeattrappe errichtet, die man dann genüsslich zerlegte. Ralph Gilles, der CEO von Dodge, lieferte für das erste Rennen vier brandneue Charger und erklärte in PR-Manier: »Die Szene zeigt, wie sexy die Autos sind.« Angeblich waren sogar Prototypen dabei. Für die Überfallsequenz benötigte man allerdings Fahrzeuge mit mehr Leistung. Also wurden Wagen des Typs SRT 8 mit einem 6,1 Liter Hemi, der 425 PS leistete, verwendet, denn einer der Tresore wog rund eine Tonne und ein anderer sogar sechs. Für die Sequenz wurden die mattschwarz lackierten Wagen nicht nur mit extra breiten Reifen und speziellen Felgen (26 statt 20 Zoll) ausgestattet, sondern die Effektabteilung brachte zusätzlich einen Rahmen am Heck hinter der Schürze an, damit die Wagen dieses Gewicht ziehen konnten. Der große Tank wurde ausgebaut und durch kleinere »Benzinzellen« ersetzt, die im Kofferraum eingebaut wurden. Sie fassten nur 7,5 bis 11,5 Liter Treibstoff und mussten dementsprechend immer wieder nachgefüllt werden. Dafür sank die Explosionsgefahr.

Das sicher monströseste Vehikel des Films ist ein Gurkha LAPV, gefahren von Agent Hobbs. Nach Aussagen von Regisseur Lin »ein unzerstörbares Auto, das zu Johnsons physischer Präsenz passt. Ein kleineres Auto hätte eher zu einem Clown gepasst.« Die Basis für dieses Patrouillenfahrzeug bildet ein Ford F 550-Chassis, auf das eine gepanzerte Karosserie gesetzt wird. Laut Johnson wiegt der fertige Wagen knapp neun Tonnen. Auch wenn es in den schmalen Straßen von Puerto Ricos Favela nicht immer einfach war, damit zu fahren, schätzte er die brachiale Art des Wagens: »Mir gefallen die Sportwagen, aber am Ende des Tages ziehe ich doch den Gurkha vor. Er kann sie vielleicht nicht einholen, aber er könnte sie zerstören.« Tatsächlich gibt es deshalb eine Szene, in der der Gurkha den Dodge Charger von Dom übel zurichtet. Es war ein wichtiger Teil der Story, bevor beide sich zusammentun, um Reyes zu jagen. Aber auch der Gurkha bekommt etwas ab – auch wenn das im Film nicht zu sehen ist. Jack Gill enthüllte später, Justin Lin wollte den Gurkha auf kleinen Straßen über Erhebungen springen lassen: »Also haben wir vier verschiedene Sätze von Stoßdämpfern ausprobiert – und sie alle ruiniert.«

Interessant sind auch die Autos am Ende des Films. Han und Gisele sind auf der deutschen Autobahn in Richtung Berlin in einem silbernen Lexus LFA unterwegs (auch wenn die Akteure dort nicht drehten) von dem nur 500 Stück gebaut wurden. Ganz

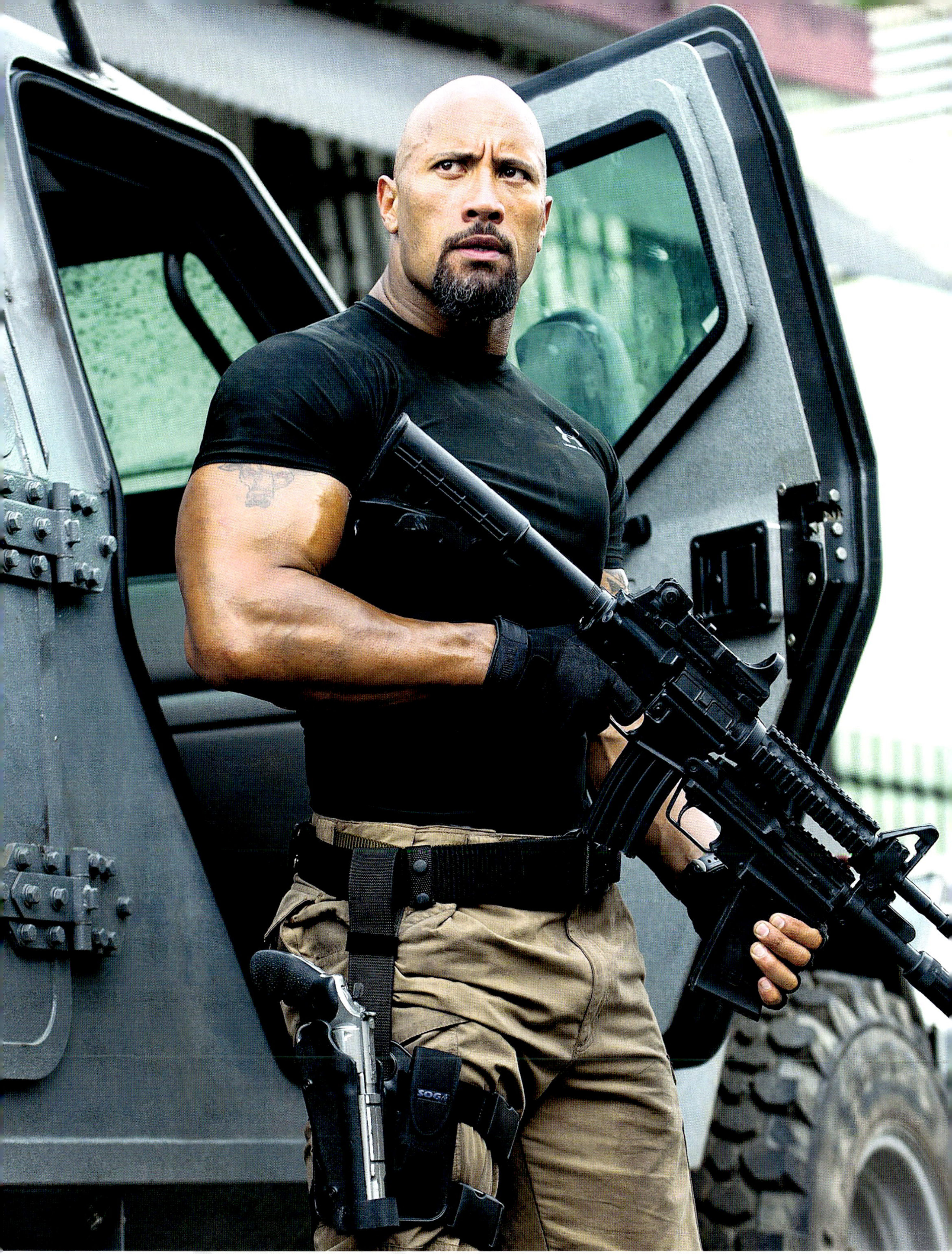

Dwayne Johnson hat in »Fast Five« seinen ersten Auftritt als Agent Luke Hobbs.

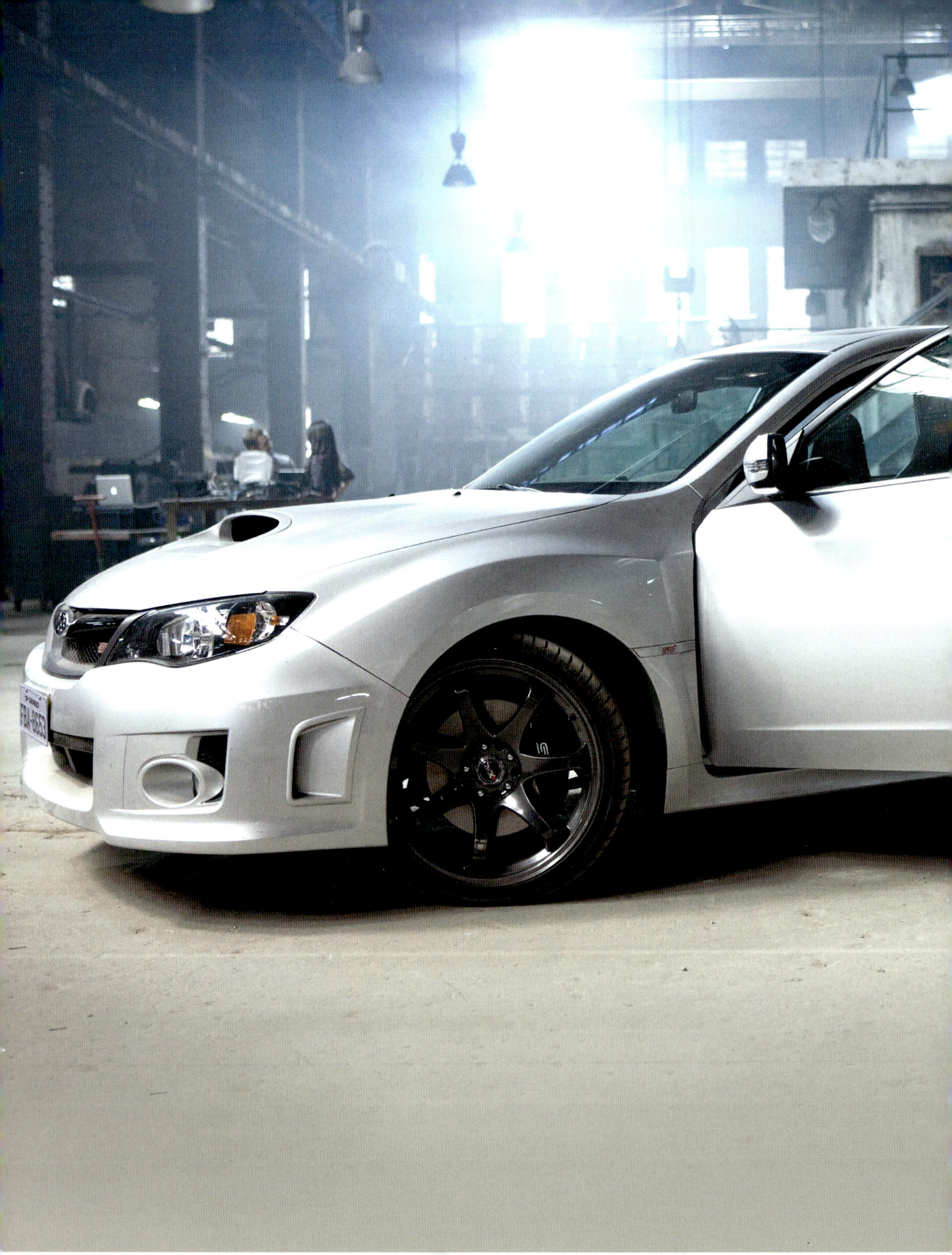

Die bunten Farben sind passé: Han (Sung Kang) mit 2011er Subaru Impreza WRX STI .

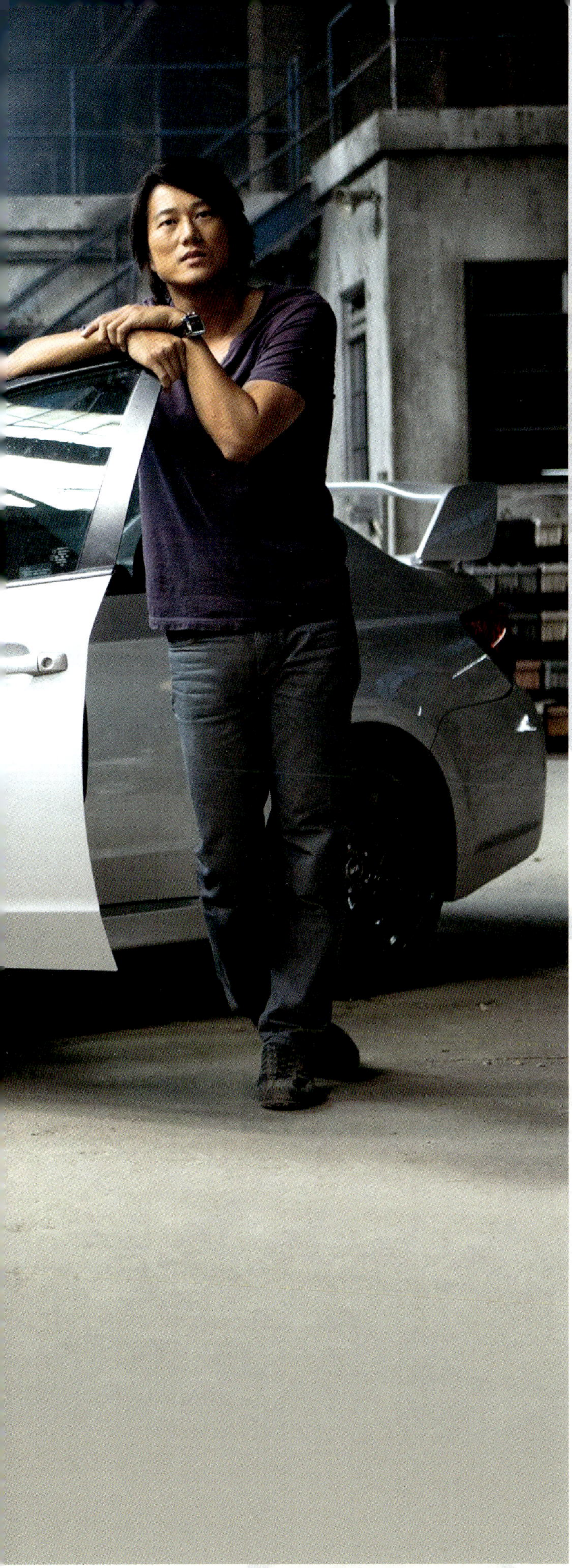

zum Schluss tauchen kurz zwei schwarze Koenigsegg CCXR aus Schweden auf. Die 1018 PS starken Fahrzeuge wurden in nur sechs Exemplaren gebaut. Verkauft wurden sie alle – zum Stückpreis von zwei Millionen Dollar.

Aber natürlich sind auch wieder einige Wagen dabei, die man schon aus früheren Filmen kennt: ein Acura NSX, verschiedene Nissan und der Toyota Supra. Die Nissan-Modelle wechselten allerdings: Zu Anfang des Films fährt Brian einen Nissan Skyline GT-R (KPGC10). Am Ende ist er in einem R 35 Nissan GT-R zu sehen. Walker liebte beide Wagen. Er hatte fünf Nissan in seiner Privatsammlung, darunter auch einen 370 Z, der am Ende des Films kurz auftaucht.

Was für 007 der Aston Martin DB 5, ist für Dominic Toretto der Dodge Charger. Für Drehbuchautor Chris Morgan, der hier sein drittes Skript für die Reihe verfilmt sah, ist das Auto fest mit der Figur verbunden: »Es ist der Wagen, der seinen Vater getötet hat. Also besitzt es eine große Bedeutung. Es ist eine Analogie zu Doms Seele. Wie bei den Samurai. Die Samurai glauben, dass das Schwert ihre Seele ist, und wenn das Schwert zerbrach, dann zerbrach auch ihre Seele. Diese Männer sind Samurais der Straße. Die Autos sind ihre Schwerter.« Nicht zufällig sagt Dom einmal »Home – Sweet Home« in seinem Auto. Für Regisseur Lin ist der Wagen »ein integraler Bestandteil der Story.« Hier ist er vor allem im hinteren Teil des Films zu sehen. Man kaufte sechs Fahrzeuge und präparierte sie für den Film. Laut Dennis McCarthy wurde generell nur richtig schlechte Charger besorgt, da gute zum einen sehr teuer, zum anderen generell sehr selten sind. »Eigentlich verwendeten wir nur die Hülle. Innen nahmen wir alles heraus, wirklich alles. Motor, Getriebe, Kabel, Benzinleitungen, Sitze, den Großteil der inneren Bleche und die Bodenplatten. Die Autos bekamen neue Radaufhängungen mit Federbeinen, um besser für die Stunts gerüstet zu sein.« Der Wagen, der von Vin Diesel gefahren wurde, in der Filmsprache das sogenannte »Hero Car«, besaß einen 528er Hemi mit Kompressor, drei andere zur Vereinfachung Chevy LS3-Triebwerke. Zwei dienten ohne Motor als Detail-Auto und als Fahrzeug, um vor dem Green Screen zu arbeiten. Auch die Optik wurde aufgefrischt. Der Blower schaute jetzt nicht mehr so weit aus der Motorhaube heraus und größere, modernere Felgen kamen zum Einsatz. Da der Wagen in jedem Teil in dem er mitspielte, zerstört wurde, darf er ruhig immer wieder anders aussehen. Von den sechs Filmautos überlebten vier; einer wurde gesprengt und einer verschrottet.

Premieren, Starttermine

Obwohl nur wenige Szenen in Rio de Janeiro entstanden, feierte der Film am 15. April 2011 in der brasilianischen Metropole, im Cinépolis Lagoon Theatre, seine Uraufführung. Fünf Tage später kam er in die amerikanischen Kinos, etwas mehr als zehn Jahre nach dem ersten Film. Am 28. April schließlich folgte der deutsche Kinostart.

Anekdoten, Reaktionen

Das Wagnis, die Filmreihe in eine neue Richtung zu lenken, ging auf. Der Film spielte weltweit 626,1 Millionen Dollar ein und belegte Platz 7 der US-Jahrescharts. In Deutschland kamen 2,46 Millionen Besucher. Das bedeutete Platz 9 der Jahrescharts – das beste Ergebnis der Reihe bislang.

Von Seiten der Kritik wurde allgemein gelobt, dass der Film spannender und vielfältiger sei, als die Vorgänger und dass Dwayne Johnson der Reihe frisches Blut verleihe. Kein Wunder also, dass er beim nächsten Film wieder dabei war. Einzig die brasilianischen Kritiker waren wenig angetan. Sie bemängelten, dass das Land als korrupter Mittelpunkt von Drogengeschäften herhalten musste und machten sich über die in Puerto Rico gedoubelten Szenen lustig.

Ein kleiner Lapsus unterlief den Machern in Bezug auf ein Auto und dessen Kennzeichen: Der schwarze Mitsubishi Pajero, der von Reyes Leuten als Geldtransporter genutzt wird, trägt das Kennzeichen LLE 6282. Ein solcher Wagen war laut brasilianischem Polizeiregister als gestohlen gemeldet.

Witzig fanden die örtlichen Kinobesucher die Dodge Charger der Polizei in »Rio«. Tatsächlich nutzen die dortigen Ordnungshüter wesentlich schwächer motorisierte VW Golf, Dacia Logan und Sandero .

Der durch die Stadt gezogene Tresor hing nicht nur an zwei Dodge-Fahrzeugen. Es gab insgesamt sieben Tresore für verschiedene Szenen. Dazu zählten auch zwei motorisierte »Tresorfahrzeuge«. Darin befand sich je ein »Fahrer«, der den Klotz in Richtung der zu zerstörenden Objekte lenken konnte – sicher die ungewöhnlichsten Fahrzeuge der gesamten Filmreihe.

Das Autohaus Barrett-Jackson in Arizona bot 2011 den giftgrünen »Frankencuda« aus dem Film an, einen 71er Plymouth Cuda, der von Murray Pfaff und Troy Brumbalow auf Basis eines Art Morrison G Force Chassis aufgebaut wurde. Er verfügt über einen 636-cubic-inch Hemi V8 mit einem innen verlegten Krümmer aus Aluminium. Der Supercharger mit Ultra Dominator-Vergaser soll über 2.000 PS leisten. Er brachte 308.000 Dollar ein und wurde im Dezember 2019 erneut angeboten – in Riad.

Den besten Scherz über die Reihe lieferte jedoch das Satiremagazin »The Onion«. Es veröffentlichte ein (falsches) Interview mit dem Drehbuchautor, der sich als fünfjähriger Junge entpuppte. Der amüsierte sich über die sehr schlichte Handlung, das Überangebot an Spezialeffekten und die schlechten Schauspieler. Aufdie Frage, wie viele Fortsetzungen es noch geben werde, antwortete er: »600.«

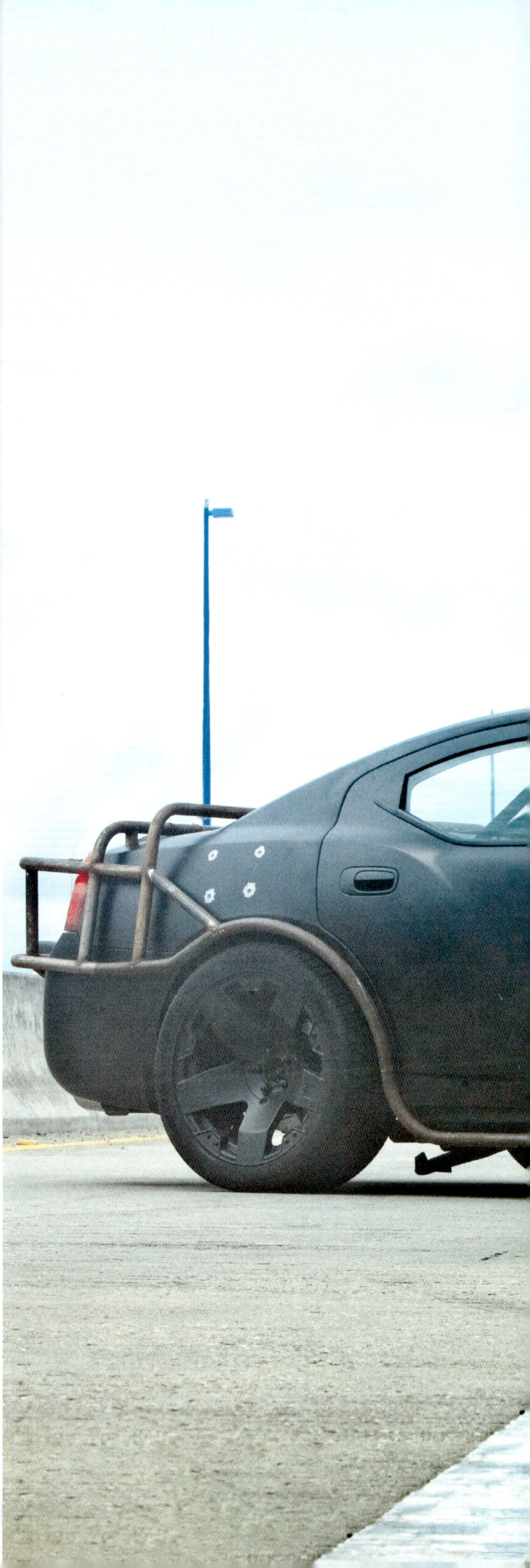

Brian und Dom nutzten zwei 2010er Dodge Charger SRT-8, um einen Tresor mit dem Vermögen des Drogenhändlers Reyes durch die Straßen von Rio de Janeiro zu ziehen.

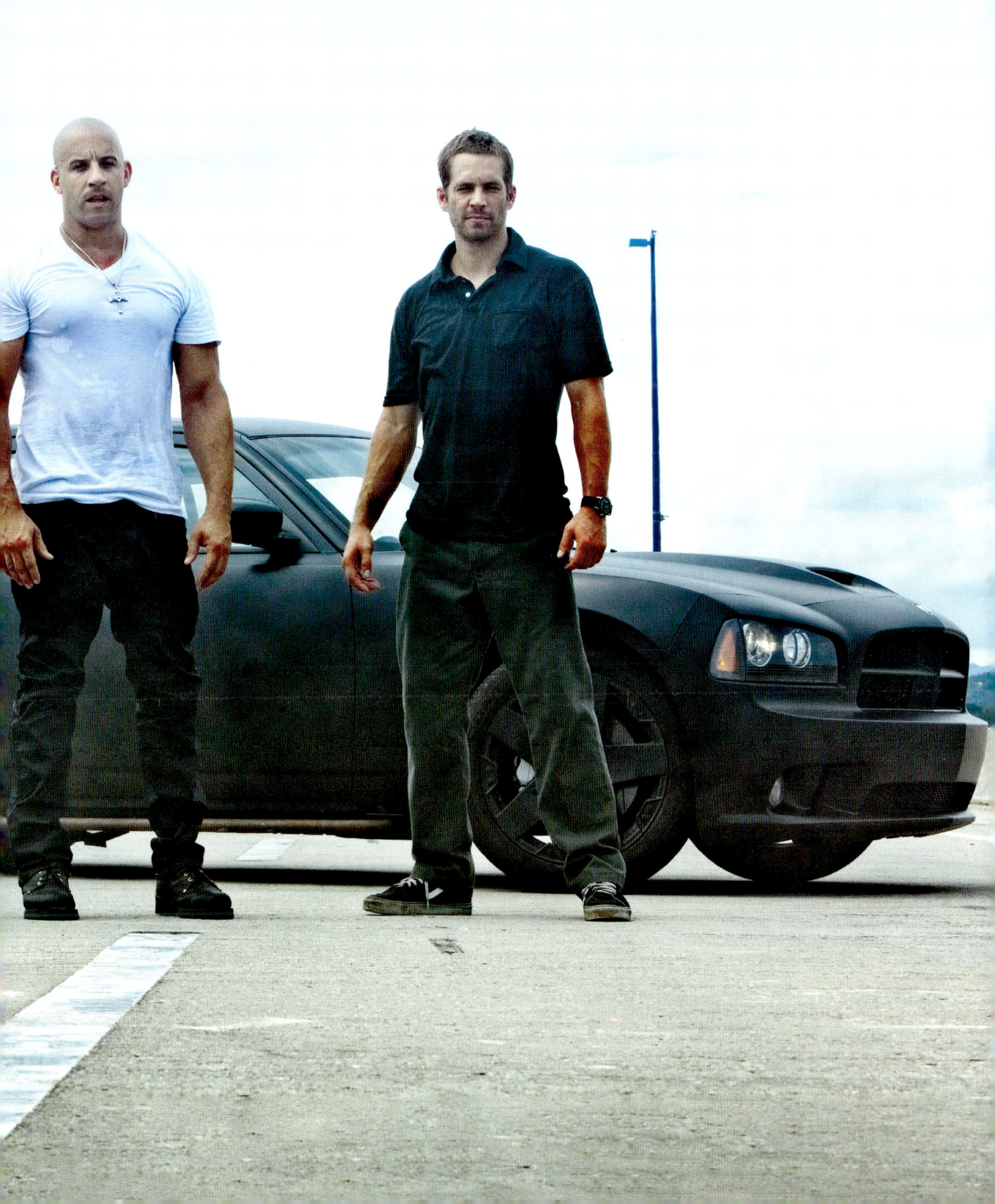

Agent Hobbs über Dom und sein Team:
»Niemals lassen wir sie in ein Auto steigen.«

Roman:
»Wann gibst du Martin Luther King sein Auto zurück?«
Tej:
»Sobald du Michael Jackson seine Jacke zurückgibst.«

Roman:
»Sexy Beine, Baby – ab wann sind die denn geöffnet?«
Gisele mit Pistole:
»Die machen genau dann auf, wenn ich hier abdrücke.«

Dom zu Vince:
»Für die Familie ist immer Platz.«

Brian zu dem blauen Porsche 911 GT3 RS:
»Wie wäre das? Motor pur, keine Tuning-Probleme. So einen wollte ich schon immer.«

Mia:
»Wir bleiben zusammen, versprichst du das?«
Dom:
»Unsere Familie ist gerade größer geworden.«

Hobbs:
»Toretto, wir sehen uns bald wieder.«
Dom:
»Nein, werden wir nicht.«

DIE SCHÖNSTEN / SCHRÄGSTEN DIALOGE

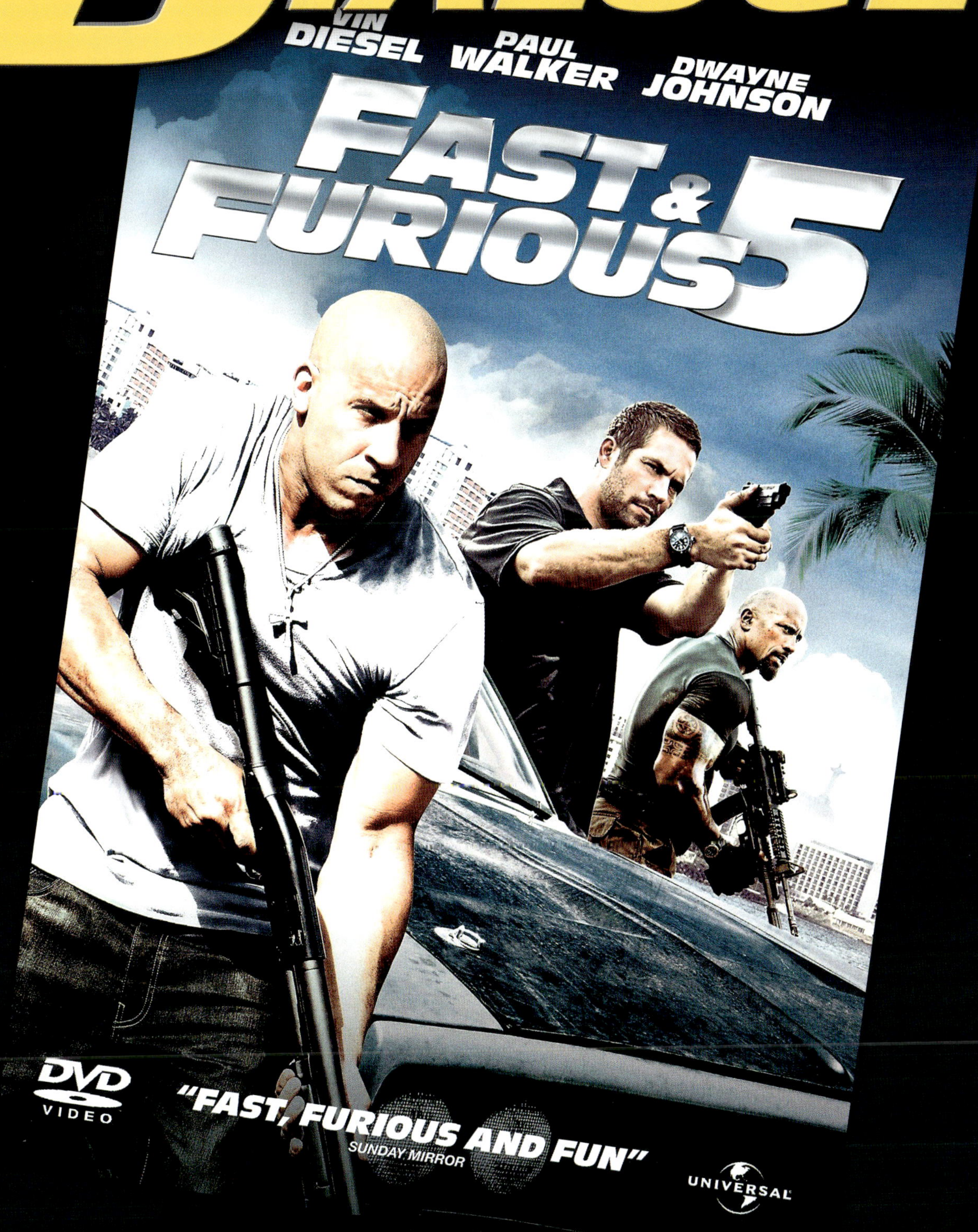

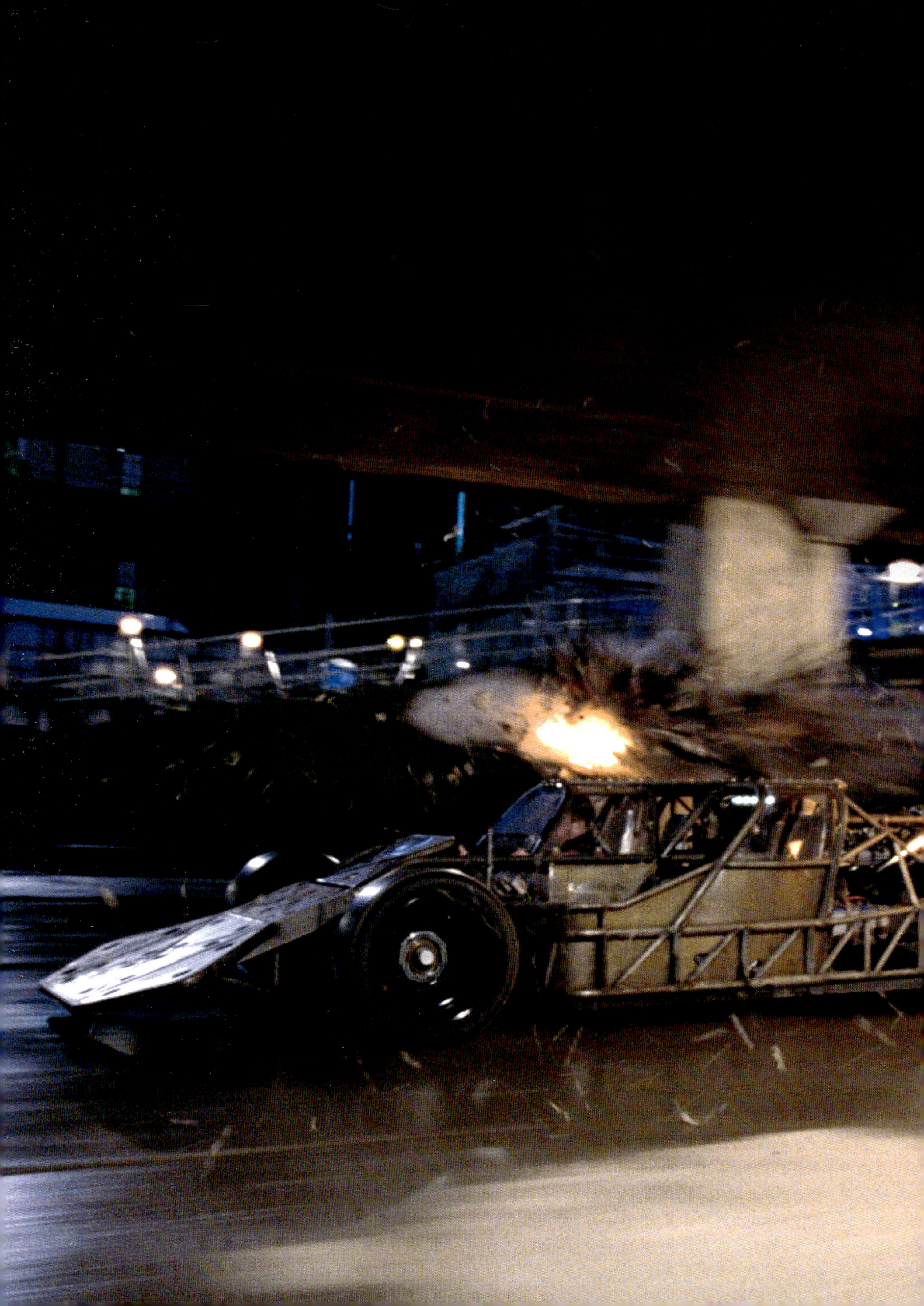

FAST AND THE FURIOUS 6 (2013)

»WIR REDEN HIER ÜBER KRIEGFÜHRUNG MIT FAHRZEUGEN.«

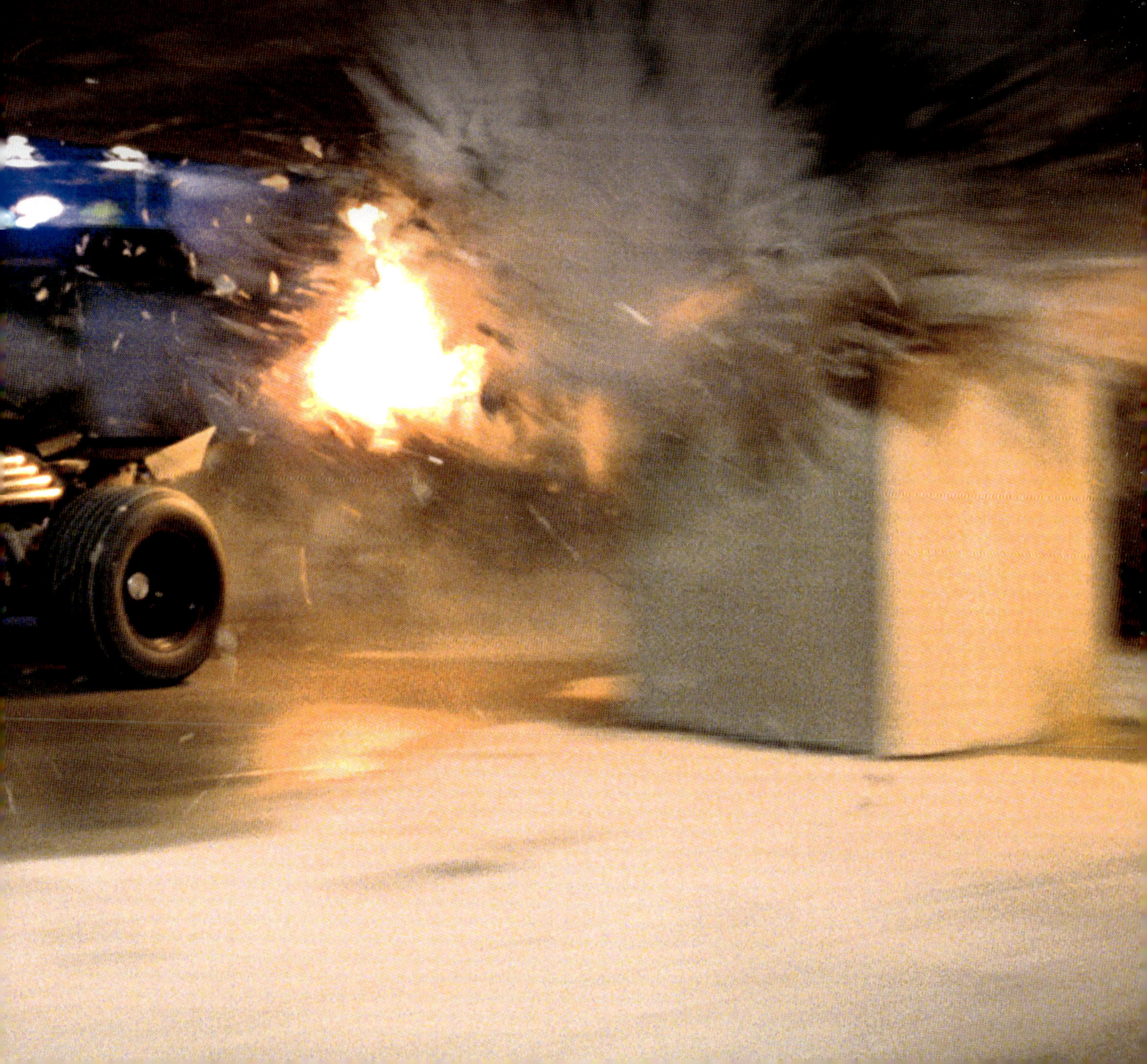

Fast and the Furious 6 (2013)

Inhalt

Brian (Paul Walker) und Mia (Jordana Brewster) sind Eltern geworden. Parallel dazu gab es in Moskau einen Angriff auf einen Militärkonvoi, verübt durch den Verbrecher Owen Shaw (Luke Evans). Luke Hobbs (Dwayne Johnson) sucht Dom (Vin Diesel) auf, zeigt ihm Bilder der angeblich verstorbenen Letty (Michelle Rodríguez) und bitte ihn und sein Team, bei der Suche nach Shaw zu helfen. Um Straffreiheit zu erreichen, lässt sich Dom darauf ein. Die Jagd führt über London nach Spanien und endet auf einem NATO-Stützpunkt, aber nicht alle kommen unversehrt davon.

Hintergründe

Ungewöhnlich früh war dieses Mal schon klar, dass es einen weiteren Film geben wird. Bereits im Februar 2010, als gerade der fünfte Film in Planung war, fiel die Entscheidung. Schon damals vertraute man der Reihe, gab aber erst im April 2011 bekannt, das Sextett voll zu machen. Zu der Zeit hatte der langjährige Autor Chris Morgan bereits mit dem Drehbuch begonnen. Nach den Aussagen von Universal Studio-Boss Adam Fogelson sollte er sich dabei mehr an früheren »Überfall- und Einbruchsfilmen« orientieren. Die Stoßrichtung war deutlich: Autorennen sollten nur ein Aspekt des Films sein und nicht mehr im Mittelpunkt stehen. Fogelson wollte nicht nur Filme über eine »reine Autokultur«. Das hatte sich – so die Einschätzung – überlebt.

Am 24. Juni 2011 gab Universal den US-Starttermin mit dem 24. Mai 2013 an. Knapp vier Monate später berichtete die Los Angeles Times, dass es eventuell zwei Filme geben könnte, die hintereinander entstehen sollen. Auch Vin Diesel sagte zu der Zeit, dass er all die bereits bestehenden Elemente mit allen Figuren nicht in eine Geschichte bekomme. Doch diese Überlegungen zerschlugen sich wieder. Derweil arbeitete Regisseur Justin Lin, der zum vierten Mal verpflichtet wurde, schon am großen Finale des Films.

Dass Vin Diesel und Paul Walker wieder dabei sein würden, war schon früh klar. Zwischen April und Mai 2012 wurden weitere Mitglieder der Besetzung bekanntgegeben. Dazu zählten Michelle Rodríguez, Gina Carano und Dwayne Johnson. Sowohl Jason Statham als auch David Tennant sollten an einem Punkt den Widersacher Owen Shaw spielen. Doch am Ende bekam der Waliser Luke Evans die Rolle.

Offensichtlich waren Vin Diesel und Universal mit dem von Morgan verfassten Drehbuch nicht durchgehend zufrieden, so dass sie noch Mark Bomback mit Überarbeitungen beauftragten. Der hatte sich dank Action-Filmen wie »Stirb langsam 4.0«, »Total Recall« und »Wolverine: Weg des Kriegers« ein gutes Renommée erworben. Im Nachspann wird er jedoch nicht erwähnt. Ähnlich verwirrend ist die Titelsuche. Universal bewarb den Film mit den Titeln »Fast 6« und »Furious 6«. Letzterer wurde auch in einem Spot beim Superbowl in den USA gezeigt, doch die endgültige Version gab die Firma erst im Februar 2013 bekannt: »Fast & Furious 6«.

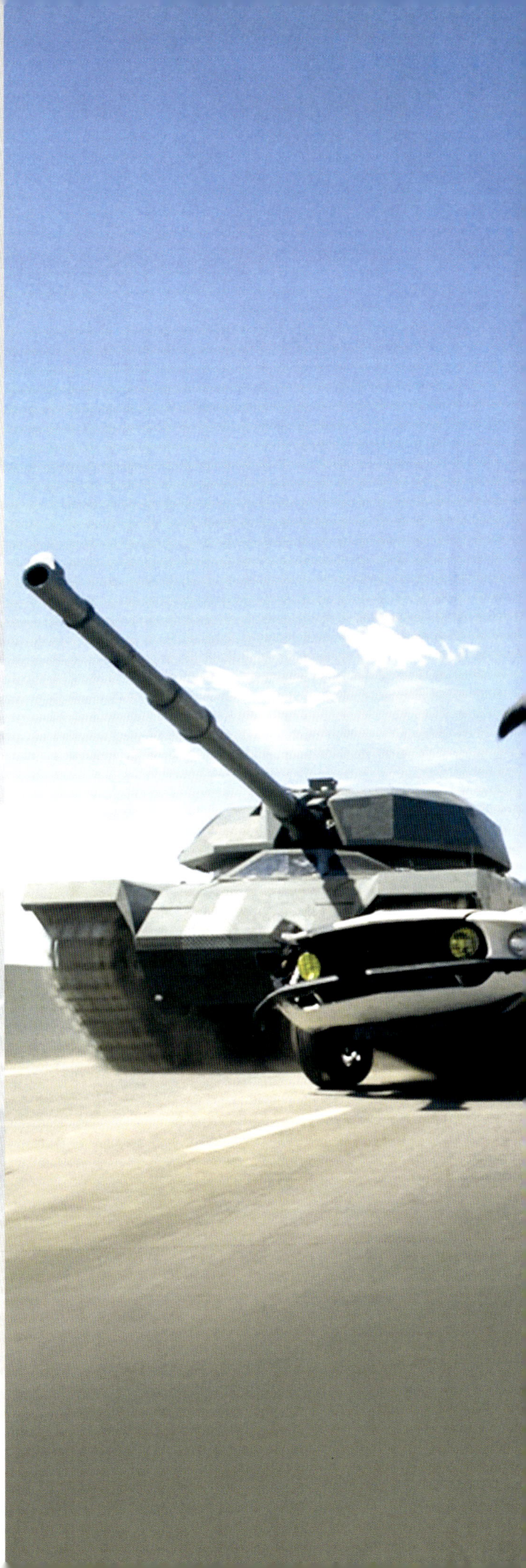

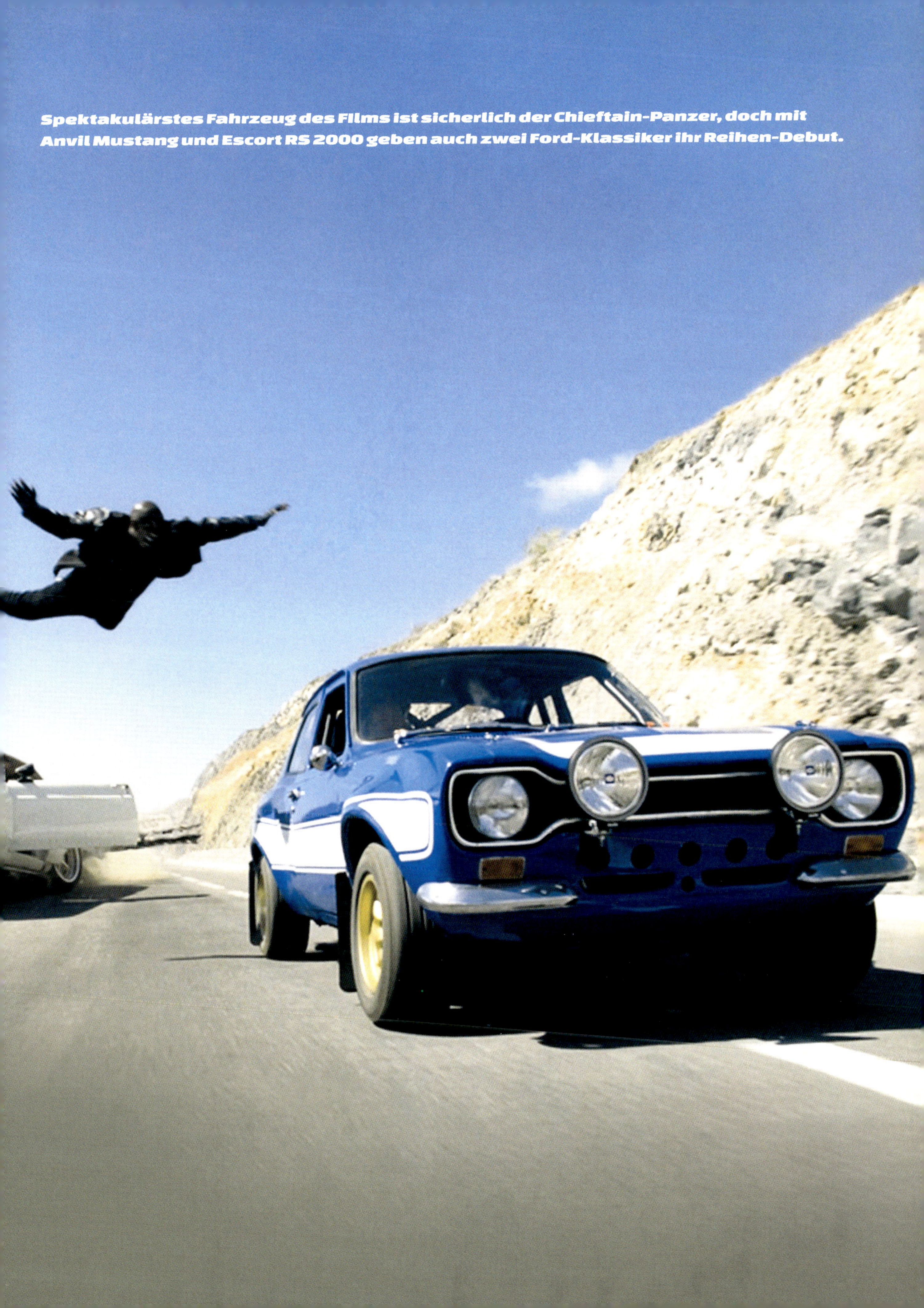

Spektakulärstes Fahrzeug des Films ist sicherlich der Chieftain-Panzer, doch mit Anvil Mustang und Escort RS 2000 geben auch zwei Ford-Klassiker ihr Reihen-Debut.

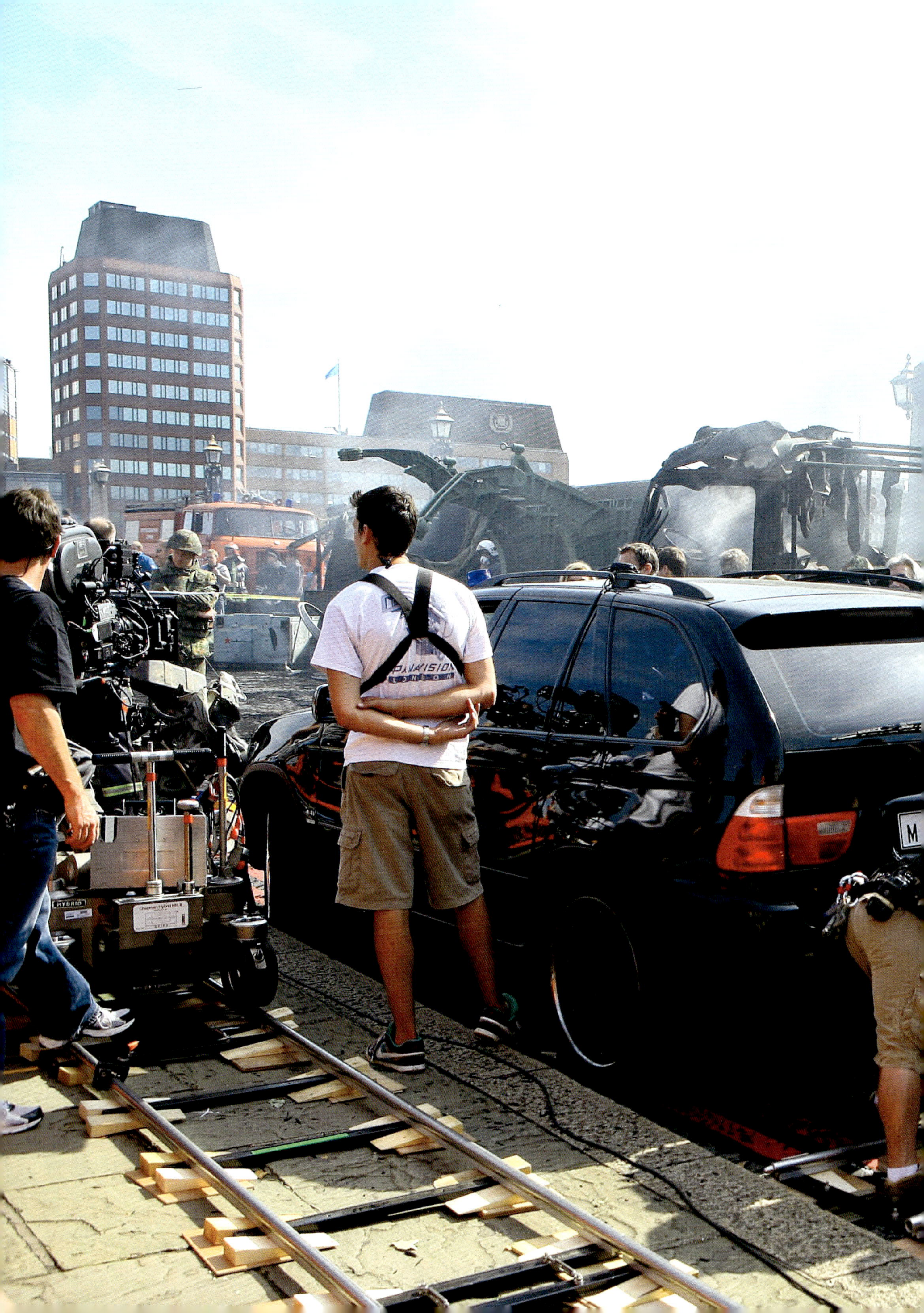
PANAVISION
LONDON

Die Londoner Lambeth Bridge diente als Kulisse für eine Moskauer Brücke. Die Dreharbeiten fanden dort am 15. September 2012 statt.

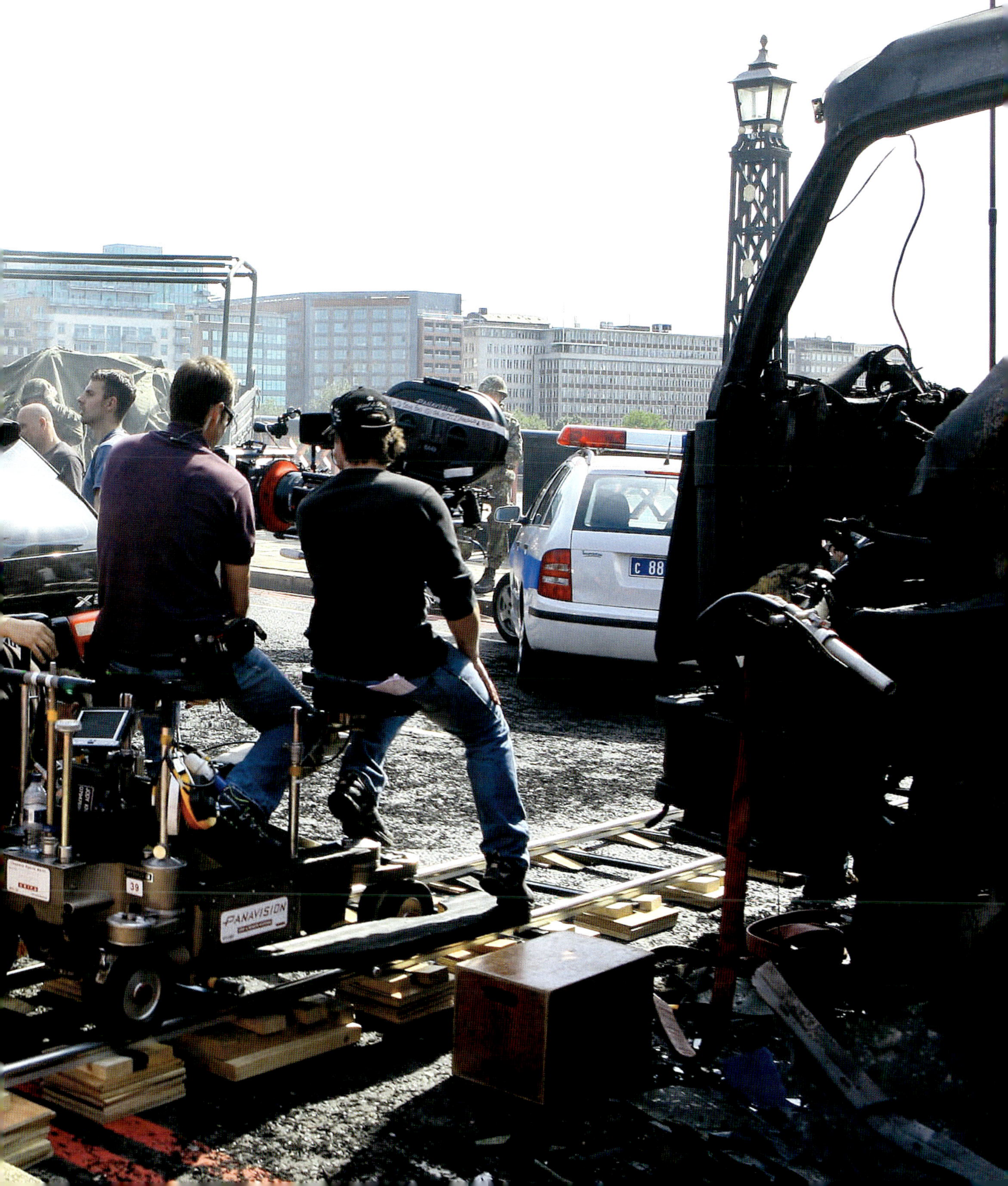

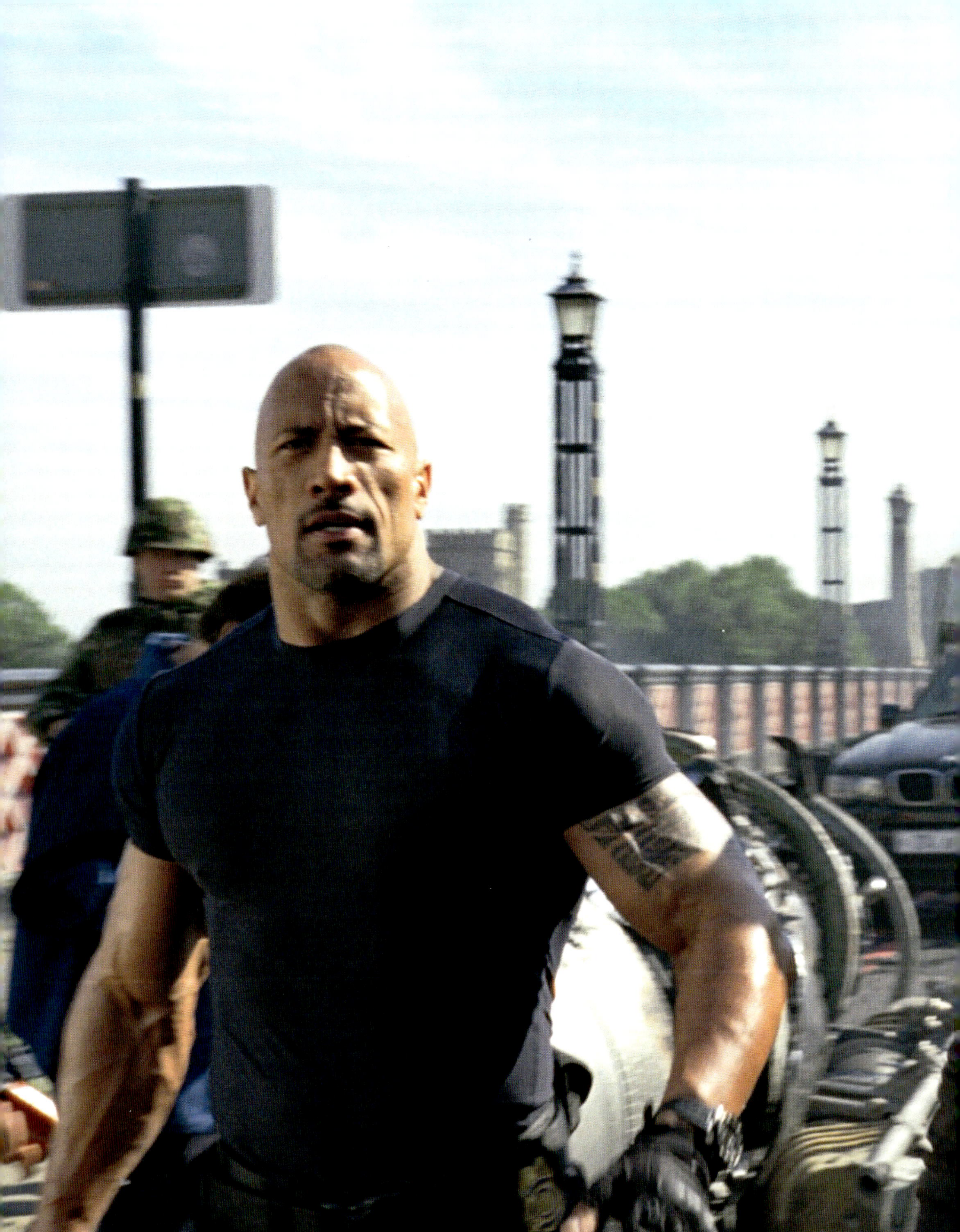

Luke Hobbs (Dwayne Johnson) mit seiner Kollegin Riley Hicks (Gina Carano).

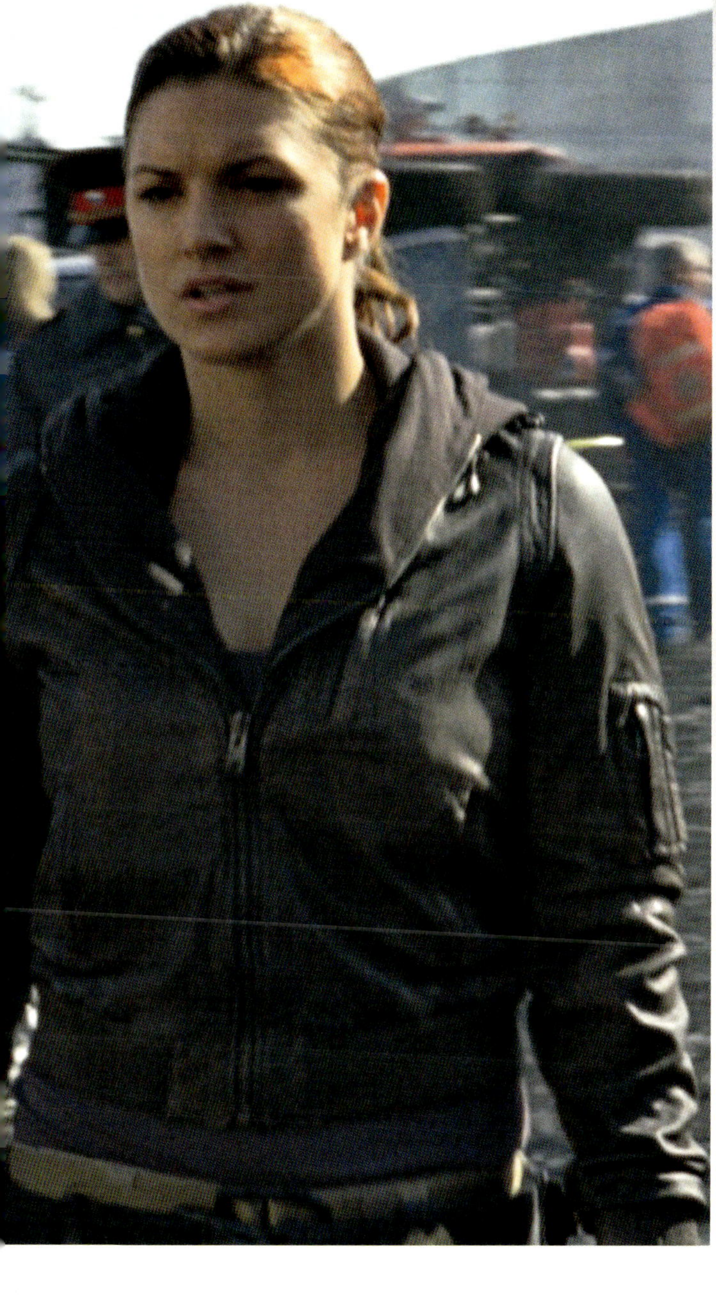

Dreharbeiten, Drehorte, Budget

Es gab Pläne, einige Szenen in Deutschland zu drehen, doch das zerschlug sich ebenso wie ein Auftritt von Yvonne Catterfeld. In der Bild-Zeitung sagte sie dazu: »Für den Film habe ich mich in zwei Castings in Berlin und London durchgesetzt und war schon ganz aufgeregt. Alles stand auf grün. Doch als ich den Vertrag und das Drehbuch las, bekam ich ein ganz schlechtes Gefühl. Da habe ich den Mut aufgebracht und Nein gesagt. Ich hätte mich vier Monate komplett dieser Maschinerie unterordnen müssen. Die vertraglichen Konditionen waren völlig daneben. Bis auf den Gang zur Toilette war am Drehort alles geregelt und ich hätte ständig auf Abruf bereitstehen müssen.«

Der für Mai 2012 geplante Drehbeginn verzögerte sich, so dass der 30. Juli zum ersten Drehtag wurde. Produktionsbasis waren die englischen Shepperton Studios südwestlich von London. Der berühmte Piccadilly Circus im Zentrum der Metropole wurde Schauplatz einer Verfolgungsjagd. Dafür wurde er teilweise in den Studios nachgebaut, weil man vor Ort nur zwei Minuten pro Stunde drehen durfte, um den Verkehrsfluss nicht zu bremsen. Weitere Szenen entstanden in der Nähe des berühmten Wembley-Stadions, wurden aber so geschnitten, als spielten sie im Zentrum der Millionenmetropole. Auch das ehemalige Kohlekraftwerk Battersea Power Station und die Lambeth Bridge dienten als Kulisse. Sie doubelte am 15. September für eine Moskauer Brücke.

Ab dem 29. August wurde in Glasgow, auf der Dale Street in Liverpool und im Queensway Tunnel zwischen Liverpool und Birkenhead weitergearbeitet. Im Anschluss reiste die Crew auf die kanarischen Inseln Teneriffa und Gran Canaria. Ursprünglich war Marseille für diese Sequenzen vorgesehen, doch wieder einmal lockte finanzielle Unterstützung. Von Mitte September an dienten die Inseln als Kulisse, vor allem die Städte Guía de Isora, Adeje, Santiago del Teide, San Juan de la Rambla, Garachico, Icod und Buenavista del Norte auf Teneriffa. Die beiden Teile der jeweils dreispurigen Autobahn TF-1, östlich von Las Christianos zwischen Adeje und Guía de Isora wurden zum Schauplatz der Panzer- und Autosequenz. Darin gelingt es Doms Team, den bewaffneten Convoy von Owen Shaw zu stoppen. Zu den Autos zählen ein blau/weißer 1974er Ford Escort RS 2000, ein 69er Dodge Charger, ein weißer Ford Anvil Mustang und der schon erwähnte Panzer des Typs Vickers-Armstrong Chieftain.

Im Gegensatz zu den englischen Straßen durfte man hier einige tagelang absperren und auch Explosionen zünden. Auch der Anfang des Films entstand auf den Kanaren – auf Teneriffa und Gran Canaria. Darin liefern sich Dom und Brian in einem schwarzen Dodge Challenger und einem weißen Nissan GT-R ein Wettrennen. Dafür wurde sowohl die kurvenreichen Küstenpanoramastraße TF-445 zwischen Buenavista del Norte und Garachico zum Leuchtturm Teno auf Teneriffa genutzt, als auch Teile der GC-210 zwischen Los Cardones und El Majuelo auf Gran Canaria. Dort gibt es immerhin 32 zum Teil tückische Haarnadelkurven, die bis zu einer Höhe von 1.250 Metern hinaufführen.

Während der Zeit auf den Kanaren, konkret am 11. Oktober, verletzte sich Paul Walker bei einem Stunt am vorderen Kreuzband des Knies, so dass man eine Zeitlang ohne ihn auskommen musste, weil er behandelt werden musste und hinkte.

Ende Oktober und Anfang November wurde zehn Tage lang eine Flugzeug-Action-Sequenz auf der RAF-Basis in Bovingdon in Hertfordshire gedreht. Danach war man noch in Liverpool für Nachtaufnahmen. Auf der dortigen Dale Street entstanden ebenfalls Teile der Londoner Verfolgungsjagd. Ab dem 1. Dezember war das Team noch auf dem Flughafen von Los Angeles und in vertrautem Terrain im Stadtteil Echo Park aktiv – hier liegt der Drehort für Doms Zuhause. Am 17. Dezember waren die Arbeiten abgeschlossen. Das Budget war schon wieder gestiegen auf nun 160 Millionen Dollar – 35 Millionen mehr als beim Vorgänger.

Automobile Hauptdarsteller

Doms schwarzer 1970er Dodge Charger ist dieses Mal nicht dabei, dafür ein roter 69er Dodge Charger Daytona und ein modifizierter Dodge Challenger SRT 8 von 2009/10. Der wieder für die Autos zuständige Dennis McCarthy kaufte einen ziemlich heruntergekommenen Charger für gerade mal 5.000 Dollar. Der Wagen wurde restauriert, umfangreich umgebaut und für die Aufnahmen präpariert. Dom liefert sich darin mit Letty in einem 1971er Jensen Interceptor ein Wettrennen durch das nächtliche London. Es entstanden vier Umbauten dieses englischen Sportwagens, die mit Chevy LS3 V8-Motoren und Kilgore GM Turbo 400-Getrieben ausgerüstet wurden. Später bekommt der Daytona im Nahkampf mit einem Panzer schwer was ab. Die auf Teneriffa gedrehte Action-Sequenz mit dem Panzer sollte zunächst per CGI realisiert werden, aber der Regisseur war dagegen. Es wurde tatsächlich ein Panzer des Typs Vickers-Armstrong FV 4201 Chieftain verwendet. Da der aber nicht besonders schnell war, wurde zusätzlich eine passgenaue Verkleidung um einen Truck herumgebaut. Den Rest besorgte die digitale Nachbearbeitung.

Der Panzer soll bei den mehrwöchigen Aufnahmen rund 250 Autos überrollt haben, aber so genau weiß das keiner mehr. Auf jeden Fall gehören auch einer oder mehrere der weißen »Anvil« Ford Mustang dazu, von denen neun Stück aufgebaut wurden. Sie waren besonders motorisiert, verfügten über ein Tremec TKO 600-Fünfganggetriebe und dank der Jon Kaase Racing 520 cui Boss Nine Motoren über 805 PS. Die Wagen stammten aus dem Jahr 1969, trugen aber Heckleuchten der 68er Modelle. Außerdem zählten noch ein blauweißer Ford Escort RS 2000, von dem sechs Repliken auf der Basis eines Mk I entstanden, und der schon erwähnte Daytona zu den Opfern. Manche Fahrzeuge traf es mehrfach: Toyota Corolla und VW Jetta sind in der Sequenz gleich dreimal zu sehen.

Da es in der Nähe eine Reihe von Ferienhotels und Anlagen gibt, wurden die digital entfernt, um so den Eindruck einer entlegenen

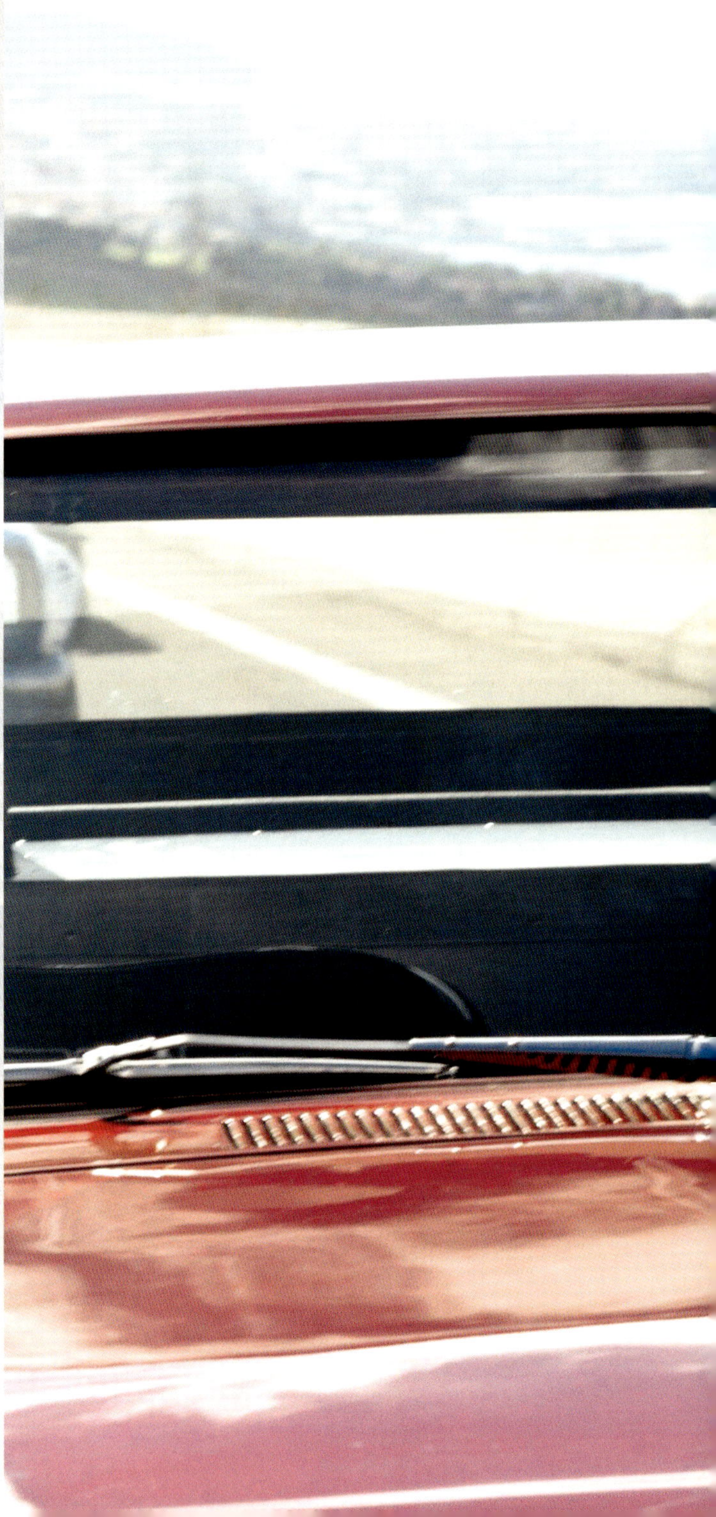

Dom steigt von seinem üblichen Charger auf einen 69er Dodge Charger Daytona um.

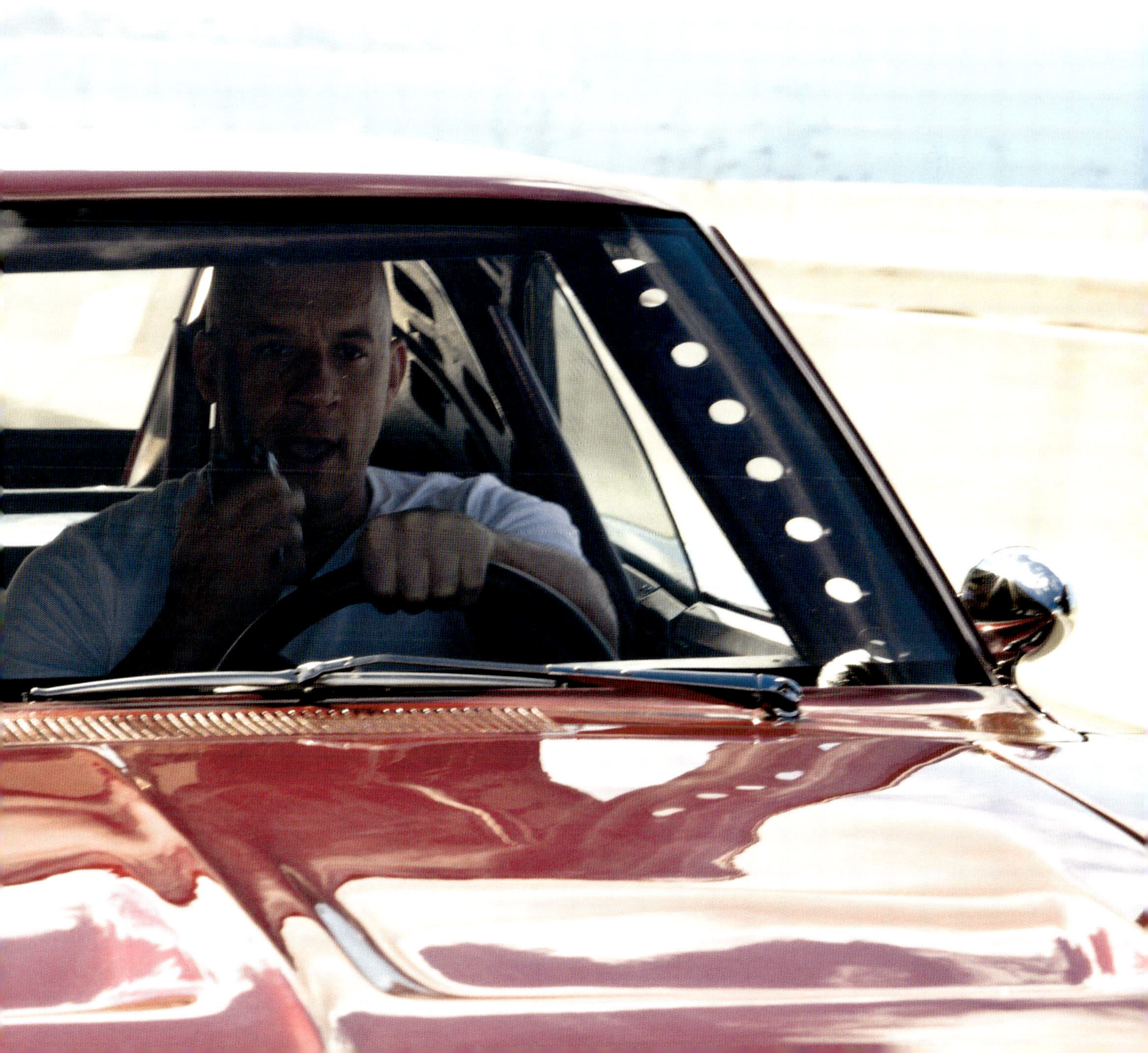

Riley (Gina Carano) und Letty (Michelle Rodríguez) kämpfen an Bord einer Antonov An-124 um Leben und Tod.

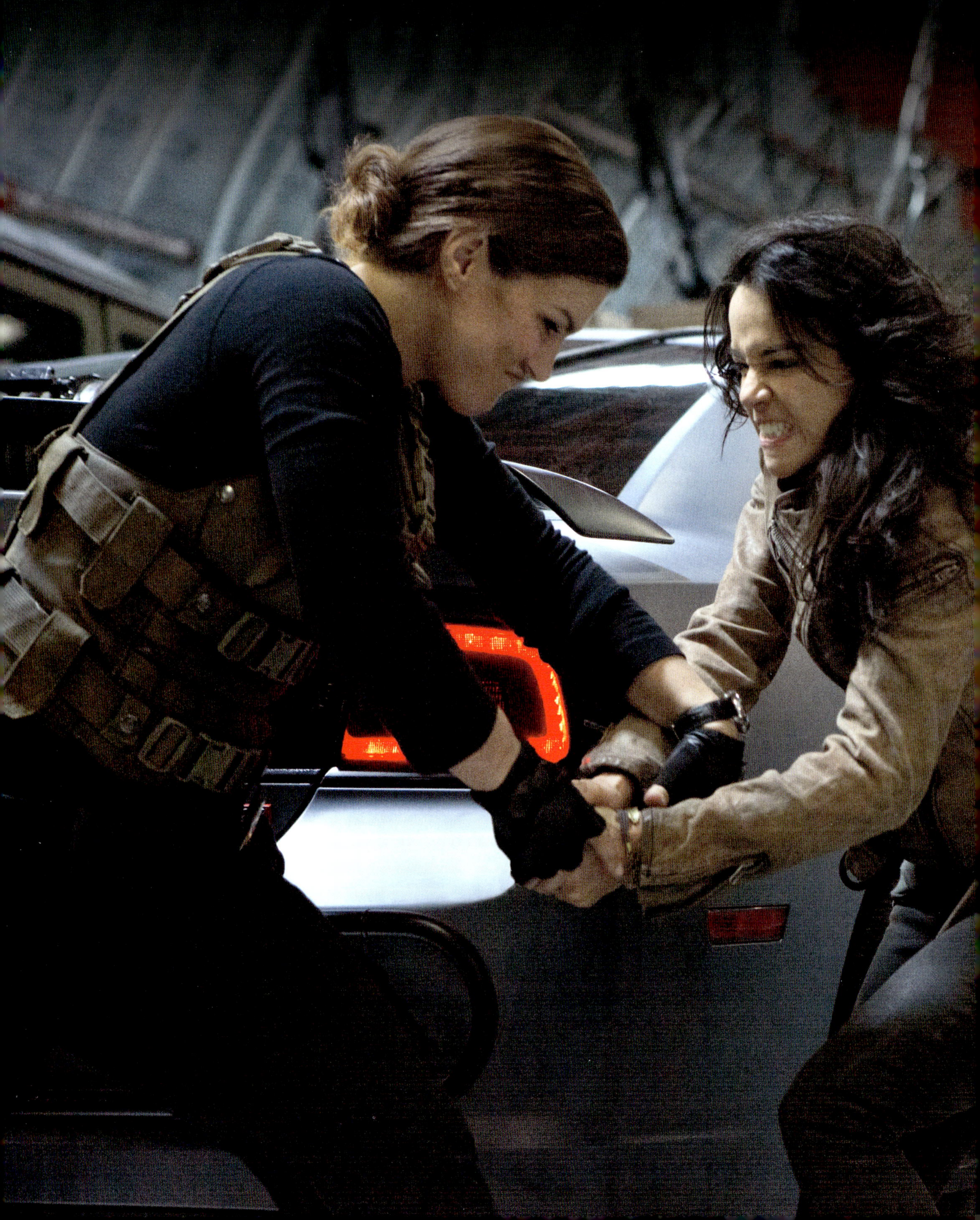

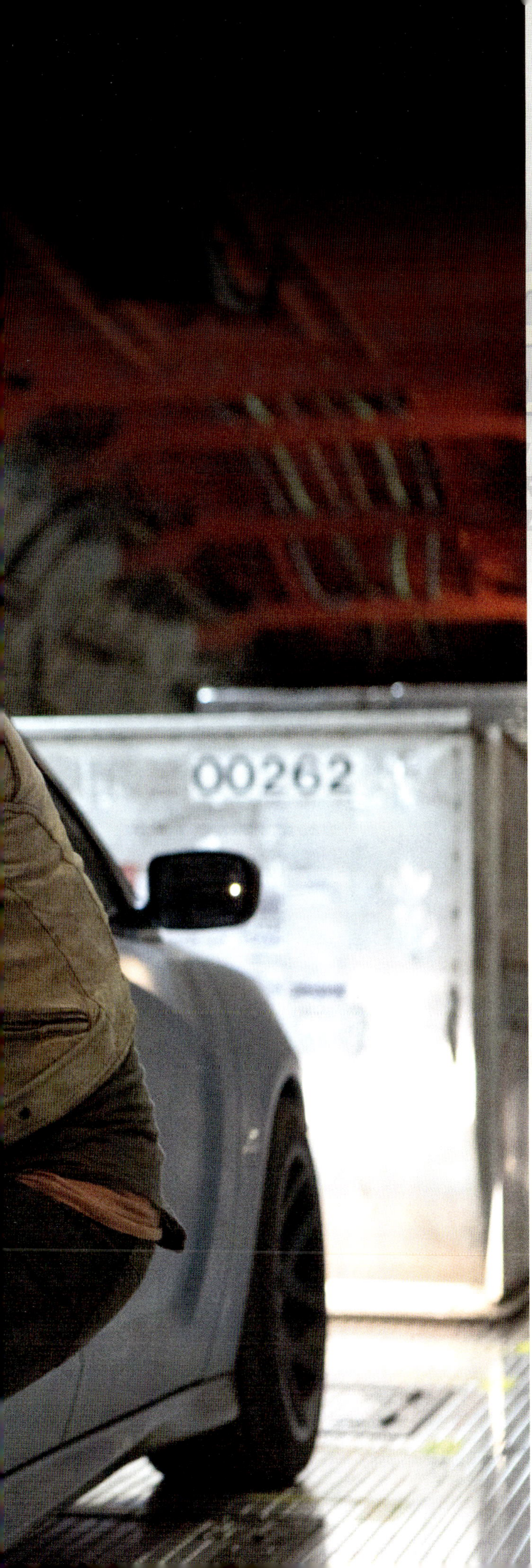

Straße zu erzeugen. Auch andere Momente dieses Spektakels funktionierten nicht ohne CGI-Effekte.

Für die Autojagd durch London präparierten McCarthy und sein Team eine Flotte von exakt einem Dutzend schwarzer BMW M5 der Modellreihe E60, die allerdings zum Teil 535i und 540i waren, aber optisch auf M5 getrimmt wurden. Nur ein Wagen überlebte, aber sie hatten es auch mit einem besonderen Gegner zu tun: Shaw und Kollegin Vegh (Clara Paget) nutzten jeweils einen umgebauten Rennwagen, was Tej zurecht zu dem Satz veranlasst: »Wir reden hier über Kriegführung mit Fahrzeugen.« Regisseur Lin hatte die Idee, dass die Widersacher über dieses ganz besondere Vehikel verfügen, um den Straßenkampf interessanter zu machen. Er wollte, dass Doms Team sie nicht von der Straße schiebt, sondern dafür sorgen kann, dass sich die Autos der Gegner überschlagen. Also kreierten die Autodesigner einen Formel 1-Rennwagen, auf dem vorne ein Stahlgerüst mit einer Rampe montiert wurde, so dass den Fahrern nichts passierte, sie aber andere in die Luft schleuderten. Intern hieß der Wagen »Flip Car«. Die Rennwagen, aber auch einige der Mustangs, verfügten über 500 bis 800 PS starke Chevy LS3 V8-Motoren.

Der Flugzeug-Stunt war bereits für den vierten und fünften Film geplant, bislang war er aber zu teuer gewesen und passte nicht in die Geschichten. Parallelen zu den 007-Filmen werden hier offenkundig, denn dort wurden auch jahrzehntelang erst Stunts erdacht und geplant und dann auf andere Filme verschoben. Hier ging es darum, dass die Fahrzeuge durch die geöffnete Heckklappe in das Flugzeug kommen und Dom mit einem weißen Dodge Charger aus dem Bug des brennenden Frachtflugzeugs des Typs Antonov An-124 entkommt. Das Flugzeug wurde dafür aufgeteilt. Der hintere Teil bekam eine Rampe für die Autos. Um einen Wagen aus dem vorderen Teil herauszubekommen, wurde der Charger auf einem Truck positioniert und dann per Luftdruckkanone, mit entsprechenden Effekten von Feuer und Explosionen, abgeschossen.

Brian ist gleich zu Anfang in einem silbernen Nissan GT-R zu sehen, später in einem bis auf 1000 PS hochgerüsteten blauen GT-R und in einem blau/weißen Ford Escort RS 2000 Mk I. Dafür baute man sechs Repliken, die alle fast ohne Innenausstattung daherkamen, aber mit Überrollkäfigen ausgestattet wurden und ihre Zweiliter-Motoren behielten.

Drei Autos der Firma Lucra Cars des Typs Lucra LC 470 waren auch mit von der Partie, wurden aber leider zu Requisiten verdammt. Drei der von Hand geschaffenen Kreationen von Luke Richards wurden bestellt und geliefert, doch offensichtlich hatten die Macher Angst, die seltenen Stücke zu verschrotten, denn nicht einer davon wurde gefahren. Die Wagen sind nur stehend zu sehen. Anfangs geplante Action-Szenen mit den Wagen, von denen zwei über 6,2 Liter-V8-Motoren und einer über einen 7-Liter-V8 verfügte, wurden gestrichen. Im März 2020 kam eines der seltenen Stücke bei RM Sotheby's in Palm Beach zur Versteigerung.

Da alle Verfolgungsjagden bei hohen Geschwindigkeiten gefilmt wurden, sollten die Kamerawagen dem nicht nachstehen. Das Team nutzte Autos wie Nissan 370Z, Subaru WRX, Cadillac Escalade, Porsche Cayenne sowie einen Chevy El Camino, der angeblich über 500 PS verfügte.

Fast alle Fahrzeuge wurden in einer Werkstatt in Burbank vorbereitet. Irre, dass mehr als 400 Autos und Motorräder während der Dreharbeiten zerstört wurden – verantwortlich waren 80 Stuntfahrer, Techniker und Special-Effects-Experten, die für wahre Zerstörungsorgien sorgten. Zu den Stuntmen zählten auch zwei Stars der Branche: Ben Collins, alias »The Stig« aus der BBC-Autoshow »Top Gear« und der dreifache britische Rallye-Champion Mark Higgins, die beide auch an mehreren Bond-Filmen arbeiteten. Sie doubelten für Paul Walker und Vin Diesel. Higgins hätte beinahe schwere Verletzungen davongetragen, denn er war auch für einen Sprung mit dem Ford Escort auf Teneriffa zuständig. Beim ersten Versuch landete er auf dem Dach.

Der Dank am Ende des Films gilt allerdings nur den Autoherstellern Chrysler und Fiat, da sie als einzige unentgeltlich mehrere Fahrzeuge zur Verfügung gestellt hatten (Dodge Charger und Alfa Romeo Giulietta).

Premiere, Starttermine

Weil viel in England gedreht wurde und es gerade auf der Insel viele Fans der Reihe gibt, wurde die Weltpremiere dieses Mal in London abgehalten. Am 7. Mai 2013 versammelten sich tausende Fans am Leicester Square in London, wo das dortige Empire Cinema zum Schauplatz der Uraufführung wurde. Anschließend wurde im Somerset House gefeiert. Am 23. Mai kam der Film in die deutschen Kinos und – ungewöhnlicherweise – erst einen Tag später in die amerikanischen.

Anekdoten, Reaktionen

»Fast & Furious 6« wurde der sechsterfolgreichste Film des Jahres 2013 mit einem Einspielergebnis von 788,6 Millionen Dollar. In Deutschland erreichte er mit 2,87 Millionen Besuchern ebenso Platz 9 der Jahrescharts wie der Vorgänger – auch wenn etwa 400.000 Besucher mehr in die Kinos kamen.

»Absurd, hanebüchen« und zum Teil »empörend« empfanden die Kritiker den Film. Genussvoll wurden die zahlreichen Fehler aufgezählt, deren Anzahl tatsächlich größer ist als bei früheren Abenteuern der Reihe, die aber auch nicht einer gewissen Komik entbehren. Amerikanische Sirenen bei der Autojagd in London etwa, und die Alfa Romeo Giulietta klingt genauso wie der Subaru Impreza aus dem Film zuvor.

Auch Automatik-Autos werden permanent geschaltet. Letty hat in ihrem Jensen Interceptor mal eine Automatik und mal eine Schaltung. Auch andere Auto-Szenen boten eine gewisse Komik: Brian O´Conners Augenfarbe wechselt wiederholt zwischen blau und grün sowie blau und grau; auch sein Nissan variiert: Von GTR Black Edition zu Beginn zu Nissan GTR am Schluss des Films.

Das Finale spielte auf einer Flughafen-Landebahn. Findige Rechner haben herausgefunden, dass diese Verfolgungsjagd stramme 13 Minuten lang dauert. Das würde allerdings bedeuten, dass die Landebahn 29 Kilometer lang sein müsste.

Justin Lins Sohn Oqwe hat hier seinen zweiten Kurzauftritt nach dem vorhergehenden Film. Hier ist er sogar schon zweimal zu sehen.

Zum Filmstart erschien das Facebook Spiel »Car Town« mit einem virtuellen Dodge Charger SRT8. Im Mai 2013 kamen noch zwei Spiele mit den Titeln »Fast & Furious: Showdown« und »Fast & Furious: The Game« auf den Markt.

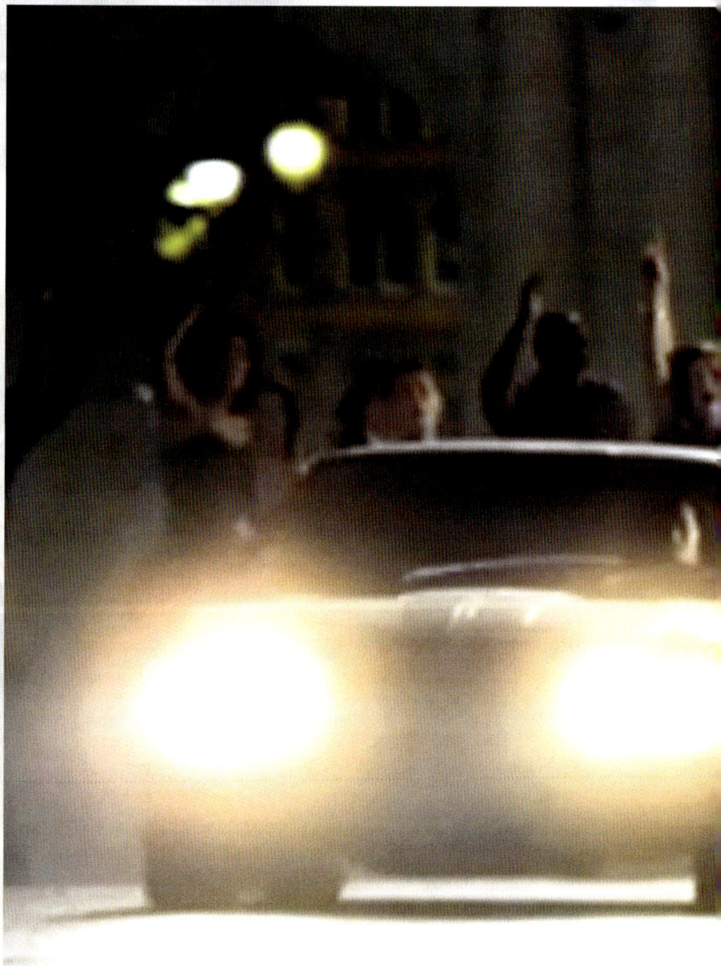

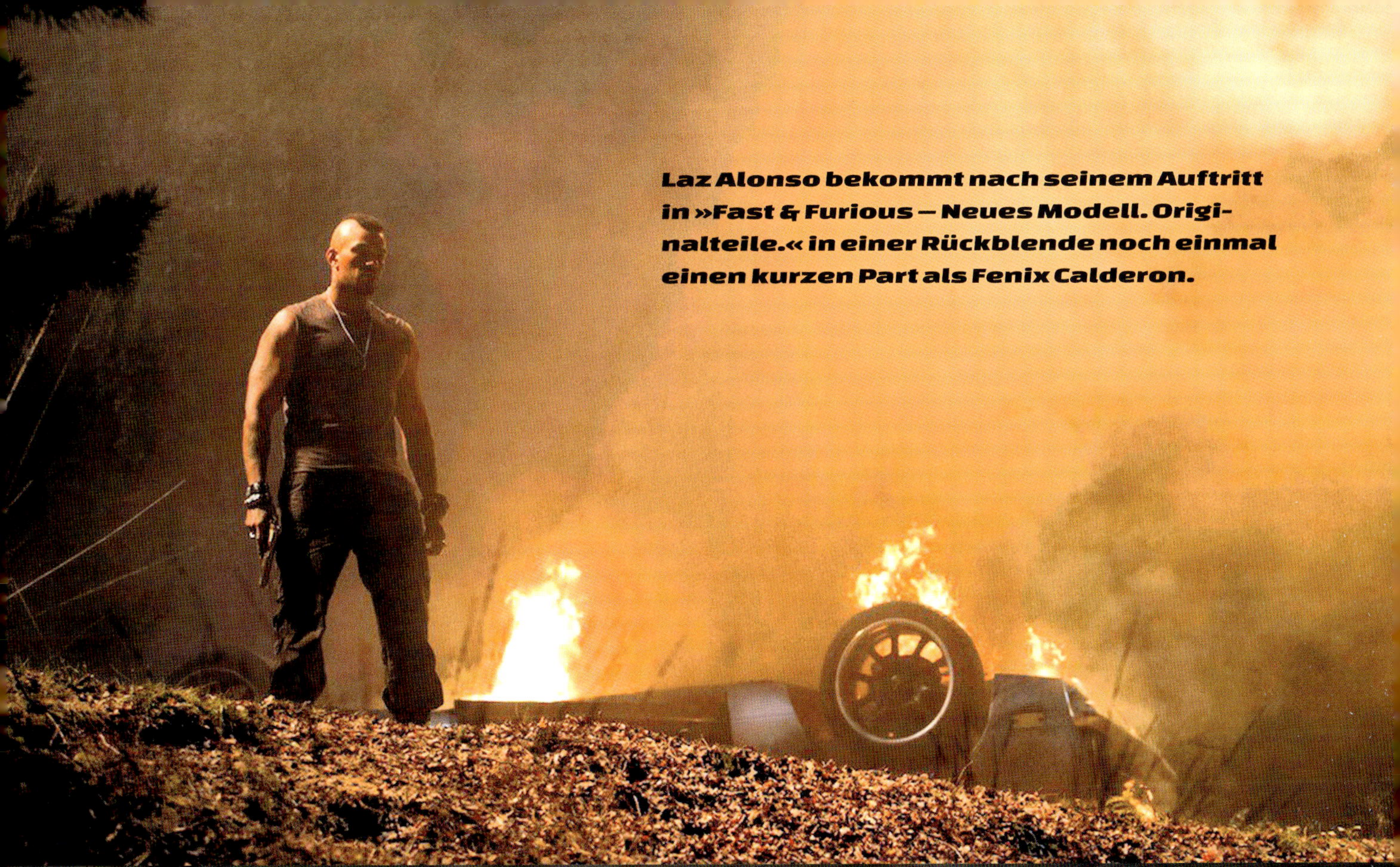

Laz Alonso bekommt nach seinem Auftritt in »Fast & Furious – Neues Modell. Originalteile.« in einer Rückblende noch einmal einen kurzen Part als Fenix Calderon.

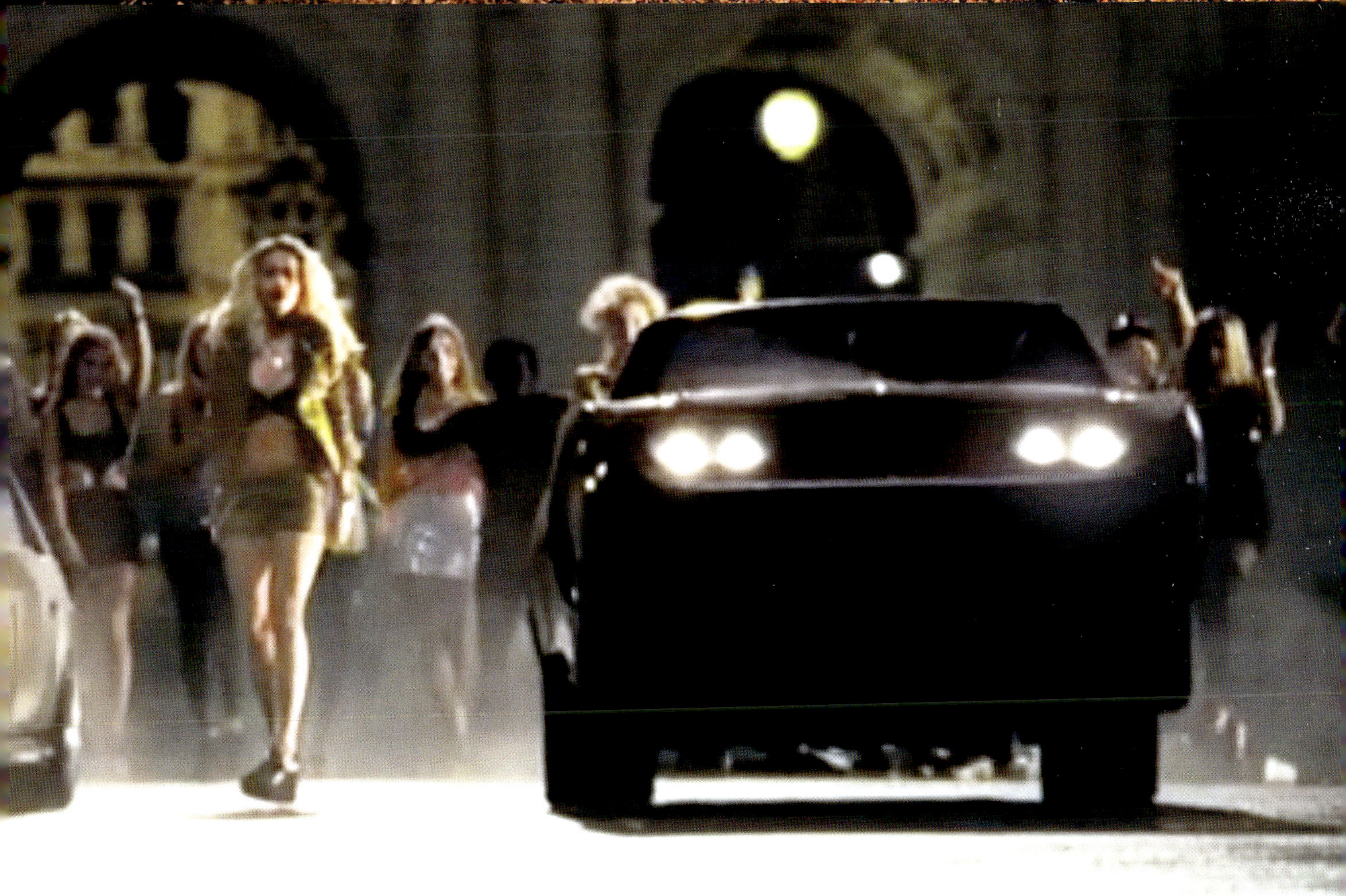

Dom liefert sich in seinem Dodge Charger (rechts) mit Letty in ihrem 1971er Jensen Interceptor ein Wettrennen durch das nächtliche London.

Roman:
»Das ist doch verrückt. Wir sind nicht in Brasilien. Und jetzt fliegen hier Autos durch die Luft, bei irgend so einer 007-Scheiße.«

Tarek:
»Ich habe Rechte, du Arschloch.«
Hobbs:
»Heute nicht.«

Dom:
»Ich will einfach nur Rennen fahren.«
Letty:
»Du verlierst vielleicht deinen Wagen.«
Dom:
»Legen wir los.«
Letty:
»Deine Beerdigung.«
Dom:
»Fahr oder stirb, weißt du noch?«

Tej:
»Wer hat einen Plan B?«
Brian:
»Wir tun das, was wir am besten können, wir improvisieren.«

Letty:
»Du hast ja echt Eier in der Hose, Mann.«
Dom:
»Habe ich schon oft gehört.«

Dom:
»Da wo ich herkomme gibt es einen Spruch: Zeig mir, wie du fährst und ich sage dir, wer du bist.«

Letty:
»Woher wusstest du, dass da ein Auto ist, das unseren Fall bremst?«
Dom:
»Wusste ich nicht. An manche Dinge muss man einfach glauben.«

Roman beim Tischgebet:
»Lieber Gott, danke für die schnellen Autos.«

DIE SCHÖNSTEN / SCHRÄGSTEN DIALOGE

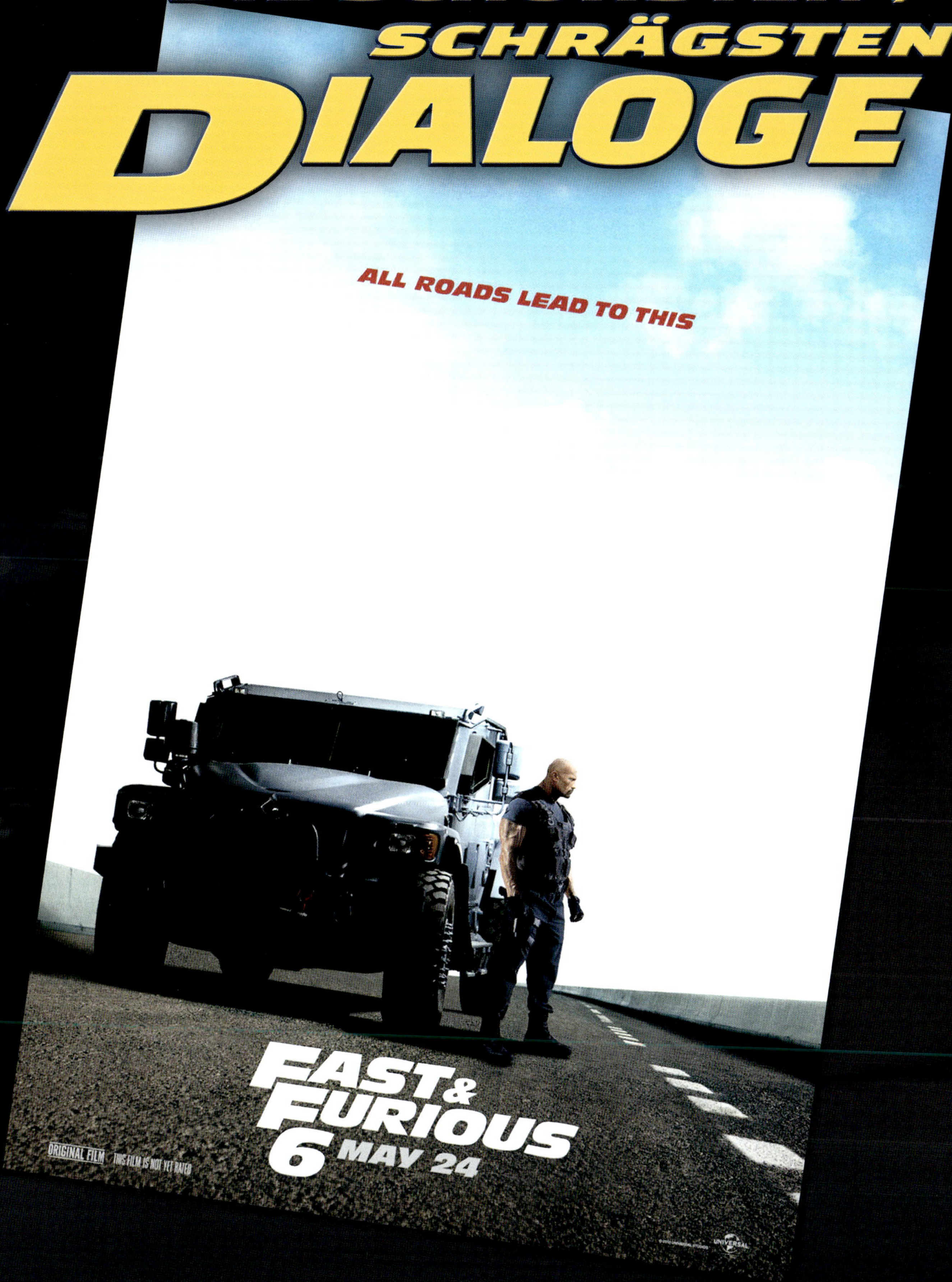

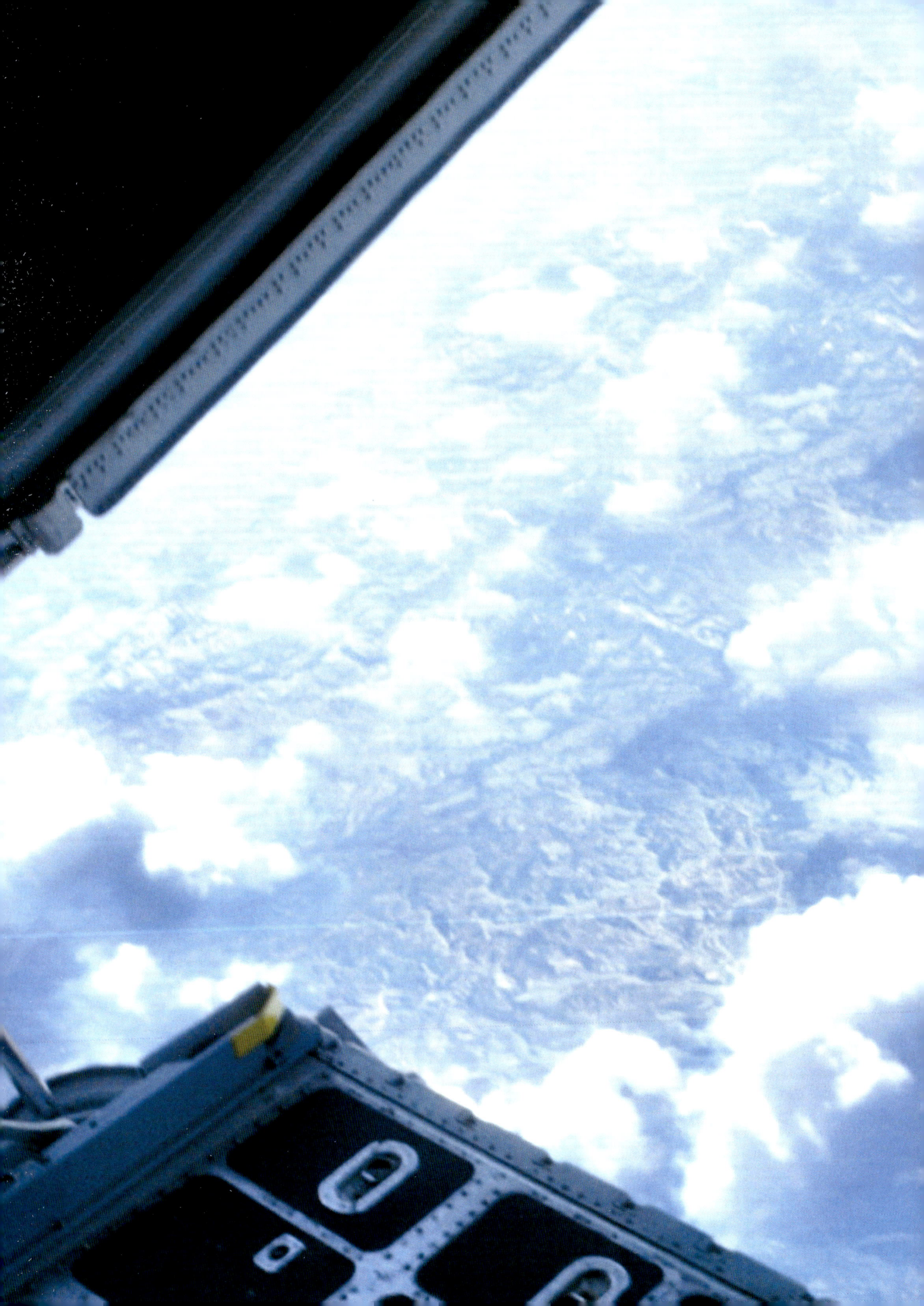

FAST AND THE FURIOUS 7 (2015)

»TOUCHDOWN, BABY.«

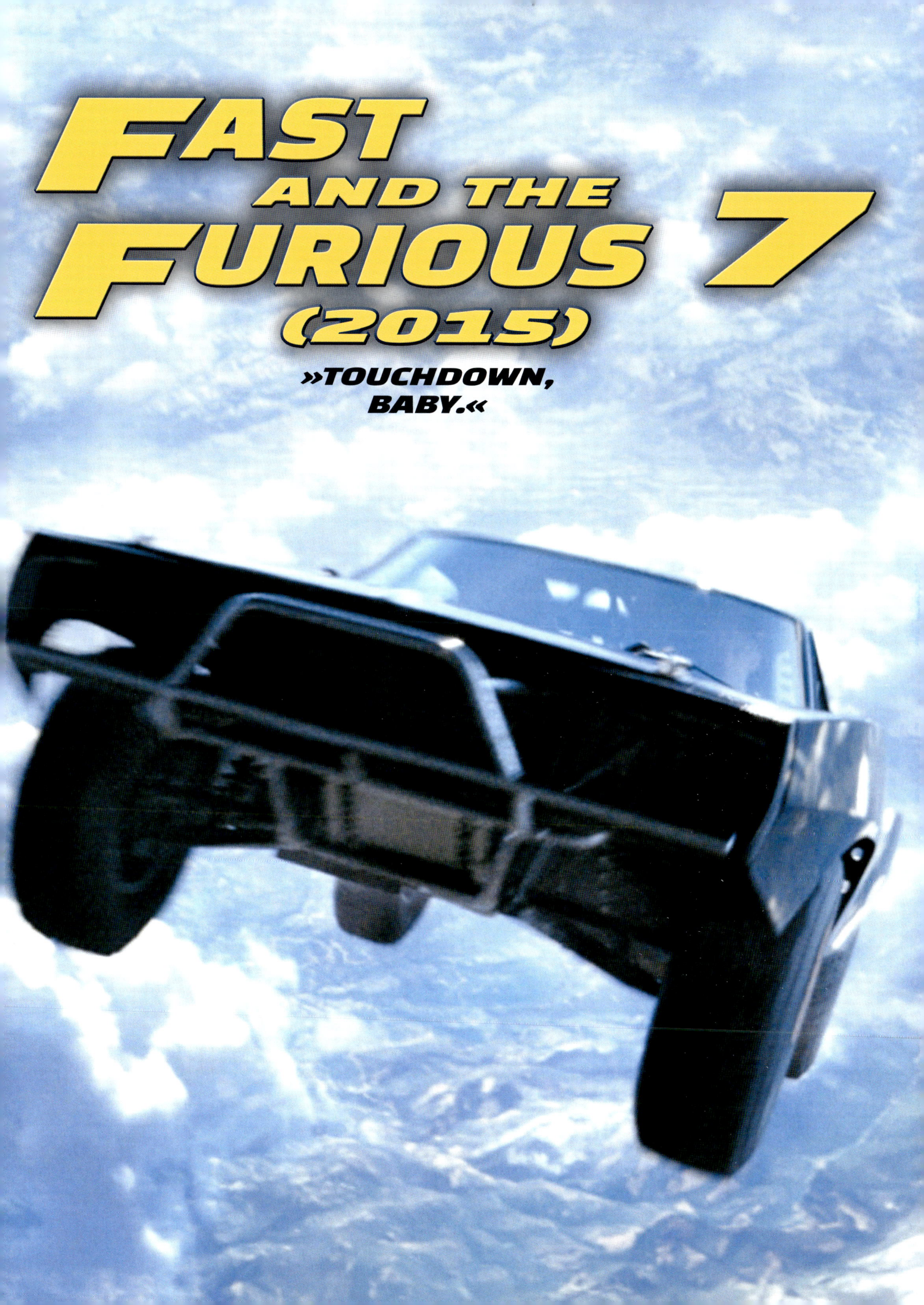

Inhalt

Deckard Shaw (Jason Statham) will sich für seinen im Krankenhaus liegenden Bruder Owen (Luke Evans) rächen. Er attackiert Agent Hobbs (Dwayne Johnson) und jagt das Haus von Dom (Vin Diesel) und Mia (Jordana Brewster) in die Luft. Mr. Nobody (Kurt Russell) kommt dem Team zu Hilfe. Der weiß vom sogenannten »Auge Gottes«, einem speziellen Ortungsgerät, das Deckard Shaw ausfindig machen kann. Die Jagd danach führt Dom und sein Team in den Kaukasus und nach Abu Dhabi. Sie gelingt nur dank der Hackerin Ramsey (Nathalie Emmanuel) sowie des Diebstahls eines der teuersten und seltensten Sportwagen dieser Welt aus den Etihad Towers.

Hintergründe

Die Vorproduktion des Films begann mit einem Paukenschlag, denn am 3. April 2013 gab Justin Lin bekannt, dass er den siebten Film der Reihe nicht inszenieren werde. Universal wollte den Film bereits im Sommer 2014 herausbringen, was Lin als unmöglich ansah. Also wurde der in Malaysia geborene und in Australien aufgewachsene James Wan verpflichtet. Der hatte zuvor allerdings nur Horrorfilme inszeniert (»Saw«, »Insidious«, »Conjuring – Die Heimsuchung«).

Man suchte nach einer möglichst hochkarätigen Besetzung, bekam aber zuerst nur Absagen, so etwa im August von Denzel Washington. Für die Rolle der Ramsey wurden sowohl Pooja Hegde als auch Deepika Padukone, die beide aus einer indischen Familie stammen, gecastet, doch aufgrund anderer Verpflichtungen fielen beide aus. Jason Statham wurde die Rolle des Widersachers angeboten, aber auch er musste aus terminlichen Gründen absagen. So blieb es bei einem Kurzauftritt am Ende von »Fast & Furious 6« als Bruder von Owen Shaw. Diesel hatte Jason Statham diesen Gastauftritt angeboten, nachdem dieser einen Part aufgrund anderer Verpflichtungen nicht hatte annehmen können.

Letztlich entschied man sich auch gegen Taylor Lautner und Halle Berry. So kam Kurt Russell ins Spiel, dessen Mitwirkung im September 2013 bekanntgegeben wurde. Aufgrund der komplizierten Zusammenstellung der Akteure änderte sich das Drehbuch mehrfach – der Drehbeginn wurde immer wieder verschoben. Am 28. September war es dann endlich soweit.

Dreharbeiten, Drehorte, Budget

Als die Dreharbeiten begannen, lief zunächst alles nach Plan. Dwayne Johnson machte sich zu der Zeit schon Gedanken über einen Ableger der Reihe über Hobbs & Shaw. Es wurde gerade in Atlanta gedreht, als am 30. November die schockierende Nachricht die Runde machte, dass Paul Walker und sein Freund Roger Rodas, der einen 612 PS starken Porsche Carrera GT gefahren hatte, bei einem Autounfall in Santa Clarita, nördlich von Los Angeles ums Leben gekommen waren. Nach verschiedenen Quellen war Rodas zwischen 130 und 150 Kilometer pro Stunde gefahren.

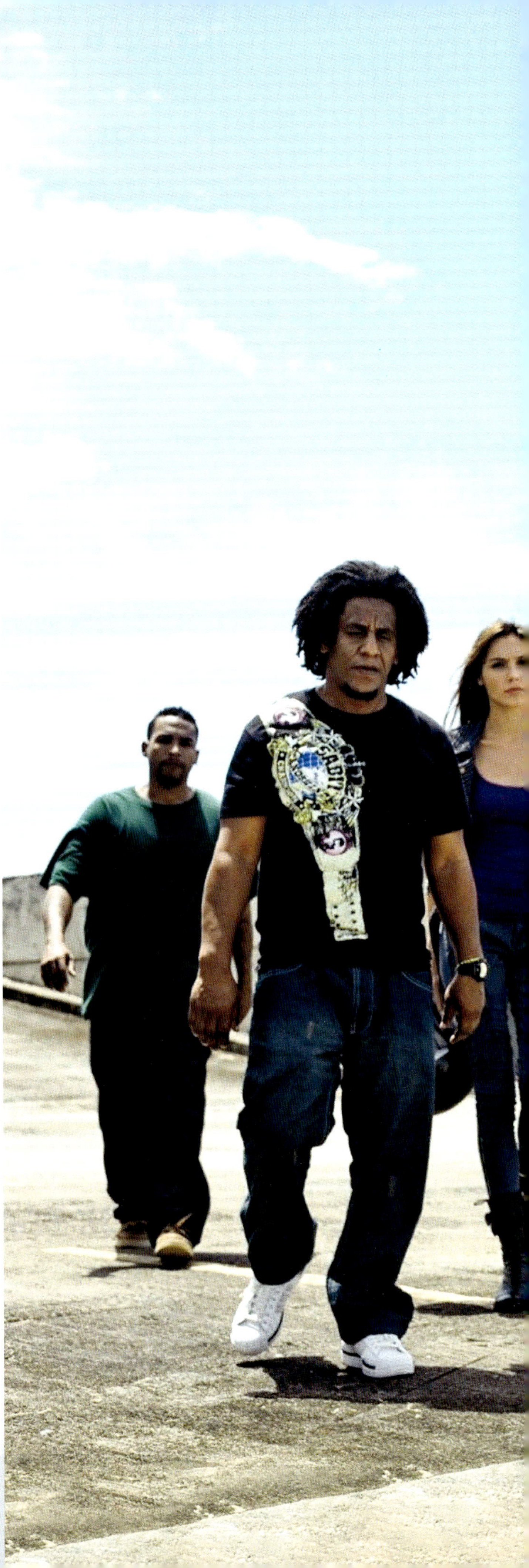

Dominic Toretto (Vin Diesel) und seine Crew aus »Fast & Furious 7«.

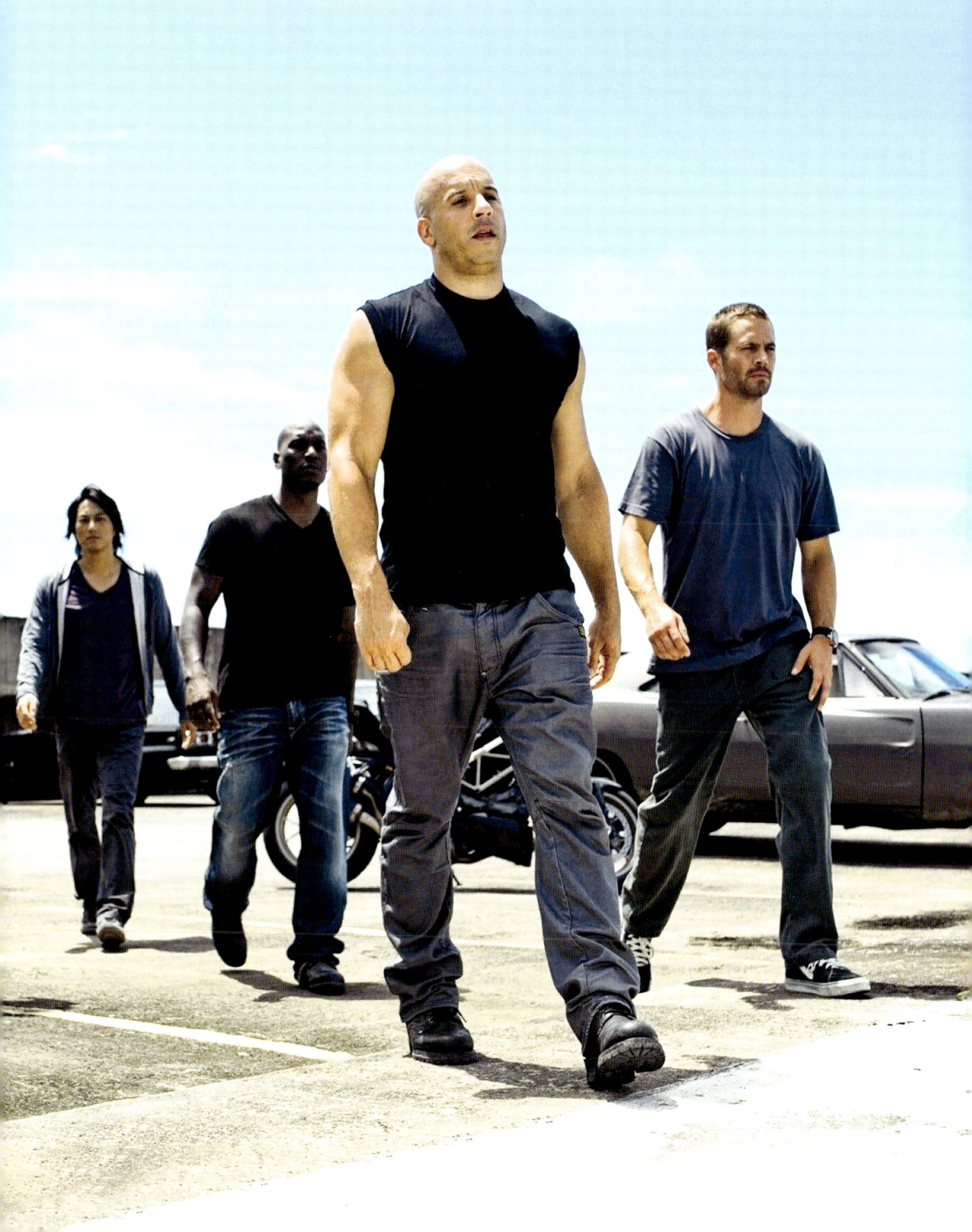

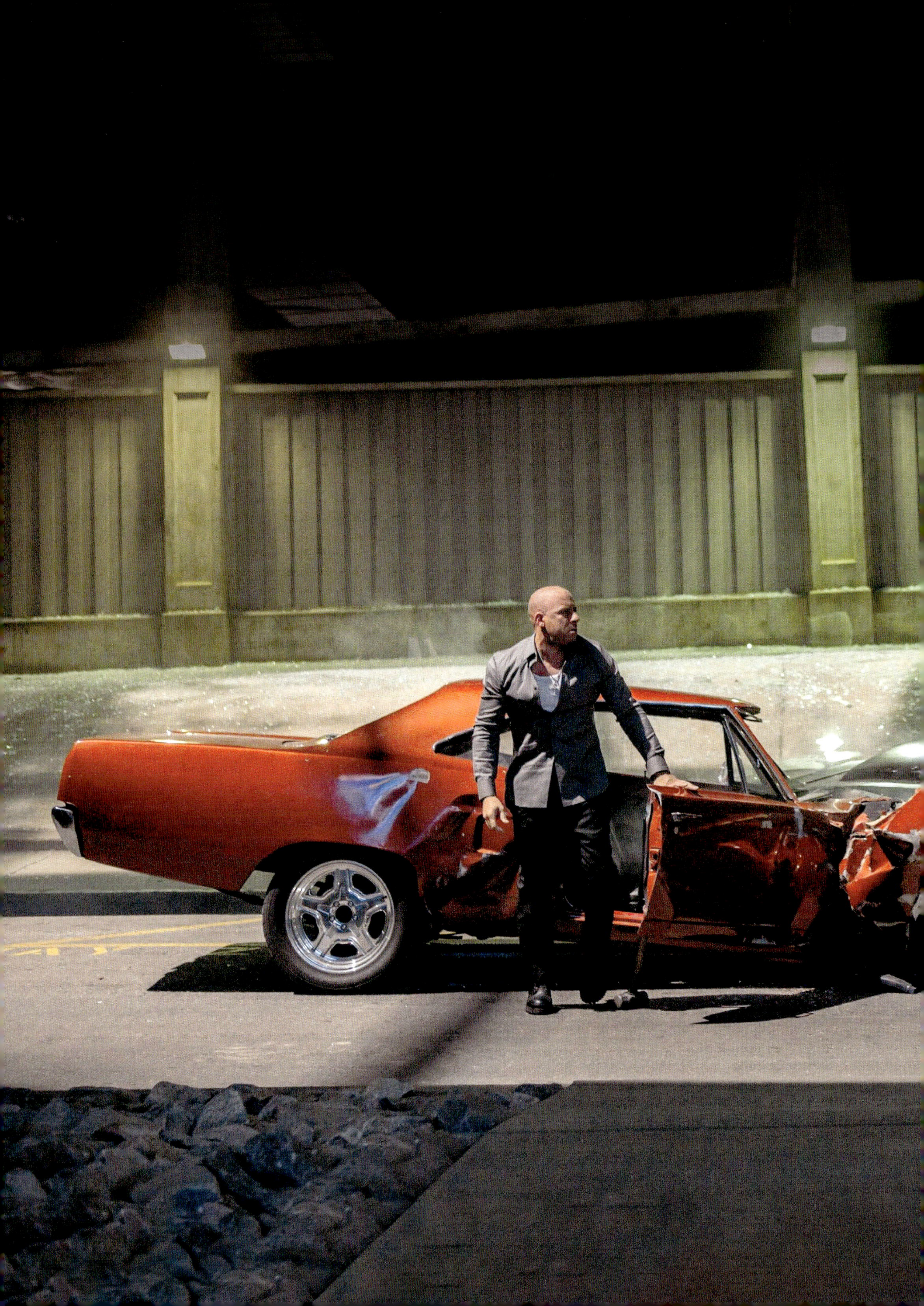

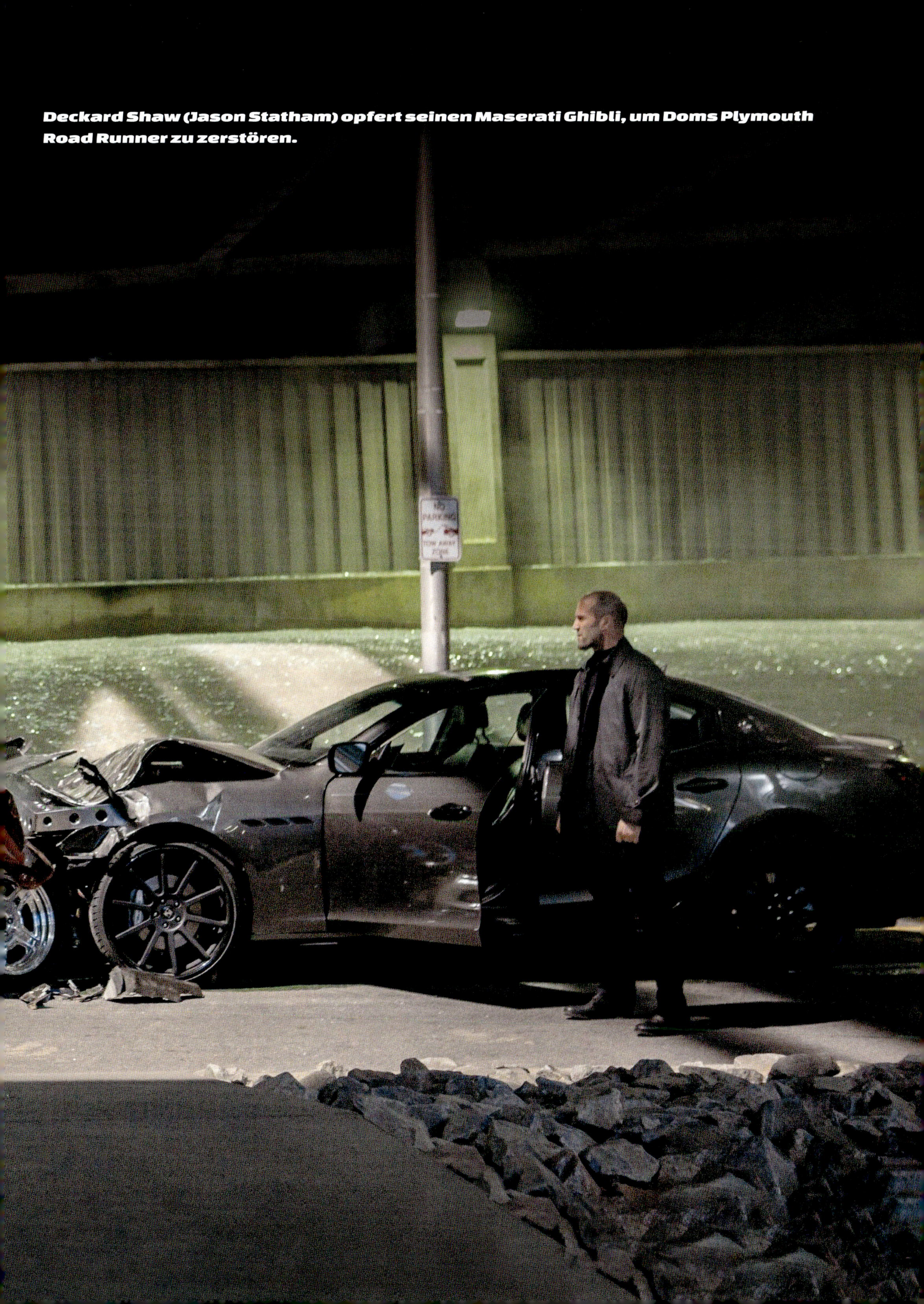

Deckard Shaw (Jason Statham) opfert seinen Maserati Ghibli, um Doms Plymouth Road Runner zu zerstören.

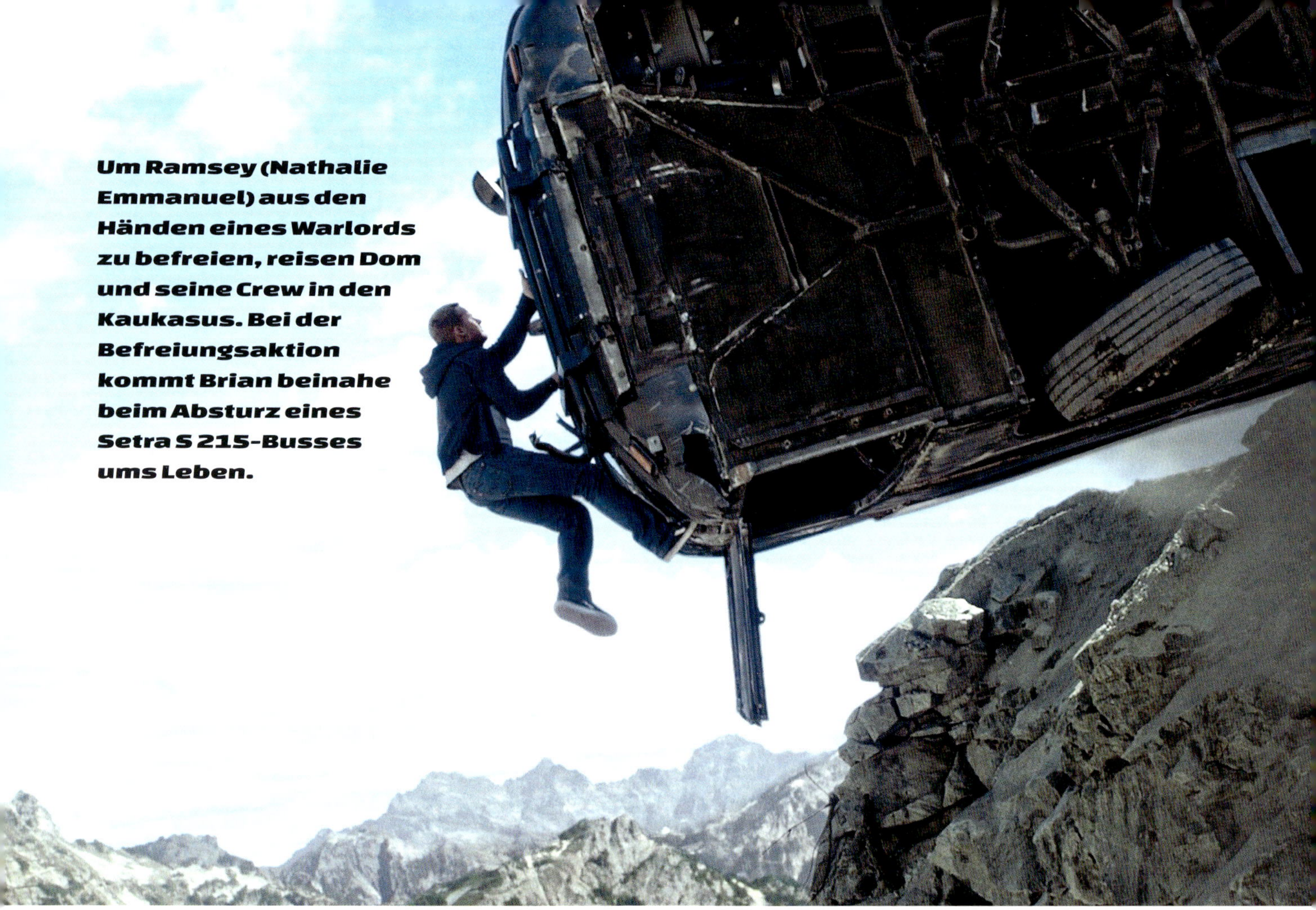

Um Ramsey (Nathalie Emmanuel) aus den Händen eines Warlords zu befreien, reisen Dom und seine Crew in den Kaukasus. Bei der Befreiungsaktion kommt Brian beinahe beim Absturz eines Setra S 215-Busses ums Leben.

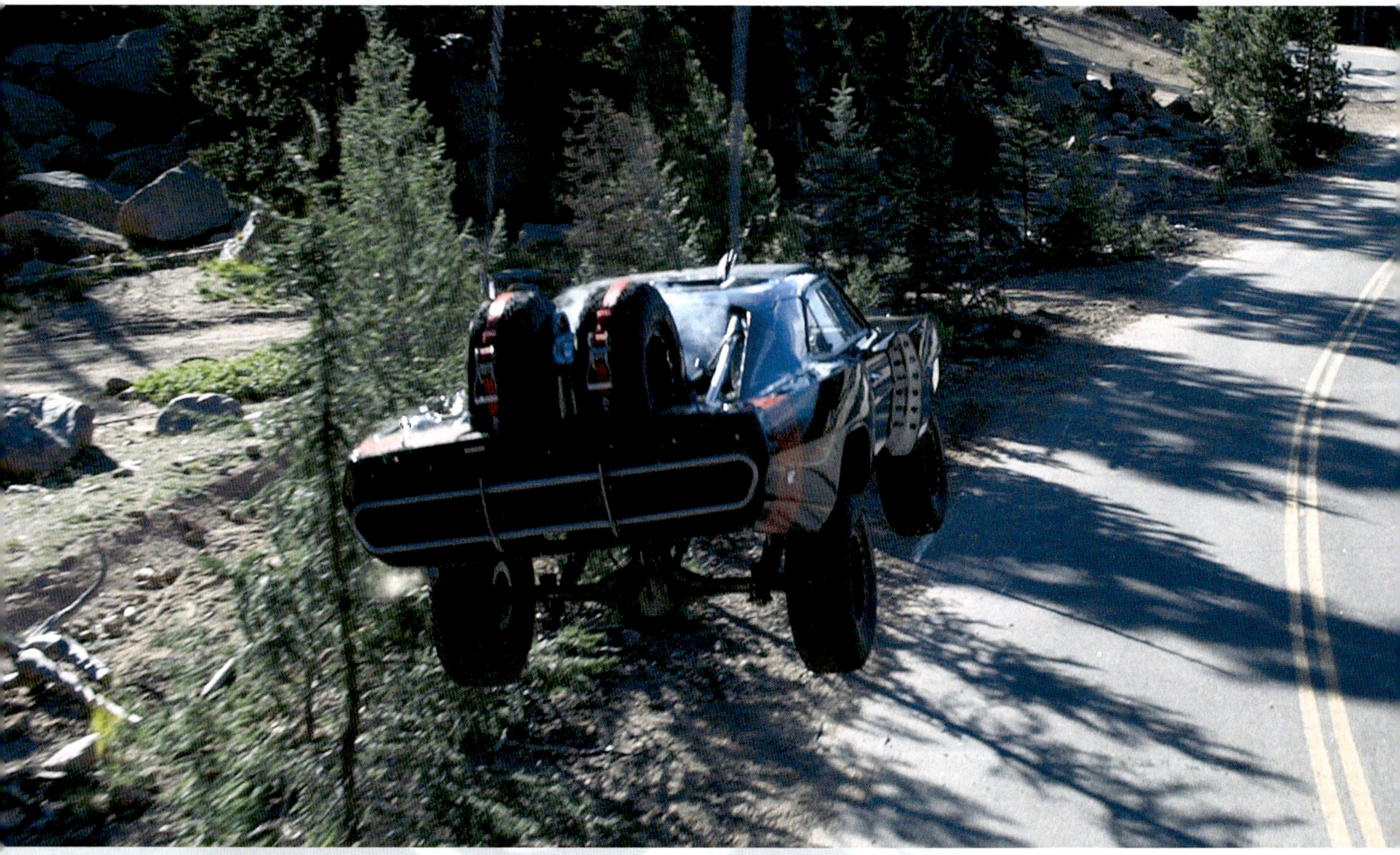

Doms 1970er Dodge Charger ist auch in einer Offroad-Version zu sehen.

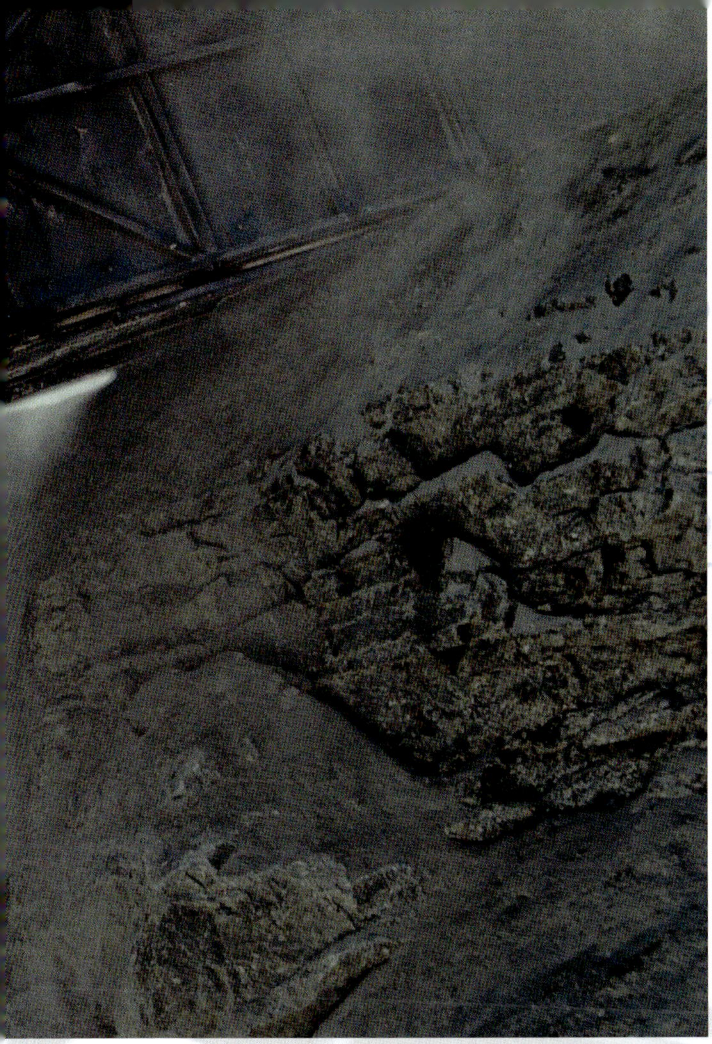

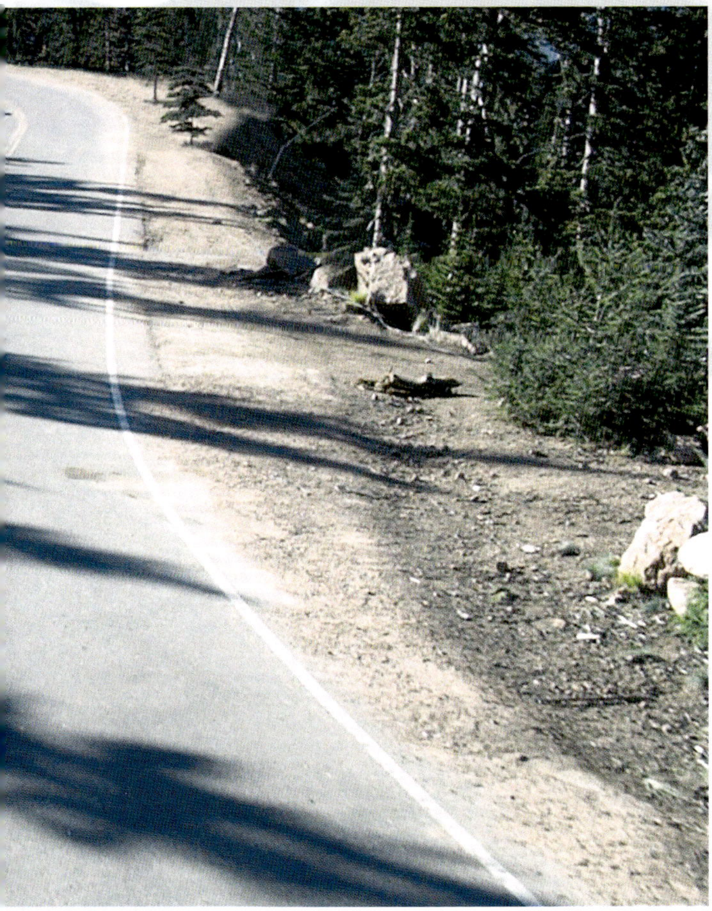

Erlaubt waren aber nur 72 km/h oder 45 Meilen. Die Produktion des Films wurde noch am selben Tag abgebrochen – und nur wenige Stunden nach dem Unfall stahl auch noch jemand 30 Fahrzeuge aus Walkers Autosammlung. Das Begräbnis war am 8. Dezember in Santa Clarita. Tausende Fans erschienen – zum Teil mit modifizierten Autos, die denen aus den Filmen entsprachen. Eine Woche später wurde Walker auf dem Forest Lawn Memorial Park Cemetery in den Hollywood Hills beigesetzt. Auf Wunsch der Familie waren nur rund 40 Personen geladen.

Aufgrund der tragischen Umstände gab es Überlegungen, die Dreharbeiten nicht fortzuführen. Doch schließlich einigten sich die Familie und die Produktionsfirma darauf, den Film als eine Art Vermächtnis von Paul Walker anzusehen und ihn, so gut es eben ging, mit neuen Elementen zu füllen. Da erst knapp die Hälfte der Szenen mit Walker gedreht waren, wurde das Drehbuch geändert und nach einem Ersatz für ihn gesucht. Das Resultat war, dass man Archivmaterial und nicht verwendete Szenen aus früheren Filmen nutzte und Walkers Brüder Caleb und Cody sowie der Schauspieler John Brotherton für ihn vor der Kamera standen. Zusätzlich halfen am Computer erzeugte Bilder. Diese schufen die Mitarbeiter der von Peter Jackson (»Der Herr der Ringe«) gegründeten Firma Weta Digital. Sie kreierten 350 digitale Aufnahmen von Paul Walker. Seine Brüder Caleb und Cody Walker sorgten noch für die Stimme ihres verstorbenen Bruders. Vermutlich auch deswegen stieg das Budget erneut auf nun 190 Millionen Dollar – 30 mehr als beim Vorgänger.

Die Dreharbeiten wurden fünf Monate später wieder aufgenommen: am 1. April 2014. Gedreht wurde in Atlanta, Georgia, in Los Angeles, in Abu Dhabi (an drei der fünf Türme der Etihad Towers und am Emirates Palace Hotel) sowie am Highway 50, dem Monarch Pass und Pikes Peak in Colorado – die Region diente als Double für den Kaukasus in Aserbaidschan. Als das zweite Kamerateam dort arbeitete, kam es zu einem heftigen Unwetter, so dass die Dreharbeiten eine Zeitlang abgebrochen werden mussten. Hier landen die Fahrzeuge nach dem freien Fall aus dem Flugzeug: »Touchdown, Baby«. Der aufwändige Diebstahl des Luxussportwagens Lykan Hypersport aus dem Penthouse eines der Etihad Towers wurde nicht vor Ort gefilmt. Man nutzte ein extra gebautes Set in den Universal Studios. Teile des Autosprungs, von denen es im Film zwei zwischen den Türmen der Etihad Towers gibt, entstanden mit Hilfe einer gebauten Fensterwand auf einem der Parkplätze. Dazu wurde der Wagen auf Schienen gesetzt und durch die Wand katapultiert. Er landete auf einem Gestell voller Pappkartons wobei die Fronthaube und Seitenteile wegflogen. Das Ganze wurde mehrfach gemacht, um es aus mehreren Blickwinkeln zu drehen. Es waren ja »nur« Repliken. Alle Szenen mit Paul Walker im Wagen entstanden dank CGI-Effekten. Er war zu dem Zeitpunkt bereits tot.

In den Universal Studios entstand auch die Prügelei zwischen Letty und Kara (Ronda Rousey), deren große Herausforderung darin bestand, dass Michelle Rodríguez diese in einem langen roten Kleid und auf High Heels absolvieren musste: »Ich trage so etwas nicht sehr häufig«, so die Schauspielerin. »Meine ganze Karriere besteht aus Tanktop und Jeans.«

Nach weiteren Aufnahmen in Atlanta, Malibu und in Monte Cristi in der Dominikanischen Republik war der Dreh am 10. Juli abgeschlossen. Alle Beteiligten hatten vereinbart, für Walker ein respektvolles Ende zu finden.

Automobile Hauptdarsteller

Der unbestrittene Auto-Star des Films ist der rote Lykan Hypersport von W Motors. Die im Libanon gegründete Firma mit Sitz in Dubai ließ nur sieben dieser 770 PS starken Fahrzeuge bei Magna Steyr in Turin bauen. Da jedes Auto 3,4 Millionen Dollar kostete – und die Kleinstserie längst ausverkauft war – wurden von Dennis McCarthy und seinem Team dank der Hilfe des Herstellers Repliken aus Fiberglas anstatt des teureren Carbons mit einem einfacheren Chassis hergestellt. Es entstanden zehn Stück, von denen nur eines überlebte, das nach Drehende an W Motors zurückging und dort ausgestellt wurde. Für die britische »Fast & Furious Show« entstanden im Jahr 2018 weitere Repliken, von denen eine in die USA exportiert wurde. Aus dieser entstand, dank einer Lizenz von W Motors und mit Hilfe von Teilen eines stark überarbeiteten Porsche Boxster-Chassis von Casey Putsch und dessen Firma Genius Garage, ein fahrfertiger Wagen.

Der Dodge Charger ist »so etwas wie ein Ensemblemitglied, daher muss er immer wieder kommen«, so Dennis McCarthy. Dieses Mal hat Doms Spielzeug mehrere Auftritte. Dazu zählt eine neue Variante in Form eines umgebauten Off-Roaders. Der stürzt, wie andere Autos auch, aus einem Flugzeug des Typs Lockheed C-130 »Hercules«. Für den Stunt entstanden neun Umbauten, die laut McCarthy über 500 PS Leistung verfügten und »hunderte Stunden Zeit verschlangen.« Nur zwei überstanden die extremen Belastungen. Auch die anderen Wagen (grüner Dodge Challenger SRT 8, blauer 2011er Subaru Impreza WRX STi) bekamen schwer etwas ab – oder mussten komplett abgeschrieben werden, so wie die Subaru. Davon gab es »fünf oder sechs, aber keiner hat es überlebt«, so McCarthy.

Auf dem Weg nach Abu Dhabi ist Dom in einem 2015er Dodge Charger R/T unterwegs. Sein Team (Roman, Brian, Letty + Ramsey) nutzt einen McLaren MP4-12C, eine Dodge Viper SRT-10, einen Ferrari 458 Italia und einen weißen Bugatti Veyron Grand Sport. Der hatte allerdings ein Kennzeichen aus Dubai (G 67849) – er ist wohl einen kleinen Umweg gefahren.

Ein Dodge Charger touchiert dank eines Sprungs von einer Rampe einen Helikopter, der kurze danach explodiert. Filmhistorisch ist das nicht neu. Vergleichbare Szenen gab es schon in »Transporter – The Mission« (2005) und »Stirb langsam 4.0« (2007). Apropos Wiederholungen: Schon in dem Thriller »Black Moon« aus dem Jahr 1986

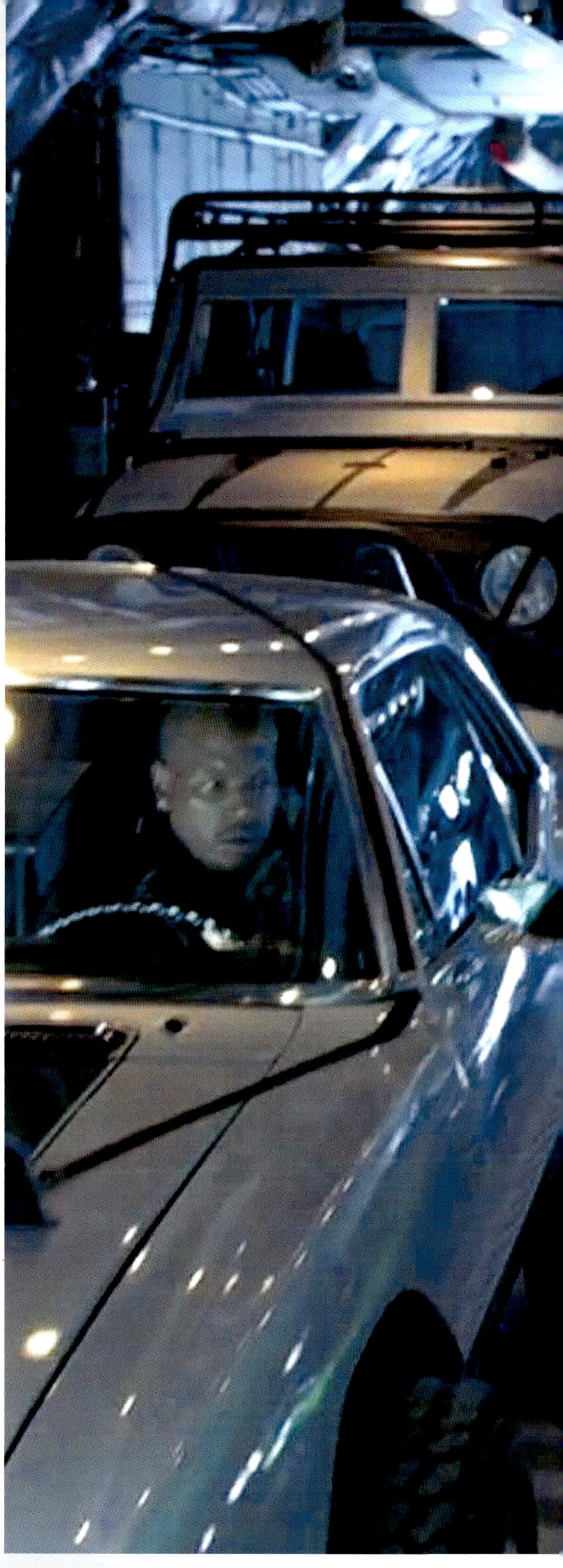

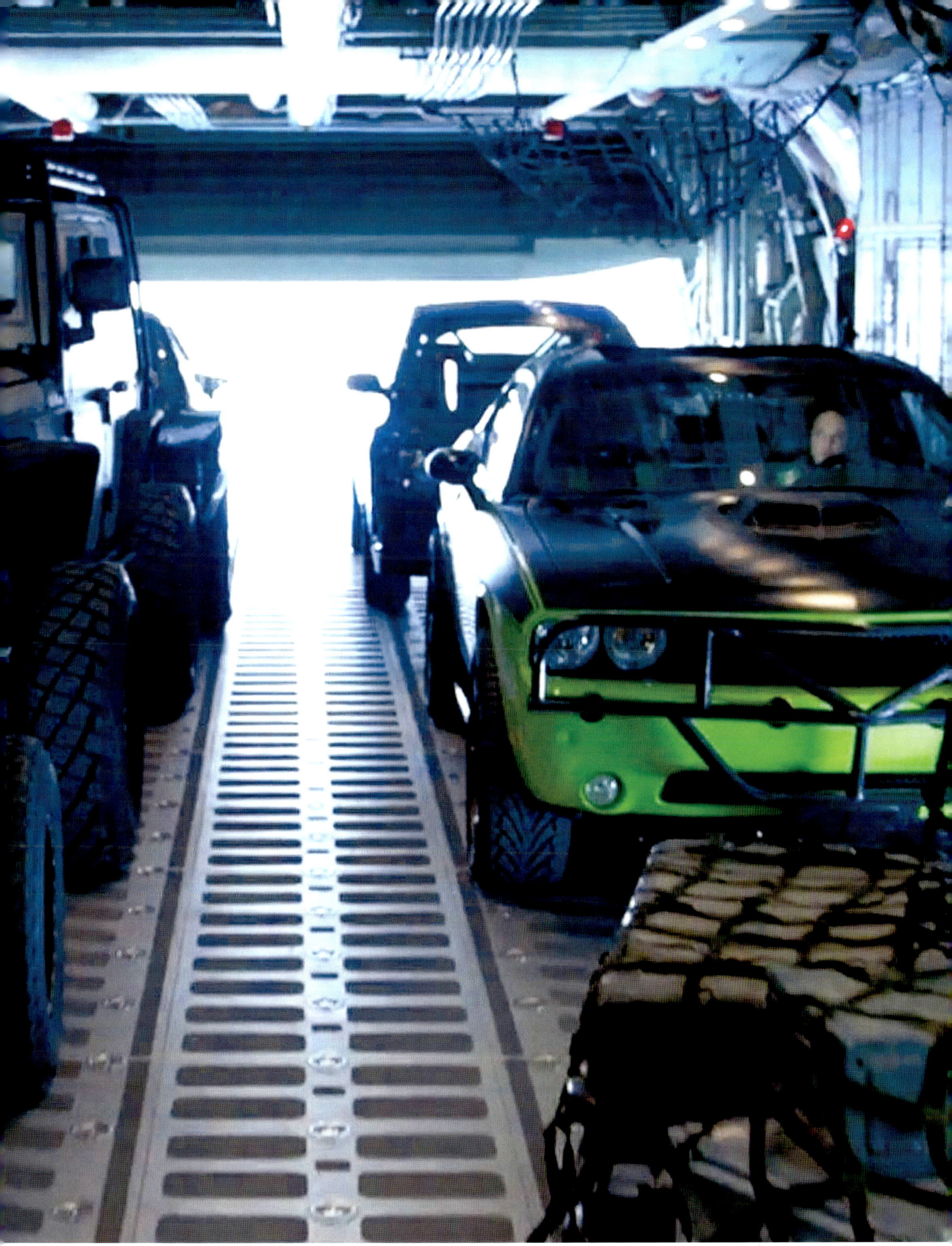

Über dem Kaukasus werden die Fahrzeuge der Crew aus einem Flugzeug abgeworfen.

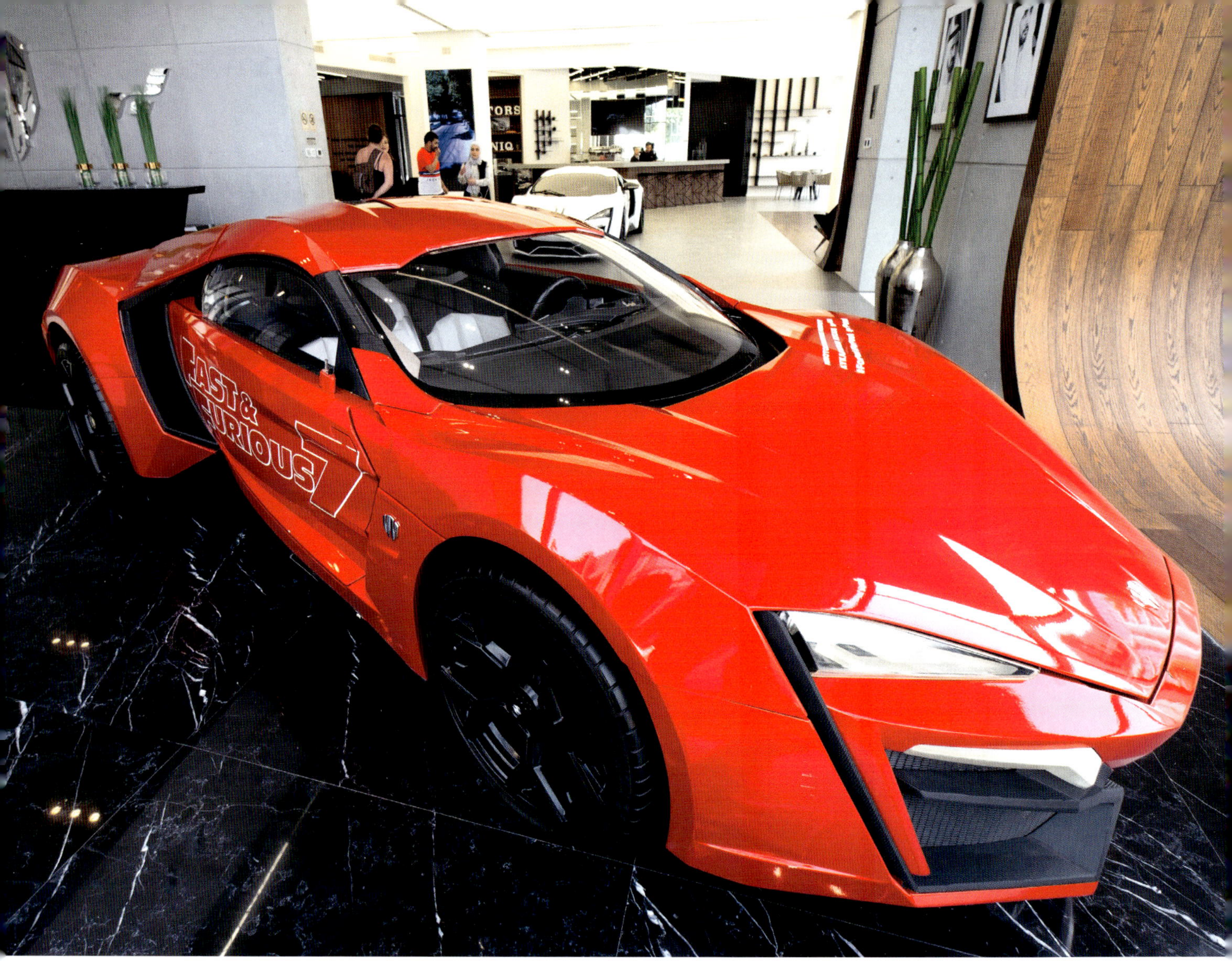

Brian und Dom suchen einen Chip, der ist in einem Lykan Hypersport verbaut.

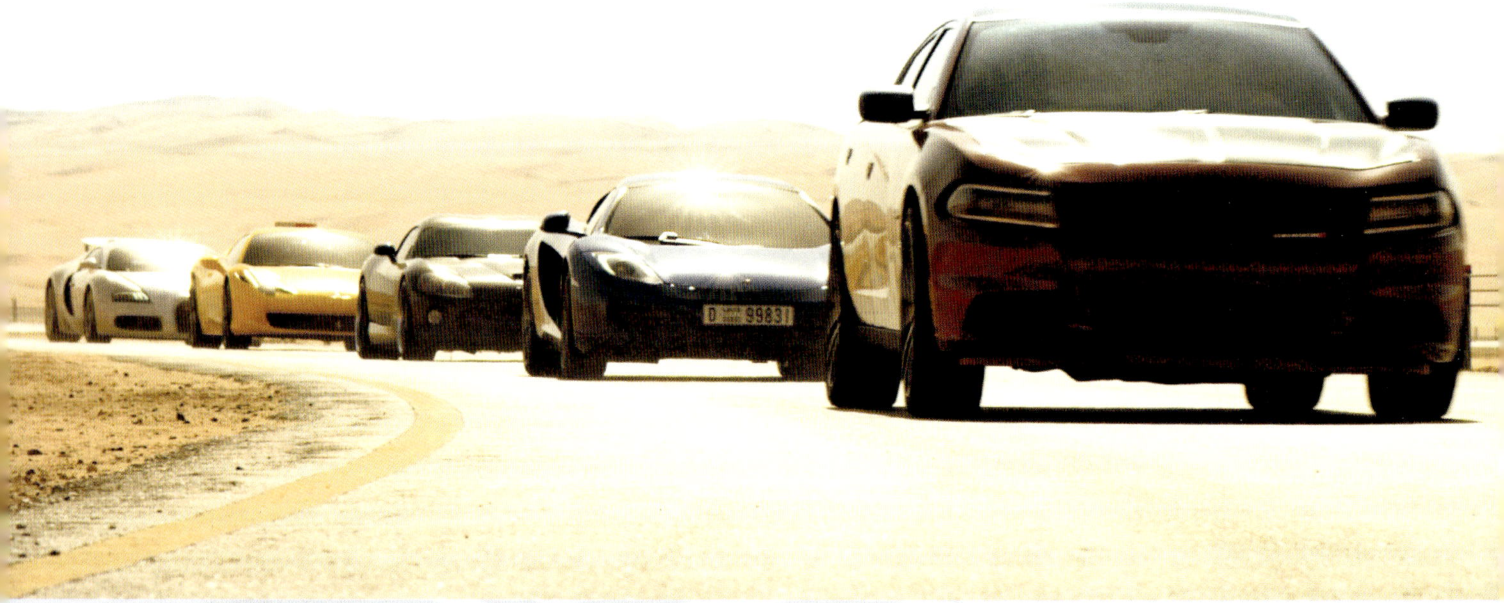

Auf dem Weg nach Abu Dhabi nutzt Dom einen 2015er Dodge Charger R/T.

wird ein Computerchip aus einem Auto gestohlen und der von Tommy Lee Jones gespielte Quint »fliegt« mit seinem Hightech-Gefährt von Hochhaus zu Hochhaus. »Copy and Paste« also.

Doms Dodge ist nicht nur zu Anfang bei den »Race Wars« zu sehen, eine weitere Variante taucht noch ganz am Ende des Films auf: Der 1968er Charger R/T ist dieses Mal kein schwarz lackierter Wagen, sondern einer, dessen Karosserie aus gebürstetem Aluminium besteht. Der sogenannte »Maximus Charger« hatte einen kurzen Auftritt gegen Ende des Films, als er neben der weißen Supra von Brian an einer Weggabelung stand. Der Wagen soll über 2000 PS unter der Haube gehabt haben.

Brian ist erst in einem blauen Subaru Impreza WRX STi zu sehen. Außerdem fährt er zum dritten Mal seinen blauen Nissan GTR. Den hat er schon seit dem fünften Film. Gleich zu Beginn bewegt er sogar eine echte Familienkutsche, einen blauen Chrysler Town & Country aus dem Jahr 2013, um Sohn Jack zur Kita zu bringen – und hat Probleme mit der Kupplung. Am Ende des Films sitzt (ein digital erstelltes Double von ihm) in einem weißen Toyota Supra. Es ist ein Wagen, der Paul Walker selbst gehörte. McCarthy hatte eigens bei Walkers Familie angefragt, um den Wagen auszuleihen. Es ist auch eine Anspielung auf den ersten Film aus dem Jahr 2001, denn in der letzten Szene trennen sich die Wege von Dom und Brian endgültig. »For Paul« steht am Ende des Films.

Widersacher Deckard Shaw kann auch auf eine vielfältige Autoflotte zurückgreifen: einen Maserati Ghibli, einen Aston Martin DB 9 (sein Bruder Owen fuhr im Film zuvor auch einen DB 9), einen Jaguar F-Type und einen Lamborghini Aventador. »Er ist Brite«, so Statham. »Also musste er auch in mindestens ein britisches Auto«. Außerdem benutzt Shaw eine silberne Mercedes-Benz S-Klasse (W140) aus dem Jahr 1992. Damit verursachte er bereits in »Fast & Furious 6« einen schweren Unfall. Viele Dialoge hat er nicht: gerademal 17 Zeilen.
Über 60 Personen arbeiteten unter der Anleitung von Dennis McCarthy daran, die umfangreiche Fahrzeugflotte filmtauglich zu machen. Man verwendete insgesamt 340 Autos, 230 davon wurden zerstört.

Premieren, Starttermine

Ursprünglich war geplant, dass das aufwendige Spektakel am 10. Juli 2014 in die US-Kinos kommen sollte, aber aufgrund der langen Unterbrechung wurde der April 2015 als neuer Termin bekannt gegeben. Die Premiere fand dieses Mal im Rahmen des SXSW-Festival (South by Southwest) am 16. März 2015 in Austin, Texas statt. Es war der Tag, an dem Vin Diesels Tochter Pauline geboren wurde. Er nannte sie nach seinem toten Freund und Kollegen Paul Walker. Am 1. April wurde eine Premiere im berühmten Chinese Theatre in Hollywood gefeiert, obwohl der Film schon am selben Tag in die US-Kinos kam. Eine After-Party gab es im Hollywood Roosevelt Hotel. Parallel zur Premiere – nicht zur Feier – kam »Furious 7« als »Fast & Furious 7« in die deutschen Kinos. Dort erreichte er mit 4,18 Millionen Besuchern das beste Ergebnis der ganzen Reihe. Das bedeutete Platz 6 der Jahrescharts.

Anekdoten, Reaktionen

Der Massenstart in den USA erfolgte in 4.004 Kinos und in 810 IMAX-Kinos. In Teilen von Lateinamerika, Asien und Russland wurde »Fast & Furious 7« auch in 3D veröffentlicht. Es war der erste von bislang zwei Filmen der Reihe, der über eine Milliarde Dollar einspielte, konkret 1,51 Milliarden. Er erreichte die Milliardenschwelle sogar schneller als »Avatar – Aufbruch nach Pandora« (2009) – schon nach sieben Tagen. Somit wurde er zum zweiterfolgreichsten Film in der Geschichte der Universal Studios.

Die immer größer werdende Materialschlacht, die immer unrealistischeren Stunts und die zum Teil offensichtlichen Anleihen an andere Filme schienen das Publikum nicht abzuhalten. Allerdings war schon deutlich zu spüren, dass die Reihe dieselben Probleme bekam wie die 007-Serie: schneller, höher, weiter, teurer, spektakulärer: Das ist irgendwann nur noch schwer zu toppen.
Davon unbeeindruckt, kündigte Vin Diesel schon vor dem Kinostart drei weitere Filme an.

Jordana Brewster drehte fast nur mit Pauls Brüdern, seinem Body Double oder mit einer Person, die später in der Nachproduktion digital verändert wurde, da ihre Drehtermine zum Ende der Dreharbeiten lagen. Sie empfand es als sehr »befremdlich« und »merkwürdig« gegenüber diesen unterschiedlichen Männern glaubwürdig Emotionen zu spielen.

In der Kampfszene zwischen Johnson und Statham sind automobile Anspielungen auf andere Statham-Filme zu sehen: Dazu zählen der BMW und der Audi aus den Filmen »Transporter« und »Transporter – The Mission«.

Man verwendete einige Szenen aus dem dritten Teil »The Fast and the Furious: Tokyo Drift«, um Anschlüsse und Rückbezüge herzustellen. Die Idee war, den Außenseiter-Film in die Reihe zu integrieren. Daher taucht auch Sean Boswell (Lucas Black) kurz auf.

Der Wagen in dem sich Dom am Ende des Films von Brian verabschiedet, wurde im Dezember 2019 von Worldwide Auctioneers angeboten und erzielte 1,7 Millionen Dollar. Der aus gebürstetem Aluminium bestehende sogenannte »Maximus Charger« wurde von Scott Spock Racing in Las Vegas gebaut, besitzt ein Chromoly Chassis und einen aus Aluminium bestehenden Twin Turbo 572-cubic-inch Hemi V8 der von Nelson Racing Engines gebaut wurde und über 2000 PS leistet. Damit sollen 1,8 Sekunden von null auf 96 mph möglich sein. Er darf auch bei NHRA Drag Racing-Veranstaltungen teilnehmen. 2013 gewann er den Preis als bestes Auto auf der Tuningmesse SEMA.

Privat versagt sich Regisseur James Wan der PS-Protzerei. Er fährt Elektro-Autos: einen Toyota Prius und einen Tesla Roadster.

Dom:
»Brian in einem Minivan. Hat sich einiges verändert.«
Mia:
»Er vermisst nicht die Frauen, er vermisst nicht die Autos, er vermisst das Geballer.«

Deckard Shaw:
»Leg dich nie mit der Familie eines Mannes an.«
Dom:
»Genau das habe ich deinem Bruder auch gesagt.«

Dom:
»Ich habe keine Freunde, ich habe Familie.«

Ramsey:
»Was machst du da, du bist ja völlig verrückt.«
Dom:
»Dir das Leben retten.«

Ramsey:
»Nur zwei Dinge halten so eine Gruppe zusammen: Angst oder Loyalität, und ich kann hier keine bisschen Angst erkennen.«
Dom:
»Alle suchen immer den Nervenkitzel, aber das, was zählt ist die Familie – deine Familie.«

Ein Stern für von Diesel:
Am 26. August 2013 wurde Von Diesel mit einem Stern auf dem »Hollywood Walk of Fame« vor dem Hollywood Roosevelt Hotel geehrt (Nr. 2504) – wenn auch an einer Straßenecke. Das nahm der Mann mit Humor, weil er sich schon früher »an Straßenecken herumgetrieben habe, um Hip Hop zu tanzen.« Paul Walker, Michelle Rodríguez und Ron Meyer, der Präsident von Universal Pictures, waren zu Gast und hielten Ansprachen.

DIE SCHÖNSTEN / SCHRÄGSTEN DIALOGE

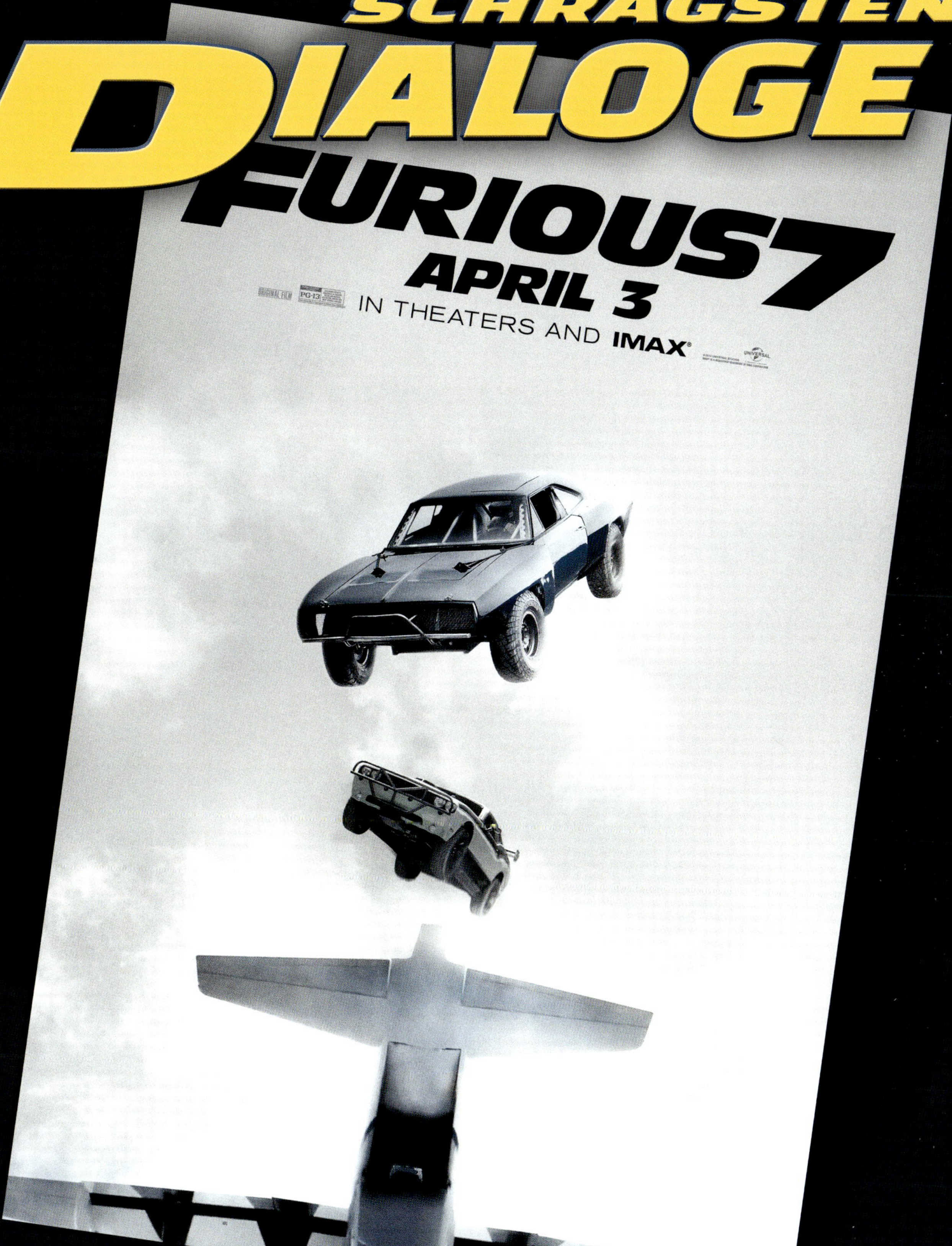

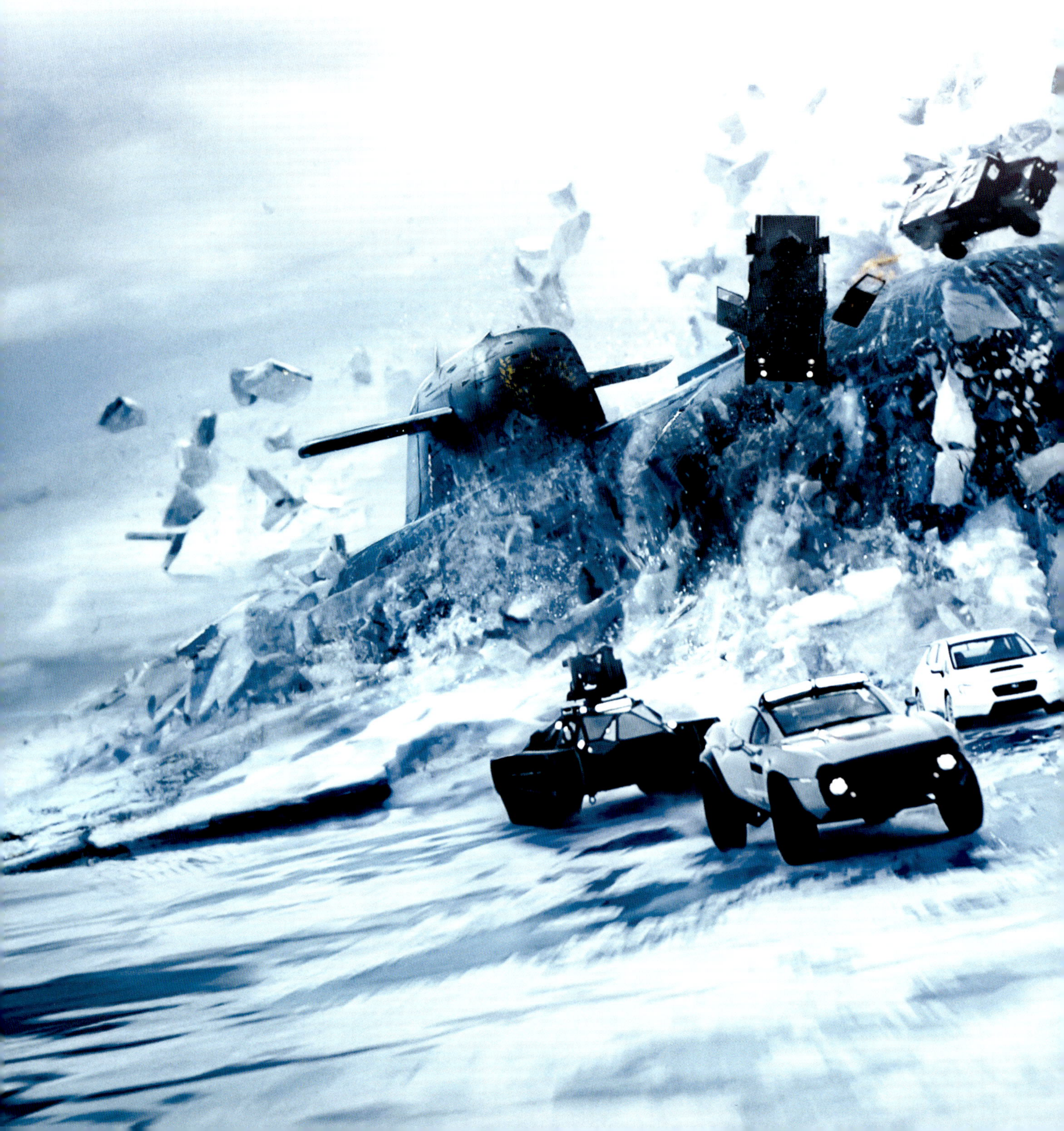

FAST AND THE FURIOUS 8
HINTERGRÜNDE (2017)

»WIR VERHINDERN DEN 3. WELTKRIEG.«

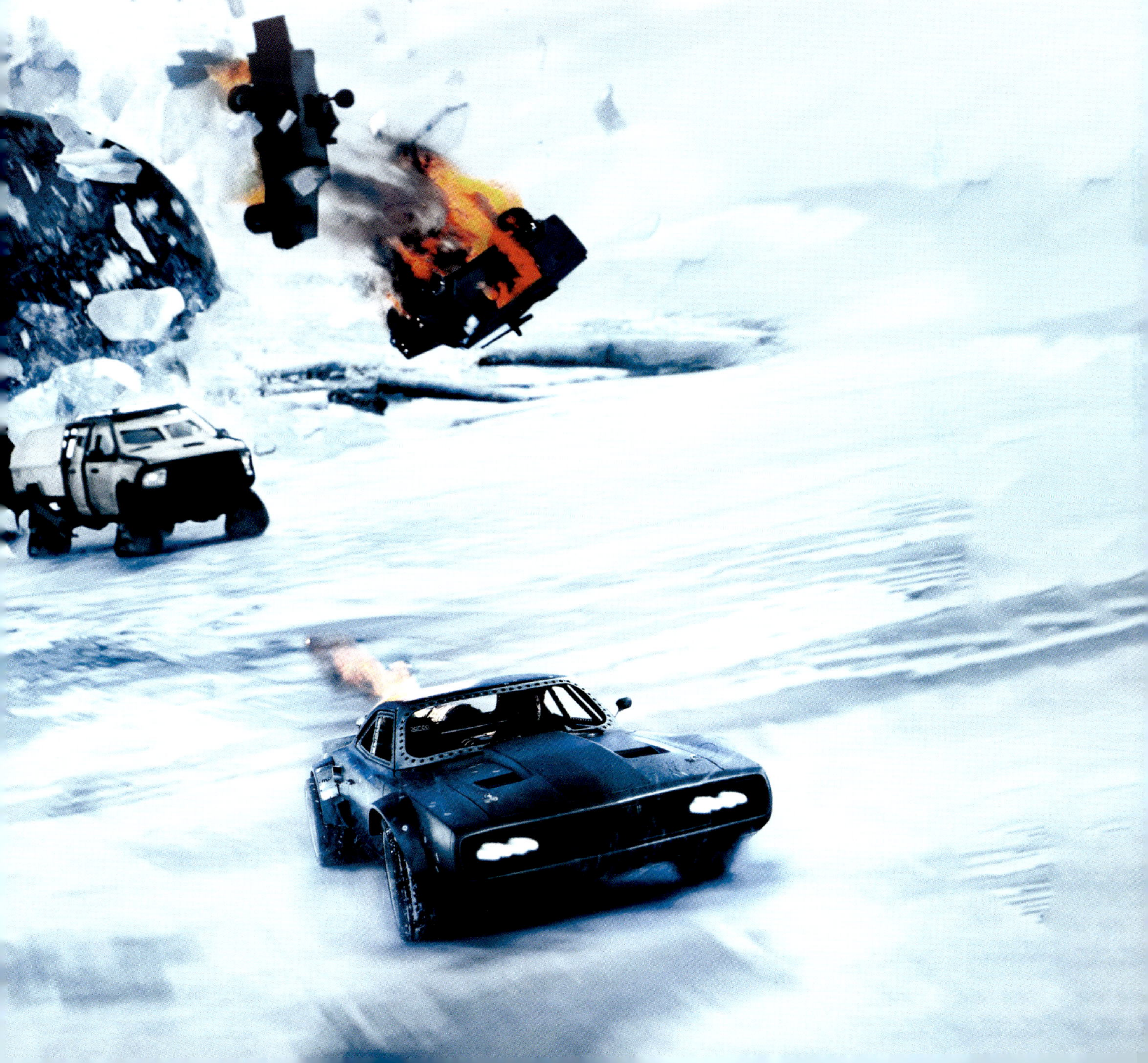

Inhalt

Auf Kuba hilft Dom (Vin Diesel) seinem Cousin aus, dabei wird er von einer mysteriösen Frau namens Cipher (Charlize Theron) erpresst, für sie zu arbeiten. Er soll eine EMP-Waffe stehlen, die für einen totalen Stromausfall sorgen kann. Als das Team einen Job in Berlin erledigt, stiehlt Dom tatsächlich diese Waffe und überbringt sie Cipher, doch sie hat Doms Ex-Freundin Elena (Elsa Pataky) und deren gemeinsamen Sohn entführt. Derweil nutzt das Team das »Auge Gottes«, um Dom aufzuspüren, doch auch dieses Instrument fällt in Ciphers Hände. Sie legt in New York den Straßenverkehr lahm und stiehlt den Nuklearkoffer des russischen Verteidigungsministers, denn sie hat es auf ein russisches Atom-U-Boot abgesehen.

Hintergründe

Nach einer erfolgreichen Zusammenarbeit beim ersten Film und dem Agentenfilm »XXX – Triple X« bemühte sich Vin Diesel, Regisseur Rob Cohen zurück zu gewinnen, doch man konnte sich nicht einigen. So kamen der Franzose Louis Leterrier, der Kameramann Ericson Core und der Horrorfilmregisseur Adam Wingard in die engere Auswahl, doch letztendlich entschied man sich im Oktober 2015 für den Amerikaner Felix Gary Gray, der zuerst durch Musikvideos und dann durch das intelligente Remake »The Italian Job – Jagd auf Millionen« aufgefallen war. Darin spielte Charlize Theron eine der Hauptrollen. Ein erfolgreicher Film voller Überfälle – das ließ darauf schließen, in welche Richtung es gehen könnte. Doch Drehbuchautor Chris Morgan, der hier auch als einer der ausführenden Produzenten agiert, schrieb eher einen Agentenfilm.

Im Januar 2016 erteilte Kuba eine Drehgenehmigung. Einen Monat später verkündete Vin Diesel, dass es noch zwei Filme geben werde. Nach dem Tod von Paul Walker gab es Überlegungen, dessen leiblichen Bruder Cody in den Film zu integrieren, doch das wurde wieder verworfen. Auch die Rolle von Brians Frau Mia (Jordana Brewster) fiel weg. Die Schauspielerin gab das allerdings erst nach Ende der Dreharbeiten im September bekannt.

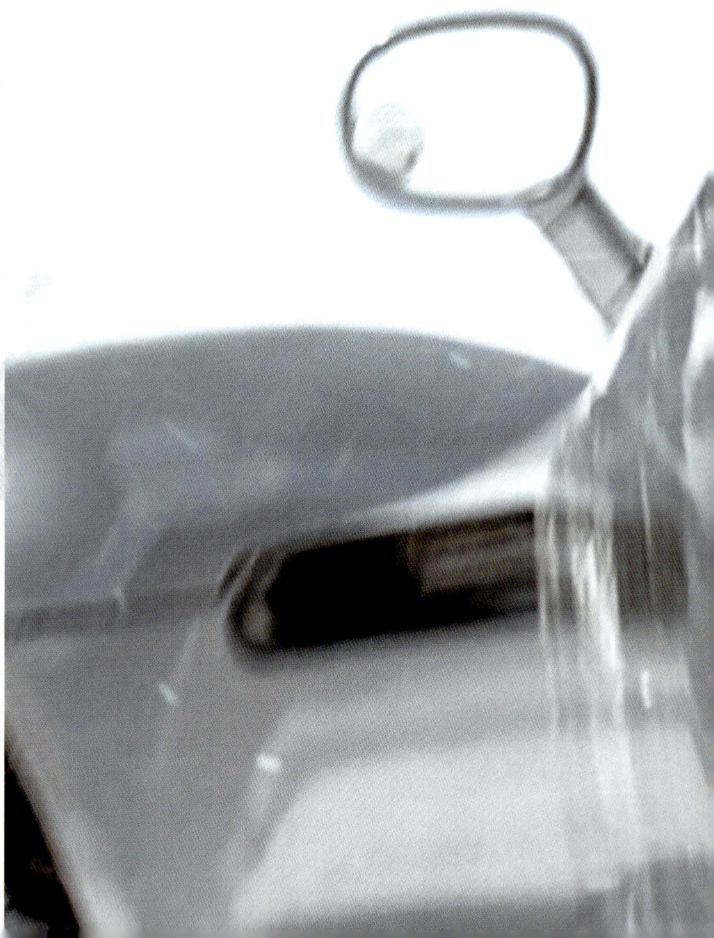

Neu in der Besetzung ist die englische Oscar-Preisträgerin Helen Mirren. Sie hatte zuvor in einem Interview eine Art Bewerbungsrede gehalten. Vin Diesel hörte davon und ließ ihr eine Rolle in den achten Teil schreiben. Sie ist Magdalene, die Mutter von Owen und Deckard Shaw, und darf letzterem sogar eine runterhauen. Im Vergleich zum Vorgängerfilm stieg das Budget erneut exorbitant. Summen zwischen 250 und 270 Millionen Dollar kursierten. Zum Vergleich: der Bond-Film »Spectre« hatte 2015 »nur« etwa 245 Millionen Dollar verschlungen.

Dreharbeiten, Drehorte, Budget

Die Dreharbeiten begannen am 14. März 2016 in der Kälte, auf dem zugefrorenen Vulkansee Mývatn (auf Deutsch: »Mückensee«) im Südosten von Island. Rund 80 Fahrzeuge wurden dorthin gebracht. Die Arbeiten waren nicht einfach: Der See ist nicht nur

Letty ist im Eis mit einem Local Motors Rally Fighter unterwegs.

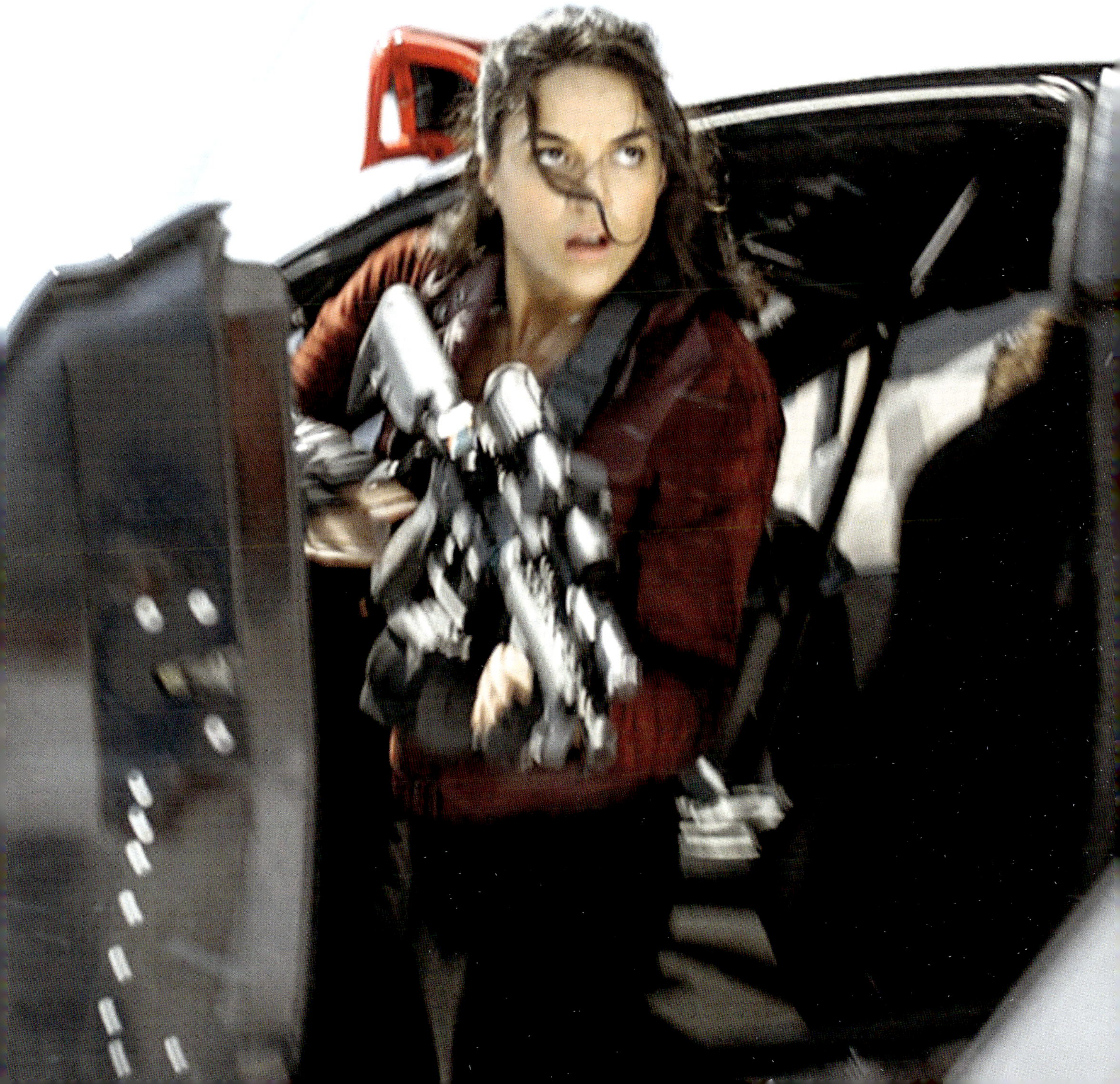

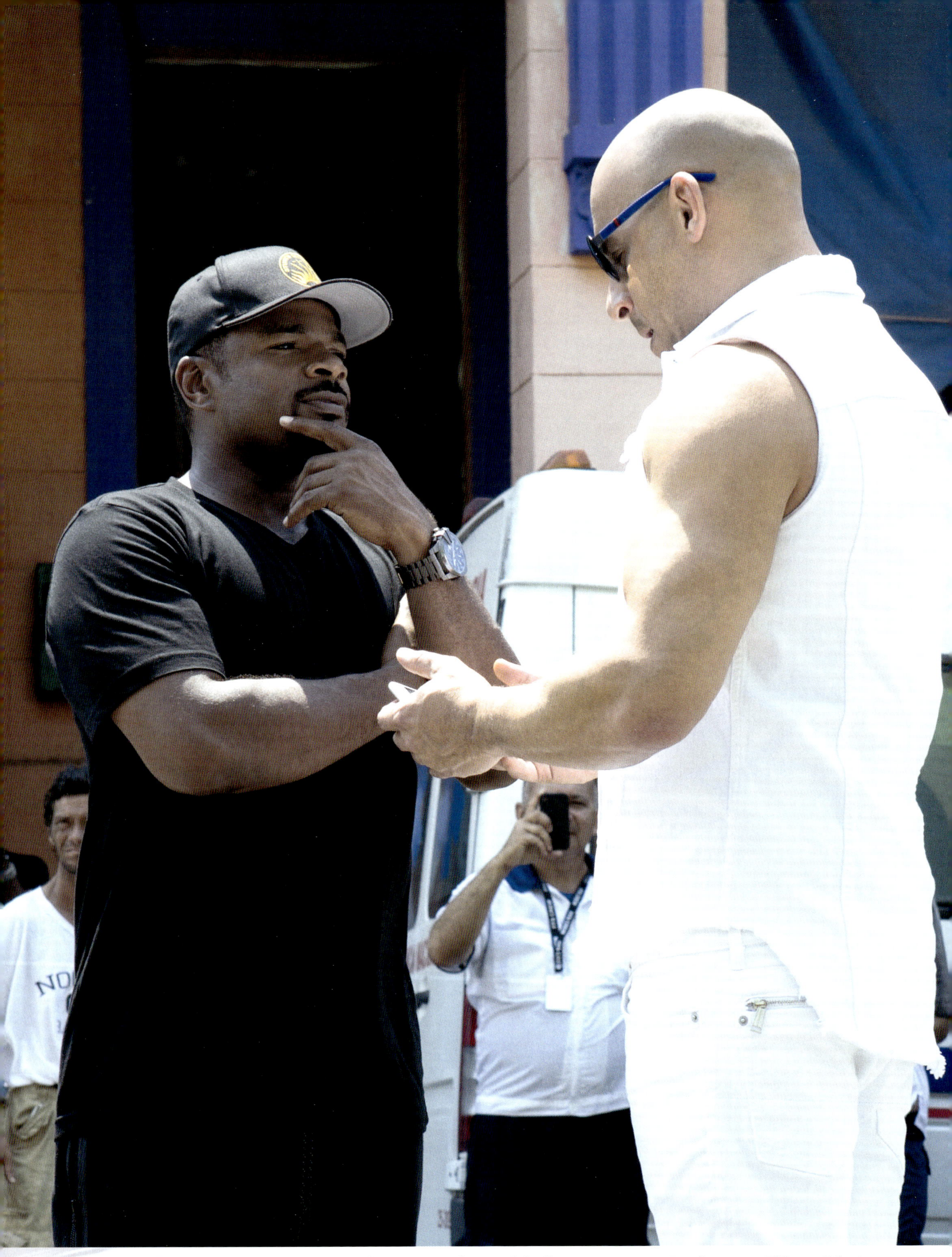

Erstmals nahm F. Gary Gray auf dem Regiestuhl eines »Fast & Furious«-Films Platz.

für seine sommerlichen Mückenschwärme sondern auch für seine zu jeder Jahreszeit extrem starken Winde bekannt. Ein Teil der Dekoration in Form von künstlichen Eisbergen krachte dadurch ins Fahrerlager und traf zwei Pferde von denen eines eingeschläfert werden musste. Acht Wochen lang drehte man dort und in der Hafenstadt Akranes im Westen der Insel, rund 50 Kilometer von Reykjavík entfernt, wo eine ehemalige Zementfabrik das Areal des russischen Atom-Stützpunkts Vladowin doubelte. Die Einwohner von Akranes wurden sogar gebeten an einem Abend möglichst viele Lichter einzuschalten, um den Hintergrund der Action besser zu beleuchten ... »Wir verhindern den 3. Weltkrieg«, sagt Agent Hobbs anlässlich der Tatsache, dass hier ein Atom-U-Boot mit ins Spiel kommt. Erhellend, also.

Im März 2015 hatte Diesel in der Talkshow von Jimmy Kimmel erwähnt, dass Teile des Films in New York gedreht werden sollten, aber am Ende war keiner der Akteure zu Dreharbeiten dort. Tatsächlich doubelten Cleveland und Atlanta im Mai 2016 für den »Big Apple«. So steht das Gebäude, aus dem die Autos aus der angeblichen Parkgarage purzeln, die »Halle Bros Parking Garage«, an der 1118 Prospect Avenue East in Cleveland. CGI-Effekte sorgten für das New York-Feeling.

Geplant waren auch Aufnahmen in Manila, speziell auf der Hauptverkehrsstraße Edsa, doch die philippinische Regierung lehnte das ab, weil es unmöglich sei, eine der wichtigsten Verkehrsstraßen zu sperren. Auch Überlegungen, in Ägypten zu drehen, zerschlugen sich wieder, so dass Kuba zum Schauplatz wurde. Dort war man ab Ende April tätig und inszenierte ein Autorennen zwischen Dom und Raldo (Celestin Cornielle), das an der Simón Bolívar Street an der Ecke des El Curita Parks begann. Es endete an der bekannten Küstenstraße Malecón, wo einer der Wagen ins Meer stürzte. Der Drehort Kuba entpuppte sich jedoch als nicht einfach, denn es kam zu einer Reihe von Ärgernissen. Dazu zählten sehr schlechte Internet-Verbindungen, zu wenig trinkbares Wasser in Flaschen und Problcme, die Fahrzeuge zu präparieren und zu reparieren. Die Produktion musste viel eigenes Equipment mitbringen.

Während der letzten Drehwoche im August kam es zu Auseinandersetzungen zwischen Vin Diesel, Tyrese Gibson, Michelle Rodríguez und Dwayne Johnson. Diesel hatte immer mal wieder signalisiert, auch Ableger der Reihe zuzulassen, doch als Johnson das forcierte, und auch Universal Interesse daran zeigte, regte sich Widerspruch unter den weiteren Mitgliedern des Teams, so dass es zu einem offenen Bruch kam. Man warf Johnson vor, die »Familie« auseinander zu reißen. Außerdem bedingte ein separater Film ohne sie eine mehrjährige Pause. Daraufhin wurde ein Hinweis auf einen »Hobbs und Shaw«-Ableger am Ende des Films auf Drängen von Vin Diesel weggeschnitten. Letztendlich war das Zerwürfnis so groß, dass Johnson weiteren Auftritten in der Reihe eine Absage erteilte.

Automobile Hauptdarsteller

Die zuvor eingeschlagene Richtung, Überfälle in die Handlung zu integrieren, ist plötzlich wieder passé. Stattdessen regieren Verfolgungsjagden, Prügeleien – und ein noch größeres Spektakel als beim Vorgänger, das mit dem bis dahin größten Budget der ganzen Reihe umgesetzt wurde.

Gleich zu Anfang des Films fährt Dom in einem roten, hübsch restaurierten 1961er Chevrolet Impala Sport Coupe nach Havanna, doch für ein Rennen nutzt er ihn nicht. Das absolviert er mit dem Wagen seines Cousins, einem rostigen Chevrolet Deluxe Fleetline aus dem Jahr 1950, dessen Motor während des Rennes auch noch Feuer fängt. Er tritt damit gegen den schwarzen 1956er Ford Customline Tudor Sedan von Raldo an. Laut Aussagen des Regisseurs und des Auktionshauses Barrett-Jackson handele es sich dagegen um einen mit Zierteilen des Customline modifizierten Ford Fairlane. Das Straßenrennen ist zugleich eine Hommage an den ersten und zweiten Film der Reihe.

Eine kleine automobile Hommage an den verstorbenen Paul Walker findet sich in Gestalt des von Scott Eastwood verkörperten »Little Nobody«. Der junge Ersatzmann und Assistent von Luke Hobbs fährt in dem Film japanische Autos – genau wie Walker. In diesem Fall sind es ein Subaru RZ und ein Impreza WRX STi. Walkers Nissan GTR ist einmal in einer Garage zu sehen – ganz oben über anderen Fahrzeugen, irgendwie sinnbildlich.

In diesem Film, wie auch in den dreien zuvor, gab es bereits ein ausführliches Product-Placement. Am umfangreichsten schlug sich das in der Wahl der Autos nieder. Fiat Chrysler Automobiles (FCA) sorgte dafür, dass jeder im Team von Dom einen Wagen aus diesem Haus fuhr. Nur Hobbs wurde anders ausgerüstet. Zumeist kamen Dodge Challenger SRT Demons mit 852 PS zum Einsatz. Auch die Wagen, die Cipher steuert, stammten von FCA.

Dom greift dagegen wieder auf die bewährten US-Muscle Cars zurück. Dazu zählen ein Plymouth GTX aus dem Jahr 1971 und ein modifizierter 1970er Dodge, Ice Charger genannt, der mit einem 500 PS starken Chevy LS3-Motor versehen ist. Er wird in der vereisten Landschaft Islands eingesetzt und erinnert optisch ein bisschen an den Tantrum-Charger. »In den Wagen haben wir die meiste Arbeit gesteckt«, so Dennis McCarthy, »aber das Schöne ist, dass man so einen Wagen nirgendwo anders sieht.« Der Ice Charger verfügt über ein zusätzliches Bremspedal. Damit konnten Diesel (oder der Stuntman) die Hinterachse blockieren, um besser zu driften. Obwohl der Star den Wagen offiziell nicht fahren durfte, nutzte er ihn außerhalb der Dreharbeiten für ein paar private Drifts auf dem Eis. Nach Aussagen von Matthias Malmedie, der den Wagen in der Sendung »Grip« für ein paar Meter bewegen durfte, mit »einer Fly Off Handbremse für den linken Fuß.« »Es macht so viel Spaß damit auf Eis zu fahren«, sagte Vin Diesel dazu im Interview. »Er ist der Hammer auf diesem Gelände.« Immerhin 120 Reifen wurden allein für die Sequenz mit dem Wagen verwendet.

Eines der ungewöhnlichsten Fahrzeuge war ein »Ripsaw« genanntes All-Terrain-Vehicle, das über Ketten und einen 6,6 Liter-Diesel-Turbo mit 800 PS verfügt. Die Produzenten sahen Videos davon, wie das ungewöhnlich schnelle Vehikel auch auf Eis fahren konnte und nahmen Kontakt zu den Konstrukteuren auf. Drei Stück wurden extra für den Film von den Brüdern Mike und Geoff Howe in ihrer Firma in Maine gebaut. Stückpreis: 500.000 Dollar. Stuntfahrer agierten für Chris »Ludacris« Bridges, denn der durfte aus versicherungstechnischen Gründen nicht selbst fahren. Immerhin konnte er aber zusehen, wie einer von drei orangefarbenen Lamborghini Murciélago aus dem Jahr 2003 beim Dreh unter die Kette kam. »Wir haben zwei Autos fahrfähig gehalten und der dritte Wagen diente als Ersatzteillager«, so Dennis McCarthy. Zwei der Wagen, das von Tyrese Gibson gefahrene »hero car« und das »stunt car«, wurden von einem Fan namens Freddie »Tavarish« Hernandez in Beverly Hills im Februar 2019 und im November 2022 erworben und restauriert. Für den ersten Wagen zahlte er 80.000 Dollar. Die Farbe stammt vom Aventador, ein VeilSide Spoiler Set und ein Sportsitz waren beim »hero car« inklusive. Gestartet wurde der Lambo übrigens mit einem Knopf im Heck neben dem Motor – »Movie Magic« eben. Diesen Wagen verkaufte Hernandez im August 2020 an das Petersen Automotive Museum.

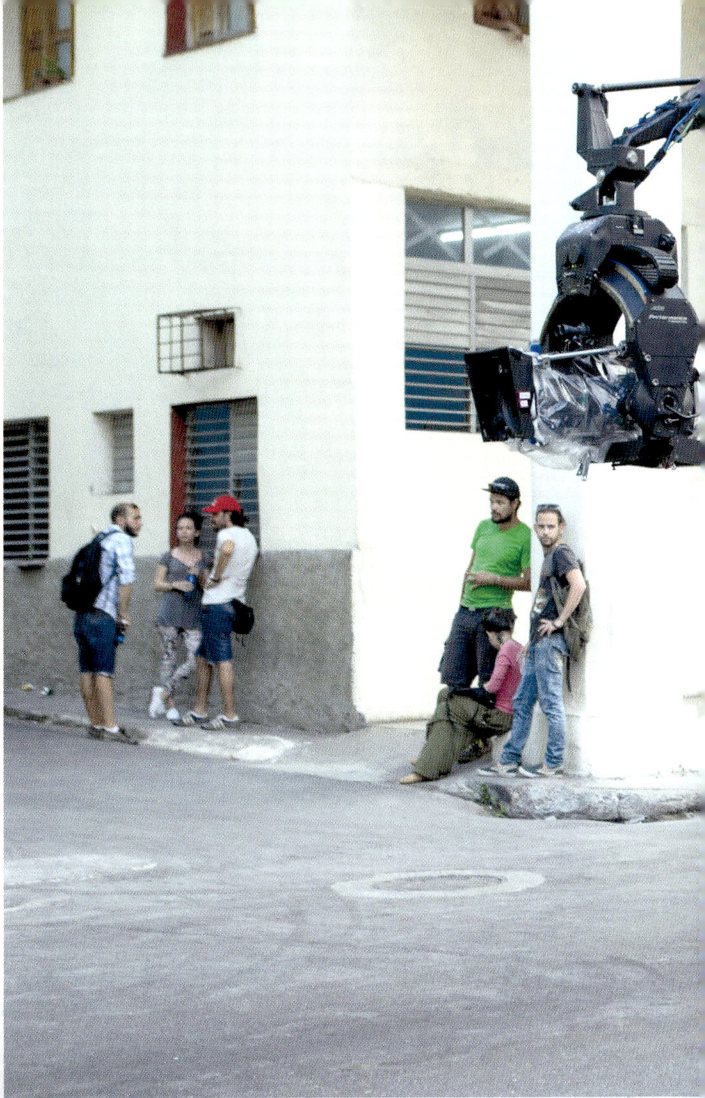

Das »stunt car« wurde nach den Dreharbeiten durch die »Fast & Furious Show« verwendet und von Tavarish in England entdeckt. Der Lambo wurde danach in einem Lagerhaus abgestellt und stand dort über ein Jahr unbenutzt herum. Er verfügt über einen Jaguar V6-Motor mit Fünf-Gang-Getriebe und einen extra eingebauten Tank unter der vorderen Haube. Im Film rutscht Roman Pearce mit dem Wagen ins Wasser und wird von Tej mit dem Ripsaw Panzer befreit. Dazu reißt er die Tür aus dem Wagen, an der sich Roman festhalten kann. Nach den Dreharbeiten wurde die Tür wohl wieder eingebaut, da sie am Stunt Car nicht fehlte.

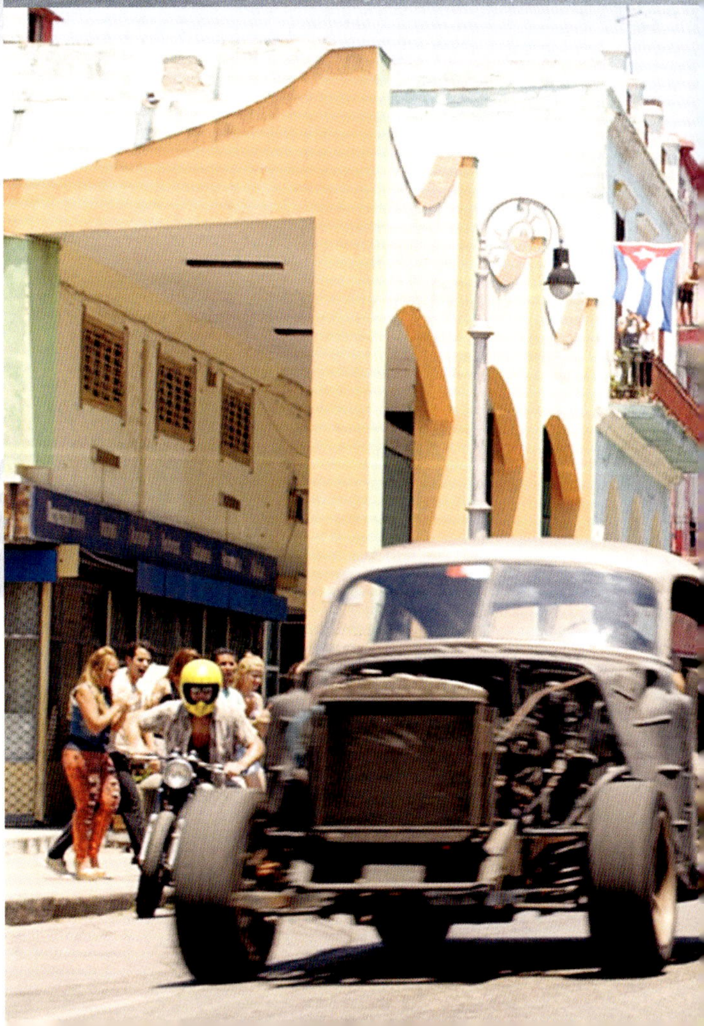

Für den größten Schrotthaufen sorgte die sogenannte »Zombie Car«-Sequenz. Darin ist zu sehen, wie Widersacherin Cipher in New York Fahrzeuge unkontrolliert losfahren und aus einem Parkhaus auf die Straße purzeln lässt. 30 Autos wurden herauskatapultiert und landeten auf dem Asphalt. Um einen großen Haufen Schrott herzustellen, wurden sie mit rund 100 weiteren Wagen »garniert«, so dass ein wahrer Autofriedhof entstand, der noch für spätere Szenen gebraucht wurde. Hacken konnte man die Autos bei der Autojagd und dem Attentat in New York übrigens gar nicht alle, denn die meisten von ihnen sind älteren Baujahrs und besitzen gar keine technischen Einrichtungen, um selbstständig zu fahren…

Aber im Film gab es nicht nur Wracks, sondern wohl auch eine der teuersten Autogaragen überhaupt. Das »Spielzeugladen« genannte Lager beinhaltet Autos im Wert von über 17 Millionen Dollar. Dazu zählte auch ein weißer Nissan IDx Concept, der extra aus Japan eingeflogen wurde und allein zwei Millionen Dollar wert ist.

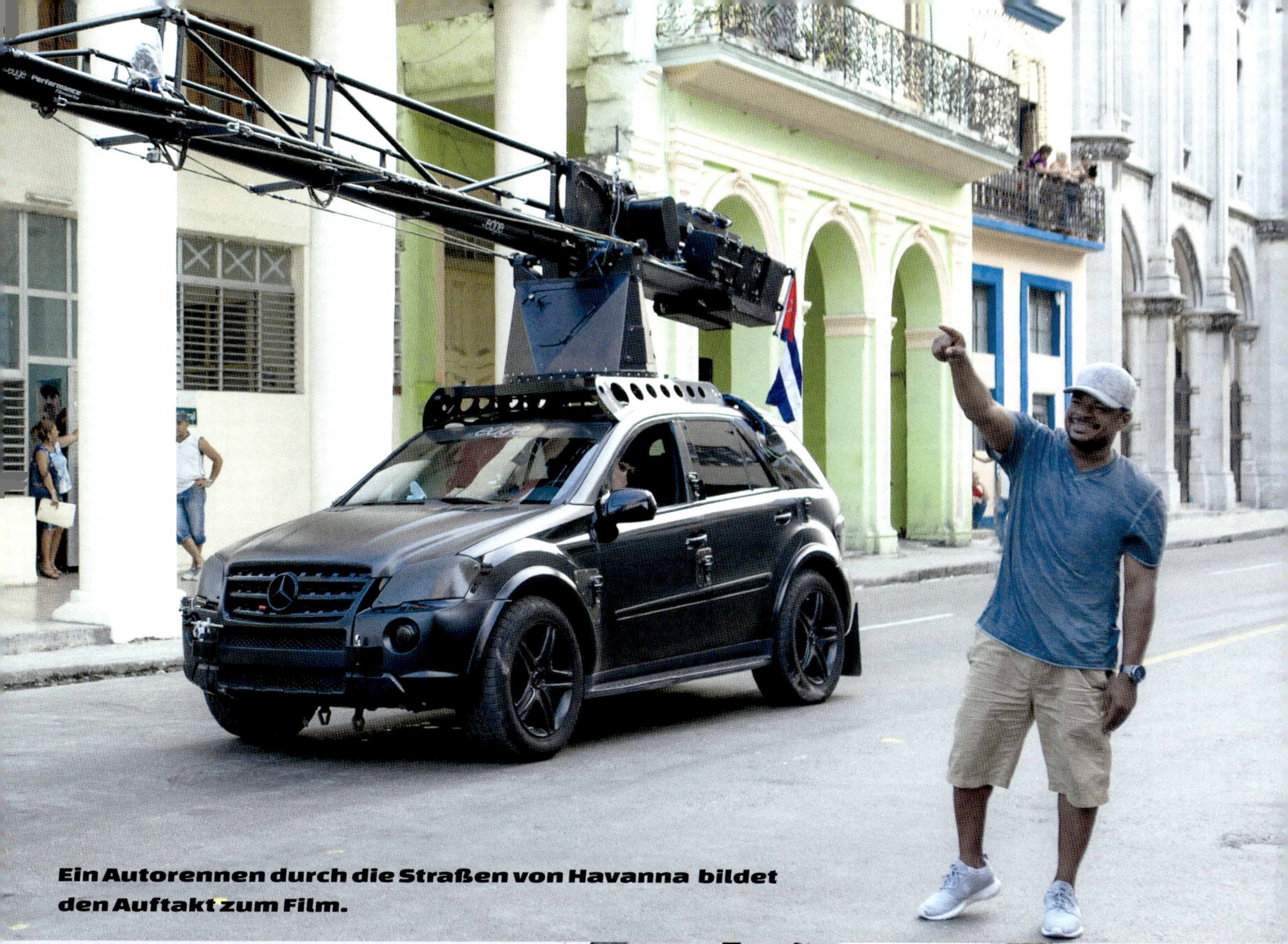

Ein Autorennen durch die Straßen von Havanna bildet den Auftakt zum Film.

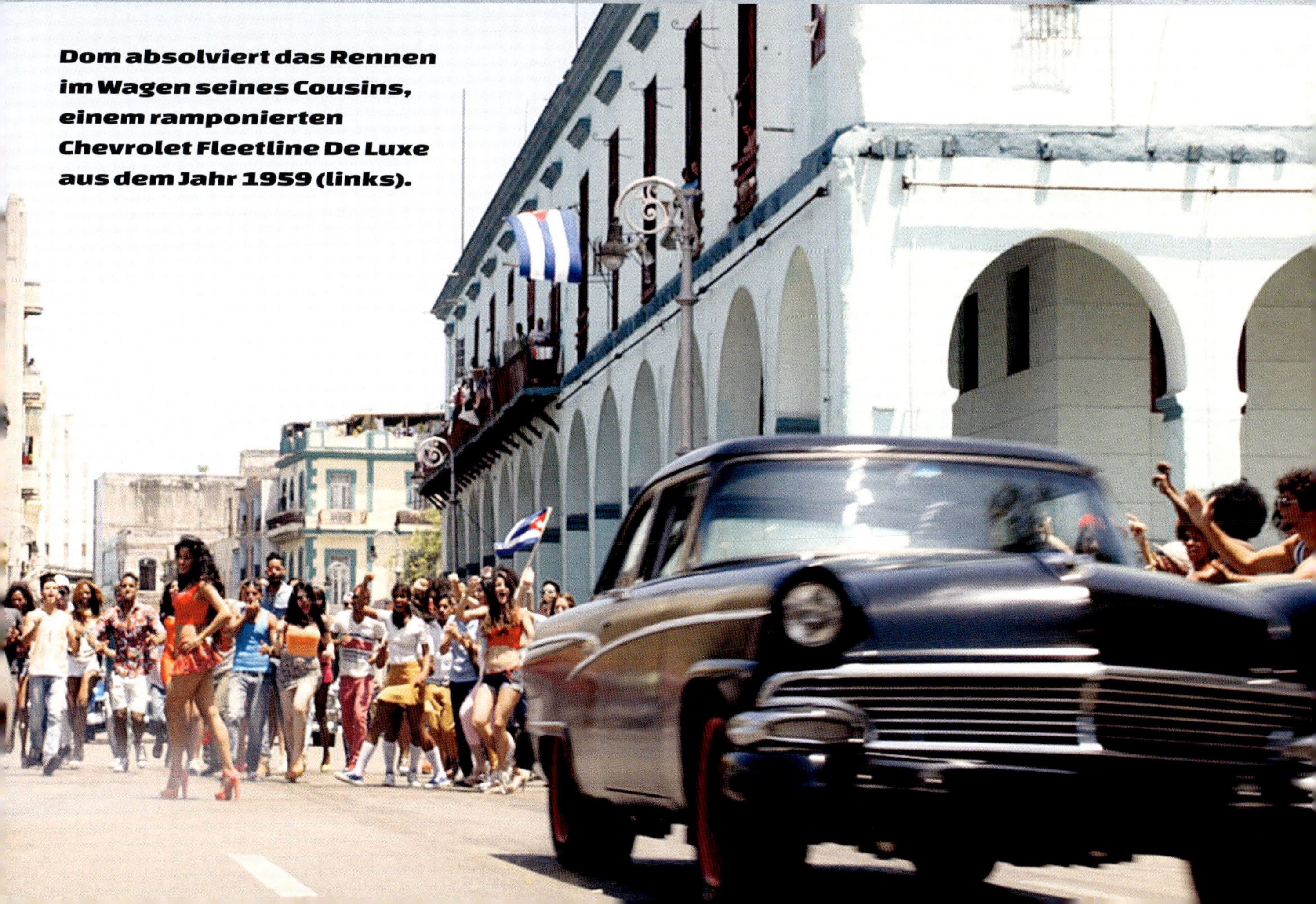

Dom absolviert das Rennen im Wagen seines Cousins, einem ramponierten Chevrolet Fleetline De Luxe aus dem Jahr 1959 (links).

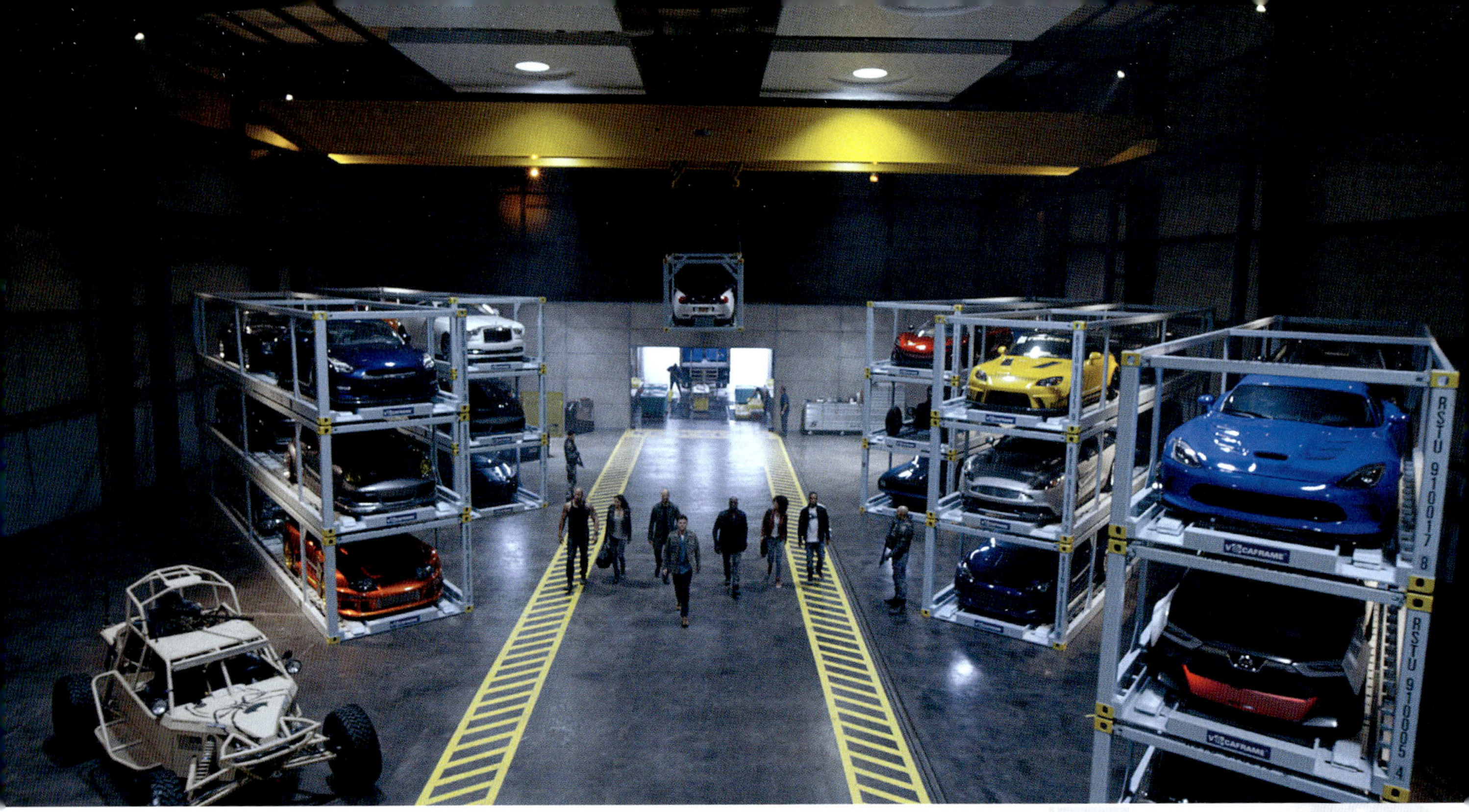

Im »Spielzeugladen« waren Autos im Wert von über 17 Millionen Dollar versammelt.

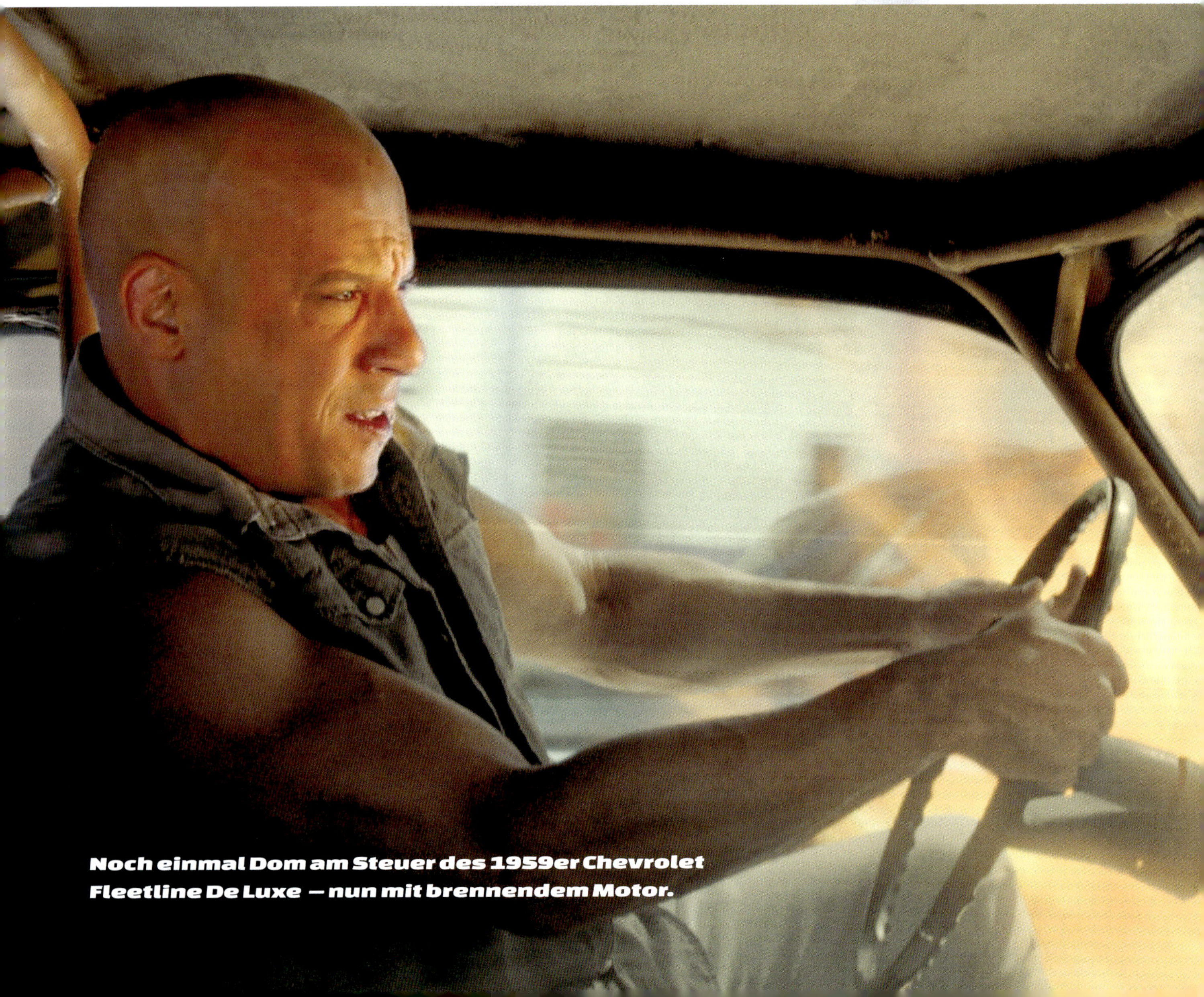

Noch einmal Dom am Steuer des 1959er Chevrolet Fleetline De Luxe – nun mit brennendem Motor.

In einer Sequenz wird Vin Diesel im schwarzen Plymouth GTX von mehreren abgefeuerten Harpunen aus anderen Autos beschossen und so abgebremst. Dazu benötigte man mehrere Plymouth und noch viel mehr Türen. Also wurden mehrere Autos gekauft, nur um an weitere Türen heranzukommen.

Neben den automobilen Hauptdarstellern der Hauptbesetzung wirken rund 700 Fahrzeuge mit. Etwa 100 davon, wovon es jeweils mehrere für die Hauptdarsteller gab, wurden immer wieder neuaufgebaut und restauriert. Für die große Explosion auf dem Mývatn sorgte J.D. Schwalm, der Koordinator für die Spezialeffekte. Er verwendete 180 Pfund Sprengstoff, wobei die Autos darauf positioniert wurden und ferngesteuerte Kameras das Geschehen einfingen. Über 100 Stuntfahrer arbeiteten an dem ganzen Film. Ein Team von rund 70 Personen unter der Leitung von Dennis McCarthy präparierte die Fahrzeuge.

Premiere, Starttermine

»The Fate of the Furious«, so der US-Titel, feierte als »Fast & Furious 8« am 4. April 2017 im CineStar in Berlin seine Europa-Premiere. Dort waren ein schwarzer Dodge Charger, ein grüner Dodge Challenger, ein hellgrüner Mitsubishi Lancer Evolution, ein dunkelroter Ford Mustang mit nach oben aufklappenden Türen und ein giftgrüner McLaren ausgestellt. Der hatte allerdings ein Deutsches Kennzeichen (GP-RC 51), es waren also keine Original-Filmfahrzeuge. Außerdem war ein schwarzer Jeep, fünf verunfallte Fahrzeuge unterschiedlichen Typs und ein Dodge Charger als US Police Car ausgestellt – mit einem Kennzeichen aus Recklinghausen (RE-IO 7). Zusätzlich waren »Race Wars«-Bühnen mit Videospielen aufgebaut. F. Gary Gray, Charlize Theron und Vin Diesel fuhren mit BMW X-Modellen vor. Am 8. April feierte »The Fate of the Furious« in der Radio City Music Hall in New York US-Premiere und kam am 12. April sowohl in die US-Kinos als auch in die deutschen Kinos.

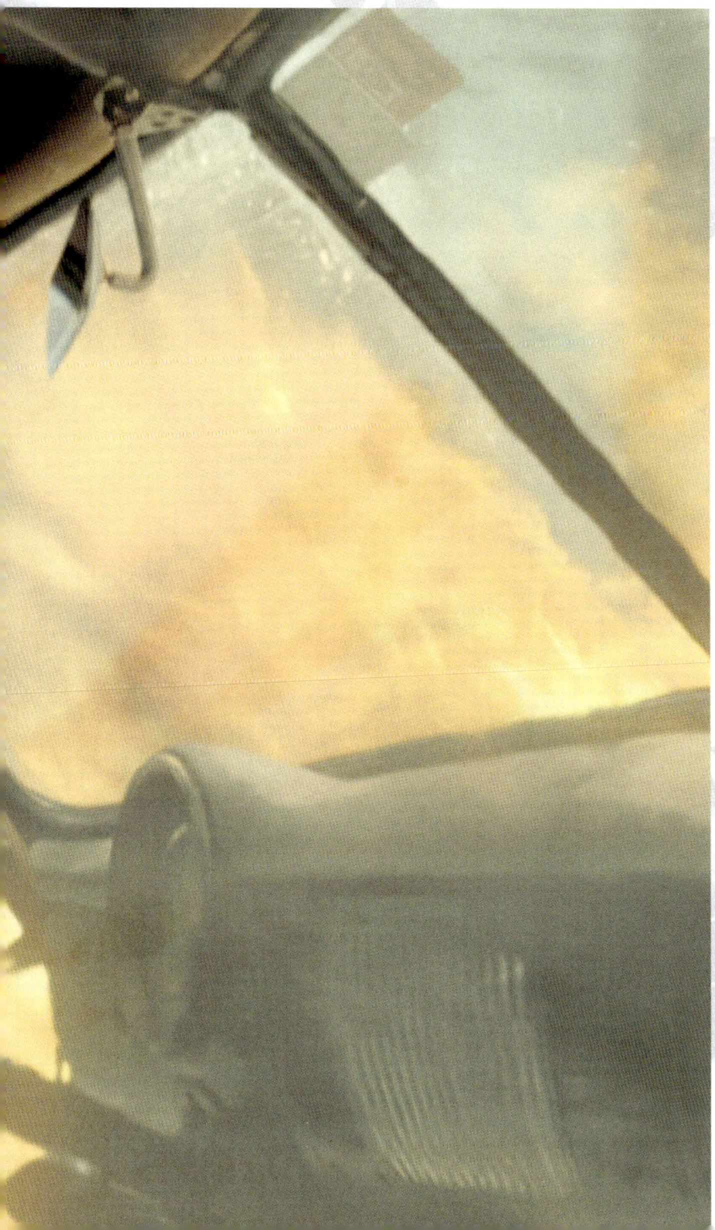

Nach der Premiere in Berlin sagte Vin Diesel der dpa: »Ganz klar, der beschwerlichste Teil der Dreharbeiten war, dass ich meinen Bruder [Paul Walker] nicht an meiner Seite hatte, um mich auf ihn verlassen zu können. Die Filme der Reihe versprechen eigentlich Spaß – aber meine Frau hatte Recht, als sie sagte: Nach »Fast & Furious 7« will die Welt dich nicht glücklich sehen.«

Die finanzielle Bilanz konnte sich trotzdem sehen lassen. Der Film spielte weltweit 1,23 Milliarden Dollar ein und blieb dabei knapp 280 Millionen hinter dem Vorgänger. Zum Vergleich: der erste Film aus dem Jahr 2001 hatte gerade mal 207 Millionen eingespielt. In Deutschland gingen 3,24 Millionen Menschen in die Kinos, substantiell weniger als beim Vorgänger, und dennoch reichte es für denselben Platz der Jahrescharts: Platz 6.

Anekdoten, Reaktionen

Es war der 30. Film der Geschichte, der mehr als eine Milliarde Dollar einspielte – und der zweite in der Serie. Er wurde zum dritterfolgreichsten Film des Jahres 2017.

Es gab eine Szene, die über die Freundschaft der »Familie« hinausging, doch sie wurde geschnitten, um in Großbritannien die Freigabe 12A zu bekommen. Sonst wäre der Film erst ab 15 Jahren freigegeben. Wie die Szene genau aussah, ist nie bekannt geworden.

Ein Teil des Films spielt zwar in Berlin, doch dorthin reiste niemand. Das Team nutzte stattdessen einen Teil des Guardian Centers in Perry, Georgia.

»Darf ich vorstellen: das ist Brian«, sagt Dom am Ende des Films zu seinem Sohn. Es ist eine Hommage an den von Paul Walker gespielten Brian O'Conner.

Dom:
»Das Einzige, was zählt, ist, wer hinter dem Steuer sitzt.«

Raldo:
»Du hast meinen Wagen gewonnen und meinen Respekt verdient.«
Dom:
»Behalt dein Auto. Dein Respekt genügt mir.«

Dom:
»Aus dem Weg.«
Rhodes:
»Sag das nochmal.«
Dom:
»Wenn ich das nochmal sage, dann zu einem Toten.«

Hobbs:
»Unter seiner Haube müssen mindestens 2.000 PS stecken.«
Tej:
»Eher 3.000.«
Deckard Shaw:
»Eher 5.«

Tej:
»Die zielen auf uns.«
Ramsey:
»Was machen wir denn jetzt?«
Hobbs:
»Wir fangen an zu beten.«

Doms Cousin:
»Lachgas?«
Letty:
»Nein, das ist kubanisches Nitro.«
Doms Cousin:
»Ihr seid echt verrückt.«

Cipher:
»Was ist das Beste in Ihrem Leben?«
Dom:
»Familie.«
Cipher:
»Nein, ist es nicht. Es sind die zehn Sekunden zwischen Start und Ziel, wenn Sie an absolut nichts denken. Keine Familie, keine Verpflichtungen. Nur Sie. Freiheit.«

Cipher:
»Sie geben einfach nicht auf, was?«

Cipher:
»Wärmelenkrakete abfeuern. Na los.«
Dom: »
»Du weißt, dass ich dich nie verlassen habe und das nie tun würde.«
Letty:
»Ich weiß.«

DIE SCHÖNSTEN / SCHRÄGSTEN DIALOGE

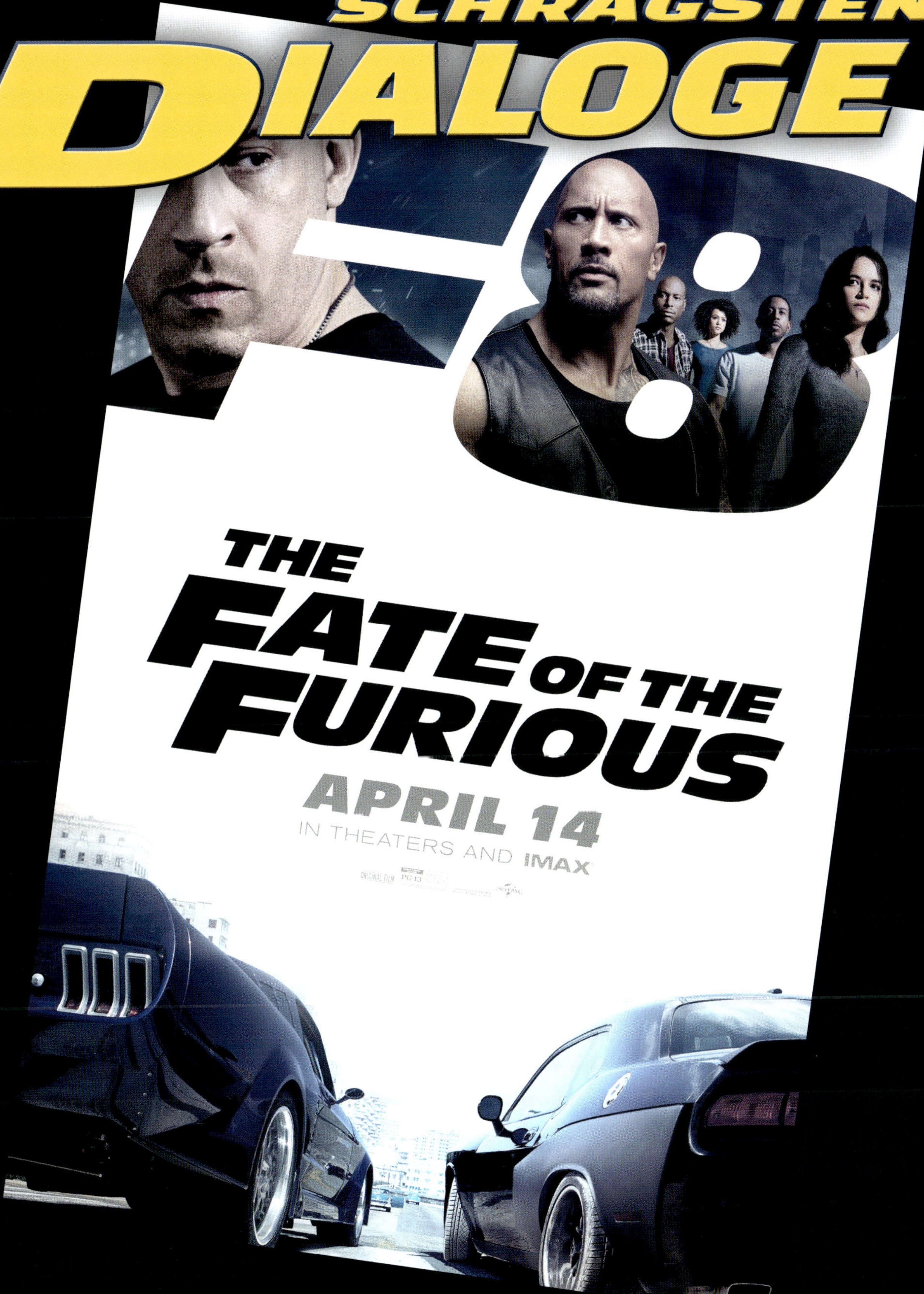

FAST AND THE FURIOUS: HOBBS & SHAW (2019)

»WIR HABEN HERZ. KEINE MASCHINE KANN DAGEGEN ANKOMMEN.«

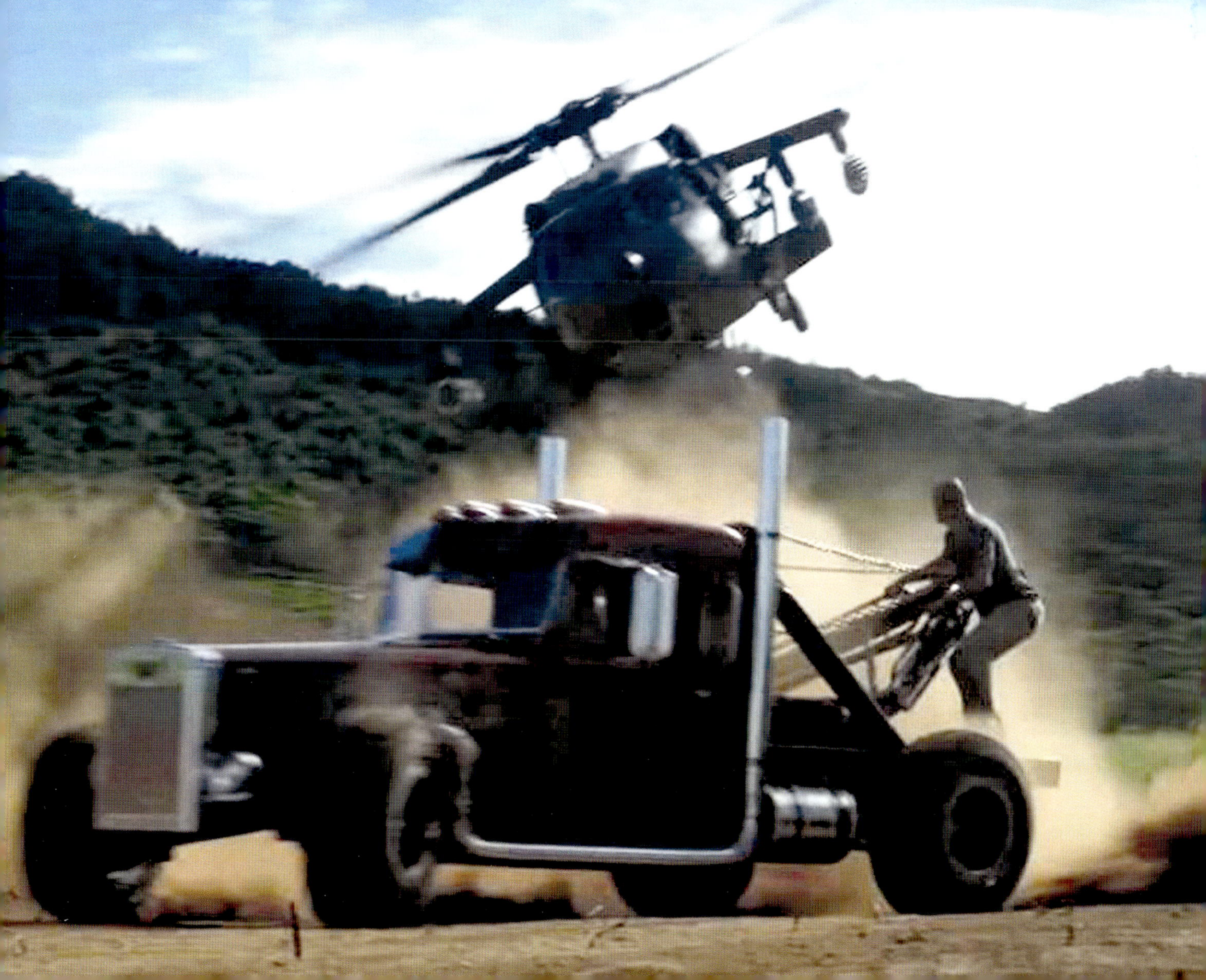

Luke Hobbs (Dwayne Johnson) und Deckard Shaw (Jason Statham) können sich nicht ausstehen. Trotzdem müssen Sie gemeinsam die Welt retten.

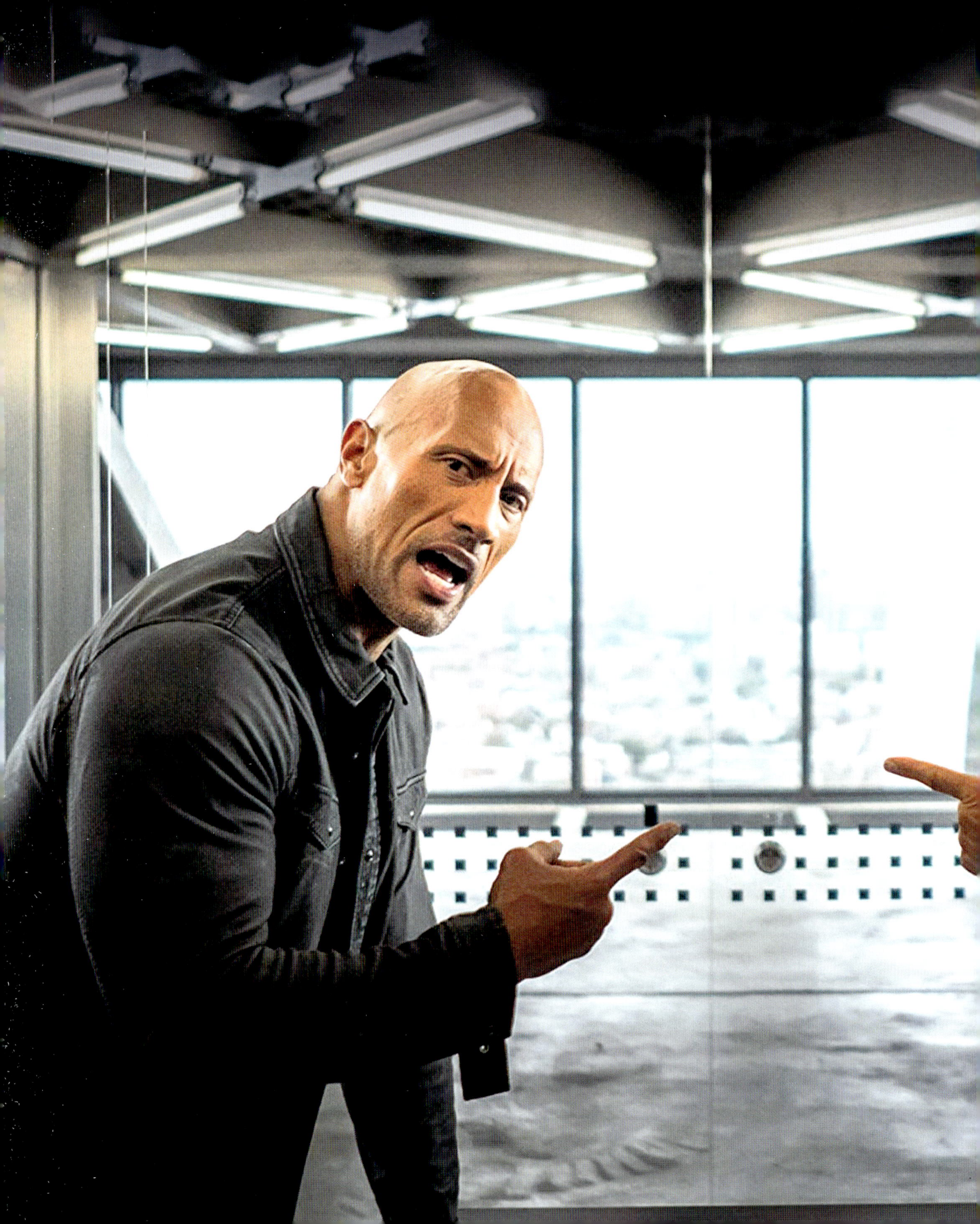

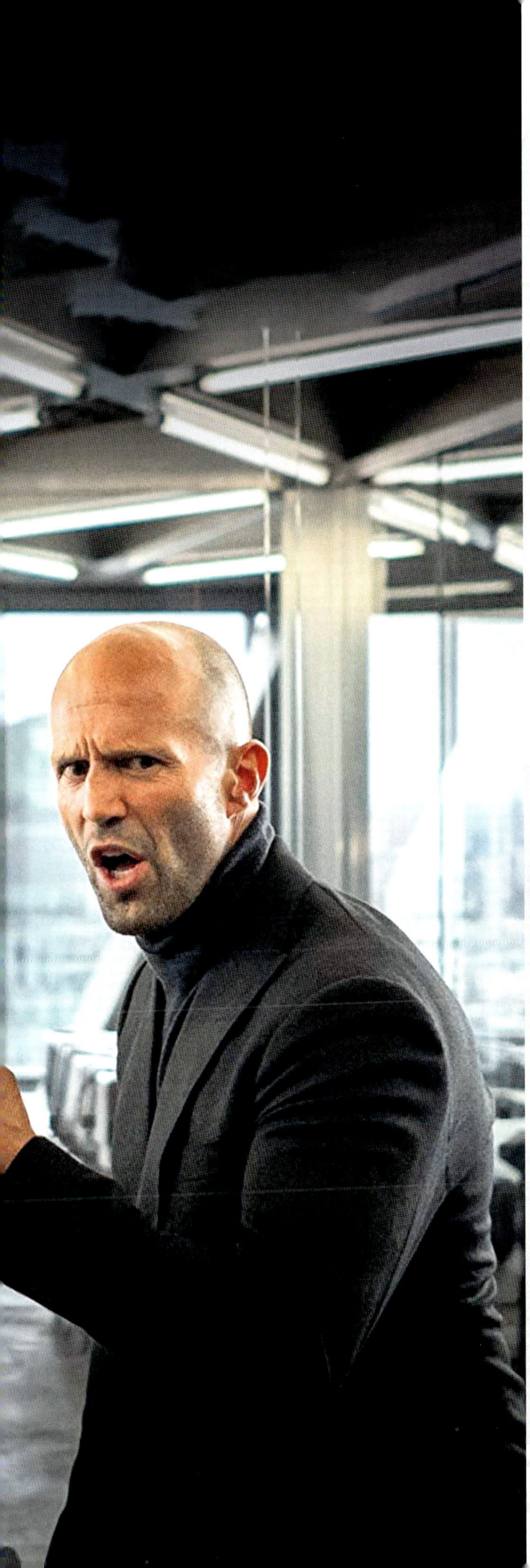

Inhalt

Eine Spezialeinheit dringt in ein Londoner Gebäude ein, um dort ein gefährliches Virus namens »Schneeflocke« zu sichern, doch der Verbrecher Brixton (Idris Elba) taucht auch dort auf. Um das Virus nicht in seine Hände und diejenigen der Verbrecherorganisation »Eteon« fallen zu lassen, injiziert sich MI6-Agentin Hattie (Vanessa Kirby) es selbst und flüchtet. CIA-Agent Locke (Ryan Reynolds) erzählt Luke Hobbs (Dwayne Johnson) von dem Virus und der als CT-17 bezeichneten programmierbaren Biowaffe. Auch Deckard Shaw (Jason Statham) erfährt davon und findet heraus, dass Hattie in Schwierigkeiten steckt. Es ist seine Schwester. Also arbeiten Hobbs und Shaw zusammen, dringen in ein Labor in der Ukraine ein, um eine Maschine zu stehlen, die Hattie retten soll und reisen nach Samoa, wo es zur großen Auseinandersetzung mit Brixton kommt.

Hintergründe

Nach Aussagen von Dwayne Johnson entstand die Idee, einen Ableger der Serie zu drehen, schon während der Dreharbeiten von »Fast & Furious 7«, also entweder zwischen September und November 2013, oder nach Paul Walkers Tod zwischen April und Juli 2014. Im November 2015 erwähnte Vin Diesel in Gesprächen erstmals mögliche Ableger der Reihe. Bei ihm und den Verantwortlichen von Universal war der Eindruck entstanden, dass Johnson und Statham gut miteinander agierten. Doch während der letzten Drehwoche von »The Fate of the Furiuos« (der später den Titel »Fast & Furious 8« erhielt) kam es im August 2016 zu Auseinandersetzungen zwischen Vin Diesel, Tyrese Gibson, Michelle Rodríguez und Dwayne Johnson über einen geplanten Ableger. Johnson wurde bezichtigt, die »Familie« der seit dem Sommer 2000 zusammenarbeitenden Kollegen und Freunde »auseinanderzureißen«. Gibson und Ludacris hatten zuvor einen eigenen Ableger aus genau diesen Gründen abgelehnt.

Johnson goss zusätzlich Öl ins Feuer und setzte via Facebook einen Post an seine 56 Millionen Follower ab, in dem er schrieb, dass er zwar gerne gemeinsam mit den Frauen gedreht habe, die Männer aber eine »andere Geschichte« seien. Manche seien für ihn professionell, andere aber Feiglinge und Weicheier. Er fügte hinzu, dass er in manchen seiner Szenen gebrodelt habe.

Diesel reagierte darauf. Es kam zu Streitigkeiten zwischen ihm und Johnson. In seiner Funktion als einer der Produzenten strich er Johnson mehrere Szenen, als er hörte, dass das Studio die Ableger-Idee weiterentwickeln würde. An einem Drehtag erschien Diesel gar nicht. Der Ableger würde außerdem bedeuten, dass der Folgefilm 9 hätte um ein Jahr verschoben werden müssen. Johnson zog daraufhin die Konsequenzen und sagte seine Beteiligung an den folgenden Teilen der Filmreihe ab.

So nahm der Ableger-Film erst im April 2017 Gestalt an. Universal kündigte das Streit-Werk über die beiden Widersacher tatsächlich an. Es dauerte dennoch noch ein Jahr, bis David Leitch als Regisseur bekanntgegeben wurde. Ursprünglich sollte Shane Black nach den Erfolgen von »Lethal Weapon« (als Autor) und »The Nice Guys« (als Regisseur) Regie führen, doch man wurde sich nicht einig. So kam Leitch zum Zug, der auch als Schauspieler und als Stunt Double von Brad Pitt gearbeitet hatte. Er war zunächst als 2nd Unit-Verantwortlicher bei Action-Filmen tätig, bevor er beim ersten »John Wick«-Film 2014 Co-Regie geführt und solo »Atomic Blonde« und »Deadpool 2« inszeniert hatte.

Im Juli 2018 wurde Idris Elba als Antagonist bekanntgegeben. Drei Monate danach begann ein Rechtsstreit zwischen Universal und Produzent Neal H. Moritz, der die Drehvorbereitungen verzögerte. Moritz klagte gegen Universal wegen Vertragsbruch und Betrug, nachdem die Firma ihn als Produzent des geplanten Films abgesetzt hatte. Die reagierte mit einer Gegenklage wegen seiner angeblich fehlenden Kooperation in Bezug auf die Kompensationen der Serie. Nachdem Moritz als Produzent ausgeschieden war, teilten sich vier Produzenten die Verantwortung: Drehbuchautor Chris Morgan, die Schauspieler Jason Statham und Dwayne Johnson sowie dessen Firmenpartner Hiram Garcia, der 2012 mit Johnson die Firma »Seven Bucks Productions« gegründet hatte.

Johnson wollte gerne Jason Momoa als seinen Bruder dabeihaben, aber der musste aufgrund von anderen Terminen absagen, wird aber als extravaganter Bösewicht in »Fast & Furious 10« dabei sein – wenn auch ohne Johnson.

Das Drehbuch wurde von Chris Morgan, dem langjährigen Autor der Reihe, gemeinsam mit Drew Pearce verfasst, der zuvor »Iron Man 3« und »Mission Impossible: Rogue Nation« geschrieben hatte. Die Ausgestaltung der Geschichte war schwierig. Morgan wollte den Ton der früheren Filme beibehalten. Leitch bevorzugte einen realistischeren, weniger albernen Ton. Er wollte mehr Kämpfe Mann gegen Mann und keine Autorennen. Die fielen tatsächlich weitestgehend weg. Am Ende standen drei Verfolgungsjagden 18 (!) Prügeleien gegenüber. Der Film wurde chronologisch zwischen Teil 8 und 9 angesiedelt. Jason Stathams Aussage brachte es wohl am besten auf den Punkt als er sagte: »Sie nahmen die beiden Figuren der Reihe, die sich am meisten hassten und steckten sie in eine Geschichte.«

Dreharbeiten, Drehorte, Budget

Die Dreharbeiten begannen am 10. September 2018 in den Londoner Shepperton Studios – ohne Johnson, der erst zwei Wochen später anreiste, da er noch an »Jungle Cruise« arbeitete. London und die Studios waren schon in »Fast & Furious 6« genutzt worden. Man arbeitete auch noch in den Warner Bros. Studios Leavesden. Vom 23. bis 29. Oktober wurde im schottischen Glasgow gedreht, wo am George Square, dem St. Vincent Place und nahe dem Rathaus, den Glasgow City Chambers, ein großer Teil der Auto- und Motorradverfolgungsjagd entstand.

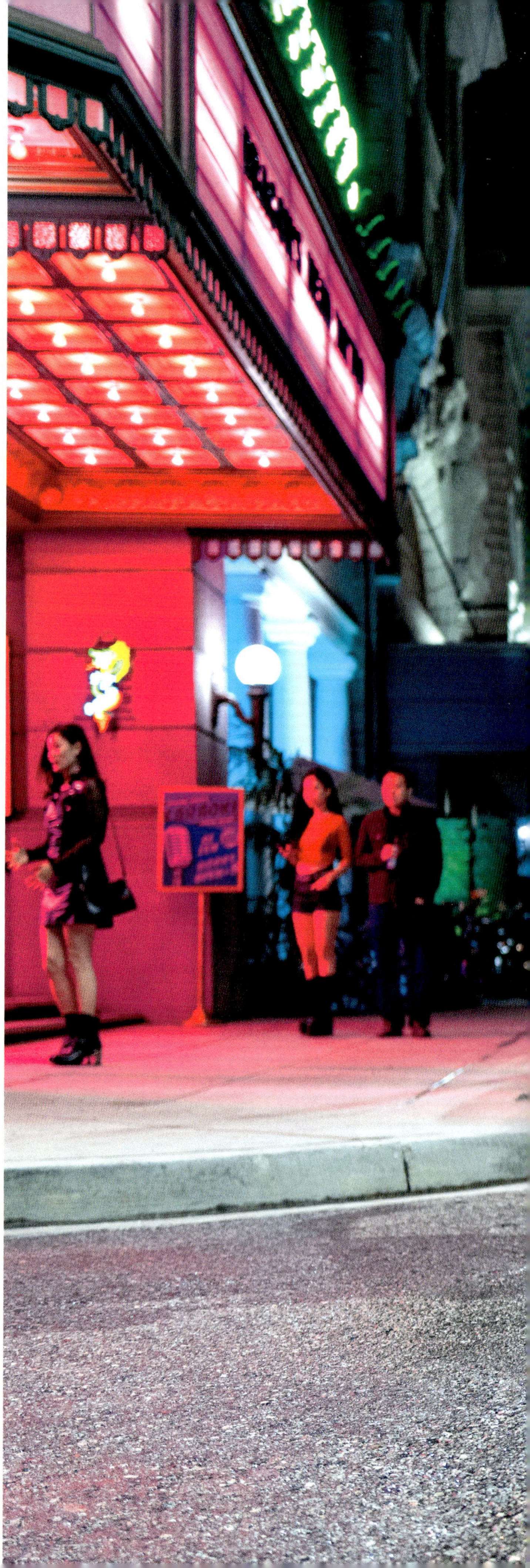

Erstmals bekommen auch Motorräder eine prominentere Platzierung in der Reihe. Dwayne Johnson nutzt kurzzeitig eine mattschwarze Harley-Davidson Softail GTB.

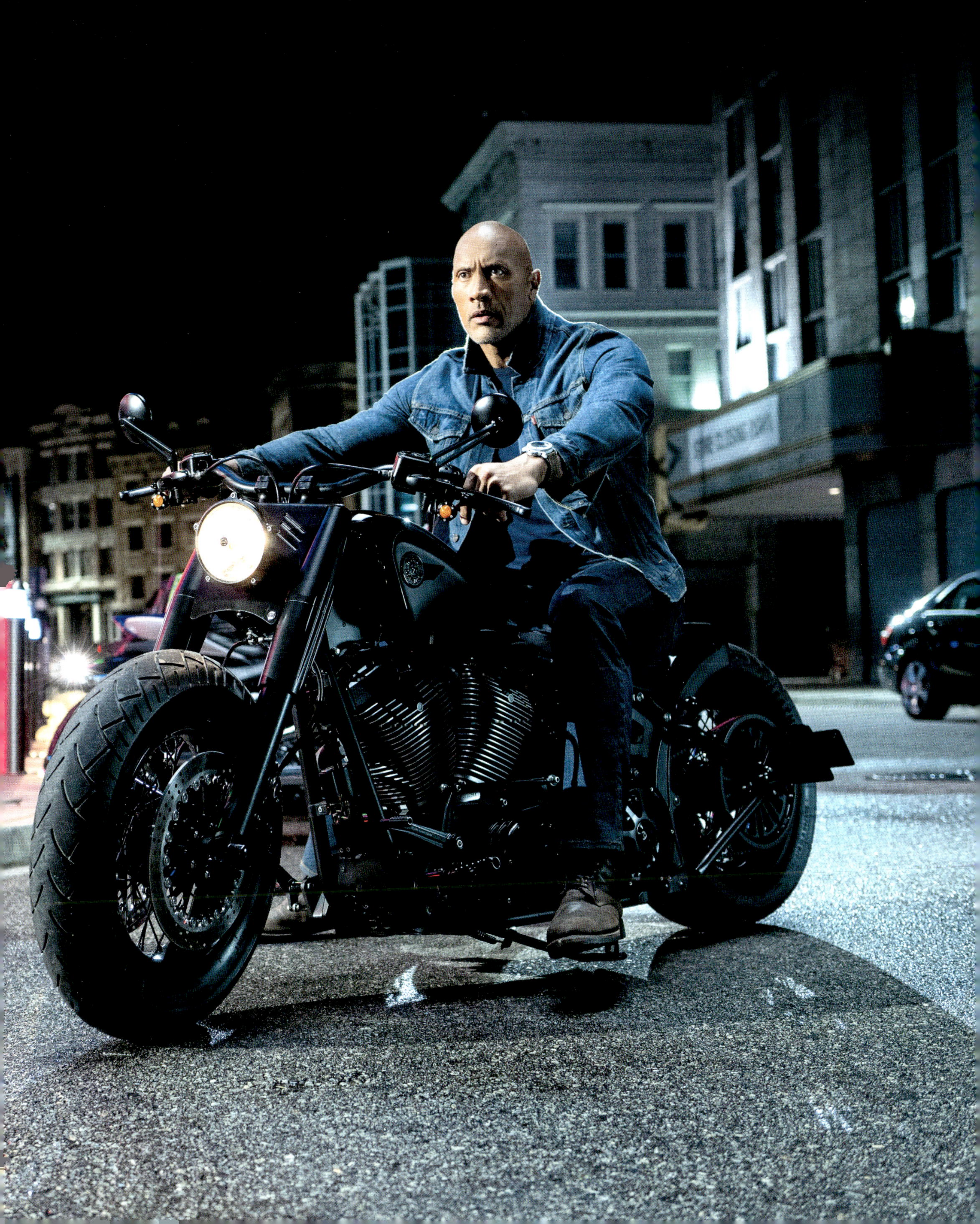

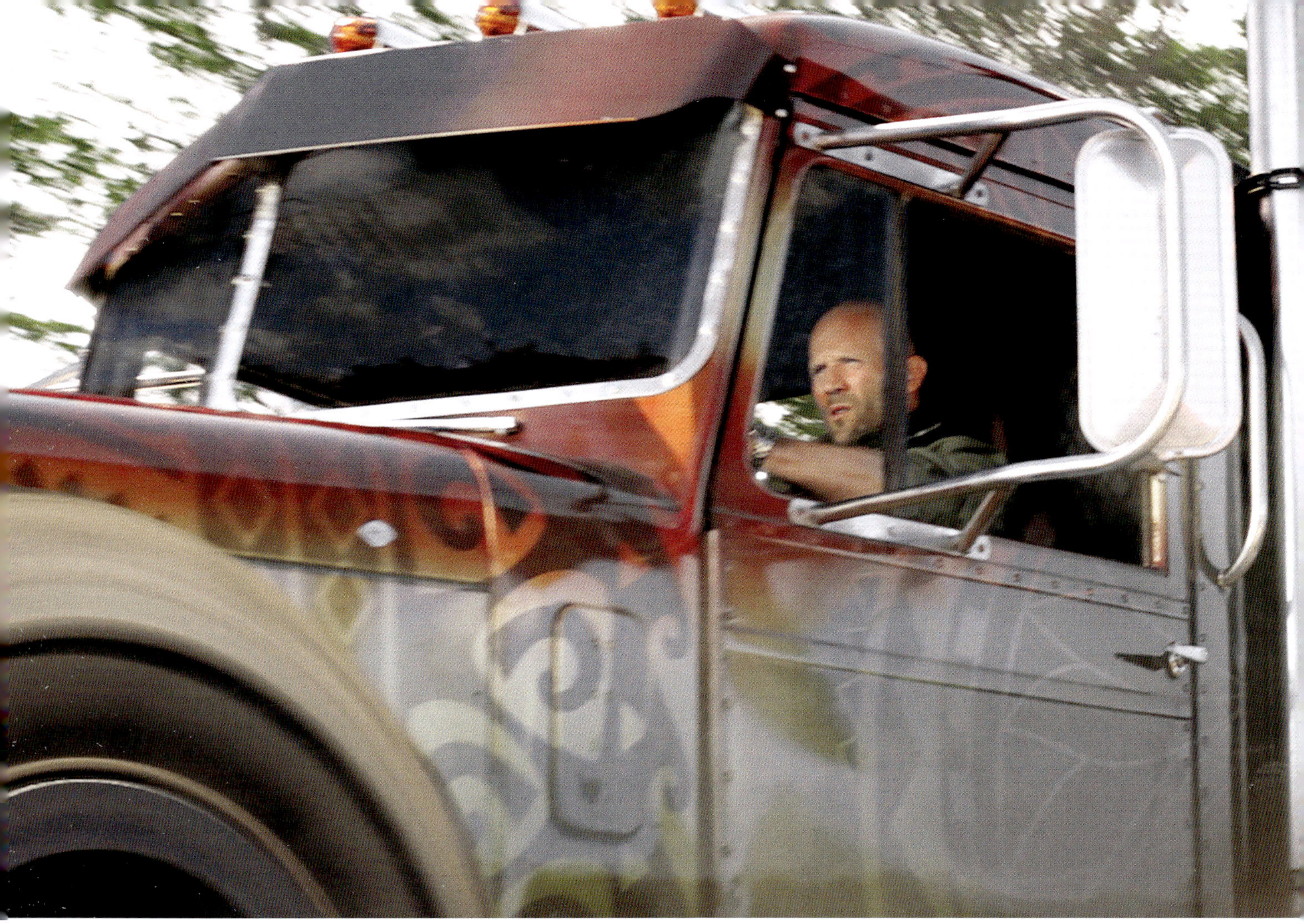

Jason Statham als Deckard Shaw am Steuer eines 1966er Peterbilt Trucks auf Samoa.

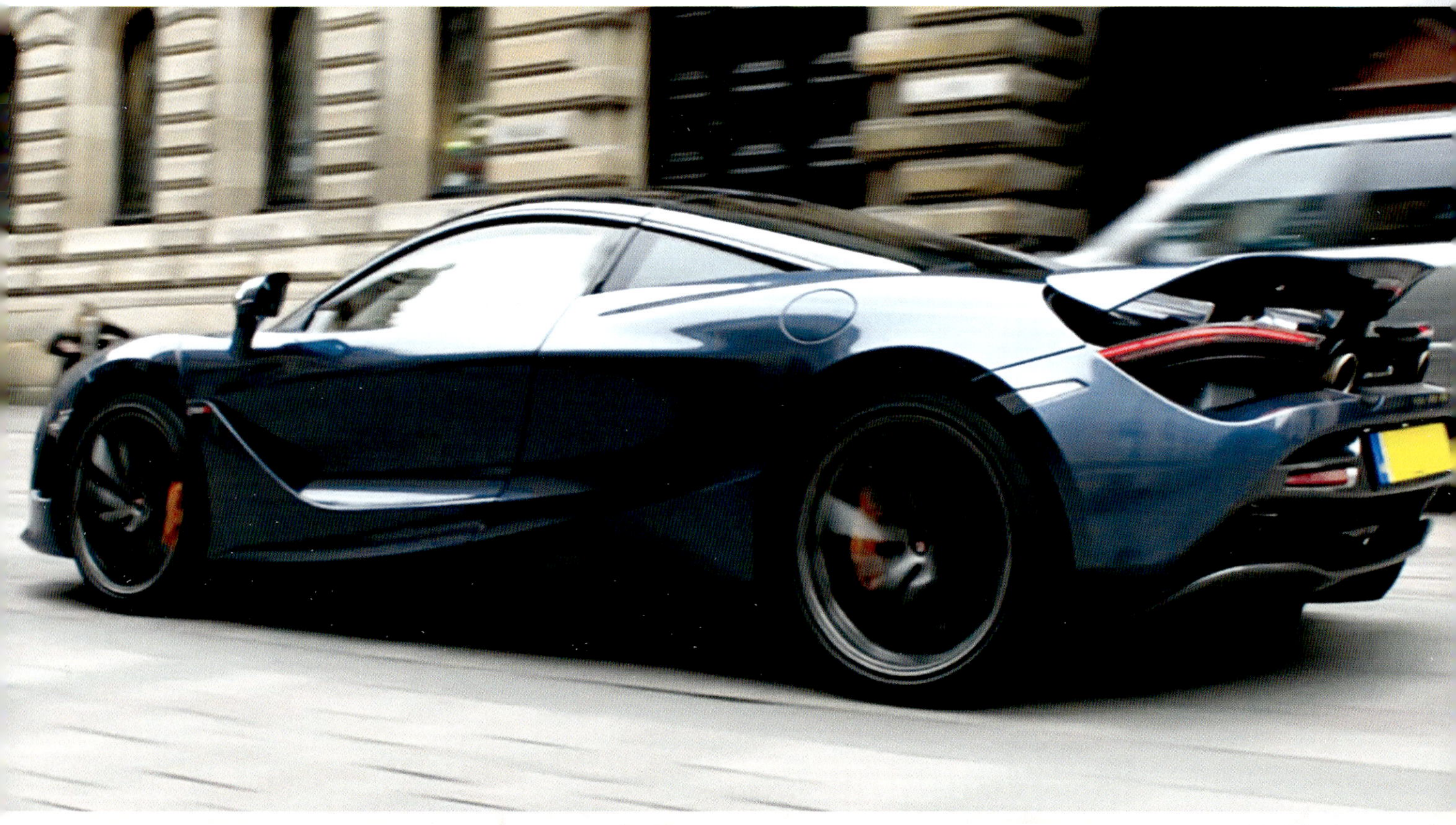

McLaren 720 S – für Jason Statham der »vollkommene britische Sportwagen«.

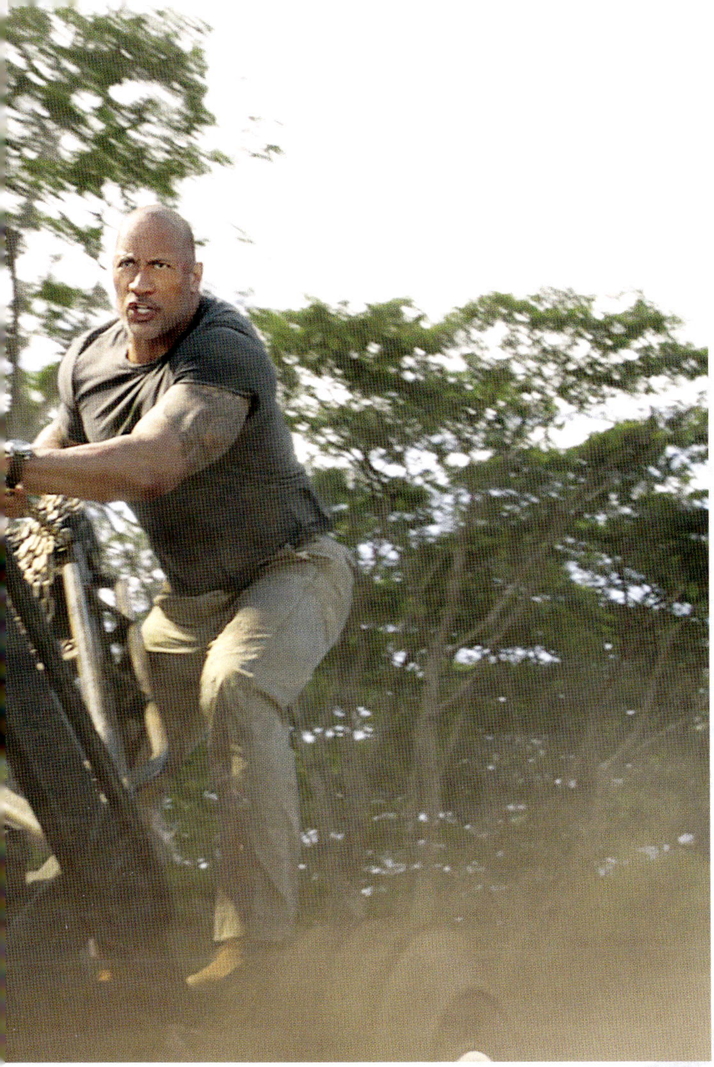

Im November war die Crew am Kohlekraftwerk Eggborough in North Yorkshire, das für das Eteon Waffen- und Biotech-Labor in der Ukraine doubelte, und in der Stadt Farnborough in Hampshire aktiv. Nach dem 18. Dezember verließ man Großbritannien. Im Dezember kündigte Universal den Filmtitel an. Im Januar 2019 war das Filmteam auf der Hawaii-Insel Kaua'i zu Gast, das für Samoa doubelte, wo man am 27. Januar das vorläufige Drehende verkündete. Offensichtlich waren die bis dahin inszenierten Szenen jedoch entweder nicht ausreichend oder nicht gut genug, so dass es im Mai zu weiteren Aufnahmen kam. Daher steigerte sich auch das Budget auf 200 Millionen Dollar. Erstaunlich, wenn man bedenkt, dass sich hier überwiegend zwei Leute prügeln und der Film nicht über eine so umfangreiche Besetzung verfügt wie die sonstige Reihe.

Im April wurde bekannt, dass es Gespräche mit Keanu Reeves gab, ihn als eine Figur mit Anleihen an seinen Charakter John Wick zu integrieren, doch das zerschlug sich wieder. Eventuell sollte er auch den Anführer einer terroristischen Organisation spielen. Dafür fand sich für Ryan Reynolds eine Rolle. Der schlug zunächst vor, gerne als »Deadpool« aufzutauchen, was aber keiner wirklich wollte. Er ist als CIA-Agent Locke zu sehen, und wer nicht bis zum Ende des Nachspanns im Kino sitzen geblieben ist, verpasste seinen letzten Auftritt.

Automobile Hauptdarsteller

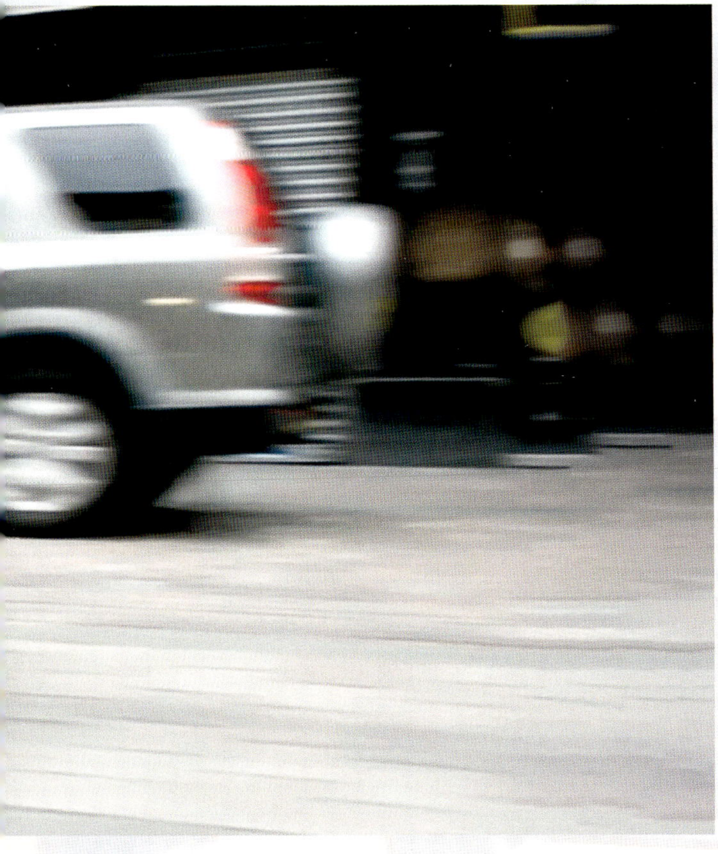

Im Film ist ein McLaren 720 S in eine Verfolgungsjagd mit drei Motorrädern verwickelt und zusätzlich ist auch das Werk zu sehen, in dem der Wagen gebaut wurde. Das Äußere des McLaren Technology Centers in Woking, knapp 50 Kilometer südwestlich von London, in dem die Straßen- und Rennwagen entstehen, ist Teil der Story. Es dient als Eteons Hauptquartier – allerdings wurde dank CGI-Technik eine idyllische Landschaft drumherum geschaffen. Deckard Shaw (Jason Statham) nutzte den blaumetallic lackierten 720 S ursprünglich alleine, doch im Film ergibt es sich, dass sowohl Hattie als auch Hobbs in den Zweisitzer mit einsteigen. Dass das klappte, ist schon erstaunlich, was aber nicht so klappte sind die Anschlüsse, denn während der wilden Jagd sind die klappbaren Instrumente mal hochgeklappt, mal unten ...

Für Statham ist der 720 S der »vollkommene britische Sportwagen, denn alles ist von McLaren handgefertigt«. Er hatte schon seit drei Filmen gefragt, ob er nicht so einen Wagen fahren könnte. »Ich habe im Laufe der Jahre viele Sportwagen gefahren«, so Statham weiter. »Er ist extrem schnell, die Bremsen sprechen sehr schnell an. Für mich ist er eine Zehn von zehn möglichen Punkten.« Statham hat selbst einen davon, wenn auch einen Spider und nutzt die 720 PS in Los Angeles – fährt den Wagen dort aber sicher nicht aus.

Gejagt werden die drei Helden im McLaren von Motorradfahrern, wobei Widersacher Brixton eine Triumph Speed Triple RS (1050 ccm, 148 PS) fährt und seine Schergen KTM L8 950 SM. Alle Motorräder sind mattschwarz und verfügen über spezielle LED Front- und Heckleuchten. Das besondere an der Maschine von Brixton ist, dass die nicht nur ab und zu selbst zu ihm fährt, sondern sich (man denke nur an das Batmobil) auch je nach Situation transformieren kann. So gleitet er damit einmal unter einem Lkw durch (das gab es mal im 007-Film »Sag niemals nie« von 1983), fährt damit an einer Wand entlang und springt über Autodächer – also ein »Transformer« wie Bumblebee. »Als ich David Leitch traf, sagte ich ihm, dass ich dabei bin, weil ich Autos liebe«, so Idris Elba nach der ersten Anfrage, »aber er antwortete: Du hast kein Auto, du fährst Motorrad. Ich habe ein sehr cooles Motorrad für Dich.«

Dwayne Johnson ist auf einer mattschwarzen Harley-Davidson Softail GTB zu sehen, doch nur in einem Kurzauftritt, ebenso wie in einem Ford Bronco und einem Jeep Gladiator. Ihm stehen auch noch größere Vehikel zur Verfügung. Dazu zählen ein MAN KAT I 8x8 mit Überrollkäfig, der ursprünglich für die Bundeswehr entwickelt wurde sowie ein sogenannter »Rock Crawler«, ein geländegängiges Fahrzeug, das nach Aussagen von Idris Elba »speziell für den Film gebaut wurde.« Die Basis dafür war ein Land Rover Defender 110. Diverse Range Rover liefern sich bei der Flucht aus dem Bio-Labor in der Ukraine ein Duell mit den Trucks. Jason Statham kommt später auf Samoa noch in den Genuss, einen 1966er Peterbilt Truck zu steuern. Sieben Stück des umgebauten Lasters wurden extra präpariert und mit einem davon fuhr Johnson sogar zur Premiere, während Statham standesgemäß im McLaren 720S vorfuhr.

Premiere, Starttermine

Die Weltpremiere wurde am 13. Juli 2019 in Los Angeles begangen. Am 1. August kam der Film in die deutschen und einen Tag später in die US-Kinos.

Anekdoten, Reaktionen

Offensichtlich war Universal mit dem weltweiten Einspielergebnis von 759 Millionen Dollar sehr zufrieden, so dass es bald Gespräche über eine Fortsetzung gab. Schon im November machte Mit-Produzent Hiram Garcia diese Überlegungen bekannt. Im März 2020 erzählte Dwayne Johnson, dass Chris Morgan ab dem folgenden Monat an der Geschichte arbeite. Er wünschte sich einen zweiten Teil, an dessen Ende er »in den Sonnenuntergang« reite. Im November 2021 legte Johnson nochmals nach und beschrieb die Entwicklung der Geschichte als eine »Antithese« der bisherigen Reihe. Tatsächlich ist es aber bislang zu nichts weiter als Ankündigungen gekommen.

Die deutschen Kinobesucher waren an dem Film offensichtlich nicht besonders interessiert. Es kamen nur 1,73 Millionen, das reichte lediglich für Platz 15 in den Jahrescharts. Nur vier Filme der Reihe waren in Deutschland noch schlechter besucht.

Immerhin wurde im September 2020 der Rechtsstreit zwischen Universal und Moritz beigelegt. Die beiden Parteien einigten sich außergerichtlich und setzten die Zusammenarbeit bei »Fast & Furious 9« fort.

Der Name Hobbs für die Figur von Johnson ist möglicherweise nicht zufällig gewählt, denn der Mann hat eine französische Bulldogge mit dem Namen Hobbs. Die ist am Anfang des Films auch kurz zu sehen.

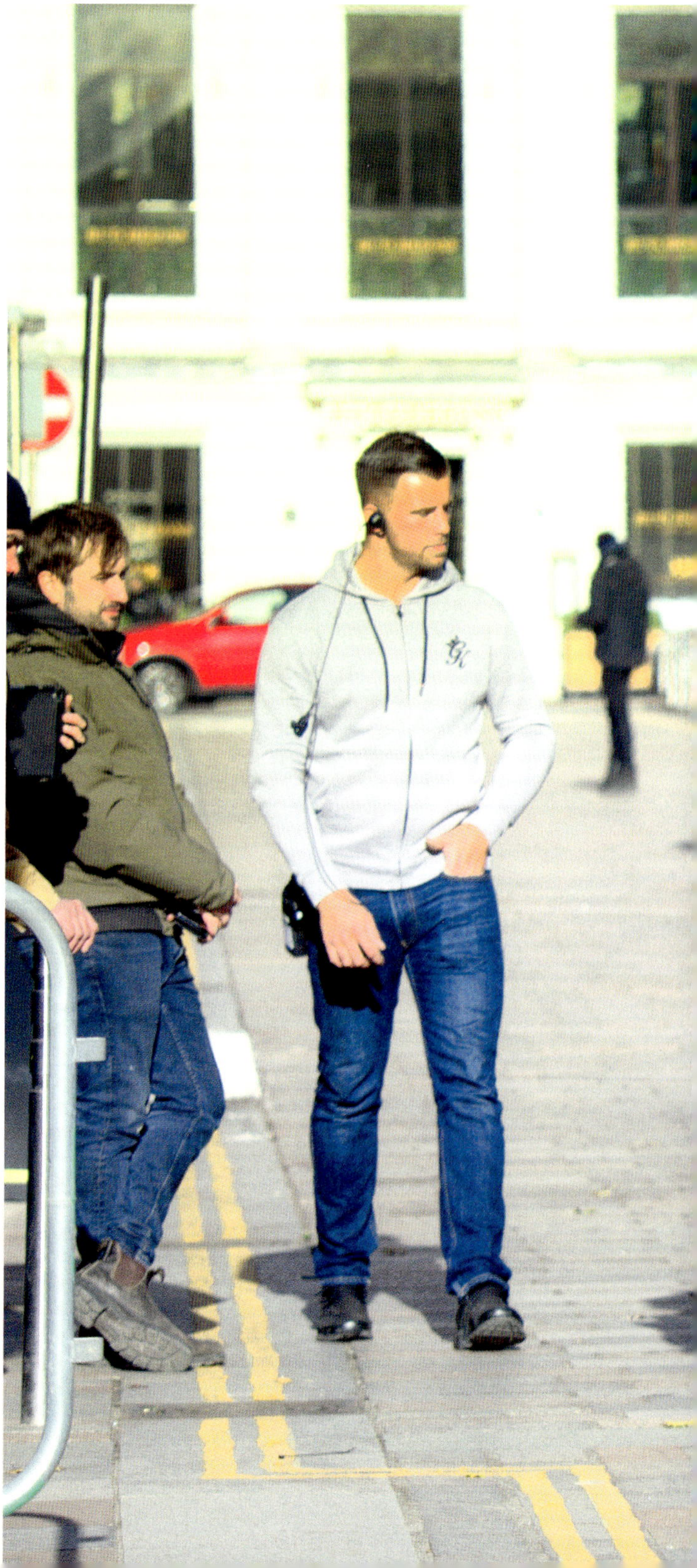

Es gibt eine Anspielung auf den Film »The Italian Job« aus dem Jahr 2003. In dem Remake des Klassikers aus dem Jahr 1969 spielte nicht nur Jason Statham eine der Hauptrollen, er wurde auch von mehreren Mini Cooper begleitet. Hier steht ein dunkelgrüner Wagen in seiner geheimen Garage.

Idris Elba lehnte die Formulierung »schwarzer James Bond« ab und zog im Film »schwarzer Superman« vor.

Zahlreiche Szenen des Films wurden in Glasgow gedreht. Dort entstanden am 20. Oktober 2018 Szenen der Motorrad-Verfolgungsjagd, die sich aber beim Blick hinter die Kulissen noch recht unspektakulär ausnimmt.

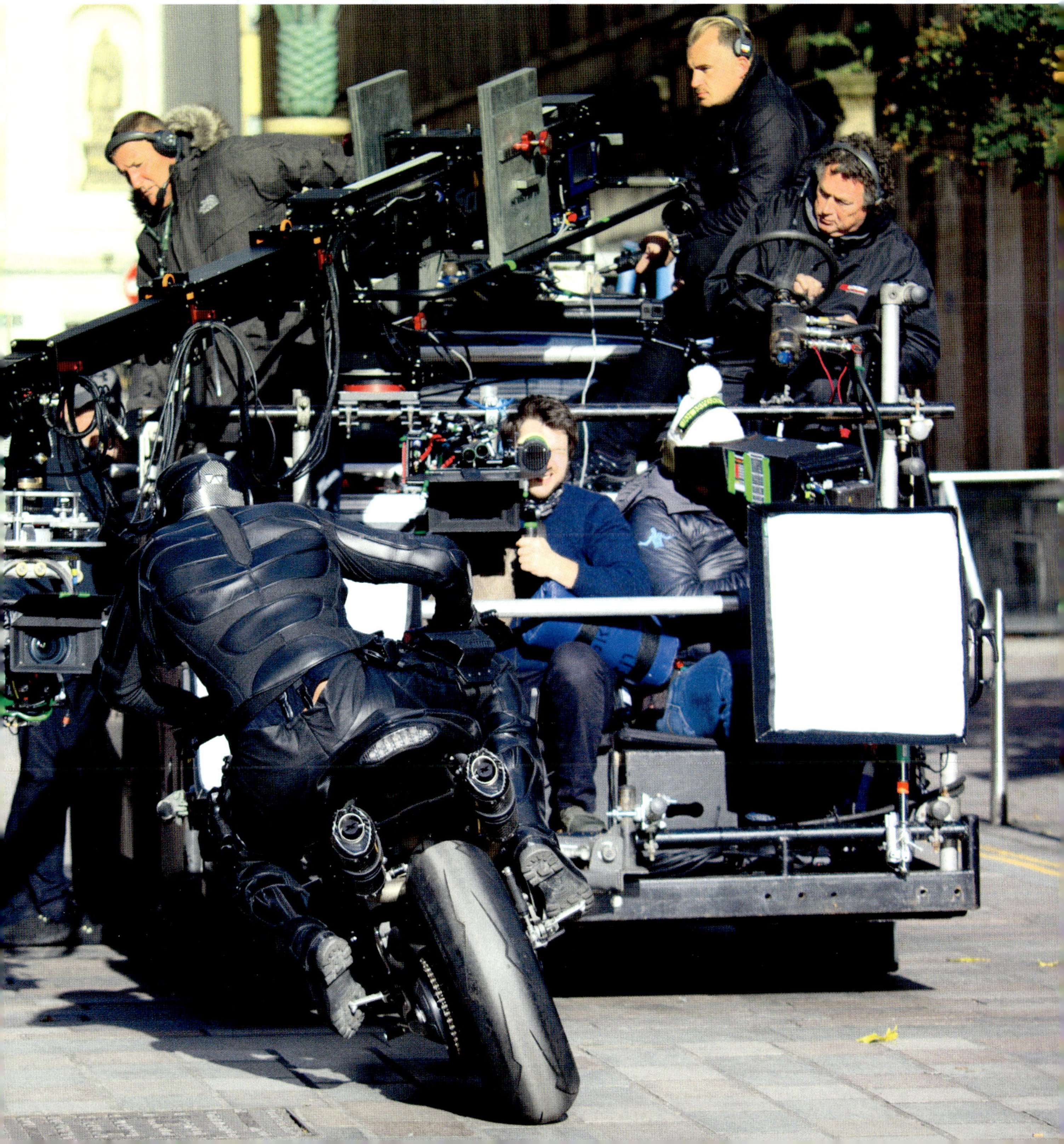

Hobbs:
»Ich bin wohl das, was die Leute als Arschtreter bezeichnen.«

Deckard Shaw:
»Wie lange hast Du noch vor Dir?«
Magdalene Shaw:
»Zwei, bei guter Führung.«
Deckard Shaw:
»Und wie viele wirklich?«
Magdalene Shaw:
»Vier.«
Shaw:
»Ja, du weißt wie es heißt: Sag niemals nie.«

Shaw:
»Er ist ein Geist, eigentlich müsste er tot sein. Voriges Jahr habe ich ihm eine Kugel durchs Hirn gejagt.«
Hobbs:
»Klasse, uns verfolgt also der Terminator.«

Hobbs:
»Es ist mehr Vernunft in deinem Körper, als in Deiner besten Weisheit.«
Hattie:
»Oh, lassen Sie mich raten: Ist der von Bruce Lee?«
Hobbs:
»Nein, Nietzsche.«

Hobbs:
»Der Schlüssel zur Unsterblichkeit ist, ein erinnernswertes Leben zu leben.«
Hattie:
»Ist das wieder von Nietzsche?«
Hobbs:
»Nein, das ist von Bruce Lee.«

Hobbs:
»Bereit?«
Shaw:
»Krieg ist mein Geschäft.«

Hattie:
»Wer zur Hölle sind Sie?«
Brixton:
»Der Böse.«

Hobbs:
»Ich habe eine Geheimwaffe. Menschen mögen mich.«

Brixton:
»Sehen Sie mich an, ich bin der Black Superman.«

Shaw:
»Wir sind die Shaw Family. Wir geben niemals auf.«

Hobbs:
»Wir haben Herz. Keine Maschine kann dagegen ankommen.«

DIE SCHÖNSTEN / SCHRÄGSTEN DIALOGE

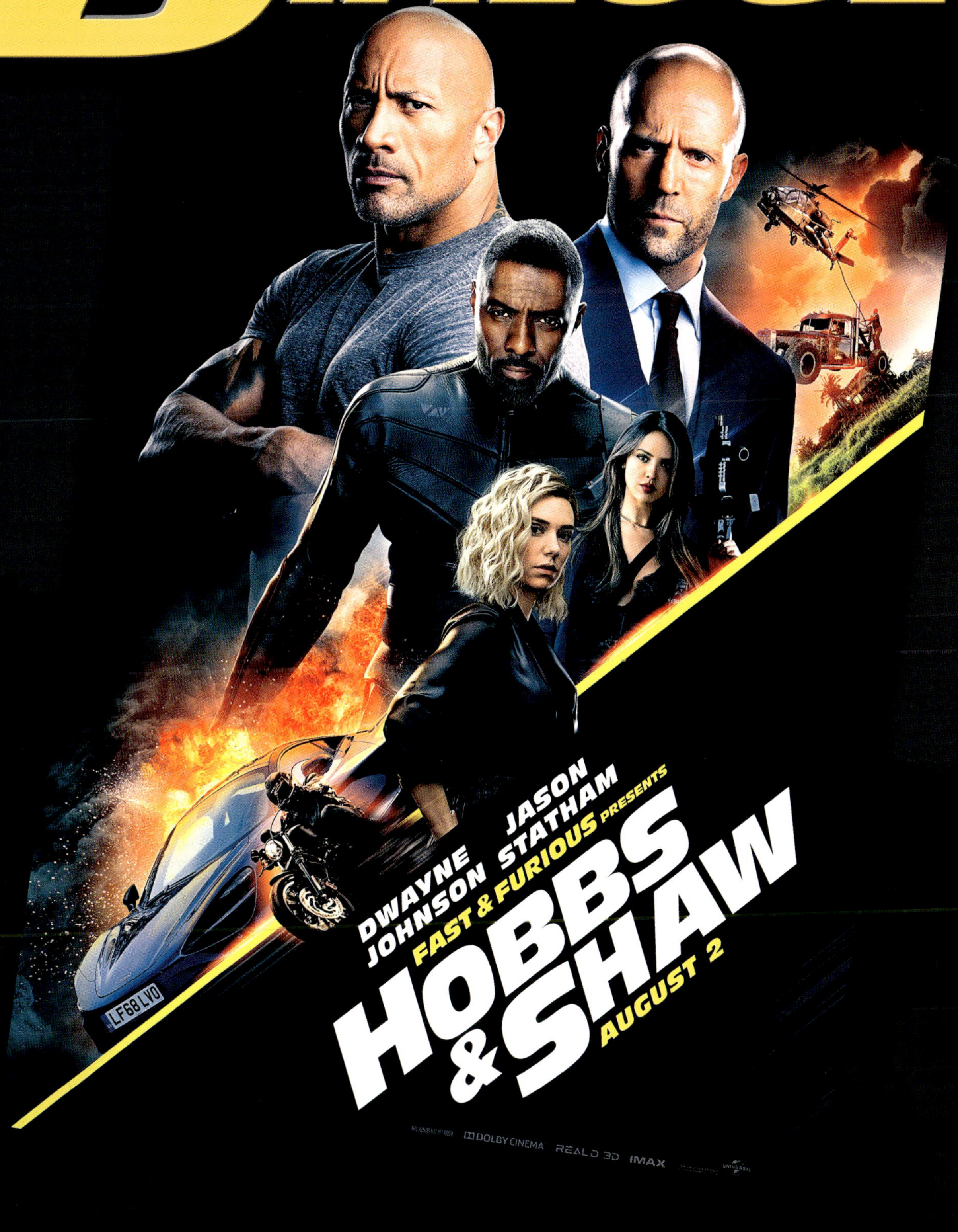

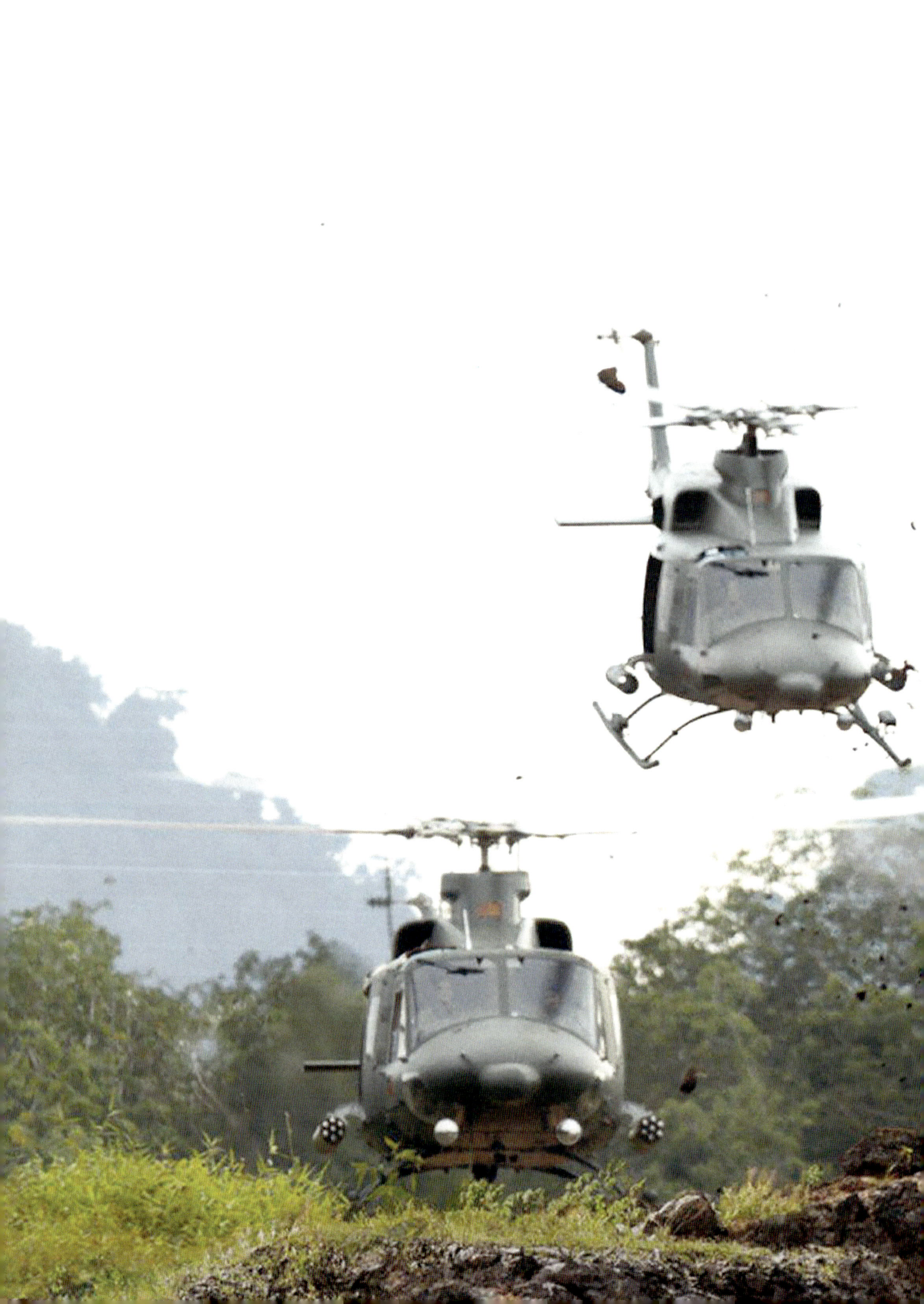

FAST AND THE FURIOUS 9 (2021)

»WIR SIND NICHT NORMAL.«

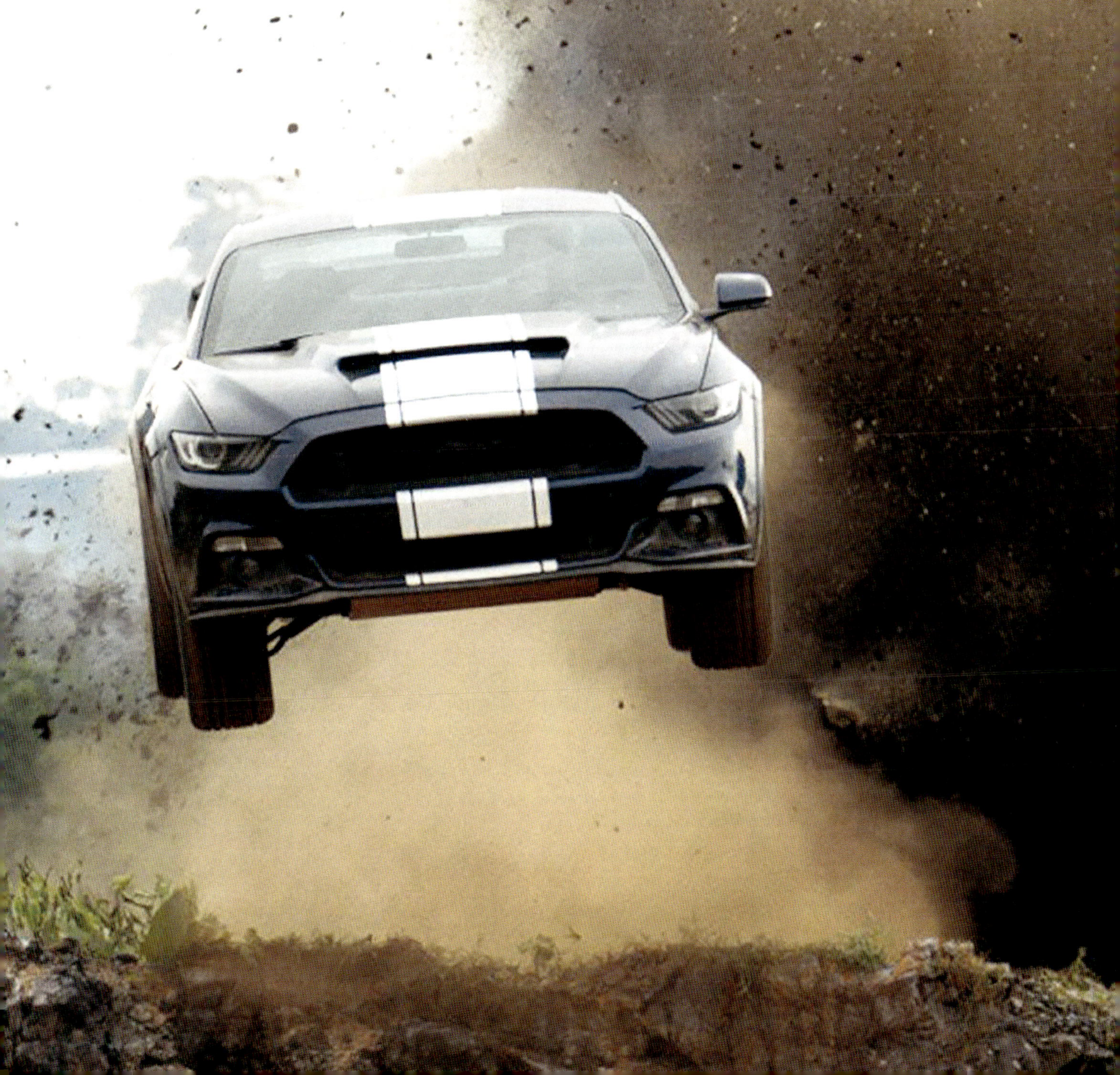

Inhalt

Im Jahr 1989 müssen Dom (Vin Diesel) und sein Bruder Jakob (John Cena) mitansehen, wie ihr Vater Jack (J.D. Pardo) bei einem Autorennen ums Leben kommt. Die Brüder gehen daraufhin getrennte Wege. Dom erfährt durch Mr. Nobody (Kurt Russell), dass Cipher (Charlize Theron) befreit wurde und dass das Flugzeug in dem sie sich befand in Montequinto abgestürzt ist. Jakob hat dort ein Bauteil eines Projekts namens »Ares« und Cipher in seine Gewalt gebracht. Vervollständigt, kann »Ares« alle Computer dieser Welt überschreiben. Jetzt tut Jakob sich mit Cipher zusammen und will in Edinburgh das noch fehlende Teil stehlen. Dom will das verhindern, auch wenn zwei Mann aus seinem Team dafür sogar in den Weltraum fliegen müssen.

Hintergründe

Schon im Oktober 2017 wurde bekannt, dass Justin Lin nach einer achtjährigen Pause seinen fünften Film der Reihe inszenieren wird, während ein anderer langjähriger Mitarbeiter fehlt: Autor Chris Morgan arbeitete an dem Ableger »Hobbs & Shaw« und wurde nach sechs Drehbüchern für die Reihe durch Daniel Casey, der 2018 den Thriller »Kin« geschrieben hatte, und Alfredo Botello ersetzt. Regisseur Justin Lin arbeitete zusätzlich an der Story. Der sagte in einem Interview, dass für ihn die Action-Sequenzen »den emotionalen Status der Charaktere« bestimmten. »Ich informiere sie darüber, wie sie zu fahren haben. Wenn ich das strukturiert habe, überlege ich mir die einzelnen Aufnahmen und die Bewegungen der Kamera, um die Geschichte zu erzählen.«

Zwar hieß es zwischenzeitlich einmal, dass Dwayne Johnson auch wieder dabei wäre, aber im Januar 2019 sagte der wegen den immer noch schwelenden Streitigkeiten zwischen Vin Diesel, Tyrese Gibson und ihm ab. Neu zur Besetzung stieß fünf Monate später John Cena als Doms Bruder. Und als Michelle Rodríguez im September 2020 bestätigte, dass der Film auch im Weltraum spielen würde, war schon damals klar, dass es sicher das abgefahrenste Abenteuer des Teams werden würde. »Wir sind nicht normal«, sagt daher nicht zufällig Roman an einer Stelle.

Dreharbeiten, Drehorte, Budget

Die Dreharbeiten begannen am 24. Juni 2019 in den Warner Bros. Studios Leavesden außerhalb von London. Am 26. Juli verletzte sich der Stuntman Joe Watts und zog sich bei einem Zehn-Meter-Sturz von einem Balkon eine schwere Kopfverletzung zu, als das Halteseil riss. Er lag daraufhin fünf Tage lang im künstlichen Koma im Royal London Hospital. Die Dreharbeiten wurden unterbrochen, weil die Polizei das Set zum Tatort erklärte und untersuchte. Mehr als ein Jahr später litt Watts immer noch an den Folgen des Sturzes. Außerdem arbeitete die Crew in der englischen Hauptstadt, so etwa vor dem Juwelier Boodles im Stadtteil Mayfair. Dort wirkten Luxuskarossen wie ein Aston Martin Rapide, ein Bentley Continental GT, ein Bugatti Veyron, ein Mercedes SLR McLaren, ein Morgan Aero 8 und ein Rolls Royce Wraith als üppige Deko-

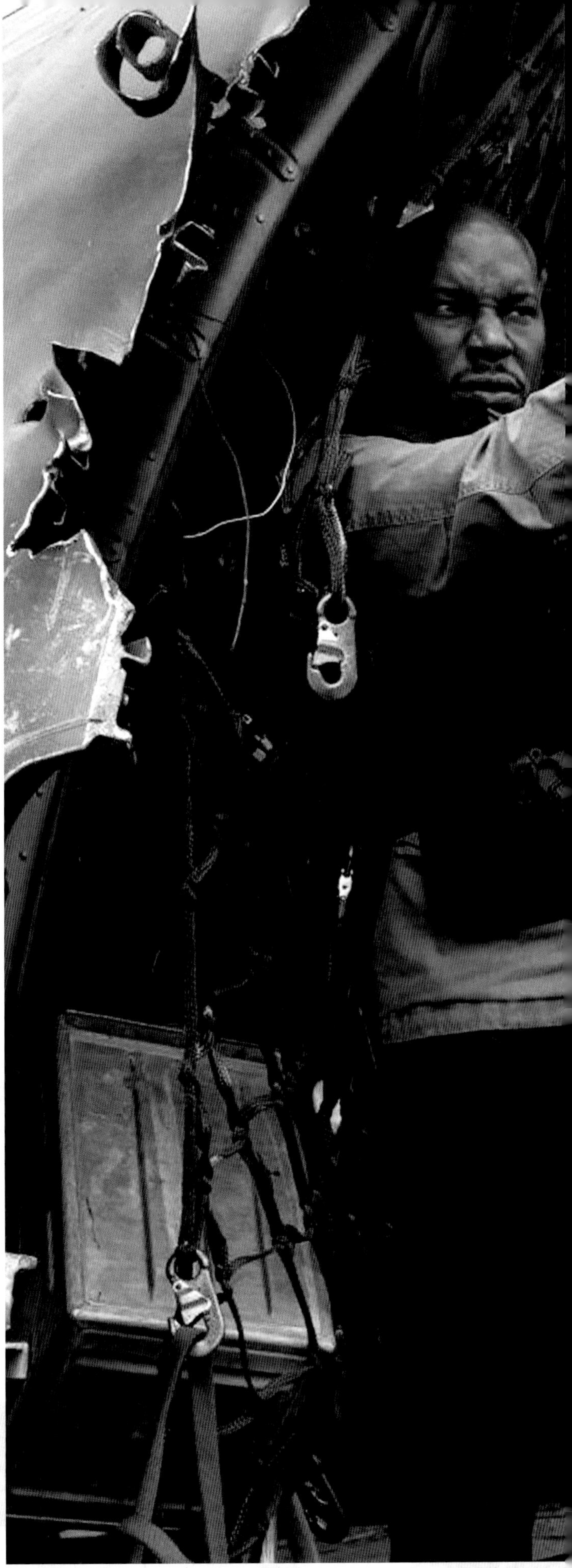

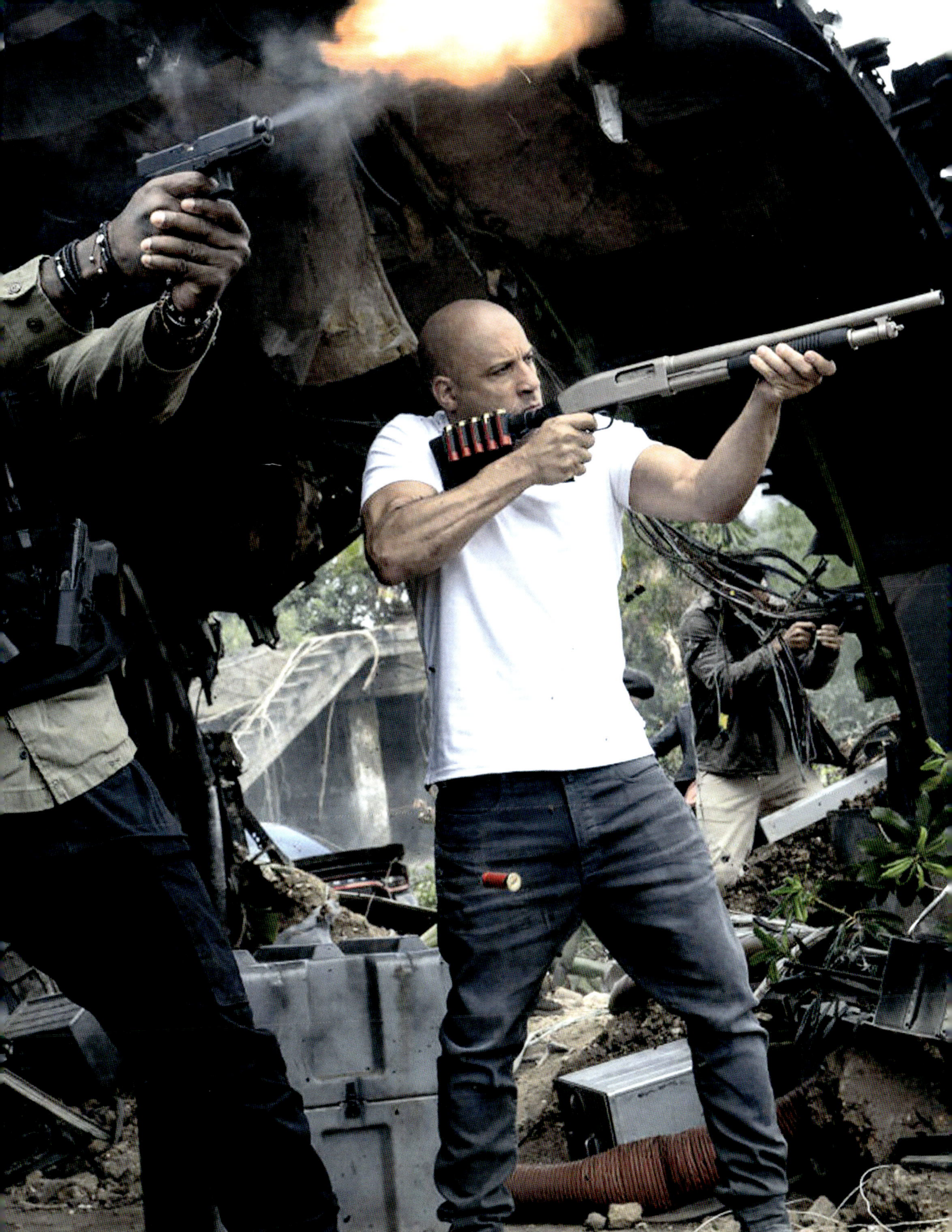

Roman (Tyrese Gibson) und Dom (Vin Diesel) an der Absturzstelle in Montequinto.

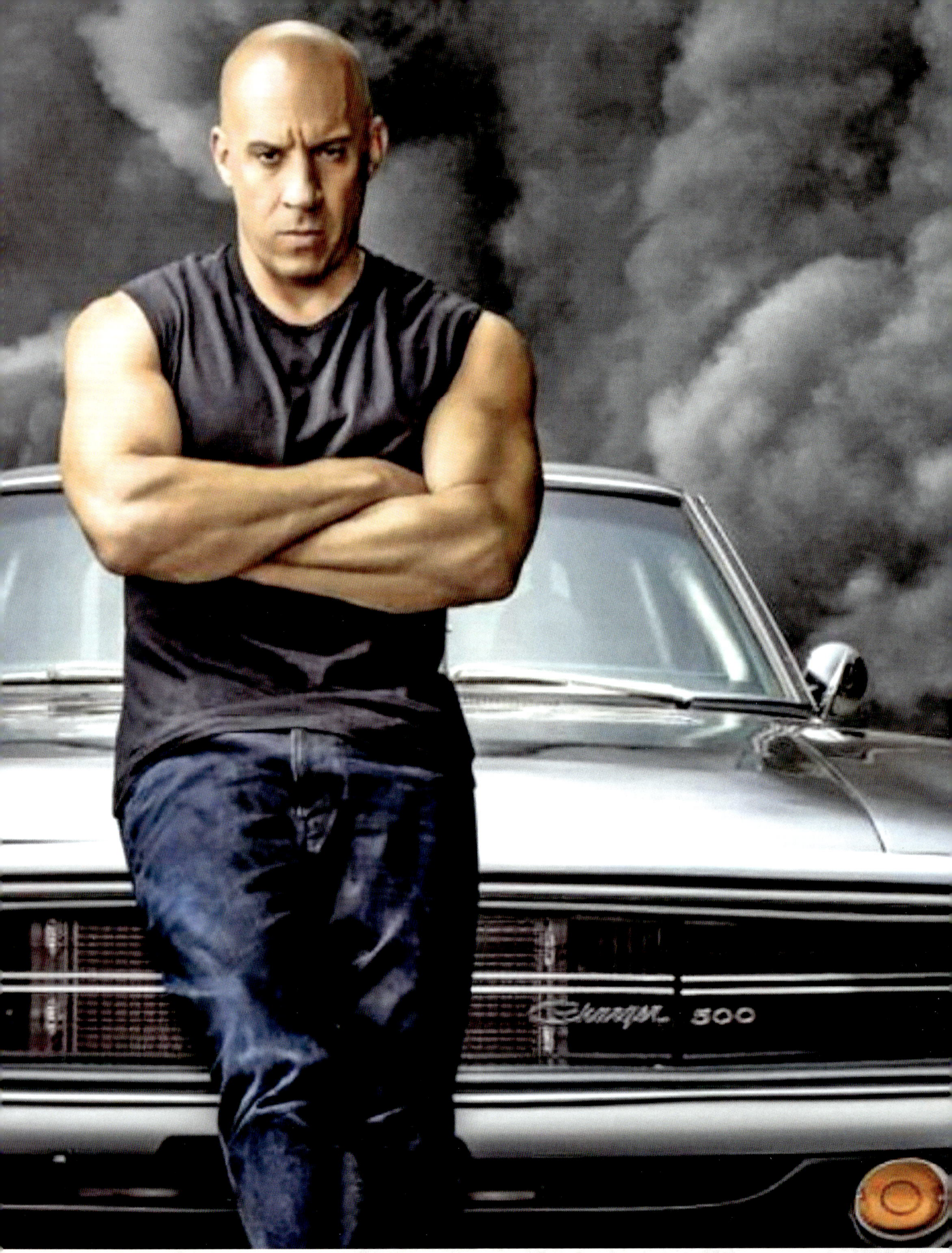

Es treten Dodge Charger der Modelljahre 1967, 1968, 1970 (Bild) und 2020 auf.

ration mit. Hinzu kam, dass die 75-jährige Helen Mirren in einem purpurfarbenen Noble M 600 auch auf der Prachtstraße »The Mall« flüchten durfte – »coolest thing ever«, wie sie hinterher meinte. Nach verschiedenen Aussagen fuhr sie zum Teil selbst, nur die Driftszenen übernahmen Stuntmen, denn schließlich kostet der seltene englische Sportwagen 200.000 Pfund. Noch teurer war die Ausstattung vor dem rund 35 Kilometer nördlich von London gelegenen Anwesen Hatfield House. Dort entstanden eine Party und ein Treffen der Tunerszene mit einigen der erlesensten und teuersten Autos der Welt als Dekoration. Dazu zählten: ein Apollo IE, ein Ferrari LaFerrari, ein Lamborghini Aventador SVJ, ein Lamborghini Countach Anniversary Edition, ein McLaren 720 S, ein Mercedes AMG GT R, ein Lexus LFA, ein Lotus Evora und ein TVR Sagaris – alel zusammen im Wert von fast 2,3 Millionen Dollar.

Was im Film als Montequinto in »Zentralamerika« bezeichnet wird, sind tatsächlich acht verschiedene Drehorte in Thailand. Dazu zählen Krabi, Ko Pha-ngan, Surat Thani, der Temple Wat Nai So in Khao Thong, eine Mühle im Gebiet Ban Bang Toei und Phuket. Die Sequenz beginnt auf der an einem Abhang gelegenen Schotterstraße Ban Nai Sa in Khao Thong. Dort entstanden Schießereien und Verfolgungsjagden, während die Hauptdarsteller in den Studios von Leavesden agierten, als wären sie in Thailand … Krabis Gouverneur Kittibadee Pravit bezeichnete die Entscheidung, dort zu drehen, vorab als eine »großartige Werbung für die Natur, Kultur und Geschichte des Königreichs«, bedachte aber wohl nicht, dass vor allem großvolumige Fahrzeuge mit viel Power durch die schöne Landschaft rasen. Letztlich erwarb sich die Filmcrew jedoch wirklich Meriten, als sie noch vor Beginn der Dreharbeiten am 26. Juni Zeuge eines Verkehrsunfalls mit einem Motorrad wurde und sofort half. Fünf Männer des »Action Vehicle Team« versorgten die verunfallte Frau. Geplant waren die Dreharbeiten zunächst vom 1. bis zum 27. Juli, doch die 2nd Unit Crew arbeitete (ohne die Stars) acht Wochen lang in Thailand.

Die Szenen mit einem raketenangetriebenen Pontiac Fiero, die auf dem »Jähn-Jet-Triebwerke Testgelände« in Köln spielen, entstanden nicht in Deutschland, sondern auf dem englischen Luftwaffenstützpunkt Greenham Common in Berkshire rund 90 Kilometer südwestlich von London.

Die längste Action-Sequenz wurde von einer 600 Personen starken Crew zum großen Teil in der georgischen Hauptstadt Tiflis und in den südöstlich und nordwestlich gelegenen Städten Rustawi sowie auf der Alexander-Pushkin-Straße in Kutaissi inszeniert. In den drei Städten entstand die Verfolgungsjagd, zu deren Höhepunkt zählt, dass ein 26 Tonnen schwerer Truck, »Armadillo« genannt, von Dom und seinem Team angegriffen wird. In Rustawi wurden Katapulte an den Straßenseiten installiert, die Pkws gegen den Truck schleudern, was im fertigen Film so wirkt, als würden die Pkw von riesigen Magneten angezogen. Nach Aussagen von 2nd Unit Regisseur Spiro Razatos übergab ihm Tiflis »den Stadtschlüssel« und sperrte die Hauptstraße ab, was es ihm erlaubte, dort dutzende Autos zu zerstören. 95 Prozent der Stunts in Georgien wurden ohne CGI realisiert. Gedreht wurde von August bis zum 20. September.

An 19 Tagen im September entstand in der Victoria Street, der Carlton Road, der Cockburn Street, der George Street, der Royal Mile, der Melville Street, am Waterloo Place, an der Kreuzung West Port und Bread Street und am Museum of Scotland in Edinburgh eine aufwändige Verfolgungsjagd inklusive einer Prügelei in einem Geschäft für Kilts. Dabei stiehlt Jakob einen Teil des »Ares«-Systems und seilt sich über die Dächer ab, während Dom und seine Crew ihn verfolgen und auf den Straßen mit Jakobs Team kämpfen. Für Regisseur Lin war das »ein Tanz« von rasenden Autos, Prominenten und den Einwohnern der Stadt, die von nichts und niemandem getroffen werden sollen. Der Holyrod Park wurde zur Basis der Crew. 52 Straßen wurden für die Aufnahmen gesperrt. Das Ergebnis waren zwölf Minuten im fertigen Film.

Die zu Anfang und später im Film immer wieder auftauchende Rückblende in das Renngeschehen des Jahres 1989 wurde auf dem Irwindale Speedway östlich von Los Angeles gedreht, auch wenn der im Film »Baldwin Speedway« heißt. Außerdem half das Baku Media Centre mit bewegten Bildern des Kaspischen Meeres aus. Gefilmt wurde dort aber nicht. Erst am 11. November, nach knapp fünf Monaten, waren die Dreharbeiten für den 200 bis 225 Millionen Dollar teuren Film abgeschlossen.

Automobile Hauptdarsteller

Das größte und schwerste Fahrzeug, wenn auch nicht das schnellste, war der sogenannte »Armadillo«, ein 4,30 Meter hoher und 26 Tonnen schwerer dreiteiliger gepanzerter Laster mit 16 Rädern, den Picture-Vehicle Supervisor Alex King und Designer Jan Roelfs entworfen hatten. Zwei Stück entstanden, vier Monate lang arbeiteten sie daran. Die Basis waren Mercedes Unimog-Militärfahrzeuge, die in England umgebaut wurden und spezielle Gelenke bekamen, damit die langen Vehikel auch um Kurven fahren und höhere Geschwindigkeiten erreichen konnten. Ein »Armadillo« überlebte die Stunts.

Doms Dodge Charger bekam dieses Mal einen ganz speziellen Ableger mit Mittelmotor, den »Hellacious«. Picture-Vehicle-Coordinator Dennis McCarthy findet es zwar »mit jeder neuen Folge schwieriger, eine neue Version von Doms Charger zu entwickeln«, schätzte aber auch die Herausforderung. Die Firma Speedkore aus Grafton in Wisconsin sorgte gemeinsam mit Designer Sean Smith erneut für den Umbau. 2015 entstand dort schon der »Tantrum«. Immerhin neun Fahrzeuge mit einem 6,2 Liter-Kompressor-V8 wurden für die verschiedenen Bedürfnisse des Films gebaut. Leistung: 707 PS – zwei Fahrzeuge verfügten jedoch über einen Dodge Demon-Motor mit 808 PS. Zwei Fahrzeuge wurden für spezielle Stunts mit Transaxle-Getrieben, anderen Auspuffanlagen und Bremsen ausgestattet. Fünf Wagen waren sogenannte »beater«, das heißt, um bei Kollisionen nicht gleich das ganze Auto zu zerstören, bekamen sie kurz etwas ab oder schoben andere Autos zur Seite. Diese mit V8-Motoren bestückten Autos verfügten über Fiberglas-Karosserien.

Um den Mid-Engine-Charger zu konzipieren, wurde ein eigener Rahmen konzipiert, der Wasserkühler kam nach vorne, die Ladeluftkühler nach hinten. Ein Graziano-Getriebe kam aus einem Lamborghini Gallardo. Hinzu kamen eine extra entwickelte Auspuffanlage von Magnaflow, QA-1 Stoßdämpfer und Brembo-Bremsen, 18 Zoll-Felgen, eine Karosse aus Kohlefaser und eine Lackierung in Mattschwarz. Alles das funktionierte und wurde auch im Film eingesetzt, nur ein Detail war eine Attrappe. Die NOS-Lachgasflasche bewirkte … gar nichts.

Geplant wurden die Stunts mit Spielzeugautos, getestet auf leeren Parkplätzen. Dort wurden auch die »Flugbahnen« der Fahrzeuge berechnet und ausprobiert, denn in der Action-Sequenz in Tiflis werden einige Autos tatsächlich durch die Luft geschleudert. Auch Drehungen auf den Straßen dank angezogener Handbremse wurden immer wieder geübt. »Ein Fehler bei den Aufnahmen, und ein Wagen hätte vielleicht ein Gebäude getroffen oder einen Menschen«, so Spiro Razatos. »So entsteht viel Druck.«
Druck ganz anderer Art spürte Dennis McCarthy bei der Modifikation des Toyota Supra, denn der erwies sich als besonders problematisch. Als er dort einen Beifahrersitz oder Airbag ausbauen ließ, um eine Kamera zu positionieren, ging der Wagen in einen Fehlermodus. So musste die Elektronik erstmal gehackt werden. Daher war ein Spezialist von Toyota am Set, um das Computersystem des Wagens einzustellen oder zu verbessern. »Manchmal wollen wir, dass die Autos nicht so perfekt sind«, so McCarthy. »So ist das eben in der Filmwelt. Wir wollen das übertreffen, was wir zuvor gemacht haben. Also versuchen wir, mit den Autos etwas zu machen, was die nicht wollen.«

Gemäß der Aussage von McCarthy, dass sich im Laufe der Jahre »die Autos der Darsteller zusammen mit den einzelnen Figuren entwickelt haben« und sie zu »Erweiterungen ihrer Persönlichkeit« geworden seien, arbeite er »mit jedem neuen Kapitel daran, die Autos mit den Darstellern zu synchronisieren. Das Ziel ist immer, dass das Publikum sofort weiß, welches Auto zu welcher Figur gehört.« In diesem Fall bekam Letty einen silbernen Chevrolet Nova SS, Han einen orangefarbenen Toyota GR Supra, Tej einen silbergrauen Jeep Gladiator und Roman einen silberfarbenen Honda Acura NSX. Widersacher Jakob raste mit einen dunkelblauen Ford Mustang im Shelby GT350-Style aus dem Jahr 2015 durch die thailändische Landschaft und hob damit auch mal ab.

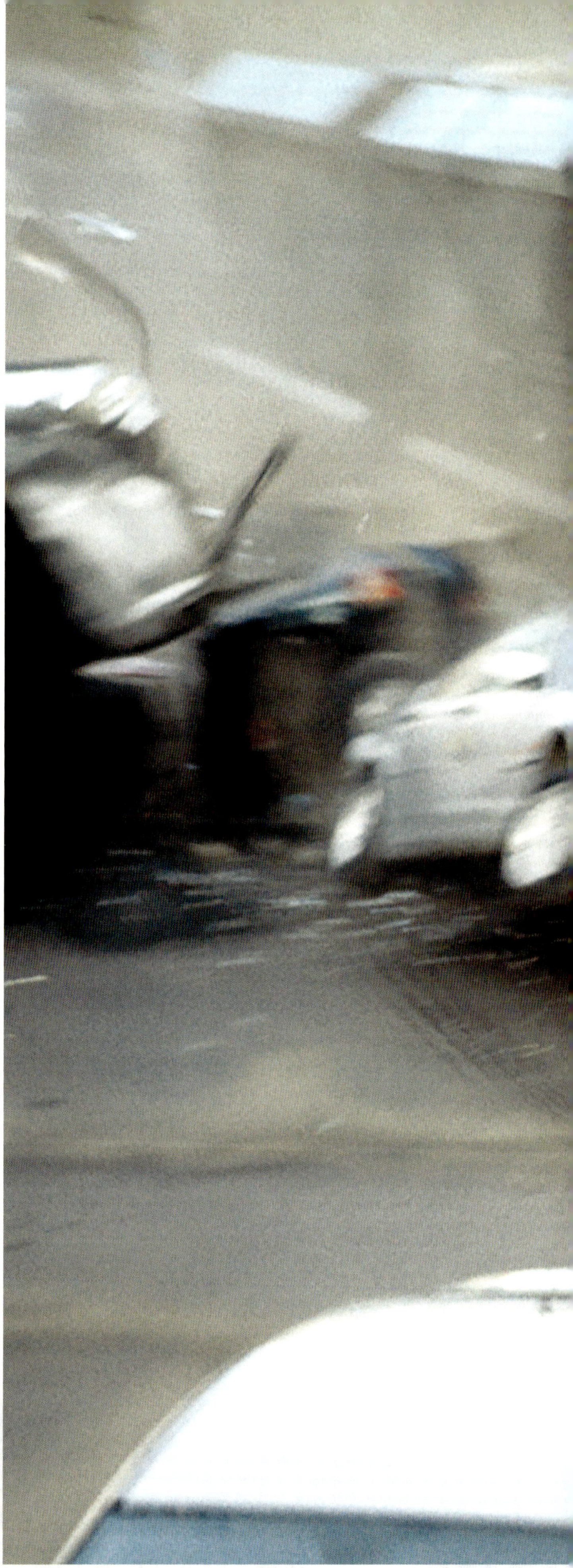

Premieren, Starttermine

Ursprünglich war geplant, dass der Film am 19. April 2019 in die US-Kinos kommen sollte, doch er wurde sowohl wegen der drohenden Konkurrenz durch »Hobbs & Shaw« und Daniel Craigs letzten Bond-Film als auch wegen der Corona-Pandemie noch viermal verschoben.

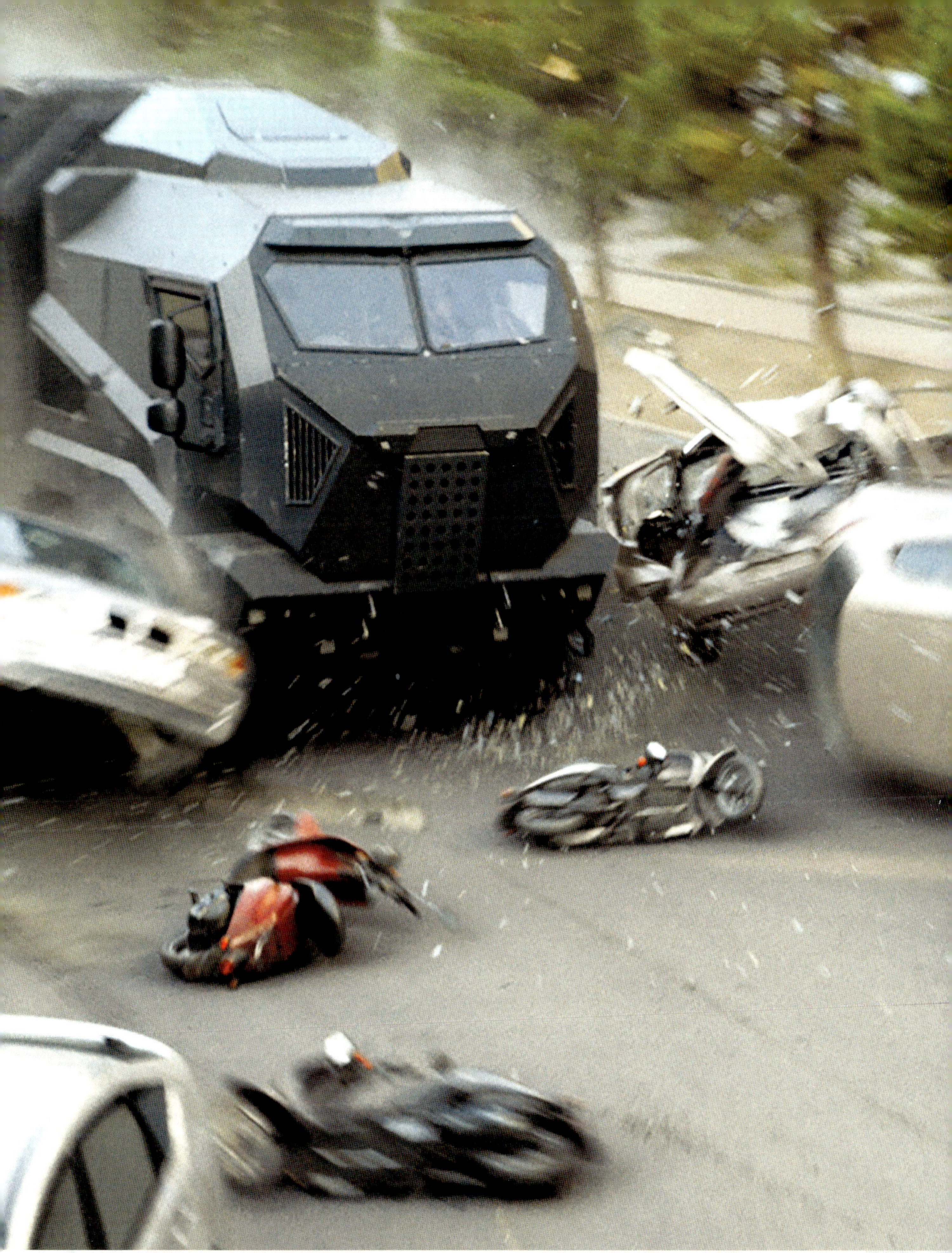

Der 26 Tonnen schwere »Armadillo« entstand aus ausgedienten Unimog-Lastern.

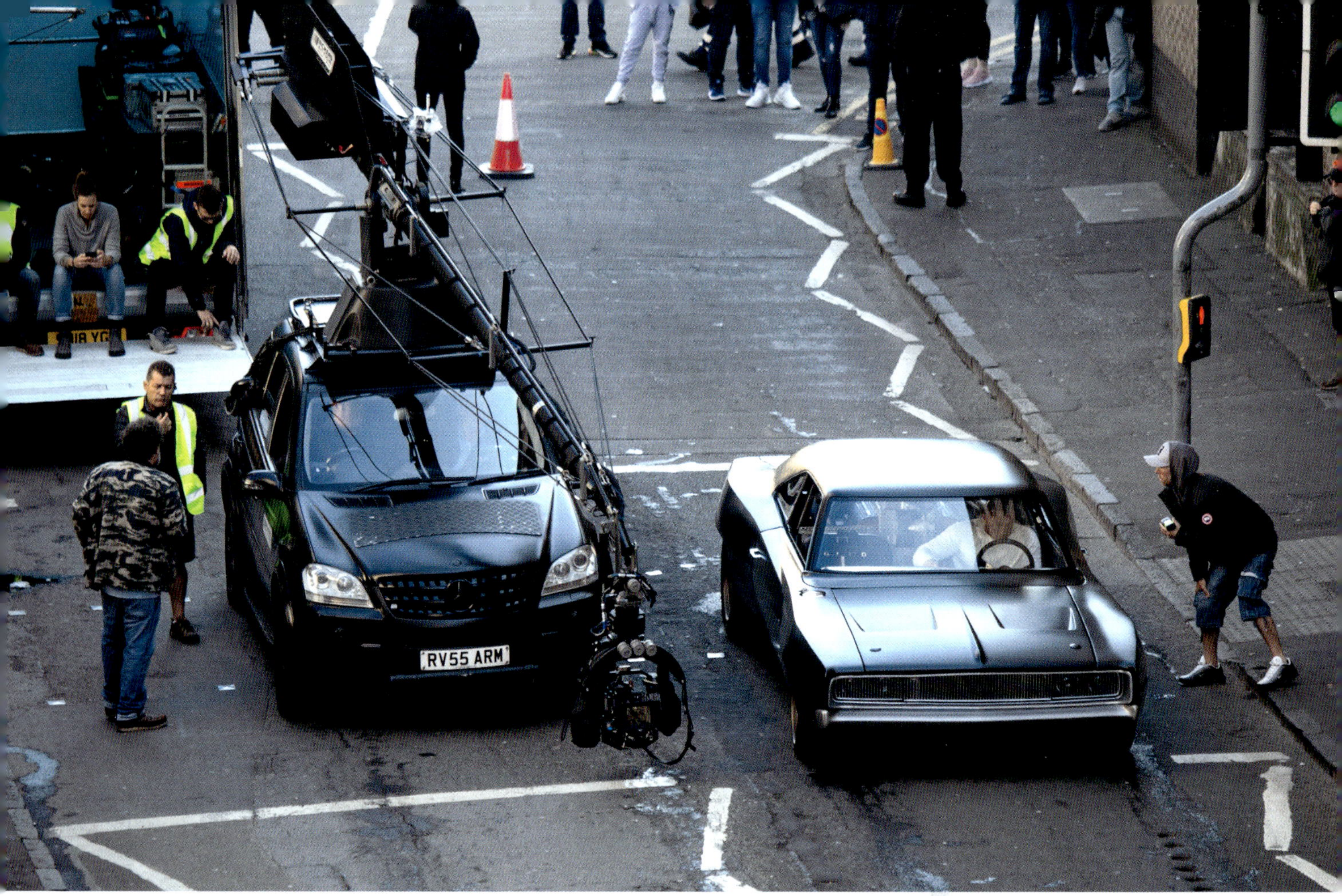

In Edinburgh wurden Szenen mit Doms 1968er Dodge Charger Hellacious gedreht.

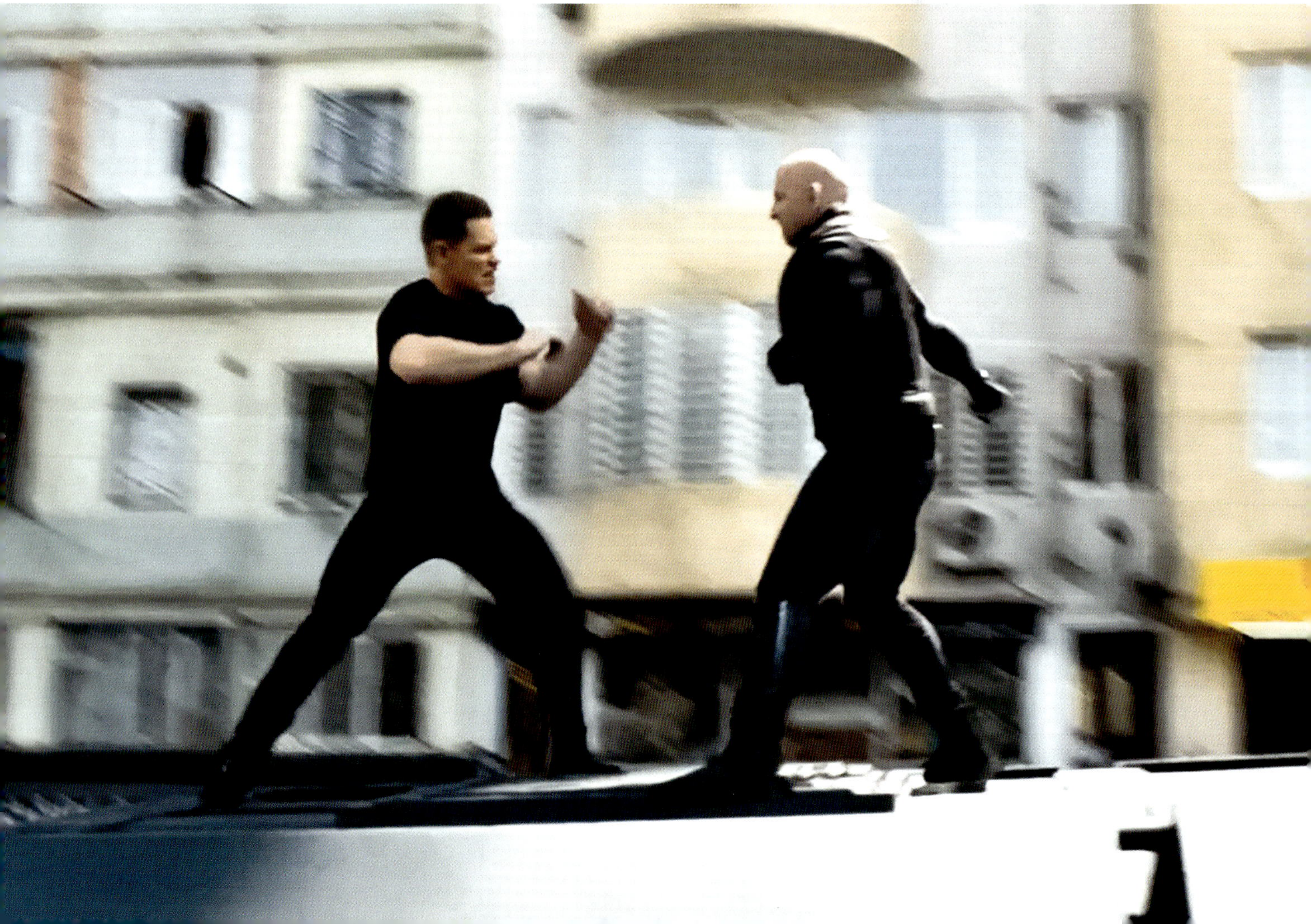

Die Feierlichkeiten rund um den Film begannen rund dreieinhalb Monate vor der ersten Premiere. Am 31. Januar 2020 wurde in Miami ein sogenanntes »Fan Event« begangen. Dort gab es ein Konzert und der erste Trailer wurde gezeigt. Ungewöhnlicherweise kam der Film zuerst am 19. Mai in Südkorea in die Kinos. Am 18. Juni folgte die »Weltpremiere«, die keine mehr war, im Chinese Theatre in Los Angeles unter dem Titel »F9: The Fast Saga«. Erstmals war dort auch Pauls Tochter Meadow Rain Walker zu Gast. Zum 20. Jubiläum der Serie enthüllte Universal am 21. Juni mehrere Jubiläumsplakate, bevor der Film vier Tage später in die US-Kinos kam. Am 15. Juli war der Filmstart in Deutschland.

Im September 2020 einigten sich Universal und Produzent Neal H. Moritz schließlich außergerichtlich und setzen die Zusammenarbeit fort. Schon während der Dreharbeiten zu »Fast & Furious 9« in der Rosslyn Church in Edinburgh kam es zu einem ersten Planungsgespräch zwischen Moritz und Vin Diesel über den Nachfolgefilm.

Anekdoten, Reaktionen

John Cena, der Darsteller des Jakob, erzählte in einem Interview, dass ein »limitierter Jaguar im Wert von 250.000 Dollar direkt vor meinen Augen zerstört wurde. Ich konnte nicht laut schreien«, gestand Cena, »weil ich gerade vor der Kamera stand, aber ein Teil von mir war schwer verletzt. Es brach mir das Herz.« Nathalie Emmanuel, Darstellerin der Computerhackerin Ramsey, erzählte, dass es »eine sehr professionelle Truppe von Stuntmen gibt, die die gefährlichen Szenen dreht. Meine Mitwirkung sieht dann so aus, dass ich in einem fest verankerten Fahrzeug sitze, zumeist vor einer Green Screen-Wand und Leute dafür sorgen, dass sich der Lkw bewegt. Ich tue dann nur so als ob.«

Mit den ersten eigenen Autos hatte John Cena keine guten Erfahrungen gemacht: »Mein erster Wagen war ein brauner 1984er Cadillac Coupe DeVille mit beigefarbener Innenausstattung in Vinyl. Ich war 15 Jahre alt, fuhr auf einer Wiese in einer Kleinstadt in Massachusetts und konnte nicht gut damit umgehen. Nach drei Monaten waren das Getriebe und die Heckstoßstange kaputt. Mein erster Wagen, mit dem ich auf der Straße gefahren bin, war ein 69er Chevrolet Nova SS mit einem 396 cui V8-Motor. Der hatte zu viel Leistung für einen jungen Mann und hat auch nicht lange überlebt. Er ist einfach zusammengebrochen.«

Die positiven Erfahrungen, die das Filmteam in Georgien machte, führten dazu, dass Universal im September 2020 drei Location Scouts dorthin schickte, um eventuelle Drehorte für weitere Filme ausfindig zu machen.Bei diesem Film gab Universal allein 9,81 Millionen Euro im Land aus. Dass dort mehr gedreht wurde, als in der Kinofassung zu sehen ist, beweist der sieben Minuten längere sogenannte »Director´s Cut«, der auf DVD veröffentlicht wurde. Auch die Verfolgungsjagd mit dem »Armadillo« ist (noch) länger.

Noch bevor der Film in die Kinos kam, erschien nach »Hobbs & Shaw« ein weiterer Ableger der »Fast & Furious«-Welt, allerdings war der nur bei Netflix zu sehen und richtete sich vor allem an ein jüngeres Publikum. Die am Computer entstandene Animationsserie »Spy Racers« entstand exklusiv für den Streamingdienst. Die erste von insgesamt sechs Staffeln mit 52 Folgen war am 26. Dezember 2019 zu sehen. Erzählt wird von Dominic Torettos Cousin Tony, der gemeinsam mit Freunden etwas über die kriminelle Organisation Sh1ft3r herausfinden soll, die mit Hilfe von Autorennen Verbrechen begeht. Dazu zählen Einbrüche und Diebstähle. Tony Toretto ist, ganz im Gegensatz zu seinem Onkel, hier von Anfang an gesetzestreu. An die anderen Filmfiguren angelehnte Charaktere tauchen gar nicht erst auf. Allerdings ist Vin Diesel sporadisch mal in Kurzauftritten präsent. Er war neben Drehbuchautor Chris Morgan auch einer von vier ausführenden Produzenten. Die Serie endete am 17. Dezember 2021 mit dem Streaming der sechsten Staffel. Einen Monat zuvor erschien noch das Computerspiel »Fast & Furious Spy Racers: Rise of SH1FT3R« mit 17 Rennstrecken. Im April 2022 kam eine Erweiterung mit neuen Rennstrecken in Alaska und vier neuen Fahrzeugen hinzu.

Die animierten Fahrzeuge muss man wenigstens nicht abschreiben, ganz im Gegensatz zu den realen 250 plus x, die laut Regisseur Justin Lin nach den Dreharbeiten den Schrottpressen zugeführt wurden. Das britische Versicherungsportal Uswitch hat einmal spaßeshalber ausgerechnet, wie hoch denn der Versicherungsschaden liegen würde und kam auf umgerechnet 3,7 Millionen Euro. Gegenübergestellt wurde auch der Schaden des ersten Films aus dem Jahr 2001: Es waren nur 146.700 Euro. Da wurden aber auch »nur« 78 Fahrzeuge zerstört.

»Ich habe im Laufe der Jahre gelernt, gegenüber den zerstörten Autos nicht zu emotional zu sein«, sagte Dennis McCarthy zu den immer größer werdenden Blechorgien. »Wenn man sieht, wie ein Auto getroffen wird, ist das ja nicht schlimm«, so Regisseur Justin Lin. »Ich weiß ja, dass es noch sechs bis acht andere davon gibt, die ich benutzen kann. Wenn ich sage, dass ich mehr Autoüberschläge haben möchte, dann bekomme ich mehr Autos. Mir macht es nichts aus, moderne Autos zu zerstören – es sind die Klassiker, die wehtun.«

Kampf unter Brüdern: Dominic und Jakob Toretto.

Jack Toretto:
»Es geht nicht darum der stärkere Mann zu sein. Es geht darum, Größe zu zeigen.«

Dom:
»Vorsichtig.«
Letty:
»Vorsichtig werde ich, wenn ich verletzt bin.«

Roman:
»Habt ihr mal darüber nachgedacht wie viele wilde Missionen wir durchgezogen haben und dass wir immer überleben? Wir sind nicht normal.«

Gegner sagt:
»Das Schlimmste, was du einen Toretto antun kannst, ist, ihm die Familie wegzunehmen.«

Roman:
»Zwei Jungs aus dem Ghetto, im Weltall. Dir ist schon klar, dass uns das keiner glauben wird.«
Tej:
»Du hast recht.«

Roman:
»Was soll ich jetzt machen?«
Tej:
»Am besten dein Gaspedal durchtreten und beten.«

Dom:
»Es kommt nur auf den Fahrer an.«

Magdalene Shaw:
»Zum Glück bin ich nicht die Einzige mit einer Familie voller Exzentriker.«

Roman:
»Was wollen wir tun? Entführen wir ein Space Shuttle, schnallen wir uns Raketen auf den Rücken?«
Dom:
»Ja, genau das werden wir tun.«

Roman:
»Wir sind nicht unbesiegbar. Wahrscheinlich hatten wir die ganze Zeit einfach nur Glück. Wenn wir schon draufgehen, dann wenigstens hier oben im Himmel.«

DIE SCHÖNSTEN / SCHRÄGSTEN DIALOGE

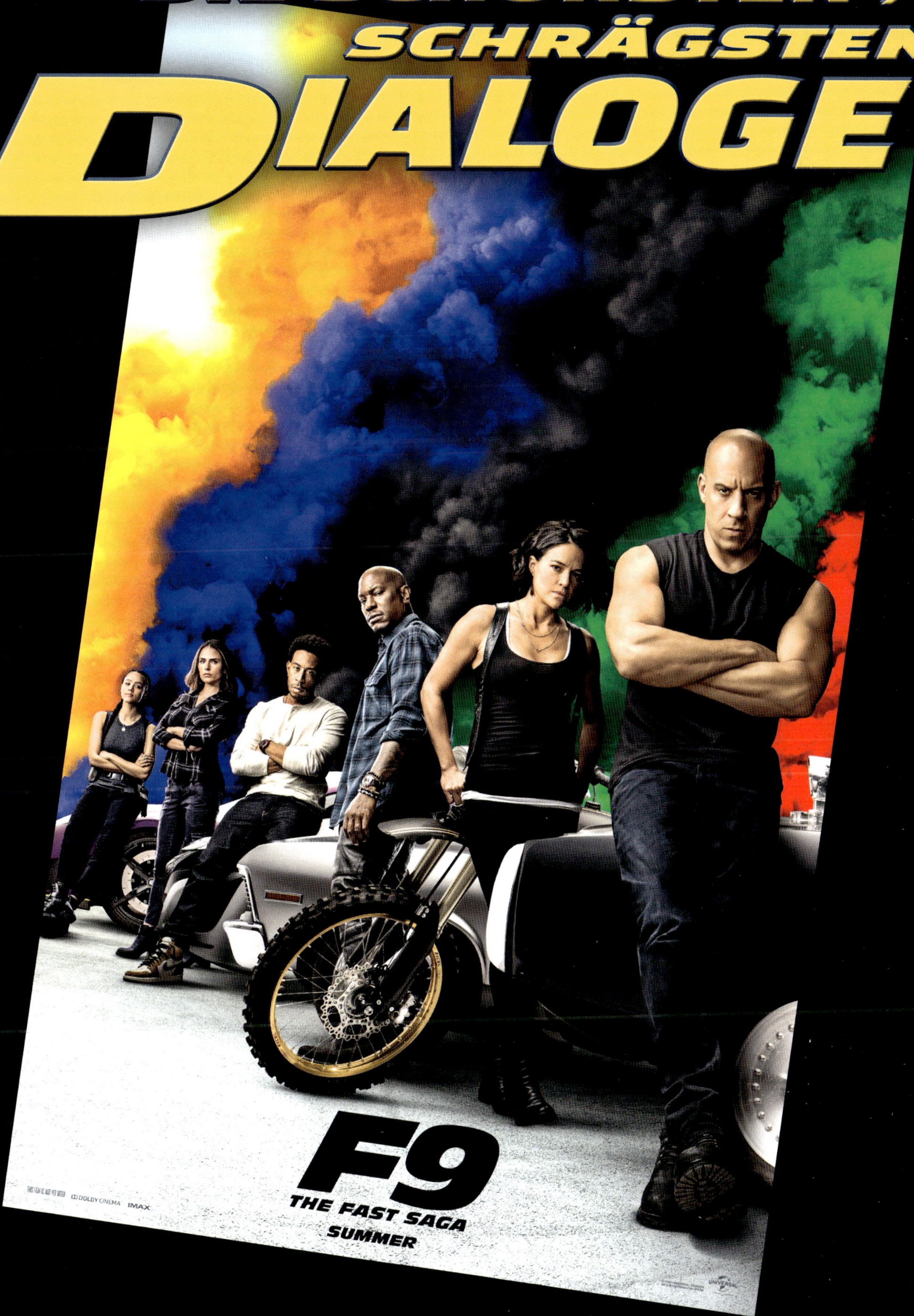

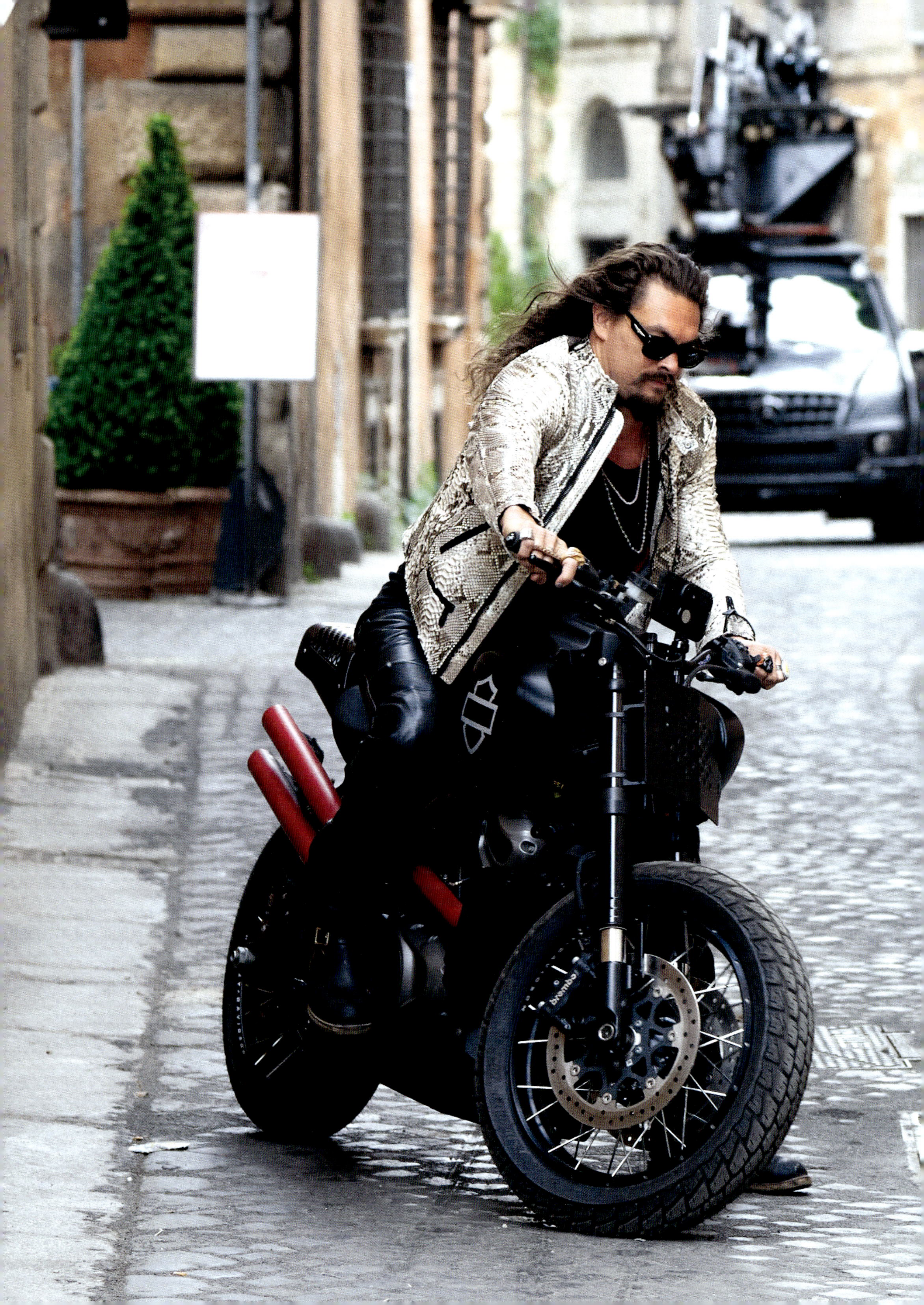

FAST AND THE FURIOUS 10
(2023)

»EINER VON UNS KÖNNTE DAS VIELLEICHT NICHT ÜBERLEBEN.«

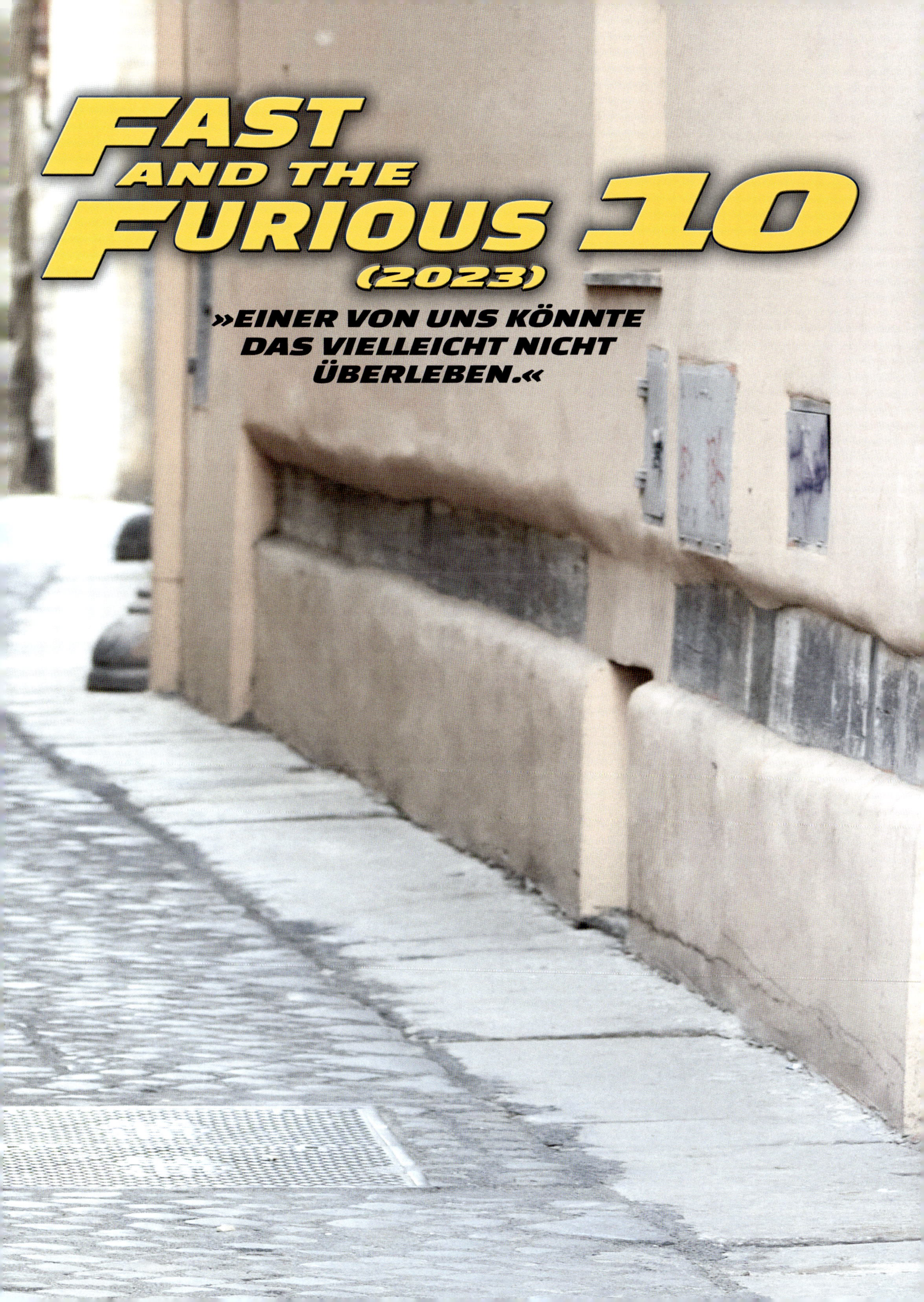

Inhalt + Hintergründe

Wie schon bei früheren Filmen versuchten die Macher, die Geschichte des Films so lange wie möglich geheim zu halten – auch wenn bei dieser Filmreihe die Story ja nie wirklich das Zugpferd ist, um Zuschauer anzulocken. Der Ausgangspunkt war, dass man unbedingt so viele der früheren Mitwirkenden wie möglich in den Film integrieren wollte und dieses Ensemble um ein paar neue Personen erweiterte. Teil der Story ist die Rache des von Jason Momoa (»Justice League«, »Aquaman«, »Dune«, »Game of Thrones«) gespielten Dante an Dom und seiner Familie. Der Grund erklärt sich in einem Rückblick auf den Film »Fast & Furious 5«, der auch eine Hommage an Paul Walker ist. Beim Finale des Films stirbt Drogenhändler Reyes – Dante ist sein Sohn. Er macht Jagd auf Doms Team und entführt dessen Sohn Brian. Momoa beschrieb seine Figur als »sadistisch, schrullig, androgyn, sonderbar und bizarr.« »Es zieht ein Krieg auf, und es wird furchtbare Opfer geben«, sagte Regisseur Louis Leterrier dazu. »Die Guten werden die Bösen, und die Bösen werden die Guten.«

Weiterhin neu sind Rita Moreno (»West Side Story«) als Doms Oma, die das schon fast traditionelle Barbecue für eine Rede nutzt. Es ist das fünfte in der Reihe. Auch Brie Larson als »Tess« ist neu. Sie ist seit 2020 Markenbotschafterin von Nissan.

Dreharbeiten, Drehorte, Budget

Am Mittwoch dem 20. April 2022 informierte Vin Diesel via Instagram seine Follower über die Fortsetzung der Reihe und nannte »Fast X« als nächsten Titel. Einen Tag später begannen die Dreharbeiten. Nach nur sechs Tagen stieg Regisseur Justin Lin, der zuvor schon fünf Filme der Reihe inszeniert hatte, aus. Er geriet schon am 23. April mit Vin Diesel aneinander, als der plötzlich mit neuen Ideen auf ihn zukam. Lin gab Diesel deutlich zu verstehen, dass er nicht bereit sei, weiterhin seine »psychische Gesundheit« aufs Spiel zu setzen und verließ den Regiestuhl. Nach internen Quellen kam Diesel mehrfach zu spät, wusste seine Texte nicht und wurde als »nicht fit« beschrieben. Hinzu kam, dass der Part für einen der Widersacher zu der Zeit immer noch nicht besetzt war. So blieb Justin Lin dem Film nur als Ko-Autor und Produzent verbunden. Gemeinsam mit Dan Mazeau hatte er das Drehbuch geschrieben, an dem aber immer noch gearbeitet wurde. Universal verlangte Änderungen am Skript und spielte den Streit herunter. In einem Statement hieß es, dass die »kreativen Differenzen« zwischen Lin und dem Studio entstanden waren und »nicht mit Produzenten, der Besetzung oder dem Team.« Die Firma entschied dennoch, einen zusätzlichen Autor nach London zu schicken, um an den Dialogen zu feilen. Auch die Drehorte wechselten noch. So wurde unter anderem ein osteuropäischer Drehort aufgrund des Krieges in der Ukraine gestrichen.

Die entstandene Pause kostete Universal viel Geld – angeblich eine Million Dollar pro Tag. Man suchte fieberhaft nach einem Ersatz. »Wir standen zwei Wochen ohne einen Regisseur da«, klagte auch

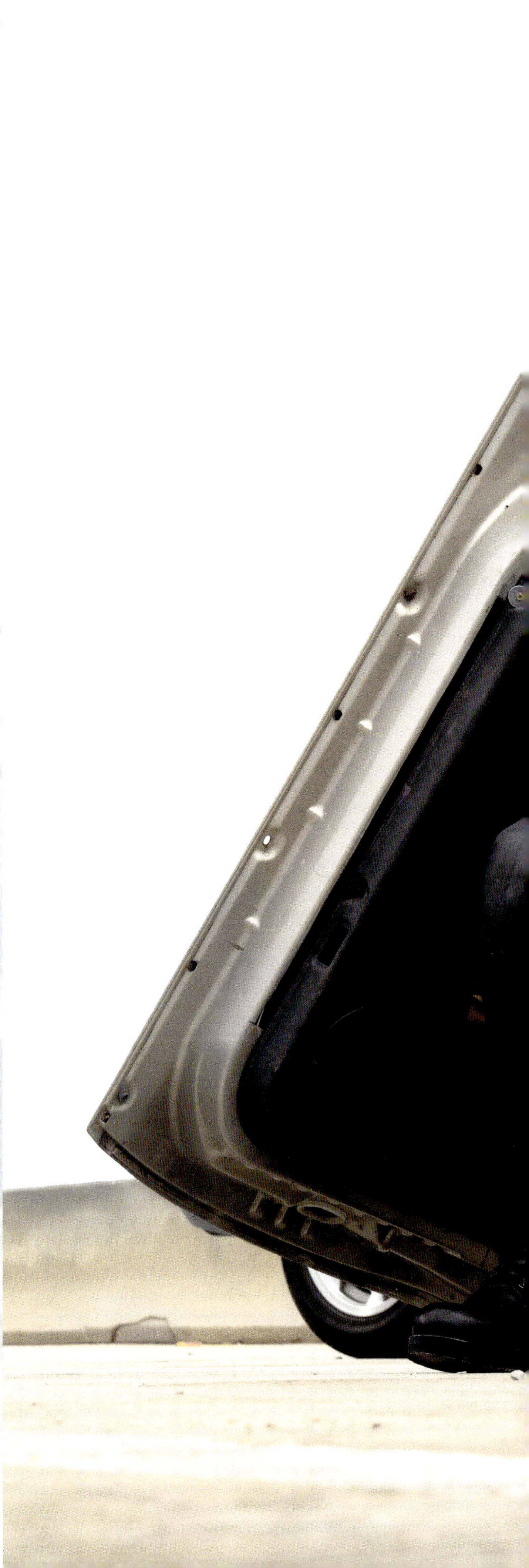

Vin Diesel während der Dreharbeiten zu »Fast & Furious 10«.

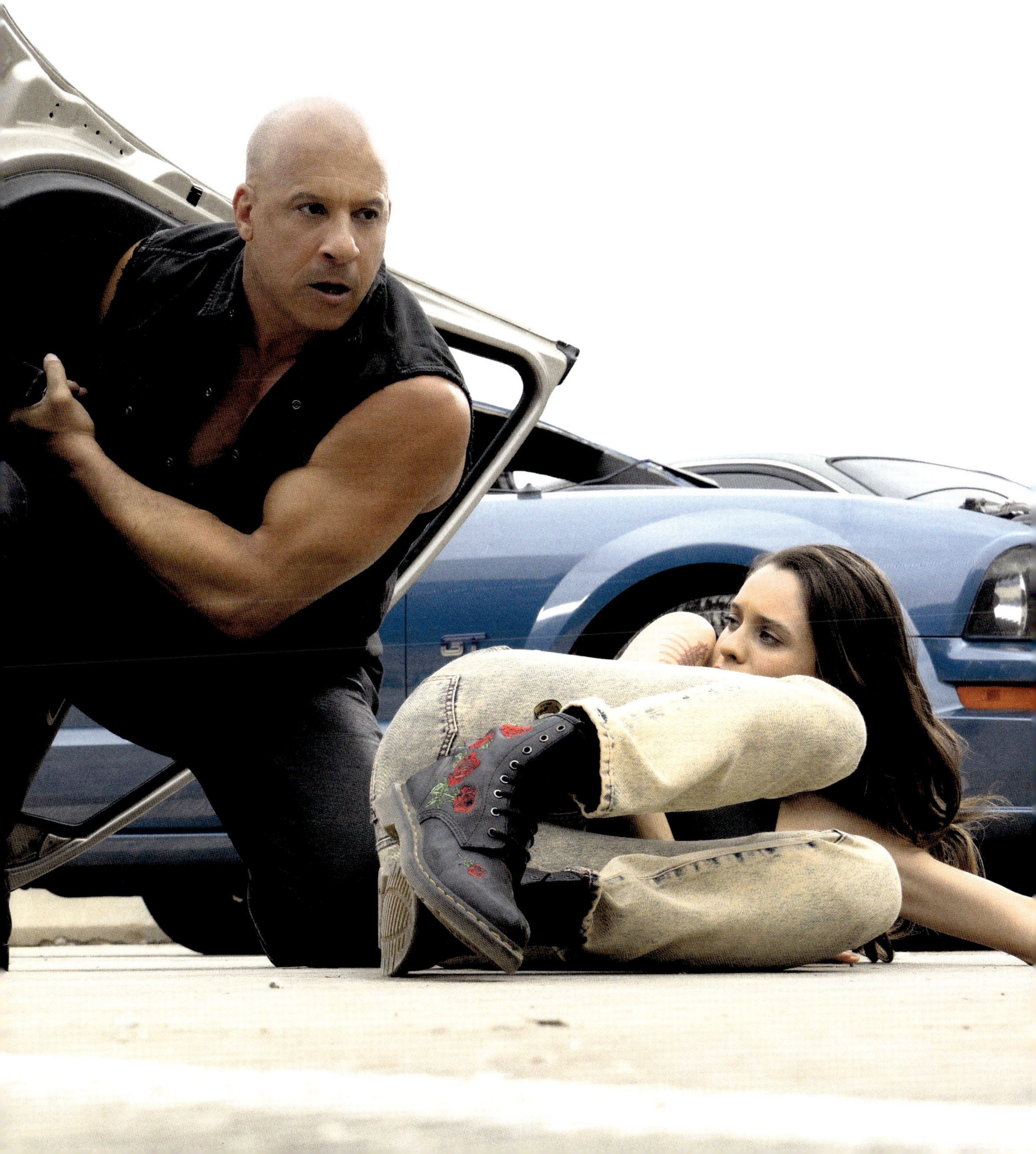

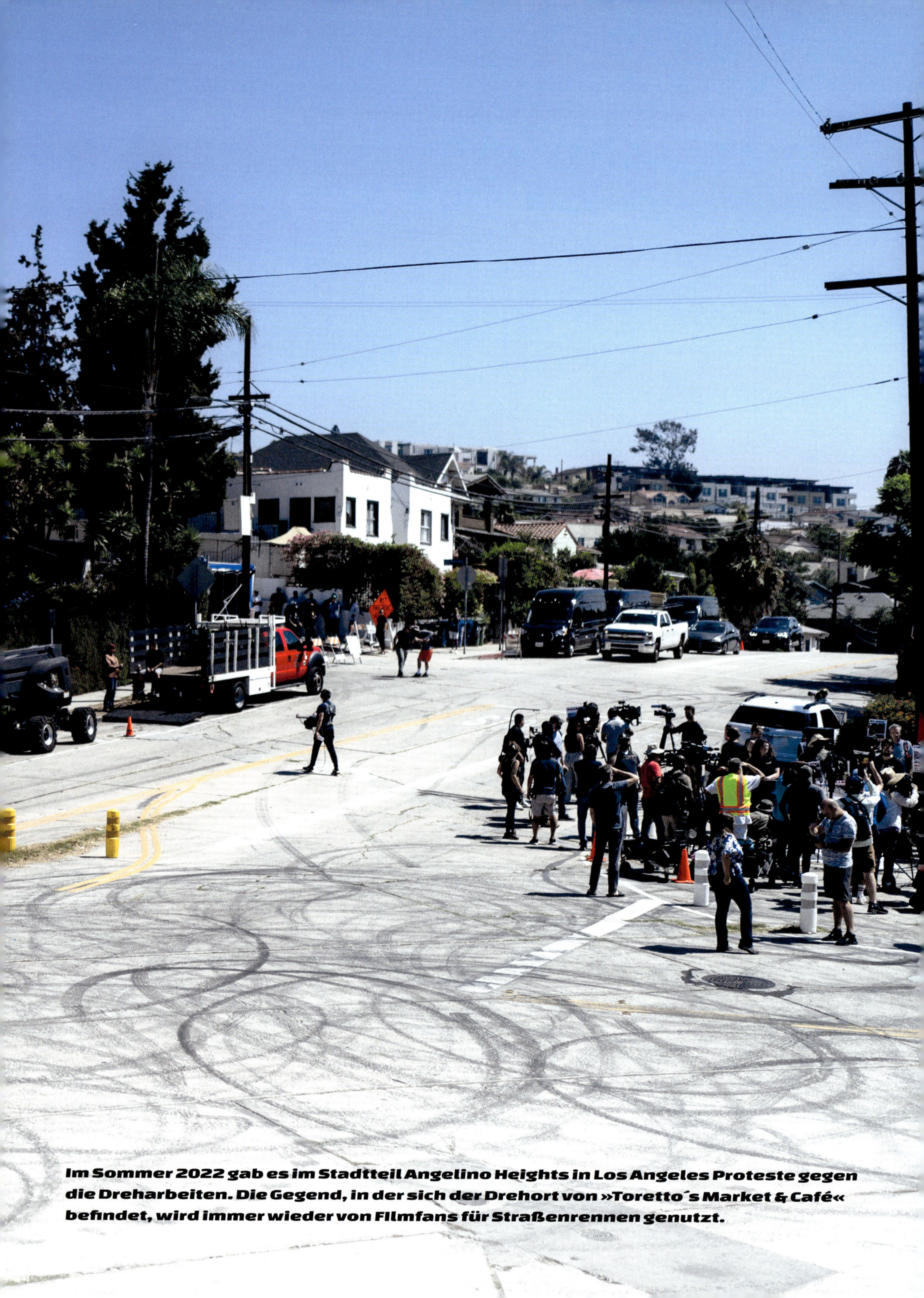

Im Sommer 2022 gab es im Stadtteil Angelino Heights in Los Angeles Proteste gegen die Dreharbeiten. Die Gegend, in der sich der Drehort von »Toretto´s Market & Café« befindet, wird immer wieder von Filmfans für Straßenrennen genutzt.

Michelle Rodríguez, »was sollten wir also tun?« David Leitch, James Wan und F. Gary Gray, die alle schon Filme der Reihe inszeniert hatten, sagten ab. Am 2. Mai 2022 wurde der Franzose Louis Leterrier zum Ersatzmann, worüber sich Rodríguez sehr freute: »Er kam mit all seiner Energie und Liebe, die wir seit einigen Jahren nicht zu spüren bekamen. Er ist ein echter Fan. Nach all den Jahren kann man als Schauspieler leicht abstumpfen, man vergisst dann fast, was man tut. Dann braucht man einen Regisseur wie Louis, der einen neu motiviert und dazu bringt, wahre Magie für die Leinwand zu erschaffen.«

Leterrier brachte ein ganzes Team aus Spezialisten für Spezialeffekte und Kampfszenen aus Frankreich mit und arbeitete mit vielen Drohnenaufnahmen. Als erstes drehte er in London. Mitte Mai reiste das Team für zwei Wochen nach Rom und kehrte Mitte Juli für eine Woche in die italienische Hauptstadt zurück. Dort entstanden beispielsweise am 18. Juli Szenen mit Diesel und einem grauen Dodge Charger Hellcat vor dem Colosseum. Vom 24. Mai bis zum 6. Juni wurde Turin zum Schauplatz einer aufwendigen Action-Sequenz. Am letzten Tag verletzte sich ein Stuntman bei einem Unfall, als er bei einer Explosion Autoteile abbekam. Die nächsten Drehorte waren die portugiesischen Städte Lissabon und Vila Real sowie die Region um Vouzela, denn die Produktion schlug dort von Mitte bis Ende Juli 2022 in Viseu ihr Hauptquartier auf. Für Action-Szenen wurde ein Teilstück der Autobahn A 24 zwischen Vilarinho da Samardã (Vila Real) und Vila Pouca de Aguiar gesperrt. Dort wurde ein Auto auf die andere Straßenseite katapultiert. Im Anschluss ging es wieder nach Großbritannien. Man blieb bis Mitte August in der englischen Hauptstadt, drehte auf den Straßen, aber auch in den außerhalb gelegenen Warner Bros. Leavesden Studios. Ende August entstanden Szenen auf vertrautem Terrain in Angelino Heights in Los Angeles, wo sich »Bob's Market« (»Toretto's Market & Café«) befindet und wo es vor Drehbeginn am 26. August erneut zu Protesten von Anwohnern kam. Das geschah aus gutem Grund, denn die Gegend wird, wohl auch als Reaktion auf die Filme, bevorzugt von Straßenrennfahrern frequentiert.

Damian Kevitt, der Gründer der Initiative »Streets Are For Everyone«, erzählte, dass in »fast jeder Nacht, speziell an den Wochenenden, Fahrer zu ›Bob's Market‹ kommen, um ihre Reifen zum Quietschen zu bringen und Gummi zu verbrennen, was zu einer Reihe von Problemen in der Nachbarschaft geführt hat.« Er selbst verlor ein Bein, als er 2013 von jemandem umgefahren wurde, der Fahrerflucht beging. Im Jahr 2022 haben die schweren Verkehrsunfälle in Los Angeles um 13 Prozent zugenommen, im Stadtteil Angelino Heights sogar um 23 Prozent. Driften und Drehungen sind nahe der Drehorte Alltag und finden nicht nur tagsüber, sondern auch nachts statt. Eine schwere Belastung für die Nachbarschaft, die dies zum Teil als »Albtraum« bezeichnet. Anfragen bei Universal, die entsprechenden Drehorte nachzubauen, wurden abgelehnt. Das Aufstellen von Plastikpollern gegenüber von »Bob's Market« führte nur zu einer minimalen Verlagerung der Szene.

Im Gegensatz zu der realen Gefahr auf den Straßen stehen immer wieder Aussagen der Akteure. So bedankte sich Schauspielerin Daniela Melchior nach ihrer Verpflichtung bei Vin Diesel am 27. Mai 2022 via Instagram und schrieb: »Now fas-ten your seatbelts and expect the unexpected.«

Zusätzlich wurden erneut Rio de Janeiro und San Juan in Puerto Rico zum Drehort. Um die Anschlussszenen an die Aufnahmen zu inszenieren, die bereits in »Fast & Furious 5« eine Rolle spielen, wurde ab dem 9. September 2022 in dem Stadtteil Santurce gefilmt. Weitere Szenen entstanden in der Antarktis.

Im Mai 2022 soll der Film schon ein Budget von 300 Millionen Dollar gehabt haben, im November sogar 340 Millionen. Nach jüngeren Quellen soll es inzwischen 356 Millionen Dollar hoch sein. Damit wäre es der viertteuerste Film aller Zeiten – und das Budget entspricht fast dem zehnfachen des ersten Films aus dem Jahr 2001. Das liegt aber auch daran, dass die Gagen der Hauptdarsteller zusammen genommen schon 100 Millionen Dollar betragen sollen. Den Löwenanteil davon kassiert Vin Diesel mit allein 20 Millionen. Es mag aber auch an hochklassigen (und daher teuren) neuen Mitwirkenden liegen. Auch Gisele (Gal Gadot) taucht wieder auf, obwohl es in »Fast & Furious 6« noch so wirkte, als sei sie gestorben.

Automobile Hauptdarsteller

Erstmalig in der Reihe spielen elektrisch angetriebene Fahrzeuge wichtige Rollen. Dazu zählen ein Dodge Charger Daytona SRT Banshee Concept, der erst 2024 auf den Markt kommen und, je nach Leistungsstufe, zwischen 462 und 680 PS haben soll. Stellantis-Chef Carlo Tavares versprach auch einen ganz besonderen Sound für den Wagen, »den sie sich nicht vorstellen können.« Auch ein DeLorean Alpha 5, eine Neuinterpretation des berühmten Filmfahrzeugs aus der »Zurück in die Zukunft«-Trilogie in weißmetallic, der auch wieder über die charakteristischen Flügeltüren verfügt, ist mit dabei. Er wurde am Set in Los Angeles gesichtet und soll wesentlich kraftvoller »losfliegen« können als der DMC-12 mit den 132 PS von damals. In der US-Metropole entstand auch eine Verfolgungsjagd in den ausgetrockneten Flussbetten, in der Doms Bruder Jakob einen Chevrolet El Camino mit Raketenabschussvorrichtung steuert.

Im Film sind außerdem der TorRed Dodge Charger R/T und der bereits bekannte 1970er Charger R/T mit von der Partie sowie ein Dodge Charger Daytona SRT EV in schwarzmetallic. Dom »fliegt« in einem der Wagen auch (mal wieder) aus einem Flugzeug und holt zwei Helikopter vom Himmel. Nach verschiedenen heimlich gemachten Fotos vom Set wurde klar, dass auch der orangefarben und schwarz lackierte Mazda RX-7 VeilSide Fortune aus dem dritten Film »The Fast and the Furious: Tokyo Drift« wieder zu Ehren kommt. Er wurde auch damals schon von Sung Kangs Figur Han gefahren. Der schrieb in einer Instagram-Nachricht: »Good to see you old friend ... You've aged well.«

Am Set in Turin wurden außerdem ein viertüriger 2022er Dodge Charger Hellcat (Widebody), Lettys Chevrolet Nova SS, ein roter 66er Ford Fairlane, mehrere orangefarbene Alfa Romeo 2000 GTV mit schwarzen Streifen (Kennzeichen: Roma 59 S8RS) aus dem Jahr 1971 und zwei gelbe Nissan Datsun 240 Z mit aus dem Kotflügel austretenden Auspuffrohren gesichtet. Dazu noch zwei schwarze 1970er Dodge Charger, drei goldfarben folierte Lamborghini Gallardo, die abseits der Dreharbeiten das vielsagende Kennzeichen CAR SICK trugen, ein blauer gepanzerter Laster sowie diverse dunkelblaue Alfa Romeo 159 der Carabinieri von denen sich mindestens einer im Film überschlägt. In Turin entstanden auch aus einem Helikopter gefilmte Szenen, in denen eine riesige graue Metallkugel durch die Straßen rollte und von einer Brücke in den Fluss Po stürzte. Ein silberner Linienbus der Nr. 23 wird schwer in Mitleidenschaft gezogen. Die Kugel zerteilt ihn in zwei Hälften. Ein Pkw in graumetallic »fliegt«, wenn auch an einem Seil gezogen, ebenfalls in den Po und »landet« – auf dem Dach. Das wird im Film anders aussehen. Auch schwarze Dodge Charger SRT 8, die schon in »Fast & Furious 5« einen Auftritt hatten, ein umgebauter schwarzer Chevrolet El Camino, mehrere schwarze 5er BMW, ein Lexus IS 500 F Performance in blaumetallic, ein grüner Porsche 911 GT 3 und ein Jeep Gladiator Rubicon tauchten auf. »Wir haben auch Hummer explodieren lassen, die durch Rom fliegen«, sagt Regisseur Leterrier. Es wird einige ikonische Bilder in diesem Film geben, aber solange Dom Toretto sich hinter dem Steuer eines Wagens befindet, gibt es nichts, was für ihn unmöglich ist.«

Widersacher Dante (Jason Momoa) nutzt einen lavendelfarbenen Chevrolet Impala SS und eine mattschwarze Harley-Davidson Pan America. Das ist in Bezug auf die Harley kein Zufall: der Hawaiianer ist Markenbotschafter des US-Motorradherstellers.

Als kleine Reminiszenz an »Fast & Furious 6« ist auch wieder der verkleidete Rennwagen dabei, der schon damals Autos mit seiner vorderen Rampe »auf die Hörner« nahm und durch die Luft schleuderte. Allerdings wurde die neue Version verbessert, sie hat nun sechs Räder. Er wurde intern »Flip Car 2.0« genannt. Es ist also sicher, dass die Auto-Zerstörungsorgie mit immensem Budget weitergeht und auch viele wiederkehrende Elemente eine Rolle spielen. Wie im Anhang ausführlich dargestellt, sind seit dem Jahr 2001 in mittlerweile zehn Filmen der Reihe circa 2.100 Fahrzeuge zerstört worden – vor allem Autos. Schon der erste Teil zählte 78 Stück. Seit dem dritten Teil sind es zwischen 249 und mehr als 400. Zum Vergleich: Filmklassiker mit großen Verfolgungsjagden von früher haben das nie erreicht. Bei »Bullitt« (1968) waren es mehr als 80 Autos und bei den »Blues Brothers« (1980) »nur« 104.

Premieren, Starttermine, Ausblick

Am 14. Dezember 2022 gab es in Los Angeles ein erstes Test-Screening von »Fast X«. Als man eine Woche später erneut eines veranstaltete, war der Film leicht verändert. Der größte Clou war,

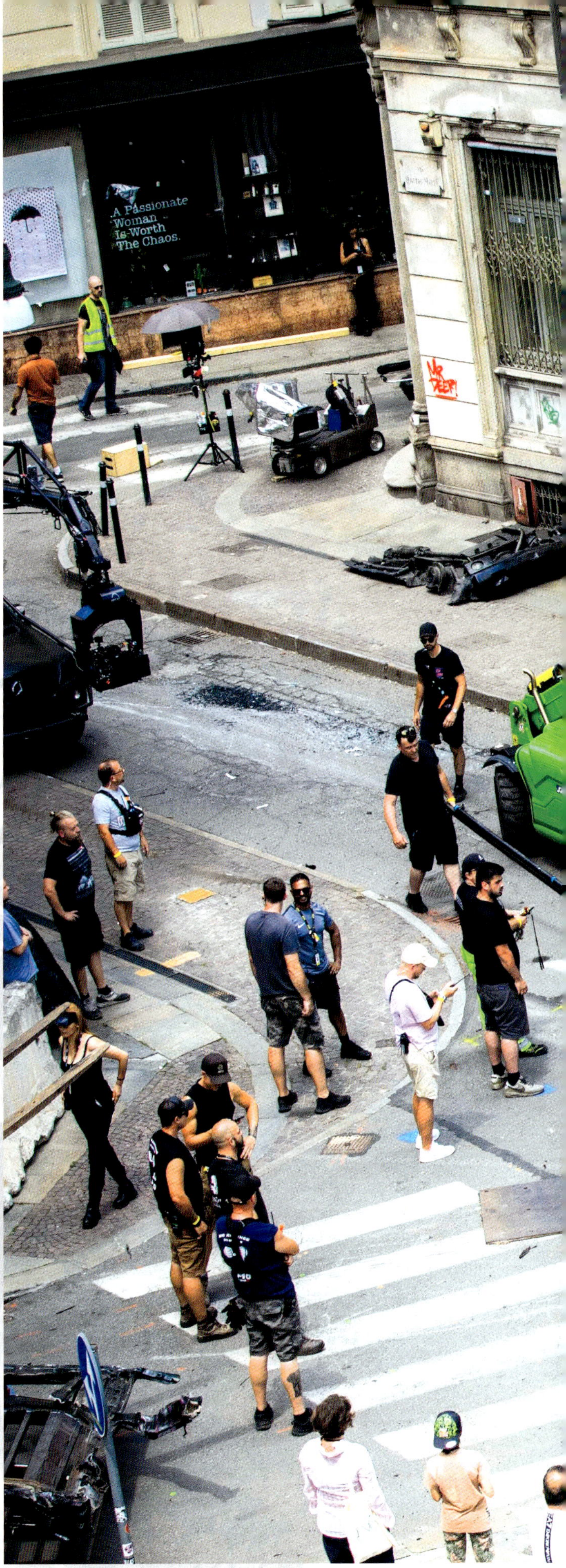

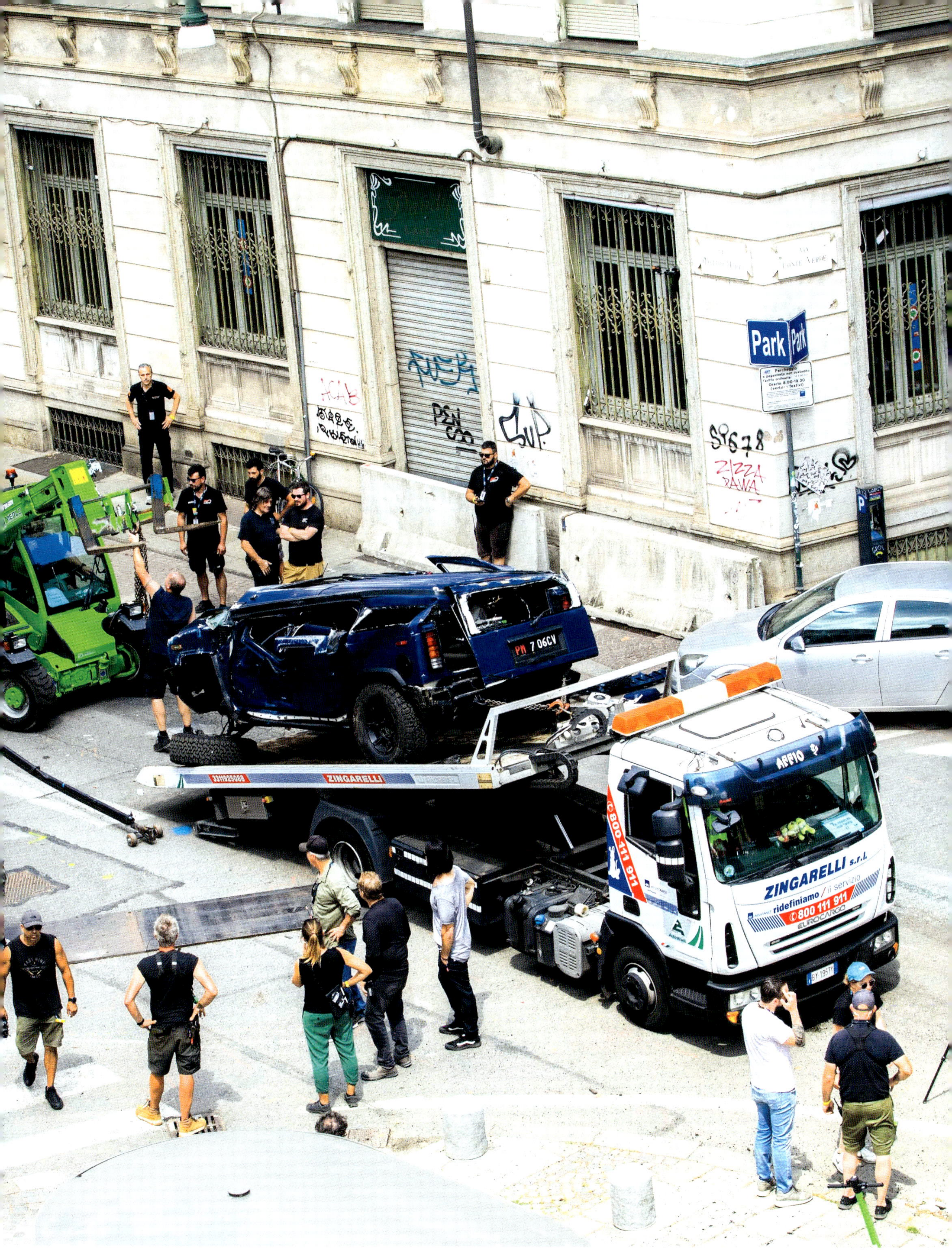

Die Dreharbeiten zu »Fast & Furious 10« fanden im Juni 2022 auch in Turin statt.

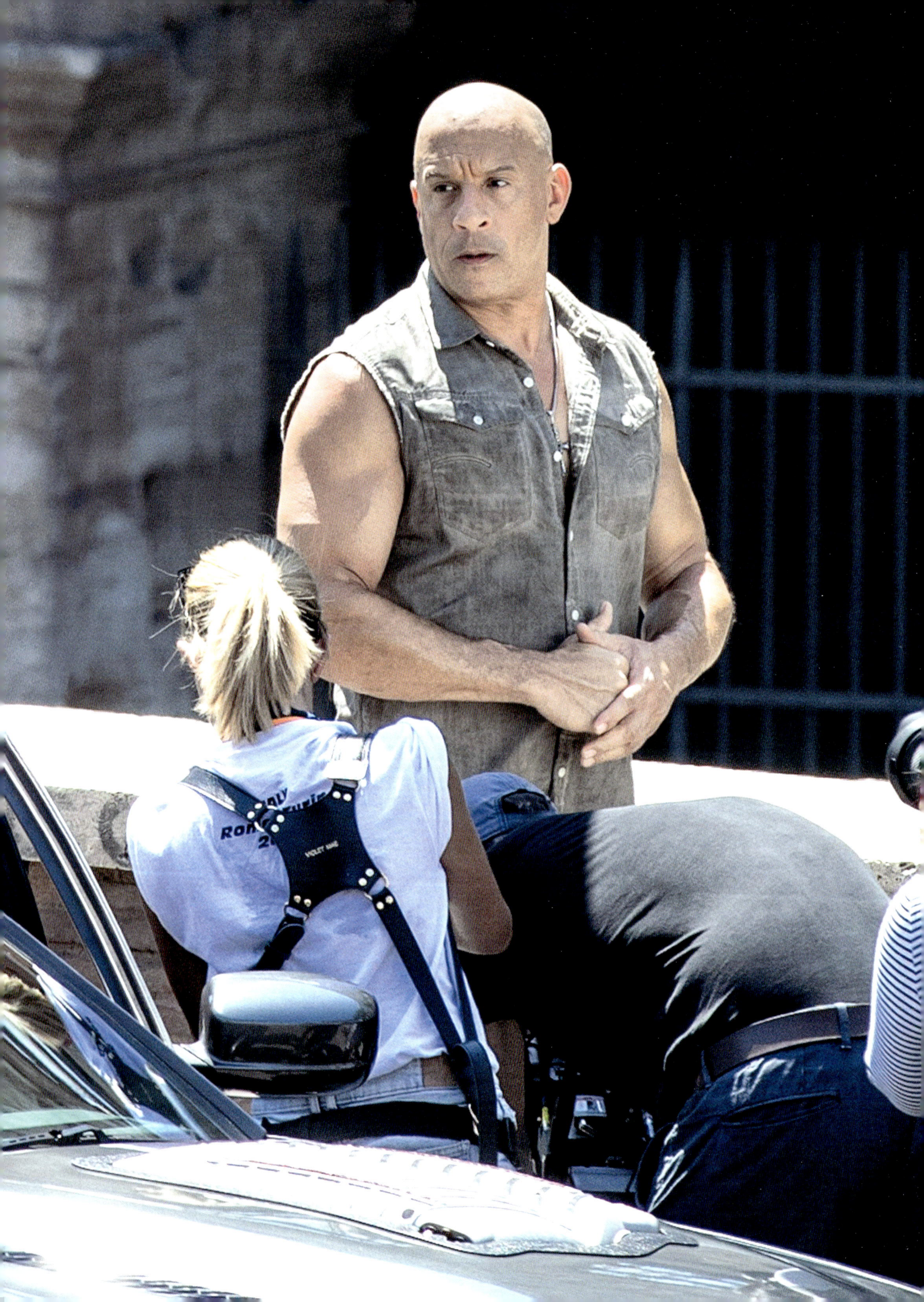

dass am Ende die Figur der Gisele (Gal Gadot) wieder erscheint. Die wurde am Ende von »Fast & Furious 6« beweint. Es war nicht der erste (vermeintliche) Tod einer der Figuren. Es geschah mit Letty (Michelle Rodríguez) und Elena (Elsa Pataky) auch schon. Da kann man nur hoffen, dass die Reihe in den wohl letzten beiden Teilen nicht weitere »Auferstehungen« zelebriert. »Einer von uns könnte das vielleicht nicht überleben«, heißt es im Trailer. Es wird also erneut der (mögliche) Tod einer Figur ins Spiel gebracht.

Am 9. Februar 2023 wurde der nur 45 Sekunden kurze Teaser-Trailer von »Fast X« veröffentlicht. Anlässlich dieses Events lud Universal zu einer einstündigen Party in das LA Event Deck, 1005 Chick Hearn Court in Los Angeles, wo auch ein Teil der Darsteller zu Gast war. Vin Diesel erwähnte bei der Gelegenheit, dass er sich »Iron Man«-Darsteller Robert Downey jr. als nächsten Gegner wünsche. An diesem Tag begann in den USA auch der Vorverkauf. Der einen Tag später veröffentlichte lange Trailer machte deutlich, dass die üblichen Elemente der Reihe erneut dabei sein werden: Autorrennen, tanzende Frauen in Bikinis, explodierende und sich überschlagende Fahrzeuge und Prügeleien. Der Film kommt am 18. Mai 2023 in die deutschen und einen Tag später in die US-Kinos. Nach Aussagen von Tyrese Gibson ist der komplette Film, den er schon gesehen hat, »verrückt.« Was auch sonst?

Ein Folgefilm, der direkt an »Fast & Furious 10« anschließt, ist für den Februar 2024 terminiert. Es soll der letzte Film der Reihe werden, aber es sind Ableger geplant. Ob es mit »Hobbs & Shaw« weitergeht, ist eher unwahrscheinlich. Im Juni 2021 erklärte Johnson via CNN, dass er nicht zur »Fast & Furious«-Reihe zurückkehren werde. Diesel hatte ihn zuvor via Instagram inständig darum gebeten und geschrieben: »Ich sage das aus Liebe... aber du musst aufkreuzen, lass das Franchise nicht im Leerlauf, du hast eine sehr wichtige Rolle. Niemand anderes kann Hobbs spielen. Ich hoffe, du zeigst dich der Situation gewachsen und erfüllst dein Schicksal.« Da Diesel auch noch die gute Beziehung von Johnson zu seinen Kindern anführte und erwähnte, dass er es doch auch Paul Walker versprochen hätte, war Johnson erst recht verärgert und bezeichnete den Text als »manipulativ.«

Tyrese Gibson, der sich ebenfalls mit Johnson herumstritt, wird dagegen weiterhin von Diesel geschätzt. Tatsächlich bedankte er sich mehrfach öffentlich bei ihm, dass beide seit »Fast & Furious 5« gemeinsam in der Reihe aktiv sind. »Wenn du mir 2010, als wir das erste Mal zusammengearbeitet haben, gesagt hättest, dass wir 2023 an den Küsten der Turks- und Caicos-Inseln sein würden, um über alle die Länder zu sprechen, die wir für die Veröffentlichung des Finales bereisen würden. Wow. Surreal.«

Vin Diesel während der Drerharbeiten zu »Fast & Furious 10« vor dem Kolosseum in Rom.

Möglich ist übrigens auch ein Ableger in der die von Brie Larson gespielte Figur, eine zentrale(re) Rolle bekommt. Die Chefin von Universal, Donna Langley, gestand in einem Interview, dass sie sich durchaus vorstellen könne, einen »Female Fast«-Film zu machen, in dem die Frauen das Sagen haben. Das würde auch zu einer schon länger geplanten Variante passen, in der die von Charlize Theron gespielte »Cipher« im Mittelpunkt steht. Das Ganze ist aber noch nicht über den Gerüchtestatus hinaus. Theron sagte in einem Interview des »Hollywood Reporter« am 7. Dezember 2022 nichts Konkretes dazu, aber etwas sehr Treffendes über die ganze Reihe: »Als Produzentin ziehe ich vor Vin Diesel meinen Hut. Er hat mit Universal etwas aufgebaut, das nur wenige Menschen in ihrem ganzen Leben erreichen. Man schafft es kaum, ein Publikum für so eine lange Zeit mitzureißen. Was man auch immer über diese Filme denkt, man müsste ein Idiot sein, wenn man nicht zugesteht: das ist eine verdammt große Leistung.«

Anekdoten

Mitte Mai 2022 postete Jason Momoa, der sich gerade zu den Dreharbeiten in Rom aufhielt, mehrere Fotos aus der Sixtinischen Kapelle, obwohl das Fotografieren dort streng verboten ist. Er lud auch Videos von einem gemeinsamen Besuch mit Vin Diesel auf Instagram hoch. Nachdem er sich danach massive Kritik anhören musste, entschuldigte er sich und gab nach eigenen Aussagen eine »nette Spende« für die Kirche. »Fast« dusselig, also.

Die Gesetze der Physik, der Logik und der Schwerkraft waren in dieser Reihe ja sowieso schon immer aufgehoben (ein Pontiac Fiero mit Raketenantrieb im Weltraum …). Es ist eben im wahrsten Sinne des Wortes eine blutarme Reihe, denn Blut wird so gut wie nicht vergossen, alle Personen bekommen trotz der absurdesten Stunts wenn überhaupt nur ein paar Kratzer ab und vergießen fast nie Tränen. Die »zerfahrenen« Geschichten mit immer wieder neuen, (zu) vielen Figuren haben die Übersichtlichkeit längst explodieren lassen. Wie soll das weitergehen? Die (bislang) skurrilste Idee für einen Ableger hatte Michelle Rodrígez als sie vorschlug, dass ja inzwischen genügend Kinder in der Reihe auftauchen und die ja nun bald übernehmen könnten.

Sehr skurril ist die Aufgabe der Autoren in Bezug auf die jüngeren Filme, seitdem Vin Diesel als einer der Produzenten in Verantwortung ist. Nach verschiedenen Quellen müssen die Autoren zunächst originelle Verfolgungsjagden und weitere Actionsequenzen schreiben, bei ihm vorstellig werden, um sich dann ein »Ja« oder »Nein« abzuholen. Erst dann wird die Geschichte darum herum gestrickt. Die Regisseure müssen sich daraufhin um die originelle Umsetzung der Action kümmern – es sei denn, dass Diesel seine Meinung ändert, was wohl häufiger der Fall ist. Laut dem »Hollywood Reporter« ist das Ganze »ein Mosaik, das nie aufhört, sich zu bewegen. «

Jakob:
»Wie ist der Plan, Dom?«
Dom:
»Ich bin mir nicht mehr sicher.«

Dom:
»Beim Gewinnen ging es früher ums Gewinnen. Wir sind um Respekt gefahren. Heute fahr ich Rennen, um das Blutvergießen zu stoppen.«

Letty:
»Einer von uns könnte das vielleicht nicht überleben, aber wir müssen kämpfen.«

Dante:
»Das ist das Problem, wenn man so eine große Familie hat. Wie wählst du aus, wen du rettest?«

Dom:
»Du hast einen Fehler gemacht. Du hast mir niemals meinen Wagen genommen.«

PS: Die DVD´s zu den Filmen werden inzwischen mit dem folgenden Text ausgestattet:
»Die in diesem Film gezeigten Auto-Action-Szenen sind gefährlich. Alle Stunts wurden an überwachten Plätzen und auf abgesperrten Straßen mit professionell ausgebildeten Stuntcrews gedreht. Niemand sollte versuchen die gezeigten Action-, Fahr- oder Autoszenen nachzustellen.«

DIE SCHÖNSTEN / SCHRÄGSTEN DIALOGE

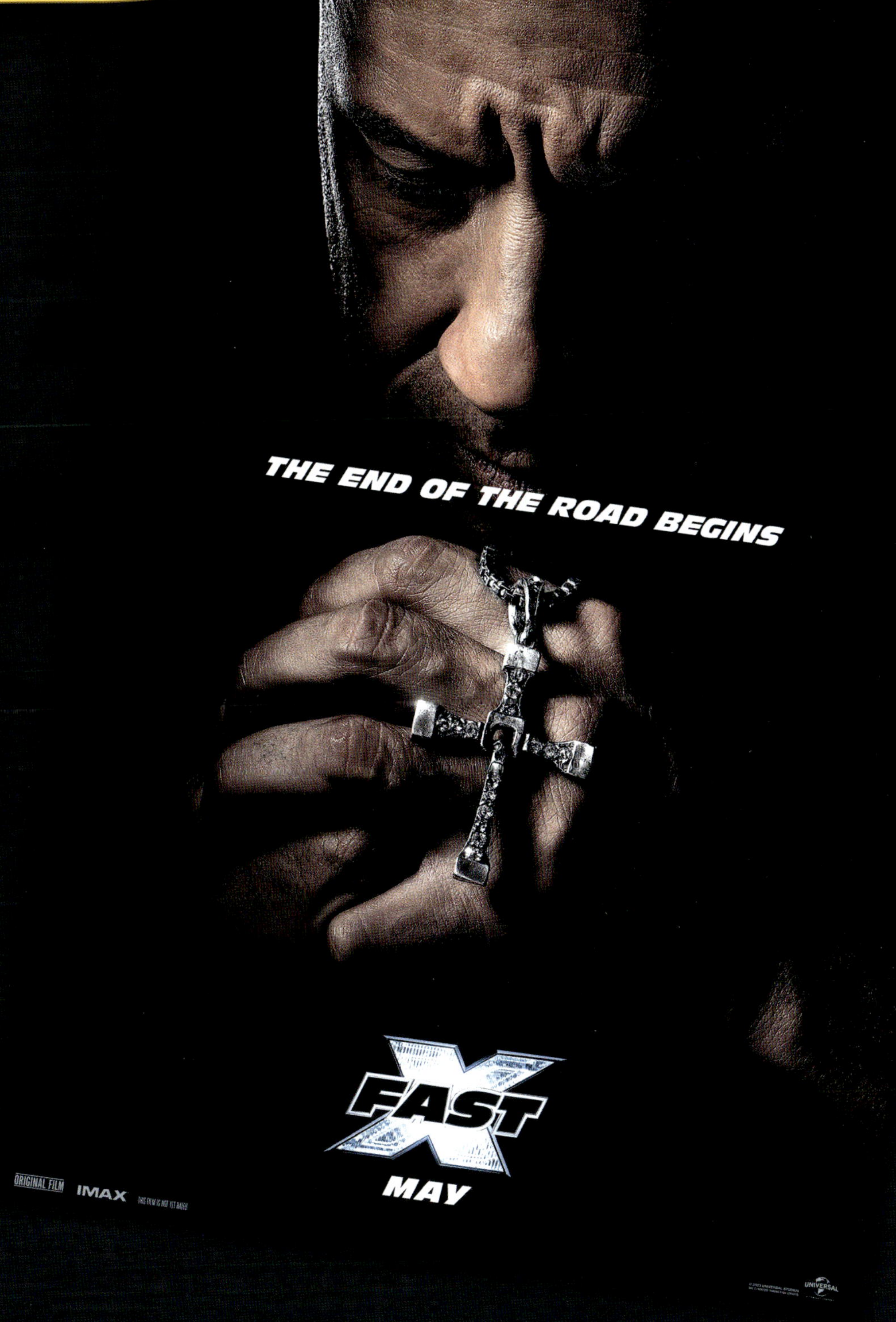

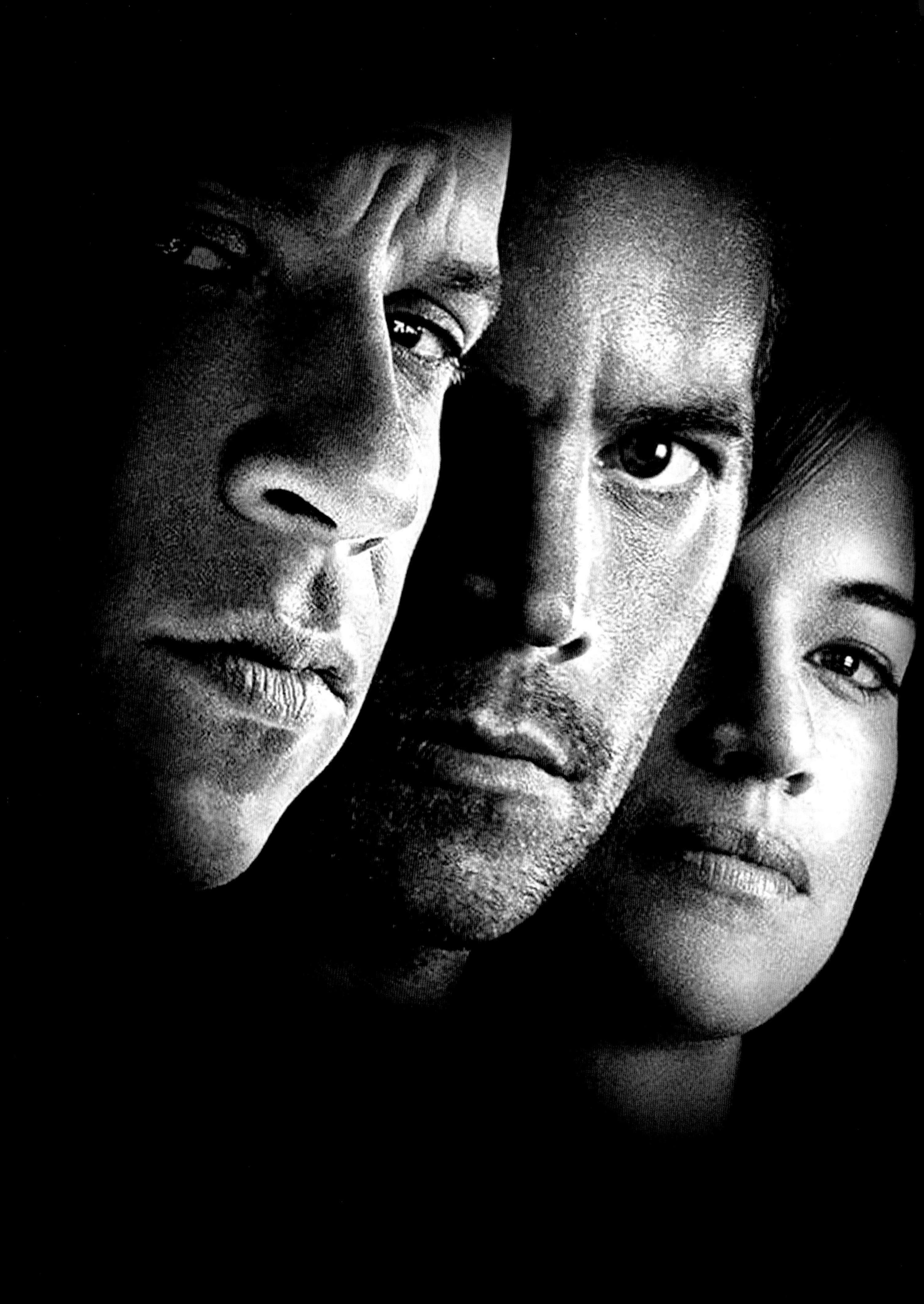

THE FAST AND THE FURIOUS

ZAHLEN UND FAKTEN

Vin Diesel: »Cool, sehr cool.«

»Ich bin vielleicht nicht besonders schlau. Ich mag vielleicht nicht besonders gut aussehen. Aber cool? Ja. Sehr cool.«

Das sagte Vin Diesel in einem Interview mit dem Magazin »Premiere«. Der am 18. Juli 1967 geborene Mark Sinclair (Vincent) ist seit dem Jahr 2009 ausführender Produzent der »Fast & Furious«-Reihe, seit dem Jahr 2011 einer der Koproduzenten. Er führte Regie und drängt immer wieder darauf, die Filme besser zu machen – auch wenn seine Mittel zuweilen umstritten sind.

Der im Alameda County im US-Bundesstaat Kalifornien geborene Mann wuchs gemeinsam mit seinem Zwillingsbruder Paul Vincent ohne Vater auf. Seine Mutter Delora Shirleen, geborene Sinclair, arbeitete als Psychologin und Astrologin. Er selbst bezeichnet sich als »person of colour.« Seine genaue Herkunft verschweigt er, vermutlich ist sie afrikanisch und italienisch. Seine weiße Mutter hat englische, deutsche, schottische und irische Vorfahren.

Irving H. Vincent, der Mann, der zu seinem Stiefvater wurde, hat afrikanisch-amerikanische Wurzeln und ist als Lehrer, Professor an der New York University und Direktor am New Federal Theatre tätig. Die Patchwork Familie wuchs im New Yorker Stadtteil Greenwich Village auf. Irving Vincent adoptierte die beiden Jungs und deren jüngere Schwester Samantha. Der Stiefvater nahm Mark Vincent mit ins Kino und in verschiedene Off-Broadway Theater. »Der Mann, der mich aufgezogen hat, ist schwarz«, sagte Diesel einmal über seinen Stiefvater. »Er machte mich kulturell zu dem, was ich bin.«
Auf die Bühne kam Diesel dennoch eher zufällig: der Siebenjährige brach mit Schulfreunden in ein Theater ein, um dort zu randalieren. Die Gruppe wurde von einer Frau überrascht, die jedem einen Text und 20 Dollar Gage anbot, wenn sie jeden Tag nach der Schule vorbeikämen, um ihr Textpassagen vorzutragen.

Doch der Teenager, der mit seinem Bruder in den 70er-Jahren die Anglo-American International School in Manhattan besuchte, war keineswegs nur theateraffin. Er kletterte zwischen fahrenden Autos hin und her und hängte sich an Busse und Taxis. Im Alter von 15 Jahren fing er mit Bodybuilding an. 1984 debütierte er als Breakdancer. Nachdem er ein Jahr später die Schule abschloss, arbeitete er als Rausschmeißer in zwei Nachtclubs: »The Tunnel« und »Mars«. Mitte der 80er Jahre wurde aus Mark Sinclair Vincent »Vin Diesel«. Neun Jahre lang war der 225 Pfund schwere und gut trainierte Mann in den Clubs tätig. Laut verschiedenen Quellen war es »eine gute Nacht, wenn er nur in einen Kampf geriet.«

Nach der High School besuchte er das Hunter College in New York, studierte erst Theater dann Englisch, schloss aber nicht ab. Frustriert packte er seine Sachen und zog nach Los Angeles, um es beim Film zu versuchen, doch bei Vorsprechen scheiterte er. So geriet er an eine Firma, die Telefonmarketing betrieb, doch in der Filmbranche kam er nicht weiter und kehrte schließlich nach New York zurück.

Durch die Misserfolge enttäuscht, versuchte ihn seine Mutter mit einem Geschenk aufzumuntern. Sie gab ihm das Buch »Feature Films at Used Car Prices.« Das inspirierte ihn 1994 seinen ersten Kurzfilm zu schreiben, zu produzieren und darin die Hauptrolle zu spielen. »Multi-Facial«, so der Titel, entstand in weniger als drei Tagen und kostete 3.000 Dollar. Die Premiere feierte er im »Manhattan Anthology Film Archive«. Daraufhin folgte eine Einladung zu den Filmfestspielen nach Cannes ein Jahr später. Diesel genoss die Filmwelt an der Côte d'Azur und kehrte umgehend nach LA zum Telefonmarketing zurück, um Geld für den nächsten Film zu verdienen: »Strays«. Gemeinsam mit dem Boxer John Sale und dem Produzenten George Zakk gründete er die Firma »One Race Productions«, deren Name nicht etwa für Autorennen steht, sondern für »eine Rasse«, denn die Mitarbeiter sind multikulturell. Die drei Männer trieben 47.000 Dollar auf und begannen im Februar 1996 mit den Arbeiten an ihrem Film. »Strays« wurde zum »Sundance Filmfestival« in Utah eingeladen und erhielt wohlwollende Reaktionen. Beeindruckt vom Film »Multi-Facial«, lud Steven Spielberg Diesel zu Dreharbeiten von »Amistad« ein und gab ihm eine Rolle in »Der Soldat James Ryan«. Dabei durfte er sogar ein paar Szenen des zweiten Kamerateams drehen.

Die Rolle des Dominic Toretto in »The Fast and the Furious« aus dem Jahr 2001 machte Diesel schlagartig bekannt, doch anstatt gleich für Fortsetzungen zuzusagen, wendet er sich anderen Reihen zu (»Pitch Black«, »Riddick«, »XXX – Triple X«) und ließ sich nur zu einem Kurzauftritt im dritten Autorennabenteuer überreden. Im Nachhinein ist er sehr dankbar, diese Entscheidung getroffen zu haben, denn erst der nachlassende Erfolg der Reihe bot ihm die Möglichkeit mehr Einfluss auf die Geschichten auszuüben. Für Regisseur Rob Cohen begann Dominic Toretto als »ein wahrer Antiheld. Er ist gegen das Establishment und ein antiautoritärer Badass.« Doch daraus wurde im Laufe der Zeit ein Held der Familie, der trotz aller Auseinandersetzungen hinter den Kulissen dafür kämpft, den immer größer werdenden Clan mit Geschwistern, Kindern und ehemaligen Feinden, die zu Freunden wurden, zusammen zu halten.

Inzwischen ist Diesel zu einem der am besten verdienenden Stars und Produzenten Hollywoods geworden. Als bislang einziger Darsteller der Reihe bekam er einen Stern auf dem »Hollywood Walk of Fame«. Vin Diesel ist, nach einer Beziehung mit seiner Kollegin Michelle Rodríguez, seit vielen Jahren mit dem Fotomodell Karla Paloma Jiménez Denagustin liiert. Das Paar hat drei Kinder.
Angebote, in Marvel-Filmen wie »Daredevil« und »The Punisher« mitzuspielen, lehnte Diesel mit der Begründung ab, dass er lieber seine »eigenen Superheldenfilme« mache.

Privat besitzt Vin Diesel eine Sammlung aus mehreren Dutzend Fahrzeugen, darunter viele Stars aus den »Fast & Furious«-Filmen wie Dodge Charger R/T (1970) oder Mazda RX-7 (1993). Auch ein 2014er Lykan Hypersport soll sich im exklusiven Fuhrpark des Stars befinden.

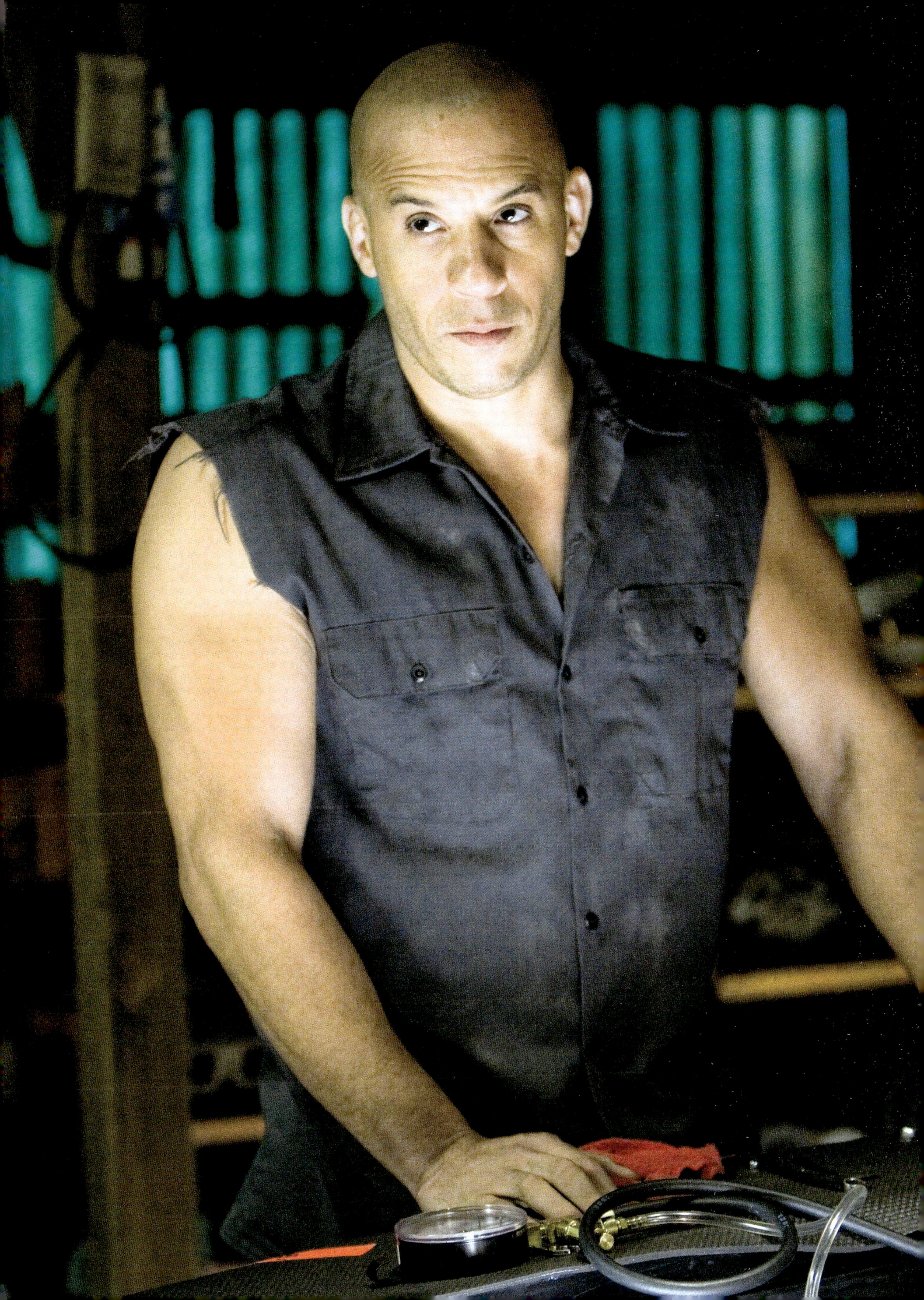

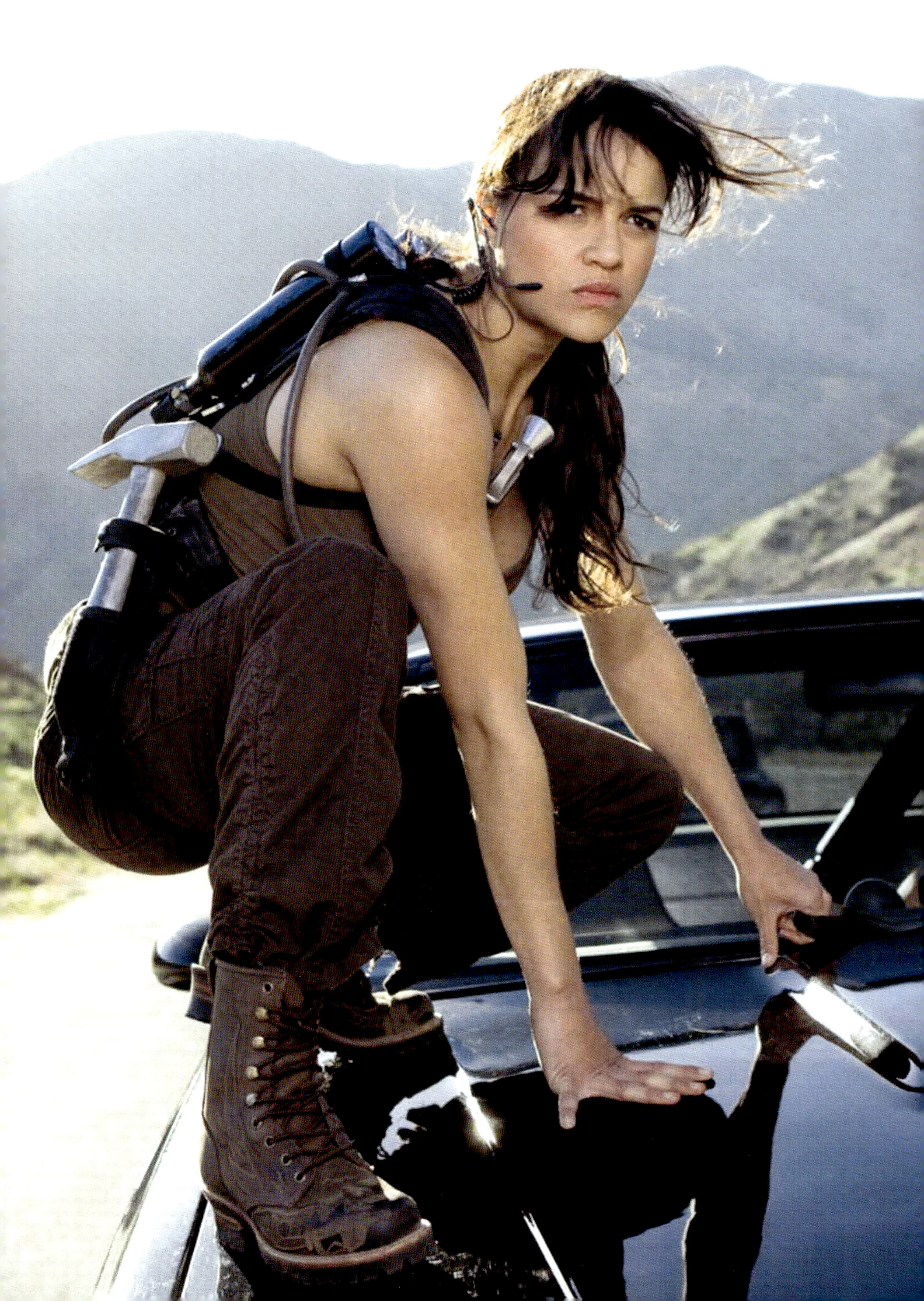

Michelle Rodríguez: »Wein und Weisheit«

Das Vorstrafenregister von Michelle Rodríguez ist beachtlich. Die Verfehlungen sind vielfältig, aber fast alle haben mit Alkohol, Drogen und Fahrzeugen zu tun.

Vielleicht lag einer der Gründe dafür darin, dass die am 12. Juli 1978 im texanischen San Antonio geborene Mayte Michelle Rodríguez erleben musste, wie sich ihre Eltern scheiden ließen als sie acht Jahre alt war. Ihr aus Puerto Rico stammender Vater, der US-Soldat Rafael Rodríguez Santiago, verließ die Familie. Michelle zog mit ihrer Mutter, der Dominikanerin Carmen Milady, geborene Pared Espinal, in die Dominikanische Republik. Dort lebten sie drei Jahre, dann zogen sie nach Puerto Rico. 1995, Michelle war gerade 17, folgte der nächste Umzug. Dieses Mal ging es nach Jersey City in den US-Bundesstaat New Jersey. Die William L. Dickinson High Schoole verließ sie vorzeitig, holte aber später einen vergleichbaren Abschluss nach. Insgesamt verließ die selbsternannte »Rebellin« fünf Schulen, ohne diese zu beenden und wurde zum Teil von ihrer Großmutter mütterlicherseits aufgezogen. Einen Aufenthalt an einer Wirtschaftsschule beendete Michelle auch vorzeitig, um es in der Filmbranche zu versuchen. Ihr Ziel war es, Regisseurin oder Produzentin zu werden. Stattdessen begann sie mit 21 Jahren in Nebenrollen in Filmen mitzuwirken. Dank eines Casting-Aufrufs in New York bekam sie die Hauptrolle in dem Film »Girl Fight«. Sie setzte sich gegen 350 Mitbewerberinnen durch – obwohl sie zuvor noch nie geboxt hatte. Sie trainierte vier bis fünf Monate lang für den Part der boxenden Diana Guzman aus Brooklyn. In dem Film tritt sie sowohl gegen Frauen als auch gegen Männer an, gewann für ihre Darstellung acht Preise und wurde umgehend bekannt. Den Film sah auch Vin Diesel und votierte dafür, sie als seine Freundin in »The Fast and the Furious« zu besetzen.

Vor den Dreharbeiten zu »The Fast and the Furious« hatte sie noch keinen Führerschein, musste ihn aber vor dem Training der Rennszenen absolvieren. Mit ihrer Rolle war sie zunächst nicht zufrieden. Den Part kommentierte sie in einem bei »Spiegel-Online« erschienenen Interview vom 8. Februar 2001 so: »Ich dachte, dass ich eine direkte Erfahrung kriege, dass ich selbst Auto-Crashs bauen kann, aber von wegen. Das machen ja alles die Stuntleute. Und ich wurde dann automatisch auf die Rolle einer Stuntfahrer-Freundin festgelegt. Da kommst du dir schon ein bisschen blöd vor.«

Da Vin Diesel im zweiten und dritten Film der Serie nicht dabei war, wurde auch ihr Part gestrichen. Erst seit dem vierten Teil ist sie, mit Ausnahme des Ablegers »Hobbs & Shaw«, wieder dabei. 2004 nahm sie ein Engagement in der TV-Serie »Lost« an, wobei sie eine Staffel lang als harte Polizistin des Los Angeles Police Department auftrat.

Auch Michelle Rodríguez kann auf einen beeindruckenden Fuhrpark aus rund einem Dutzend Fahrzeugen verweisen, darunter neben Sportwagen-Ikonen wie Ferrari 458 und 488 GTB, Ford Mustang Mach 1 oder Lamborghini Aventador auch eine Mercedes Benz S-Klasse, ein Toyota Prius und ein Tesla Model S.

Tatsächlich lernte sie die Polizeireviere der Stadt nicht nur dienstlich kennen, sondern auch privat, denn ab dem Jahr 2003 kam sie immer wieder mit dem Gesetz in Konflikt. Im November wurde sie das erste Mal wegen Trunkenheit am Steuer und Unfallflucht angeklagt. Im Juni 2004 musste sie für 48 Stunden ins Gefängnis und an einem dreimonatigen Alkohol-Aufklärungsprogramm teilnehmen. Außerdem bekam sie eine dreijährige Bewährungsstrafe. Im Dezember 2005 wurde sie auf Hawaii wegen Drogenbesitzes am Steuer festgenommen. Sie musste 30 Tage lang Sozialdienst leisten und zu einem dreimonatigen Alkoholentzug. Den Dienst sollte sie in einem Polizeirevier in Los Angeles als Teil des Projekts »Mütter gegen Trunkenheit am Steuer« leisten, trat ihn aber nicht an. So musste sie am 24. Dezember 2005 eine erneute Haftstrafe antreten. Sie argumentierte noch, dass sie ihre Sozialstunden angetreten habe, doch das stellte sich als unwahr heraus. Nach Angaben des Gerichts soll sie während des Entzugs mindestens dreimal Alkohol getrunken haben.

Im April 2006 musste sie erneut für fünf Tage ins Gefängnis und einen Monat später wurde sie auf Hawaii wegen Trunkenheit am Steuer festgenommen. »Ich war fünf Meilen zu schnell – nach einem Glas Wein«, so Rodríguez. Dank eines Programms, durch das verurteilte Täter begünstigt werden, die nur geringe Strafen zu verbüßen haben, kam sie in den Genuss der schnellen Haftentlassung. So wurde sie nach exakt vier Stunden und 27 Minuten wieder freigelassen. Zuvor war sie wegen Verstoßes gegen ihre Bewährungsauflagen zu 60 Tagen Haft verurteilt worden. An einem Alkohol-Entzugsprogramm musste sie dennoch teilnehmen. Die nächste Verurteilung erfolgte am 10. Oktober 2007. Rodríguez musste 180 Tage ins Gefängnis, weil sie gegen ihre Bewährungsstrafen verstoßen hatte. Sie hatte Alkohol getrunken und ihre Sozialauflagen nicht erfüllt. Am 23. Dezember trat sie ihre Gefängnisstrafe an, wurde aber nach 17 Tagen (andere Quellen: 18 Tage) wegen Überfüllung des Lynwood Frauengefängnisses, aber auch anderer Haftanstalten in Kalifornien, wieder entlassen.

»Ich habe 11 Punkte in meinem Führerschein«, so die Schauspielerin, »deswegen fahre ich einen Prius. Wenn ich noch mehr Punkte bekomme, verliere ich meinen Führerschein.« Doch das ist nicht das einzige Fahrzeug der begeisterten Inline-Skaterin, Fallschirmspringerin und Klavierspielerin, die auch gerne als DJ auflegt. In ihrem Fuhrpark befinden sich außer dem schwarzen Prius noch zwei Ferrari, ein Lamborghini, ein Ford Mustang und einige andere schnelle Vehikel. Genügend Möglichkeiten also, um erneut mit dem Gesetz in Konflikt zu geraten.

Vielleicht sorgen ja ihre jüngsten Aktivitäten für eine Abkehr vom nicht immer gesetzestreuen Leben. Die nach eigenen Angaben bisexuell lebende Frau, die eine Zeitlang mit Vin Diesel liiert war und in den Augen seiner Kinder als »die Tante« gilt, arbeitet an mehreren Drehbüchern und will auch immer noch eigene Filme produzieren.

Paul Walker: »Be smart, drive safe, stay legal.«

Der PS- und Autofan Paul William Walker IV wurde am 12. September 1973 im kalifornischen Glendale geboren. Das Interesse an schnellen Autos wurde ihm in die Wiege gelegt: Einer seiner Großväter fuhr in den 60er-Jahren Rennen für Ford und war Mitarbeiter des »Easy Rider«-Magazins. Pauls Mutter Cheryl Walker, geborene Crabtree, sorgte parallel für den Start seiner Karriere im Showbusiness. Dank ihr bekam Paul schon im Alter von zwei Jahren Auftritte vor Kameras. Dazu zählten Engagements in Werbespots. Pauls Vater Paul William Walker III arbeitete an Kanalleitungen, boxte bei den Amateuren und gewann damit eine Reihe von Preisen – er schätzte die Leidenschaft seines ältesten Sohns für schnelle Autos.

Paul hat zwei jüngere Schwestern (Amie und Ashlie) und zwei jüngere Brüder (Caleb und Cody). Beide wirkten 2015 in »Fast & Furious 7« als seine Doubles mit. Nach seiner Schulzeit studierte Walker eine Zeitlang Meeresbiologie. Parallel war er bereits seit den 80er-Jahren als Schauspieler aktiv. In den 90ern erhielt er dank der TV-Serie »The Young and the Restless« eine gewisse Aufmerksamkeit. 1998 spielte er in der Komödie »Meet the Deedles« die erste Hauptrolle. Weitere Parts in anspruchsvolleren Filmen wie »Pleasantville« und »Varsity Blues« führten schließlich zu der Rolle des Brian O'Conner.

Beflügelt vom Erfolg der ersten beiden »Fast & Furious«-Filme gründete er 2003 gemeinsam mit Paul Birtell die Produktionsfirma »Laguna Ridge Pictures«. Birtell erzählte, dass Paul gerne selbst Stunts durchführte und in Drehbüchern die Dialogzeilen über Autos sorgfältig prüfte. Dabei sei Walker stets bescheiden geblieben: »Wenn ein Auto zu auffällig war, brachte ihn das in Verlegenheit. Er wollte keine Aufmerksamkeit. Seine Alltagsautos waren zumeist Trucks. […] « Gemeinsam mit seinem Freund Roger Rodas gründete Walker das Rennteam AE Performance und verbrachte ganze Tage auf Rennstrecken. Er fuhr Rennen in der »Redline Time Attack«-Rennserie als Teil des AE Performance Teams in einem BMW M3, Modell E 92. Außerdem war er der Eigentümer der Firma »Always Evolving« in Valencia, Santa Clarita deren Geschäftsführer Rodas war.

Zwischen den »Fast & Furious«-Filmen wandte er sich, mit wenigen Ausnahmen, anderen Abenteuer-Filmen zu. Dazu zählten Thriller und Fantasy-Filme wie »Joy Ride«, »Timeline«, »Into the Blue« und »Running Scared«. Lediglich ein kurzer Auftritt in Clint Eastwoods Kriegsfilm »Flags of our Fathers« bildete eine Ausnahme. Den Film drehte er als Hommage an seinen Großvater, der in Vietnam gedient hatte.

Abseits des Filmgeschäfts interessierte er sich auch für Kampfsport. Außerdem ging der gut durchtrainierte Besitzer des braunen Gürtels in Jiu-Jitsu auch gern und viel surfen. Er beschrieb sich mal selbst so: »Outdoor-Mann, Meer-verrückt, Adrenalin-Junkie … und nebenbei mache ich ein bisschen Schauspiel.« Walker wirkte an Sendungen des »National Geographic Channel« mit und erforschte mit anderen die Bewegungen von weißen Haien. Nach dem Erdbeben in Haiti am 12. Januar 2010 organisierte er eine eigene Hilfsaktion. Im selben Jahr gründete er die Organisation »Reach Out Worldwide«, um Opfern von Naturkatastrophen zu helfen.

Er lebte mit seinen Hunden in Santa Barbara. Aus der Beziehung mit Rebecca Soteros hatte er die am 4. November 1998 geborene Tochter Meadow Rain, Vin Diesel ist ihr Patenonkel.

Nach Aussagen seines Bruders Cody wollte Paul das Schauspiel immer wieder komplett aufgeben. Schon bei »Fast & Furious. Neues Modell. Originalteile« aus dem Jahr 2009 sagte er nur aufgrund der hohen Gage zu. »Er sagte immer, ›das ist der letzte Film‹, so Cody. »Noch einer, und dann bin ich fertig. Das ging ewig so. Wir konnten es schon nicht mehr hören. […]« Also drehte er weiter. Am 14. Mai 2011 war er in einem Werbespot von Castrol Syntec zu sehen, in dem er davor warnte, schnell zu fahren. Parallelen zu James Dean drängen sich auf, denn der tat das Gleiche 13 Tage vor seinem Tod am 30. September 1955. Bei Paul Walker heißt es: »Alle Stunts in unserem Film wurden in einer abgesperrten Umgebung von Profis mit jahrelangem Training und Erfahrung durchgeführt. Also denken Sie daran: seien Sie schlau, fahren sie sicher und handeln Sie nach den Gesetzen« (»Be smart, drive safe, stay legal.«).

Nach Aussagen seiner Mutter fuhr Paul am Morgen des 30. November 2013 mit Meadow Rain frühstücken. »Dann bekam er eine SMS und sagte: Mist, ich bin verabredet. Wir wollten am Abend gemeinsam den Weihnachtsbaum schmücken«, so Cheryl Walker.
Gegen 15.30 Uhr verließen Rodas und Walker in ihrem roten 2005er Porsche Carrera GT eine Wohltätigkeitsveranstaltung von Walkers Organisation »Reach Out Worldwide«. Rodas saß am Steuer und fuhr viel zu schnell. Laut Unfallforschern betrug seine Geschwindigkeit zwischen 130 und 150 km/h in einem Bereich, in dem 72 km/h (45 Meilen) erlaubt waren. In der Hercules Street in Valencia raste Rodas zuerst gegen eine Straßenlaterne. Der Wagen schleuderte danach gegen zwei Bäume, zerbrach und fing sofort Feuer. Rodas und Walker verbrannten bis zur Unkenntlichkeit.
Spätere Untersuchungen ergaben, dass weder Rodas noch Walker Alkohol oder Drogen zu sich genommen hatten. Eine detaillierte Inspektion des Wagens ergab keine technischen Fehler. Auch der Zustand der Straße war gut. Ebenso fand kein Rennen statt. So kamen Fachleute zu dem Schluss, dass der Unfall lediglich durch die viel zu hohe Geschwindigkeit und die relativ schlechten Reifen verursacht wurde. Nach Aussagen eines Polizisten starb Walker an einer Mischung aus »Schädeltrauma und Brandverletzungen«.
Noch am Tag seines Todes wurde seine Autosammlung mit rund 30 Fahrzeugen gestohlen. Doch der Fall ließ sich bald aufklären, denn der Täter war ein Mitarbeiter, der Zugang zu den Hallen hatte.

Paul Walker wurde am 14. Dezember 2013 auf dem Forest Lawn Memorial Park Cemetery in den Hollywood Hills beigesetzt. Auf Wunsch der Familie nahmen nur rund 40 bis 50 Personen daran teil. Zuvor kamen allerdings bereits tausende Fans mit zum Teil modifizierten Autos, die denen aus den Filmen entsprachen, zum Unfallort.

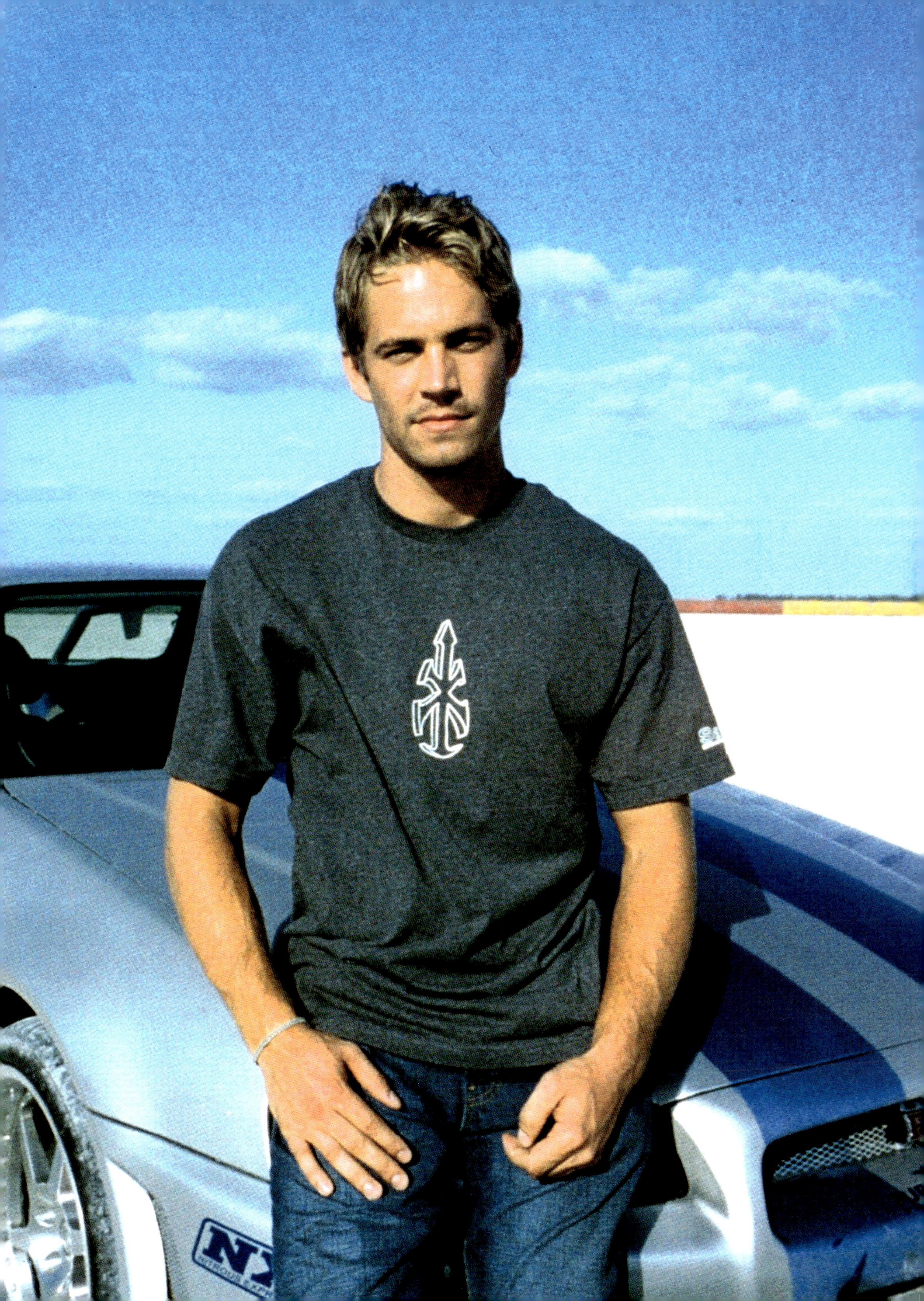
NX

Das juristische Nachspiel

- Im Mai 2014 reichte Roger Rodas Witwe Kristine Klage gegen Porsche ein und begründete dies mit Konstruktionsfehlern und Defekten an einzelnen Teilen an dem Carrera GT. Es war die erste einer Reihe von Beschuldigungen, die sich über die folgenden vier Jahre erstreckten.
- Im Januar 2015 klagte Paul Walkers Vater Paul William III gegen die Erben von Roger Rodas. Er forderte Anteile an dem Wert der Fahrzeuge, die Rodas und seinem Sohn gemeinsam gehörten.
- Im September klagte Meadow Rain Walker gegen Porsche. Sie behauptete, dass der Carrera GT eine Reihe von schweren Mängeln aufgewiesen hätte, unter anderem einen Sicherheitsgurt, der bei einem Aufprall zu Verletzungen führen würde. Paul hätte den Aufprall überlebt, sei aber dann bei lebendigem Leibe verbrannt, weil er nicht aus dem Wrack hätte aussteigen können. Porsche wies jegliche Verantwortung ab.
- Ende desselben Jahres, am 26. November, verklagte Paul William III Porsche wegen »widerrechtlicher Tötung« und »Fahrlässigkeit«. Schuld am Unfall sei ein fehlerhaftes Stabilitätskontrollsystem und das Problem, dass eine Kraftstoffleitung nicht gut genug gesichert war. Doch der Stuttgarter Autobauer wies jegliche Verantwortung von sich.
- Im April 2016 wurde auch die Klage von Kristine Rodas gegen Porsche von Distriktanwalt Philip S. Gutierrez abgewiesen, weil sie keine »aussagekräftigen Beweise« vorgelegt habe, dass Porsche am Tod ihres Mannes schuldig sei.
- Im selben Monat erhielt Pauls Tochter 10,1 Millionen Dollar (8,9 Millionen Euro) von den Erben von Roger Rodas als Kompensation für den von ihm verursachten Tod ihres Vaters und für entgangene Einnahmen.
- Auch Meadow Rain Walker ging gegen Porsche vor. Ende Oktober 2017 kommt es zu einer außergerichtlichen Einigung zwischen Meadow Rain Walker und Porsche. Die Details blieben geheim.
- Auch die Auseinandersetzungen über die Autosammlung von Paul Walker wurden nach einer Einigung von Rodas und Walkers Famili eneingestellt – wenn auch erst im August 2018. Knapp eineinhalb Jahre später, zwischen dem 11. und dem 19. Januar 2020, wurden 24 Fahrzeuge aus der Sammlung von Paul Walker (21 Autos, drei Motorräder) vom Auktionshaus Barrett-Jackson in Scottsdale, Arizona versteigert. Sie erzielten 2,33 Millionen Dollar.
- Meadow Rain Walker gründet am 42. Geburtstag ihres Vaters die »Paul Walker Foundation« zum Schutz der Ozeane und ihrer tierischen Bewohner. Die Organisation ist ebenso wie »Reach Out Worldwide« weiterhin aktiv.

P.S.: Ein Teil der Einnahmen aus den nordamerikanischen DVD- und Blu-Ray-Verkäufen des Films »Fast & Furious 6« wurde an die Stiftung »Reach Out Worldwide« gespendet. Die Höhe der Summe ist nicht bekannt geworden.

Paul Walker besaß die wohl größte Autosammlung der »Fast & Furious«-Familie. Im gehörten zuletzt rund 30 Fahrzeuge. Zuvor umfasste seine Sammlung eine Zeit lang mehr als 60 Autos, von denen ein Teil Roger Rodas und ihm gemeinsam gehörten. 21 Autos, Trucks und drei Motorräder wurden im Januar 2020 für 2,33 Millionen Dollar versteigert. Die Summe ging an Walkers Stiftung »Reach Out Worldwide«.

Fans trauern um Paul Walker und Roger Rodas (rechts).

Budgets und Einspielergebnisse

Film	Budget (zum Teil ungefähre Angaben)
The Fast and the Furious (2001)	38.000.000 $
2 Fast 2 Furious (2003)	76.000.000 $
The Fast and the Furious: Tokyo Drift (2006)	85.000.000 $
Fast & Furious: Neues Modell. Originalteile. (2009)	85.000.000 $
Fast & Furious 5 (2011)	125.000.000 $
Fast & Furious 6 (2013)	160.000.000 $
Fast & Furious 7 (2015)	190.000.000 $
Fast & Furious 8 (2017)	250.000.000 - 270.000.000 $
Fast & Furious: Hobbs & Shaw (2019)	200.000.000 $
Fast & Furious 9 (2021)	200.000.000 - 225.000.000 $
Fast & Furious 10 (2023)	340.000.000 - 356.000.000 $
Gesammtsumme bislang:	

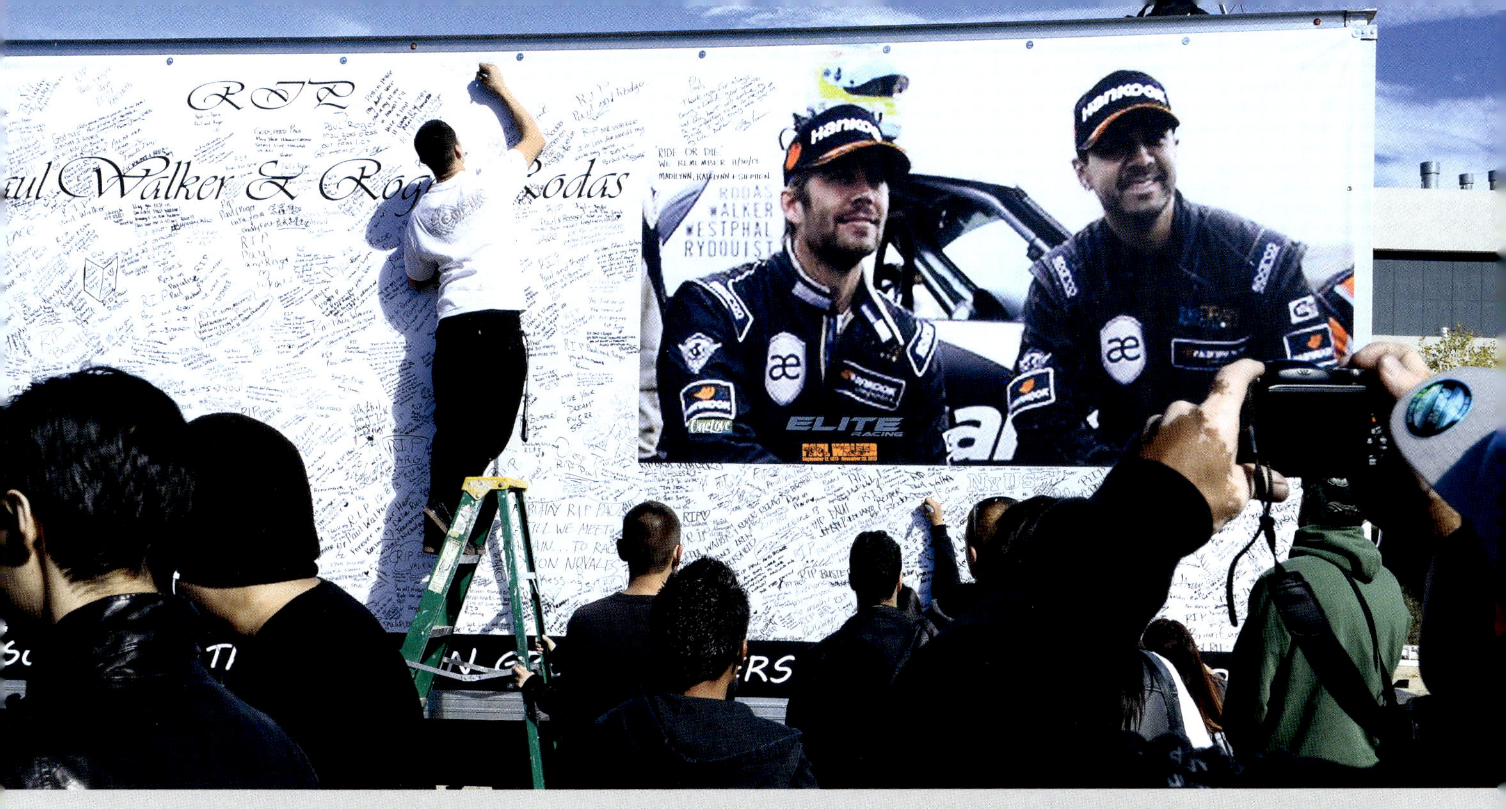

Einspielergebnis USA & Kanada	Einspielergebnis weltweit	Besucher in Deutschland	Deutsche Charts	Platzierungen weltweit / Stand: 31.01.2023
144.745.925 $	207.517.509 $	1.498.801	Platz 33	
127.154.901 $	236.350.661 $	1.687.432	Platz 24	
62.514.415 $	158.964.610 $	1.265.070	Platz 28	
155.064.265 $	360.366.870 $	1.688.616	Platz 23	
209.837.675 $	626.137.675 $	2.460.572	Platz 9	Platz 165 der erfolgreichsten Filme aller Zeiten
238.679.850 $	788.680.968 $	2.874.235	Platz 9	Platz 105 der erfolgreichsten Filme aller Zeiten
353.007.020 $	1.515.341.399 $	4.186.302	Platz 6	Platz 11 der erfolgreichsten Filme aller Zeiten
226.008.385 $	1.236.005.118 $	3.240.980	Platz 6	Platz 22 der erfolgreichsten Filme aller Zeiten
173.956.935 $	759.056.935 $	1.731.999	Platz 15	Platz 114 der erfolgreichsten Filme aller Zeiten
173.005.945 $	726.229.501 $ Filmstart in der Pandemie	1.968.341	Platz 3	Platz 129 der erfolgreichsten Filme aller Zeiten
	6.614.478.689 $			

Der Stammbaum der »Familie«

Dominic (Dom) Toretto (Vin Diesel)
Ehemaliger Anführer einer Gang von Dieben, der die Seiten wechselt und ein Team aufbaut, das Gangster dingfest macht – er wird einmal Vater.

Brian O´Conner (Paul Walker)
Polizist in LA, der erst gegen Dom ermittelt und sich dann mit ihm anfreundet, bekommt mit Mia zwei Söhne

Mia Toretto (Jordana Brewster)
Doms Schwester, Teil des Teams, verliebt sich in Brian, bekommt zwei Söhne

Leticia (Letty) Ortiz (Michelle Rodriguez)
Doms Freundin, die auch mal für die Widersacher arbeitet und beinahe umkommt

Jakob Toretto (John Cena)
Doms Bruder, der ihn erst bekämpft und ihm dann zu Hilfe kommt

Jack Toretto (J.D. Pardo)
Vater von Dom, Mia und Jakob, der bei einem Autorennen ums Leben kommt

Roman Pearce (Tyrese Gibson)
Freund von Dom und Brian, der zum Teil des Teams wird

Tej Parker (Chris »Ludacris« Bridges)
Freund von Dom und Brian, der zum Teil des Teams wird, Computer-Profi

Han (Sung Kang)
Freund von Dom, Brian und Sean, der einmal fast stirbt, doch der Unfall wurde von Mr. Nobody inszeniert, Teil des Teams

Wiederkehrende Elemente

	Autorennen / Race Wars	Auto-, Motorrad-Verfolgungsjagden	Überfälle	Zerstörte Fahrzeuge - zum Teil ungefähr
Der rasende Teufel (1954)	3	1		2
The Fast and the Furious (2001)	6	2	3	78
2 Fast 2 Furious (2003)	3	1		130
The Fast and the Furious: Tokyo Drift (2006)	5	1		249
Fast & Furious: Neues Modell. Originalteile. (2009)	3		1	190
Fast & Furious 5 (2011)	1	1	3	260
Fast & Furious 6 (2013)	1	3	1	350 – 400 (plus x)
Fast & Furious 7 (2015)	1	1		230 (plus x)
Fast & Furious 8 (2017)	1	4		348
Fast & Furious: Hobbs & Shaw (2019)		3		36
Fast & Furious 9 (2021)	2	4	1	250 (plus x)

Summe: ca. 2100–2300

Sean Boswell (Lucas Black)
Rennfahrer, Drifter und Freund von Dom

Gisele Yashar (Gal Gadot)
Frühere Mossad + CIA-Agentin, die sich als Geliebte eines der Widersacher ausgibt, sich in Han verliebt und bei einem Auftrag (beinahe oder tatsächlich?) ums Leben kommt

Luke Hobbs (Dwayne Johnson)
Agent des Diplomatic Security Service (DSS), der Dom und sein Team festnehmen soll, in einen Hinterhalt gerät, von Dom gerettet wird und ihn später unterstützt

Elena Neves (Elsa Pataky)
Polizistin und Kollegin von Hobbs, Geliebte von Dom, Mutter seines Sohnes namens Marcos. Sie kommt später ums Leben, Dom nennt Marcos, als Hommage an seinen Freund, Brian

Owen Shaw (Luke Evans)
Widersacher von Dom, Bruder von Deckard

Deckard Shaw (Jason Statham)
Widersacher von Dom, Bruder von Owen

Hattie Shaw (Vanessa Kirby)
MI6-Agentin, Schwester von Owen + Deckard

Magdalene Shaw (Helen Mirren)
Mutter von Owen und Deckard

Ramsey (Nathalie Emanuel)
Computer-Profi und Hackerin, die von Dom gerettet wird und für das Team arbeitet

Frank Petty / Mr. Nobody (Kurt Russell)
Regierungsagent, der Doms Team unterstützt

Little Nobody (Scott Eastwood)
Assistent von Mr. Nobody

Prügeleien	Tanzende Frauen / Frauen in Bikinis	Tuning Szenerie oder Autowerkstatt	Corona Bier	Barbecue / Tischgebet
1				
3	2	5	2	1
2	2	1		
5	3	3		
1	3	3	1	
3	1	3		
9	2	1	1	1
7	3	1	1	
5	1	2		1
18	1	2		
8	2	2	2	2

Die Gagen der wichtigsten Akteure

Vin Diesel
The Fast and the Furious (2001): 2 Millionen Dollar
Fast and Furious – Neues Modell. Originalteile. (2009): 10 Millionen Dollar
Fast & Furious 5 (2011): 15 Millionen Dollar inkl. der Gage als Produzent (andere Quellen: 20)
Fast & Furious 7 (2015): 47 Millionen Dollar inkl. der Gage als Produzent, 22 Millionen davon sind Gage
Fast & Furious 9 (2021): 20 Millionen Dollar und Umsatzbeteiligung (andere Quellen: 25 / 30)
Fast & Furious 10 (2023): 20 Millionen Dollar zzgl. der Gage als Produzent
PS: Der Film »Fast & Furious 10« hat derzeit ein Budget von 340 – 356 Millionen Dollar. Er ist Teil eins eines zweiteiligen Finales. Für die immer umfangreicher werdende Besetzung wurden allein 100 Millionen Dollar an Gagen ausgegeben.
Vin Diesel zählt zu den höchstbezahlten Akteuren der letzten Jahre. Darin stand er nach Angaben des »Forbes« Magazin:
2015 auf Platz 4 mit 47 Millionen Dollar
2016 auf Platz 8 mit 35 Millionen Dollar
2017 auf Platz 3 mit 54,5 Millionen Dollar hinter Mark Wahlberg und Dwayne Johnson
2020 auf Platz 5 mit 54 Millionen Dollar

Tyrese Gibson
2 Fast 2 Furious (2003): 750.000 Dollar
Fast & Furious 9 (2021): 1,5 – 1,9 Millionen Dollar (Quellen variieren)
Fast & Furious 10 (2023): 10 Millionen Dollar

Dwayne Johnson
Fast & Furious 5 (2011): 10 Millionen Dollar (mit Prozenten aus den Einnahmen kam er auf 32,6 Millionen Dollar)
Fast & Furious 6 (2013): 10 Millionen Dollar
Fast & Furious 7 (2013): 15 Millionen Dollar
Fast & Furious 8 (2017): 10 Millionen Dollar
Fast & Furious: Hobbs & Shaw (2019): 20 Millionen Dollar

Michelle Rodríguez
Fast & Furious 6 (2013): 5 Millionen Dollar Gage
Fast & Furious 9 (2021): 2 Millionen Dollar (andere Quellen: 3 Millionen Dollar)

Jason Statham
Fast & Furious: Hobbs & Shaw (2019): 13 Millionen Dollar
Paul Walker
Fast and Furious (2001): 1 Million Dollar
2 Fast 2 Furious (2003): 7 Millionen Dollar
Fast & Furious – Neues Modell. Originalteile. (2009): 10 Millionen Dollar
Fast & Furious 5 (2011): 15 Millionen Dollar
Fast & Furious 6 (2013): 15 Millionen Dollar
Fast & Furious 7 (2015): 15 Millionen Dollar

Zeittafel (1926–2024)

05.04.1926 Roger Corman in Detroit geboren. Er drehte »The Fast and the Furious« (1954).
April 1954 Dreharbeiten von »The Fast and the Furious« in Kalifornien.
11.1954 »The Fast and the Furious« kommt in die US-Kinos.
22.07.1960 »The Fast and the Furious« kommt als »Der rasende Teufel« in die dt. Kinos.
31.07.2000 Drehbeginn für »The Fast and the Furious«.
21.10.2000 Drehende von »The Fast and the Furious«
18.06.2001 »The Fast and the Furious« feiert im Mann's Village Theatre in Westwood, Los Angeles Premiere.
22.06.2001 »The Fast and the Furious« kommt in die US-Kinos.
18.10.2001 »The Fast and the Furious« kommt in die dt. Kinos.
25.09.2002 Drehbeginn von »2 Fast 2 Furious«.
14.12.2002 Drehende von »2 Fast 2 Furious«
03.06.2003 »2 Fast 2 Furious« feiert im Universal Amphitheatre in Hollywood Premiere.
03.06.2003 Der sechsminütige Kurzfilm »The Turbo Charged Prelude» erscheint.
05.06.2003 »2 Fast 2 Furious« kommt in die US-Kinos.
19.06.2003 »2 Fast 2 Furious« kommt in die dt. Kinos.
11.2003 Michelle Rodríguez wird wegen Trunkenheit am Steuer und Unfallflucht angeklagt.
In 2003 Rebecca Soteros, die Mutter von Meadow Rain Walker, muss wegen Trunkenheit am Steuer ins Gefängnis.
06.2004 Michelle Rodríguez muss für 48 Stunden ins Gefängnis und an einem dreimonatigen Alkohol-Aufklärungsprogramm teilnehmen.
08.06.2005 Justin Lin wird als Regisseur von »The Fast and the Furious: Tokyo Drift« bekannt gegeben.
03.10.2005 Drehbeginn von »The Fast and the Furious: Tokyo Drift«.
10.12.2005 Drehende von »The Fast and the Furious: Tokyo Drift«.
12.2005 Michelle Rodríguez wird auf Hawaii wegen Drogenbesitz am Steuer festgenommen.
04.2006 Michelle Rodríguez muss für fünf Tage ins Gefängnis, ab Mai für 60 Tage und an einem Alkohol-Entzugsprogramm teilnehmen.
04.06.2006 »The Fast and the Furious: Tokyo Drift« feiert im Gibson Amphitheatre in Universal City Premiere.

15.06.2006 »The Fast and the Furious: Tokyo Drift« kommt in die US-Kinos.

13.07.2006 »The Fast and the Furious: Tokyo Drift« kommt in die dt. Kinos.

07.2007 »Fast & Furious 4« wird angekündigt.

10.2007 Michelle Rodríguez wird zu 180 Tagen Gefängnis verurteilt.

23.12.2007 Rodríguez tritt ihre Gefängnisstrafe an, wird aber nach 17 Tagen wegen Überfüllung des Lynwood Frauengefängnisses wieder entlassen.

20.02.2008 Drehbeginn von »Fast & Furious 4«.

13.06.2008 Drehende von »Fast & Furious 4«.

12.03.2009 »Fast & Furious 4« feiert als »Fast & Furious. New Model. Original Parts.« im Gibson Amphitheatre in Universal City Premiere nachdem der geplante Start im Juni vorgezogen wurde.

14.03.2009 »Fast & Furious New Model. Original Parts.« feiert als »Fast & Furious – Neues Modell. Originalteile.« in Bochum Deutschlandpremiere.

02.04.2009 Der Film kommt in die dt. und US-Kinos.

02.2010 »Fast Five« wird angekündigt.

28.06.2010 Drehbeginn von »Fast Five«.

15.10.2010 Drehende von »Fast Five«.

15.04.2011 »Fast Five« feiert im Cinépolis Lagoon Theatre in Rio de Janeiro Premiere.

20.04.2011 »Fast Five« kommt in die US-Kinos.

28.04.2011 »Fast Five« kommt als »Fast & Furious Five« in die dt. Kinos.

24.06.2011 Universal gibt den 24. Mai 2013 als US-Starttermin für »Fast & Furious 6« an.

21.10.2011 Die Los Angeles Times berichtet, dass eventuell »Fast & Furious 6« und Teil 7 hintereinander entstehen.

30.07.2012 Drehbeginn von »Fast & Furious 6«.

17.12.2012 Drehende von »Fast & Furious 6«.

03.04.2013 Justin Lin gibt bekannt, dass er »Furious 7« nicht inszenieren wird, da Universal den Film schon im Sommer 2014 herausbringen will.

07.05.2013 »Fast & Furious 6« feiert im Empire Cinema am Leicester Square in London Premiere.

23.05.2013 »Fast & Furious 6« kommt in die dt. Kinos.

24.05.2013 »Fast & Furious 6« kommt in die US-Kinos.

08.2013 Denzel Washington lehnt eine Rolle in »Furious 7« ab.

26.08.2013 Vin Diesel bekommt einen Stern auf dem »Hollywood Walk of Fame«.

09.2013 Kurt Russell wird als Darsteller in »Furious 7« bekanntgegeben.

28.09.2013 Drehbeginn von »Furious 7«. Die Idee für einen Ableger entsteht.

30.11.2013 Paul Walker und Roger Rodas sterben bei einem Autounfall in einem Porsche Carrera GT in Santa Clarita, nördlich von Los Angeles.

30.11.2013 Die Produktion von »Furious 7« wird abgebrochen.

14.12.2013 Paul Walker wird auf dem Forest Lawn Memorial Park Cemetery in den Hollywood Hills beigesetzt.

01.04.2014 Neuer Drehbeginn von »Furious 7« mit einem veränderten Drehbuch.

Mai 2014 Roger Rodas Witwe Kristine reicht Klage gegen Porsche ein.

10.07.2014 Endgültiges Drehende von »Furious 7«.

10.07.2014 Geplanter Starttermin von »Furious 7«, verschoben auf April 2015.

01.2015 Paul Walkers Vater Paul William III klagt gegen die Erben von Roger Rodas.

16.03.2015 »Furious 7« feiert in Austin, Texas beim SXSW-Festival (South by Southwest) Weltpremiere.

16.03.2015 Geburt von Vin Diesels Tochter Pauline – der Name ist eine Hommage an Paul Walker.

01.04.2015 »Furious 7« feiert im Chinese Theatre in Hollywood Premiere und kommt am selben Tag in die US-Kinos.

01.04.2015 »Furious 7« kommt als »Fast & Furious 7« in die dt. Kinos.

25.06.2015 In den Universal Studios in Hollywood eröffnet der Ride »Fast & Furious Supercharged« mit 15 extra konzipierten Autos und Partybussen.

12.09.2015 Meadow Rain Walker gründet am Geburtstag ihres Vaters die »Paul Walker Foundation« zum Schutz der Ozeane und ihrer tierischen Bewohner.

10.2015 Felix Gary Gary wird als Regisseur von »Fast & Furious 8« bestätigt.

26.11.2015 Paul Walkers Vater Paul William III verklagt Porsche.

11.2015 Porsche gibt Paul Walker die Schuld an seinem Tod. Vin Diesel erwähnt erstmals mögliche Ableger der Reihe.

01.2016 Kuba erteilt eine Drehgenehmigung für den achten Teil der Serie.

02.2016 Vin Diesel gibt bekannt, dass nach Teil 8 noch zwei Filme folgen werden.

14.03.2016 Drehbeginn von »The Fate of the Furious« in Mývatn, Island.

04.2016 Die Klage von Kristine Rodas gegen Porsche wird abgewiesen.

11.04.2016 Meadow Rain Walker erhält 10,1 Millionen Dollar (8,9 Millionen Euro) von den Erben von Roger Rodas als Kompensation für den von Roger Rodas verursachten Tod ihres Vaters für entgangene Einnahmen.

04.–05.2016 Dreharbeiten in Havanna und im Anschluss in Atlanta, Cleveland und New York City.

22.06.2016 »The Fast and the Furious« aus dem Jahr 2001 kommt erneut in die US-Kinos.

08.2016 Während der letzten Drehwoche von »The Fate of the Furious« kommt es zu Auseinandersetzungen zwischen Diesel, Gibson, Rodríguez und Johnson.

09.2016 Drehende von »The Fate of the Furious« / Jordana Brewster gibt bekannt, dass sie in diesem Film nicht dabei ist.

04.04.2017 »The Fate of the Furious« feiert als »Fast & Furious 8« im CineStar in Berlin Europa-Premiere.
08.04.2017 »The Fate of the Furious« feiert in der Radio City Music Hall in New York US-Premiere.
12.04.2017 Der Film kommt in die dt. und die US-Kinos.
10.2017 Justin Lin wird als Regisseur des nächsten Films bekanntgegeben / Universal kündigt einen Film über Hobbs & Shaw an.
25.10.2017 Meadow Rain Walker und Porsche einigen sich außergerichtlich.
04.2018 David Leitch wird als Regisseur von »Hobbs & Shaw« bekanntgegeben.
23.04.2018 Netflix gibt bekannt, dass man an der Animationsserie »Fast & Furious Spy Racers« arbeitet.
23.04.2018 In den Universal Studios in Orlando eröffnet der Ride »Fast & Furious Supercharged« mit 15 extra konzipierten Autos und Partybussen, basierend auf »Fast & Furious 6«.
02.05.2018 Die Universal-Studios in Bejing kündigen den Ride »Fast & Furious Supercharged« an.
05.2018 Daniel Casey erhält den Auftrag ein Drehbuch für »Fast & Furious 9« zu schreiben.
07.2018 Idris Elba wird als Antagonist von »Hobbs & Shaw« bekanntgegeben
08.2018 Die Auseinandersetzungen über die Autosammlung von Paul Walker werden nach einer Einigung der beiden Parteien eingestellt.
11.08.2018 Die Dokumentation »I Am Paul Walker« wird erstmals ausgestrahlt.
10.09.2018 Drehbeginn von »Hobbs & Shaw« in den Londoner Shepperton Studios.
10.2018 Produzent Neal H. Moritz klagt gegen Universal wegen Vertragsbruch und Betrug, nachdem die Firma ihn als Produzent von »Hobbs & Shaw« abgesetzt hat.
10.2018 Universal und Vin Diesel planen einen Ableger in dem Frauen die Hauptrollen spielen sollen.
18.12.2018 Drehende von »Hobbs & Shaw« in Großbritannien.
12.2018 Universal kündigt den Filmtitel an. Er lautet: »Fast & Furious presents: Hobbs & Shaw«.
01.2019 Vin Diesel bestätigt, dass sich der Ableger der Reihe um die von Charlize Theron gespielte »Cipher« drehen soll und dass das Drehbuch von drei Frauen geschrieben wird.
01.2019 Dreharbeiten auf Hawaii von »Fast & Furious presents: Hobbs & Shaw«.
27.01.2019 Vorläufiges Drehende von »Fast & Furious presents: Hobbs & Shaw«.
04.2019 Es wird bekannt, dass Keanu Reeves eine Rolle in dem Film abgelehnt hat.
19.04.2019 Erster geplanter Filmstart von »F9: The Fast Saga«, doch der wurde aufgrund der Pandemie noch viermal verschoben.
05.2019 Zusätzliche Dreharbeiten von »Fast & Furious presents: Hobbs & Shaw«.
24.06.2019 Drehbeginn von »F9: The Fast Saga«.
13.07.2019 »Fast & Furious presents: Hobbs & Shaw« feiert im Dolby Theatre in Los Angeles Weltpremiere. Johnson und Statham fuhren dabei in einem Lkw und einem McLaren vor.
01.08.2019 »Fast & Furious presents: Hobbs & Shaw« kommt als »Fast & Furious: Hobbs & Shaw« in die dt. Kinos.
02.08.2019 »Fast & Furious presents: Hobbs & Shaw« kommt in die US-Kinos.
09.2019 Die Universal Studios in Bejing sagen den Ride »Fast & Furious Supercharged« aufgrund der negativen Reaktionen in Orlando ab.
11.11.2019 Drehende von »F9: The Fast Saga«.
07.12.2019 Weltpremiere von »Fast & Furious Spy Racers« im Universal Cinema in Los Angeles.
26.12.2019 Die erste Staffel der Serie »Fast & Furious Spy Racers« wird erstmals bei Netflix gestreamt (acht Folgen).
11.–19.01.20 24 Fahrzeuge aus der Sammlung von Paul Walker (21 Autos, drei Motorräder) werden vom Auktionshaus Barrett-Jackson in Scottsdale, Arizona versteigert und erzielen 2,33 Millionen Dollar.
31.01.2020 Fan Event, Konzert und Enthüllung des »Fast & Furious 9«-Trailers in Miami.
03.2020 Dwayne Johnson gibt bekannt, dass an einer Fortsetzung von »Fast & Furious presents: Hobbs & Shaw« gearbeitet wird.
09.2020 Universal und Neal H. Moritz einigen sich außergerichtlich und setzen die Zusammenarbeit bei »Fast & Furious 9« fort.
09.10.2020 Die zweite Staffel der Serie »Fast & Furious Spy Racers« wird bei Netflix gestreamt.
26.12.2020 Die dritte Staffel der Serie »Fast & Furious Spy Racers« wird bei Netflix gestreamt.
16.04.2021 Die vierte Staffel der Serie »Fast & Furious Spy Racers« wird bei Netflix gestreamt.
19.05.2021 »F9: The Fast Saga« kommt in Südkorea in die Kinos.
17.–19.06.21 Paul Walkers orangefarbener Toyota Supra Mark IV aus dem ersten Film wird vom Auktionshaus Barrett-Jackson in Las Vegas für 555.000 Dollar versteigert.
18.06.2021 »F9: The Fast Saga« feiert Premiere im Chinese Theatre in Los Angeles.
21.06.2021 Zum 20. Jubiläum der Serie enthüllt Universal mehrere Jubiläumsplakate.
25.06.2021 »F9: The Fast Saga« kommt in die US-Kinos.
15.07.2021 »F9: The Fast Saga« kommt als »Fast & Furious 9« in die dt. Kinos.
08.2021 Es wird bekannt gegeben, dass Dwayne Johnson in keinem weiteren Film der Reihe dabei sein wird.
13.08.2021 Die fünfte Staffel der Serie »Fast & Furious Spy Racers« wird bei Netflix gestreamt.
27.–30.09.21 Thierry Coup, der Creative Senior Vice President und CCO von Universal, erklärt in einem Interview auf der Unterhaltungsmesse IAAPA Expo Europe in Barcelona, dass seine Zusage zu dem Ride »Fast & Furious Supercharged« in Orlando der »größte Fehler meines Lebens« gewesen sei.

05.11.2021 Das Computerspiel »Fast & Furious Spy Racers: Rise of SH1FT3R« wird veröffentlicht.
07.11.2021 Vin Diesel veröffentlicht ein Foto, das zeigt, dass der Streit zwischen ihm und Dwayne Johnson beigelegt ist und er darauf hofft, dass er im elften Film wieder dabei ist.
17.12.2021 Die sechste und letzte Staffel der Serie »Fast & Furious Spy Racers« wird bei Netflix gestreamt. Die Serie endet nach 52 Folgen.
10.04.2022 Vin Diesel gibt bekannt, dass die Dreharbeiten für »Fast & Furious 10« beginnen und dass der Film den Titel »Fast X« trägt.
11.04.2022 Geplanter Drehbeginn von »Fast X« in London.
21.04.2022 Tatsächlicher Drehbeginn von »Fast X« in London.
22.02.2022 Das Computerspiel »Fast & Furious Spy Racers: Rise of SH1FT3R« erhält eine Erweiterung
26.04.2022 Justin Lin gibt bekannt, dass er die Regie von »Fast X« abgibt: Abbruch der Dreharbeiten.
02.05.2022 Louis Leterrier übernimmt die Regie von »Fast X«.
21.06.2022 Universal gibt bei der Präsentation des neuen Programms in Barcelona bekannt, dass Brie Larson und Jason Momoa in »Fast X« dabei sind.
14.12.2022 Erstes Test-Screening von »Fast X«.
21.12.2022 Bei einem zweiten Test-Screening von »Fast X« in Los Angeles taucht Gisele wieder auf, die am Ende von »Fast & Furious 6« angeblich stirbt.
09.02.2023 Universal gibt in Los Angeles eine Party für »Fast X« und veröffentlicht den Teaser-Trailer von »Fast X«.
10.02.2023 Der erste lange Trailer von »Fast X« wird veröffentlicht, zwei Tage später ist beim Superbowl ein kurzer Trailer mit zum Teil anderen Szenen zu sehen.
18.05.2023 »Fast X« kommt als »Fast & Furious 10« in die dt. Kinos.
19.05.2023 »Fast X« kommt in die US-Kinos.
2024 »Fast & Furious 11« kommt in die Kinos.

Danksagung

Mein Dank gilt den Kollegen Peter Beddies, Andreas Conrad, Marianne Gray, Dirk Steinmetz und Anna Wollner für die zur Verfügung gestellten Informationen und Interviews. Zu den Interviewpartnern, die in diesem Buch zu Wort kommen, gehören Jordana Brewster, Roger Corman, Vin Diesel, Tyrese Gibson, F. Gary Gray, Justin Lin, Michelle Rodríguez, Jason Statham, Charlize Theron und Paul Walker.

Mein ganz besonderer Dank gilt der wundervollen Barbara Schmidt, der es immer wieder gelingt, mäßige Formulierungen auszumerzen und zu sprachlichen Perlen zu machen.

Weitere Informationen zum Autor finden Sie unter:
www.siegfriedtesche.de

Bibliographie

Corman, Roger / Jerome, Jim: How I Made A Hundred Movies in Hollywood And Never Lost A Dime. New York, 1990
Lieberman, Craig: Crashing Cars. Los Angeles, 2017
Paul, Eddie: The Cars of The Fast and the Furious: The Making of the Hottest Cars on Screen. St. Paul, 2003
Robin, Michael / Rone Owens, Todd: Vin Diesel XXXPosed. New York, 2002

Fast & Furious Ein gutes Geschäft

Die »Fast & Furious«-Reihe entwickelte sich zu einem der erfolgreichsten Franchise der Filmgeschichte. Mit einem Einspielergebnis von mehr als 6,6 Milliarden US-Dollar (Stand 2022) sind die Macher nicht nur drauf und dran, zu den erfolgreichsten Filmreihen aller Zeiten aufzuschließen, sie schufen auch abseits der Filme ein beeindruckendes Handelsimperium. Neben T-Shirts, Basecaps und Accessoires, die teilweise der Kleidung der Stars aus den Filmen entsprechen, sind auch zahlreiche Modellautos nach den Vorbildern der Kultkarren von Dom, Brian, Letty und ihrer Crew im Handel.

Vielfalt im Modell

Fast zu schade zum Spielen sind die Modelle, die Hot Wheels – teils in Fünfersets – passend zu den Filmen anbietet. Die detaillierten Metallmodelle sind im Maßstab 1:64 gehalten.
Freunde größerer Maßstäbe werden dagegen im Sortiment von JADA fündig. Die Filmauto-Experten, seit 2019 Teil der Simba Dickie Group, haben in der Zwischenzeit wohl fast jedes Fahrzeug der »Fast & Furious«-Reihe im Modellmaßstab umgesetzt. Filmfans haben die Wahl zwischen detaillierten Fertigmodellen aus Metall-Druckguss, Metall-Bausätzen und RC-Modellen, Die Modelle sind in den Maßstäben 1:32, 1:24, 1:18 und 1:10 erhältlich.
Für ambitioniertere Modellbauer hält das Sortiment des Modellbau-Spezialisten Revell eine Auswahl schöner Modelle parat. Die Bündener Traditionsmarke liefert aktuell Dom's 1969er Chevy Camaro Yenko, Dom's 1971er Plymouth GTX, Dom's 1970er Dodge Charger und Brian's 1995er Mitsubishi Eclipse als Kunststoff-Modell-Bausätze im Maßstab 1:25.
Ein besonderes Schmankerl kommt aus Dänemark: Einige ausgewählte Fahrzeuge – Brians Nissan Skyline GT-R (R34) und Doms 1970er Dodge Charger – sind auch als LEGO-Bausätze erhältlich.

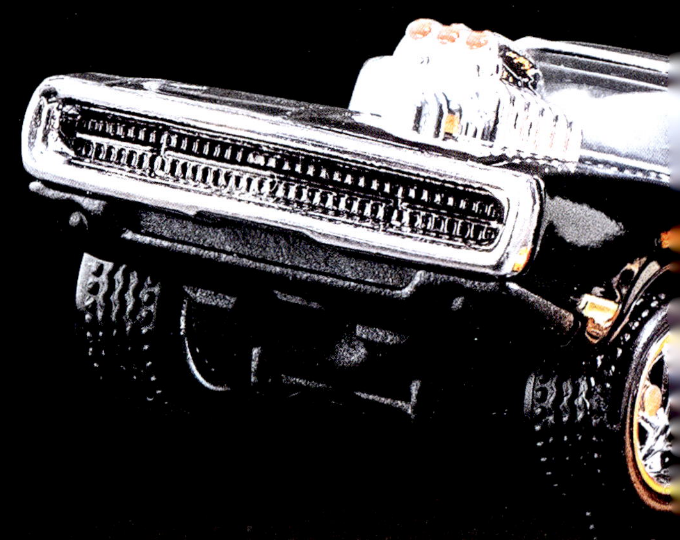

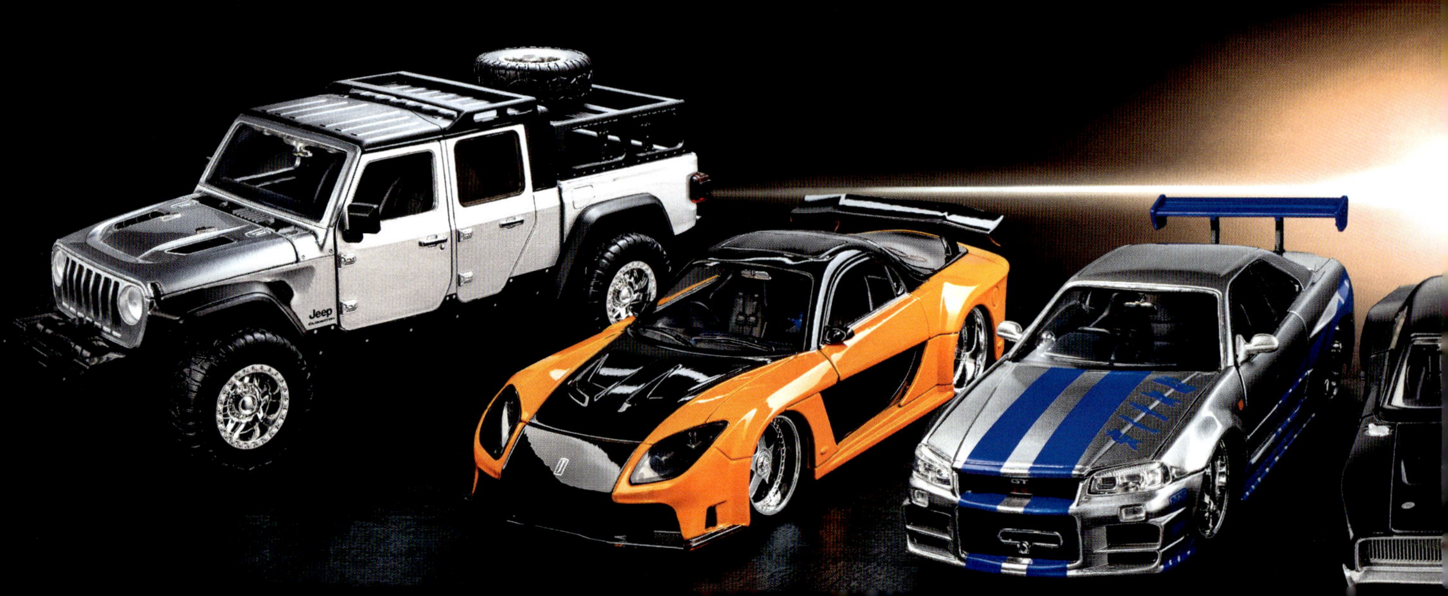

Jede Menge Action versprechen Doms 1970er Dodge Charger und Brians 1994er Toyota Supra. Die Hot Wheels-Modelle entstanden nach Vorbildern aus »The Fast and the Furious« (2001).

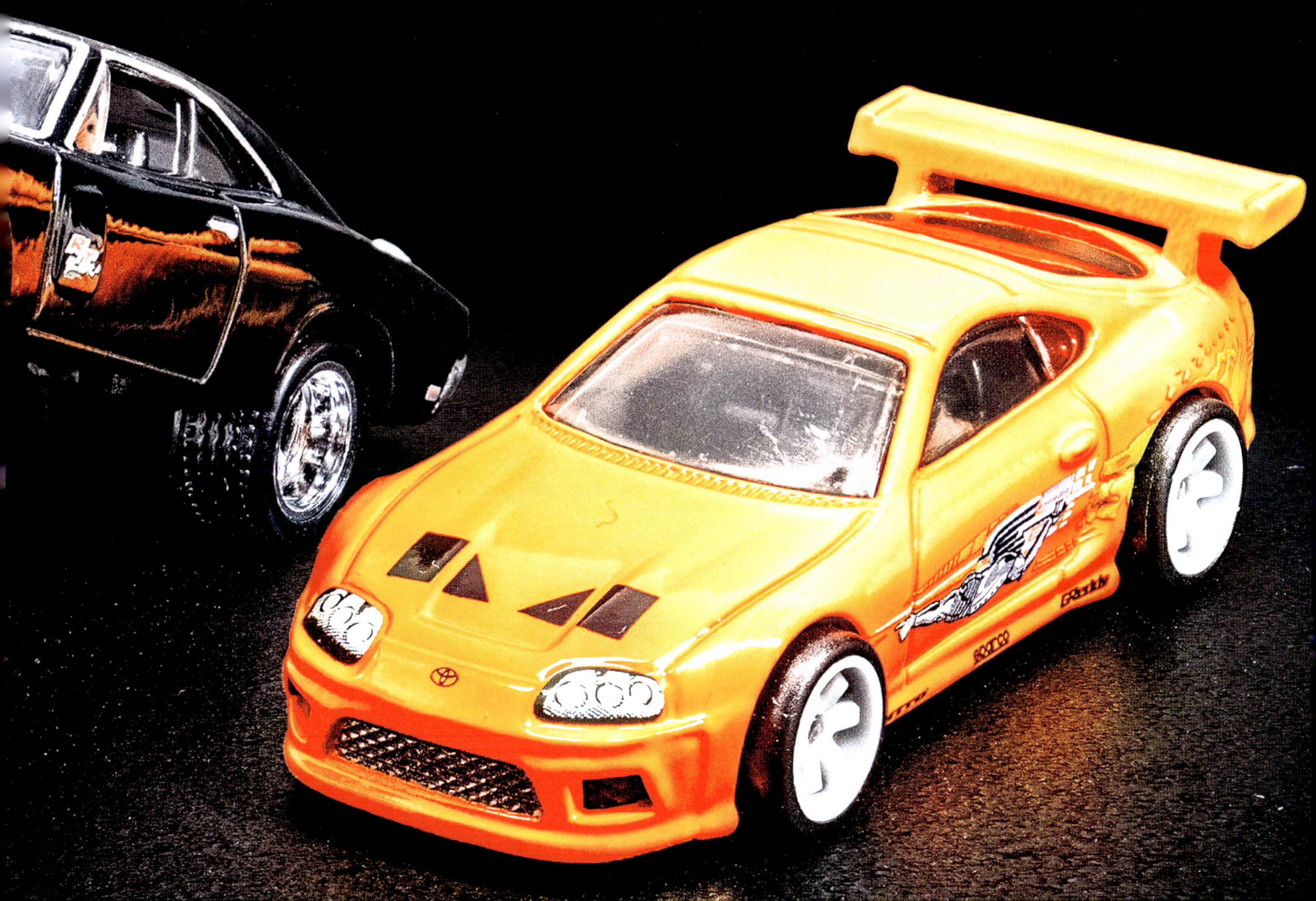

Nur ein kleiner Ausschnitt des umfangreichen JADA-Sortiments nach »Fast & Furious«-Vorbildern im Maßstab 1:24.

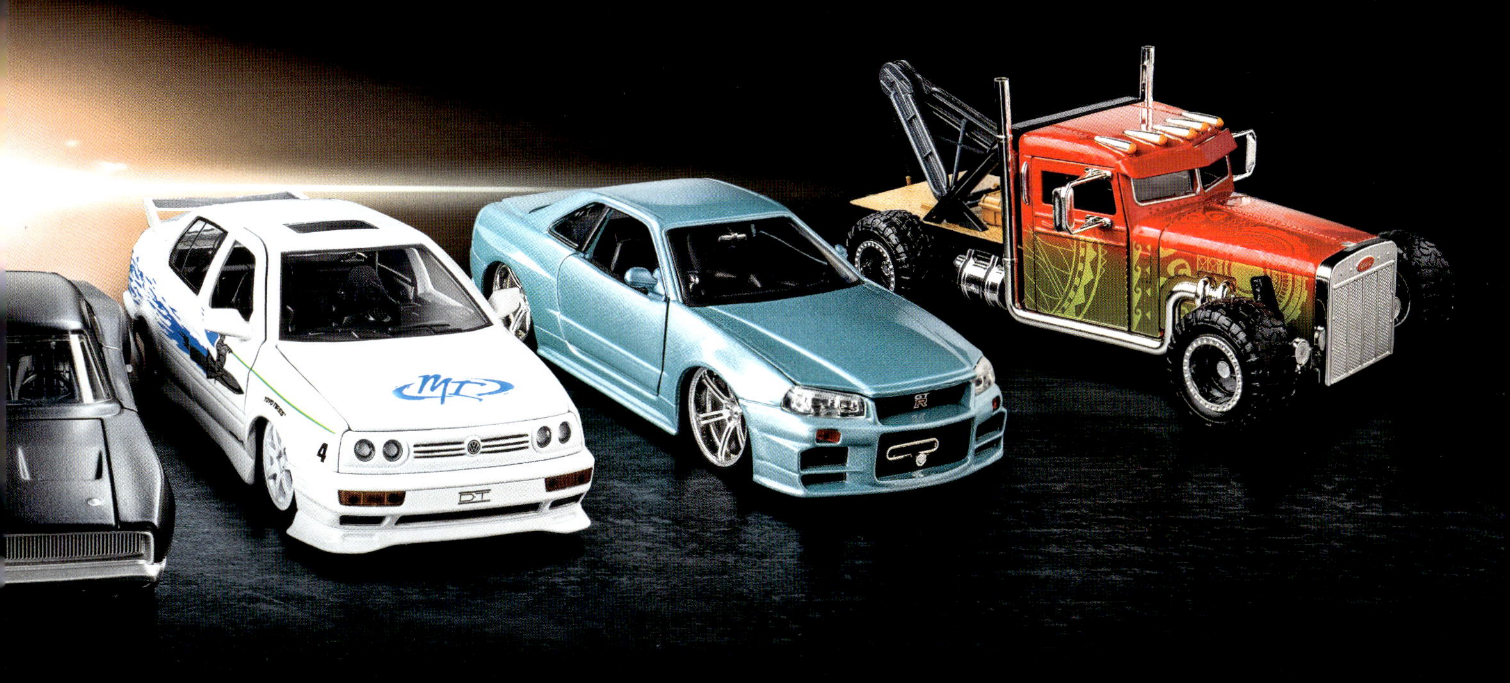

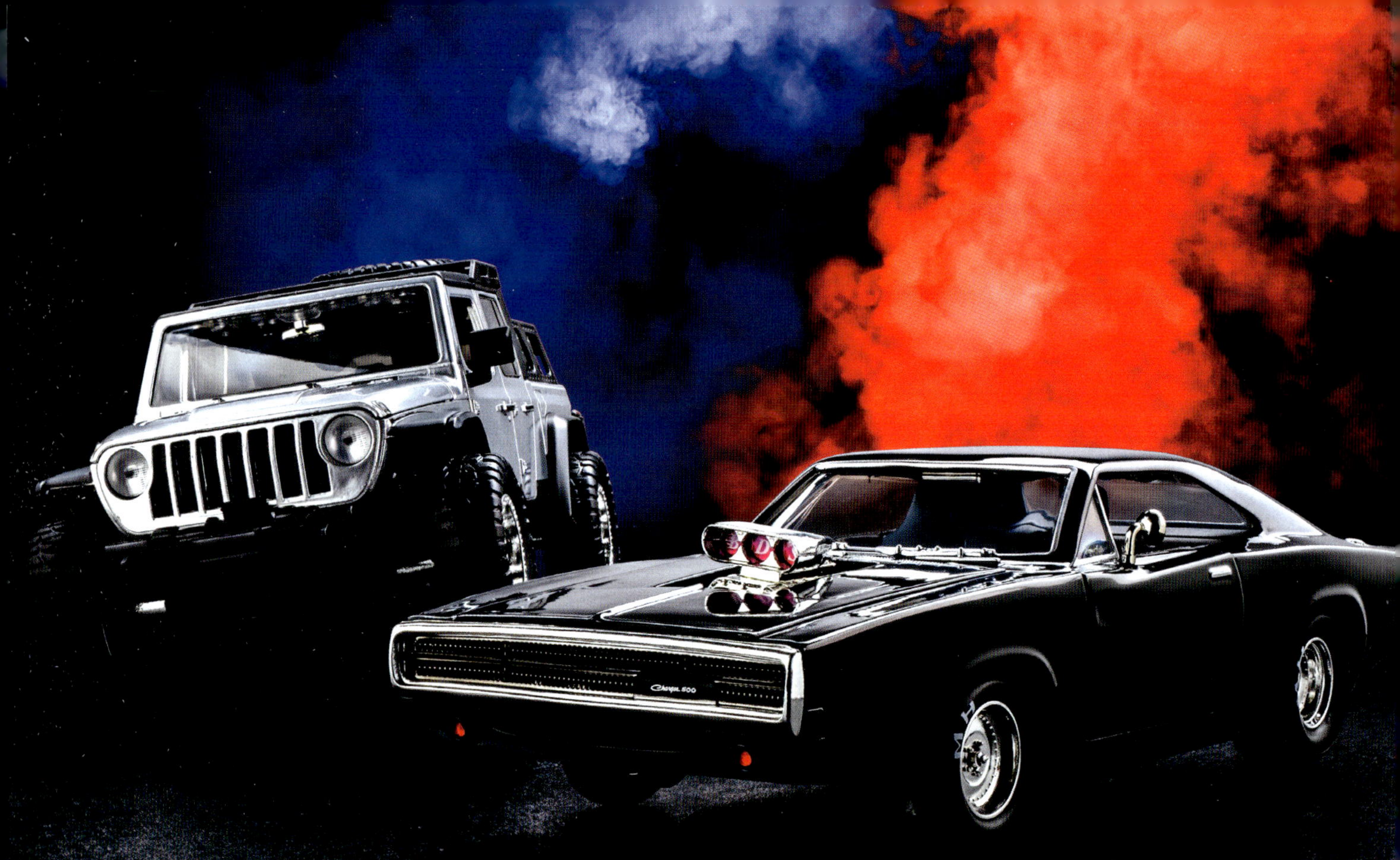

Jeep Gladiator und Dodge Charger entsprechen dem Zustand aus »Fast & Furious 9«. Die JADA-Modelle sind im Maßstab 1:24 gehalten.

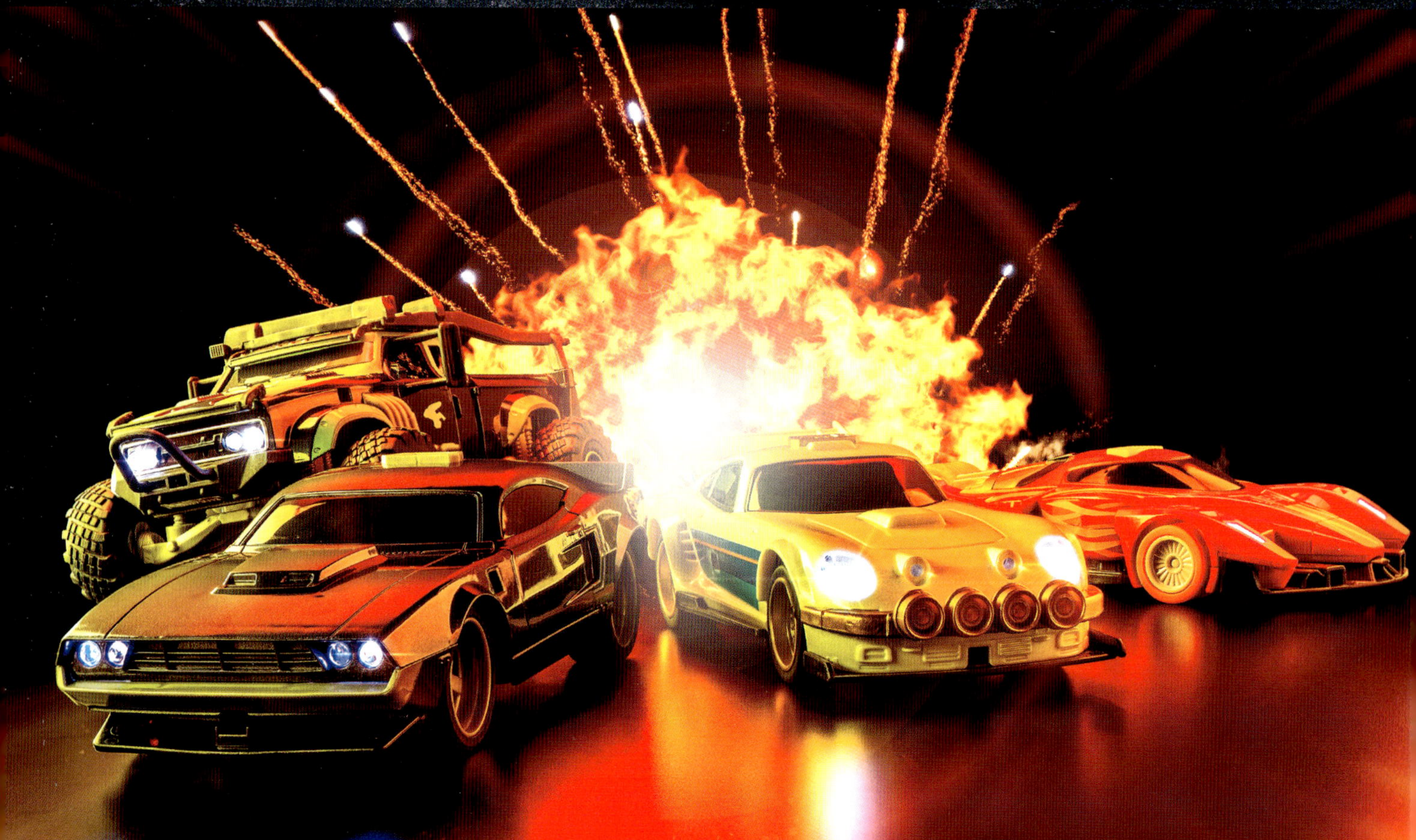

JADA liefert auch die passenden Modelle zur Netflix-Animationsserie »Fast & Furious Spy Racers«, ebenfalls im Maßstab 1:24.